U0726478

"十三五"教育信息技术课题研究报告集

广东省教育技术中心 / 著

许力　欧阳慧玲 / 主编

SPM 南方传媒

全国优秀出版社
全国百佳图书出版单位

广东教育出版社

·广州·

图书在版编目（CIP）数据

"十三五"教育信息技术课题研究报告集／广东省教育技术中心著；许力，欧阳慧玲主编.—广州：广东教育出版社，2023.3
ISBN 978-7-5548-4934-7

Ⅰ.①十…　Ⅱ.①广…　②许…　③欧…　Ⅲ.①计算机课—教学研究—中小学　Ⅳ.①G633.672

中国版本图书馆CIP数据核字（2022）第092368号

出 版 人：朱文清
责任编辑：赵冬骏　梁　熠
责任技编：吴华莲
装帧设计：苏永基

广 东 教 育 出 版 社 出 版 发 行
（广州市环市东路472号12—15楼）
邮政编码：510075
网址：http://www.gjs.cn
佛山市浩文彩色印刷有限公司印刷
（佛山市南海区狮山科技工业园A区）
787毫米×1092毫米　16开本　23印张　467 500字
2023年3月第1版　2023年3月第1次印刷
ISBN 978-7-5548-4934-7
定价：88.00元

质量监督电话：020-87613102　邮箱：gjs-quality@nfcb.com.cn
购书咨询电话：020-87615809

第一部分 教学改革篇

基于人脸识别技术的教学智能化应用研究···2

基于动态工作组的智慧课堂构建及案例研究···26

基于微课的翻转课堂在初中数学教学中的应用研究····································36

中小学科技教学活动中创客教育的资源建设与实践策略研究······················43

STEAM 理念下中学物理演示实验的设计与实践 ···51

线上线下创新能力培养联结模式的设计与实践··56

走班教学环境下初中智慧课堂教学实效性实践研究····································63

基于教育城域网架构下的中小学直播、协同课堂的实践研究······················70

可视化学习促进小学数学教学改革的实验研究··79

基于计算思维培养的 Python 项目式教学策略研究 ·····································87

电子书包在初中分层教学中运用的探索与研究··95

微课在高中数学函数专题的创新应用与研究···110

基于核心素养的信息技术与初中化学实验教学的有效整合·······················117

基于多元理论下，"双线双师"小学英语绘本阅读教学的研究···················127

基于翻转课堂的山区小学数学教学应用研究···135

基于网络空间的山区学校德育教育模式研究···144

基于大数据和人工智能技术初中地理体验式教学研究·····························148

智慧教室环境下体验式交互学习的实践研究···157

新课标背景下基于微型语料库的高中英语写作研究·································162

第二部分 课程改革篇

"博爱教育"理念下的小学创客 3D 打印校本课程开发·······························168

农村初中创客教育课程开发与应用研究··176

基于信息技术环境下青花传统文化课程的教与学研究·····························183

STEAM 教育理念下初中机器人校本课程开发与应用研究 ························188

第三部分 教育改革篇

基于微信公众号的校园移动办公系统的开发与应用…………………………………… 194

番禺区区本微课资源体系共建共享………………………………………………………… 201

中学理化生虚拟仿真实验训练平台的建设与应用研究………………………………… 207

区域教育云平台下的资源建设与应用研究……………………………………………… 213

基于金湾智慧校园移动平台在区域教育治理中的创新应用研究…………………… 219

信息化环境下粤港澳大湾区学校合作与发展实践研究………………………………… 225

基于钉钉未来校园构建区域乡村教师发展治理模式的研究 ………………………… 231

综合实践活动基地智慧农业教育馆建设与应用研究………………………………… 238

基于大数据技术下构建智慧型教育治理模式研究……………………………………… 244

粤教云 Forclass 平台下的数字资源教学实践研究…………………………………… 252

基于智慧校园云平台的教学管理模式与应用策略研究……………………………… 257

基于学习数据的采集与分析的课堂研究………………………………………………… 264

第四部分 教师发展篇

面向教师实践性知识发展的网络研修社区视频案例资源建设与应用研究………… 274

基于网络学习空间开展山区教师网络研修的实践研究……………………………… 280

移动环境下基于"私人定制"思想的中小学教师信息化教学能力精准培训模式

研究…………………………………………………………………………………………… 286

基于"广东省教育资源公共服务平台"提升教师信息化应用能力的实践研究……… 296

第五部分 学生发展篇

数字阅读环境下导图对小学生思维的影响研究……………………………………… 304

基于微课情境的初中思政课堂学生自主学习能力提升的策略研究……………… 311

基于 STEM 教育理念下以非视觉摄影活动培养视障学生创新能力的实践研究 …… 321

基于"特色学校"建设的 STEM 教育提升学生核心素养的实践研究

——以增城区实验小学为例………………………………………………………… 328

"系统化校本创客课程"对学生创新品质提升效能的实践研究…………………… 336

基于 Micro：bit 的编程教学促进中学生计算思维发展的实践研究 …………… 346

以 STEAM 融合课程提升初中生科技创新能力的行动研究 ……………………… 352

应用鸢尾花（IRIS）综合课程发展小学生高级思维能力的研究………………… 358

第一部分 教学改革篇

jiao xue gai ge pian

基于人脸识别技术的教学智能化应用研究

一、研究背景、问题及目标

（一）研究背景

开展人工智能在教育管理与课堂教学领域的应用与研究是新时代教育发展的需要，也是教育2.0时代提出的要求。人脸识别技术目前已逐渐趋向成熟，但其在校园管理与课堂教学应用方面，仍然比较薄弱。基于人脸识别技术提升教育管理水平、加强校园安全管理、开展个性化教学，符合教育智能化需要。

人脸识别技术，是指通过对人脸图像或图像序列的分析，判断图像中人的身份、性别、年龄以及面部表情等特征。人脸识别技术建立在概率论、最优化技术、信息论、深度学习等基础之上，实践性很强，是当前计算机视觉研究领域中一个非常活跃的分支。

随着相关算法研究的日渐完善，人脸识别技术在安防监控、人机交互、智能城市等领域已得到规模化应用，但在教育教学领域中的应用还比较狭窄，主要集中在教学管理层面。过往教育教学领域相关研究关注点始终停留在教学设备、手段的现代化上，在智能化应用上还缺乏实质性的进展。想要在教育教学的自适应和智能化方面取得进展，就必须对学习者的情绪状态有所了解，而人脸识别技术有助于解决这一问题。因此，人脸识别技术的研究是教育领域智能化发展的一项基础研究。

提升教学效果是教学的重点，也是当前课程改革的重要目标，而课堂是教师提高教学质量、实现有效教学的主要场景。以课堂、人脸识别、面部识别、表情识别为关键词来检索近十年的相关文献，总计34篇。其中，学位论文16篇，期刊论文18篇。

与人脸识别技术的校园管理与教学应用研究主题相关的文献仅有两篇：《人脸检测技术在教学评估中的应用》《课堂环境中基于面部表情的教学效果分析》。其他文献研究主题集中在技术层面以及考勤点名等教学管理层面的研究与应用，如《基于PC摄像头的网络学习监控系统的研究与设计》《基于图像的人脸识别技术在高校课堂考勤系统中的研究与应用》。在技术类的文章中，《人脸图像识别关键技术的研究》一文热度最高。

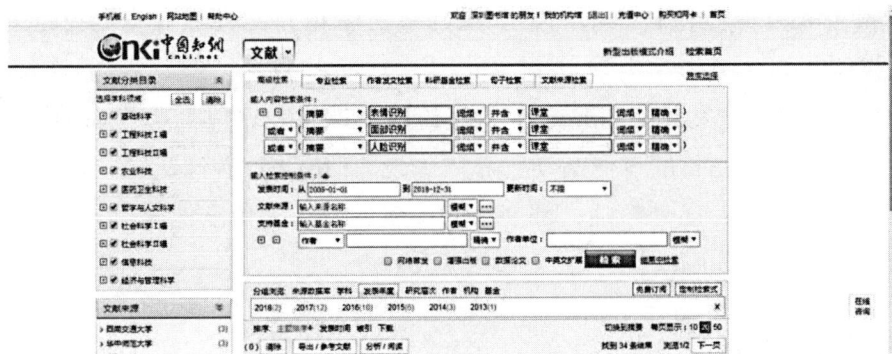

图1　关键词检索结果

从文献检索的结果可以看出，当前关于人脸识别课堂行为交互的研究远远落后于技术的发展和教学需求。

如今，教育学相关的三大主要研究课题为教育评价、教育研究和教育发展，而教育研究又可以分为教育理论研究、教育实证研究、教育实践研究。一般而言，教育理论研究从已有的研究成果出发，使用思辨方法来对一个具体的教育问题进行研究；教育实证研究使用访谈、问卷、观察、考试等教育测量手段对具体的教育问题进行研究；而教育实践研究则通过具体的教育实践来解决具体的教育问题。但是现有的教育研究仍存在教育学自身难以解决的问题，例如：教育理论研究缺乏可信的大数据支撑；教育实证研究无法采集大量的、客观观察的非考试数据；教育实践研究难以做到规模化、常态化。

20世纪二三十年代，观察作为一种经验主义方法被引入教育研究领域，但当时的研究过程仅为观察与归纳，而且观察工具也相对粗糙。1950年，哈佛大学的社会心理学家贝尔思（R．F.Bales）开发出了包含12类人际互动行为编码的"交互过程分析"系统，以此开启了课堂量化研究的大门。1960年，弗兰德斯（N.A.Flarders）提出的"师生言语互动分析"系统（FLAC）则进一步推动了课堂观察方式量化研究的发展。1993年霍普金斯（David Hopkins）提出的教师反应记录表和1994年英国学者拉格（E.C.Wragg）设计的学生行为记号体系，标志着现代课堂观察开始趋向定量观察和定性研究的结合。

中国的课堂观察研究发展于20世纪90年代，起步较晚且并未受到重视，主要代表作有郑金洲发表于1997年的《行动研究：一种日益受到关注的研究方法》、吴康宁发表于1998 年的《课堂教学社会学研究中的现场观察》、顾冷沉和周卫发表于1999年的《课堂教学的观察与研究——学会观察》。这一阶段对于课堂观察的研究仍处于经验主义阶段。

2002年，陈瑶所著的系统介绍课堂观察研究的作品《课堂观察指导》在国内出版，鼓励更多的中小学教师将课堂观察方法应用到课堂研究中来。近几年来，我国在课堂观察量表开发方面比较著名的是华东师范大学崔允漷领导开发的LICC模式。该模式假设课堂教学主要由学生学习（Learning）、教师教学（Instruction）、课程性质（Curriculum）与课堂文化（Culture）组成，整个课堂观察体系包括课前会议、课中观察和课后会议三步完整的专业活动。总体来说，LICC模式将课堂的内容进行了结构化剖析，无论是研究者还是教师，都能够从中多层面、多角度地进行查找和分析，从而具有较好的创新性和系统性。

（二）研究问题

1. 校园教学管理

随着新高考制度的推出，学生自选课程、积累学分、个性化发展，已成为必然。目前，学校除了准备课程内容、准备教师资源外，还需要为学生走班、学生管理、教学监管做信息化技术的支撑准备。基于人脸识别技术的二维识别与三维识别可以高效、快速地确定学生身份，对学生参与课程学习进行管理，对学校的考勤与考务做出管理。

2. 课堂个性化教学指导

在真实课堂中，教师主要采用课堂观察和提问等直接的方式与学生交互，这种传统的观察反馈模式会因教学者精力不足等，造成信息传递与反馈的片面性与滞后性。信息技术的高速发展，特别是视频监控录制系统的智能化发展，为解决此类问题提供了可能。结合现有智能监控录制设备设计的课堂教学评价系统，利用基于智能算法的人脸检测和面部表情识别技术，使教学观察者能及时获取学生在学习过程中的情绪变化，并反馈给教师，帮助教师准确、全面地掌握所有学生在课堂教学中的参与情况。

本研究不仅能够自动跟踪及分析教学过程中学生的整体状态，有效掌控课堂教学过程，还可指定跟踪对象，对指定对象在课堂中的状态进行统计分析，以便对个体进行针对性的指导以及及时矫正学习问题。

（三）研究目标

弥补常规课堂交互的缺陷，让人脸识别技术在课堂互动中发挥作用，服务一线师生，提高教学效益，以信息技术辅助实现以人为本的适应性学习目标。利用人脸识别相关算法和设备对学生的课堂反应进行采集与分析，最终分析、汇总以供教师参考并改善其教学方式。

主要研究目标：

（1）研究人脸识别技术在校园内的管理应用，开展基于人脸识别技术的身份验证与信息化应用研究。对校园内基于人脸识别进行身份认证的智慧应用，展开应用场景与应用方案的研究与部署，形成研究报告。为基于人脸识别技术的智慧校园管理应用提供参考。

（2）研究人脸识别技术在课堂内的智慧应用，包括人脸检测与数据收集（采用算法进行人脸检测器的训练，解决教室场景中人脸检测难题）、形成跟踪算法以跟踪课堂场景中学生的人脸、研究评价方法实现数据驱动精准教学、促进快速达成教学反馈闭环、丰富学校教学管理形态等。

二、研究内容及过程

（一）研究内容

1. 基于人脸识别技术的教学管理应用研究

（1）基于人脸识别的各类信息化应用的身份识别（重点）；

（2）师生无感的高效考勤管理；

（3）基于人脸识别的校园安防管理；

（4）基于人脸识别的校园消费管理；

（5）基于人脸识别的校园数据管理。

2. 基于人脸识别技术的课堂教学应用研究

（1）人脸检测与数据收集（采用算法进行人脸检测器的训练，解决教室场景中人脸检测难题）；

（2）基于人脸识别的课堂观察方法与技术框架（重点与难点）；

（3）基于人脸识别课堂数据的情感分析与行为分析（难点）；

（4）基于人脸识别的个性化课堂教学应用研究（重点）。

（二）研究关键技术

本研究将多种人工智能技术应用到校园管理与教学场景中，主要包括人脸识别、情感计算、行为识别三种主要技术。

1. 人脸识别

基于视频输入的人脸识别技术，可利用人脸检测技术与人脸主要关键点提取定位脸部位置、利用目标跟踪实现对人脸的动态识别并有效提高识别准确率，以及利用人脸对比技术确认被检测目标的身份。

由于教育教学场景的特殊性，选择将头部检测与正脸检测结合使用，可定位被检测目标的正脸。其中使用优化改进后的经典检测识别算法SSD，可针对教育教学场景中的数据，训练出本场景下性能优秀的人头检测模型。对检测出的人头目标进行目标跟踪，降低检测频率，可实现动态检测与识别，并提高识别准确率。同时，根据人脸主要关键点对人脸图像进行人脸对齐，是提高人脸识别率的基础。对得到的正脸目标，使用深度学习模型对人脸进行特征建模，得到512维具有代表性的特征向量，可用来表征面部的颜色特征，眼睛、鼻子、嘴等器官组合构成的结构特征。使用余弦距离作为距离衡量标准，将被测人脸的特征向量，与人脸库中的特征模板向量进行搜索匹配，可最终确认被测人脸的身份。在教育教学场景中，使用人脸识别技术可以实现智能考勤等功能，减轻教师工作负担。

2. 情感计算

情感计算技术主要包含人脸关键点检测与定位、情绪识别等核心算法。

人脸关键点检测与定位算法的目的是自动识别面部关键点在面部图像或视频中的位置，利用面部外观和形状信息的不同，显式地建立模型来表示全局的面部外观和形状信息，并基于回归的方法隐式捕获面部外观及形状信息；利用人脸部分和轮廓周围的基准人脸关键点位置捕获由于头部移动和面部表情造成的刚性和非刚性面部形变。人脸关键点检测及定位，可以有效判断面部活动单元的变化，并进行位置配准，提取学生的人脸图像情感特征。

情绪识别算法又称为面部表情识别算法，是指识别图片中人脸的各类情绪并给出该人脸在各类不同情绪下的置信度分数。某种情绪下的置信度分数越高，则可认为该种情绪与人脸真实情绪越接近。面部表情是人类表达情绪状态和意图最强大、最自然和最普遍的信号之一。情绪识别算法主要包含人脸对齐、人脸数据增强、人脸归一化及核心特征学习深度神经网络等几个部分内容。其中核心特征学习深度神经网络是情绪识别算法的关键，它主要利用深度学习在情绪识别中的独特优势，通过构建深度神经网络，提取图像中与情绪有关联的高阶视觉语义特征，判别性地对情绪特征进行表示。本研究的情绪识别算法能够高效而准确地识别高兴、中性、惊喜、伤心、生气和害怕六类最重要的表情。

在教育教学场景中，使用情感计算技术可以帮助教师深入了解学生在课堂上的情绪变化及心理特征，并结合教学内容深入研究授课方式及学生接受程度之间的相关性，从而借助客观数据调整教案及教学方法，最大限度地发挥情感在课堂中的作用。

3. 行为识别

分析人体行为可以获得其对事件的反应及心理状态。行为识别是指根据视频采集以及识别算法的结果，利用人工智能深度学习原理，对视频中人体一系列行为进行定义与分析的技术。

行为识别主要使用人体姿态估计技术检测人体骨骼动作，通过建模并训练深度学习算法，获取并标记人体头部、躯干以及四肢的关键节点，实现对人体行为的自动识别。人体姿态估计的关键技术之一，在于在图像中对人体进行检测并定位其骨骼关键点，并达到在具有挑战性与不受控制的场景与条件下准确定位的目的，这是准确进行人体行为识别的基础。人体目标识别算法使用优化改进后的经典检测识别算法SSD，针对教育教学场景数据，训练出本场景下性能优秀的人体识别模型，可实现实际应用中的高准确率，为行为识别系统提供基础支撑。

人体骨骼关键点检测是行为识别的基础，应先根据人体检测结果，对每一个检测出的目标，进行单人人体骨骼关键点检测。使用人体识别结果构建数据集，并利用基于深度学习关键点检测算法进行骨骼关键点检测，可得到当前目标对应的概率图，其中靠近实际关键点的像素概率值接近1。一定程度上，这种方法降低了深度神经网络的训练难度，最终得到人体15个骨骼关键点的相对位置信息。深度学习模型结构主要采用残差网络与自上向下的方法，精准定位人体头部、躯干以及四肢等核心关键节点。针对骨骼关键点结果，利用循环神经网络的结构，学习有效的姿态特征与时域信息，对动态行为进行建模来实现行为识别。利用时域与空间上的注意力机制，为不同时间点的姿态、不同空间位置的骨骼关键点赋予不同的权重，以实现高性能的行为识别算法。

在教育教学场景中，对学生行为进行分析，可以有效地了解学生的行为习惯，包括通过行为分析获取学生对多种授课模式的反馈，从而可以有根据、有方向地激发学生的学习积极性，促进学生的全面发展。

（三）研究思路

（1）明确研究目标，确定研究内容与研究实施计划。

（2）组建核心研究团队，包括教育教学应用团队与核心技术支撑团队。

（3）需求调研与分析。

（4）技术调研与准备。

（5）分成两个研究小组，一组开展教育管理类的研究，一组开展课堂教学应用类的研究。

（6）确定详细研究计划与步骤。

（7）建立基础应用环境，开展研究部署与实施。

（8）课题研究中期分析与总结。

（9）进一步深化研究与应用。

（10）形成研究成果。

（11）总结与反思。

（四）研究方法

1. 文献法

文献法主要目的是在立项、开题阶段，了解研究背景，确立研究方向，反复论证可行性、科学性、有效性，指导研究工作深入进行。

文献研究的过程主要通过CNKI数据库查阅文献，了解教学工作中人脸识别与基于面部表情的教学应用现状和挑战，以及教学管理工作中应用人工智能技术与人脸图像识别技术的发展趋势，为下一步研究基于人脸识别技术的教学智能化应用提供支撑材料。

2. 调查法

调查法主要目的是通过对教学实施者的调研访谈，了解课堂观察的方向和可行性。

通过对教学管理者、参与实践者进行形式多样的访谈，并基于人工智能技术实践，分别面向教学管理者、教学实施者、教学参与者收集学校整体教学管理、学生的课堂学习反馈、教育工作智能化情况的反馈，进行总结与反思。

3. 行动研究法

行动研究法主要目的是在课题研究过程中，参与案例教学实施者自己作为研究者，在实践中观察、研究、反思和总结经验。

按计划开展人工智能技术在校园管理与教学场景中应用的实践研究活动。通过在校园管理及课堂教学中分别部署基于人脸识别的门禁与考勤系统，对学生参与课程学习进行管理，对学校的考勤与考务做出管理，以及完成具体任务等实践研究。总结成功经验和难点，适时调整研究的有关内容，使研究更具适切性。边实践、边探索、边修改、边完善，将理论与实践、成果与运用有机地统一起来。同时，辅以文献法、调查法、经验总结法，为研究提供理论及事实依据，并通过纵向、横向比较，不断完善，总结实践经验、探索一般规律。

4. 观察法

观察法主要目的是结合LICC模式，观察课前、课中和课后三步完整的课堂教学活动。以课堂教学视频为基础，将人工智能技术与学校课堂的教学场景深度融合，帮助教师掌握多种维度的课堂教学数据，并可以通过细粒度的观察对课堂上学生行为和情感表现进行多维度的呈现，便于教学管理者进行科学评估和总结。

5. 案例研究法

案例研究法的重点是构建成功范例，分析整理，并以此为基础，探索人脸识别技术在课堂互动中发挥的作用及教学管理的新模式。

6. 经验总结法

经验总结法主要目的是在研究进程中不断加强反思，总结成功经验，调整研究方法。

（五）研究工具

1. 高性能边缘计算服务器（由园岭小学采购提供）

该服务器无须联网，人脸识别在前端设备进行处理，且最大支持2万人脸底库，设备运行稳定，不受网络影响。安装使用简易，可以通过网络远程控制设备，调节参数。

2. 动态人脸识别技术（由技术支撑团队提供）

自主研发的人脸识别解决方案能快速、精准定位并抓拍运动中的人脸，软件算法与硬件完美结合，可解决动态模糊的问题。在识别过程中不需要驻留等待，只要目标出现在一定的识别范围内，系统就会自动进行抓拍和采集，进行动态人脸识别。毫秒级响应，系统最快响应时间为30ms，最多支持每40ms一帧画面10人并行识别，轻松应对大流量人群。但注意每秒同时识别人数应≤250人。

3. 深度学习技术（由技术团队提供）

深度学习（Deep Learning）的实质是通过构建具有很多隐层的机器学习模型和海量训练数据，以更少的参数和更深的结构来学习更有用的特征，从而提升分类和预测的准确性。部署AIoT（人工智能物联网）系统后，系统可根据当前运行环境（光线、角度等）进行自主进化学习。随着时间的推移，人脸识别准确率得到不断提升。

4. EduBrain Cloud与EduBrain Station视频图像分析计算系统（由技校支撑团队提供）

基于视频的课堂观察技术框架和数据指标体系，利用一个RGB彩色摄像机与拾音器对一段教学过程进行了视频和音频数据采集，时长为1分50秒。使用EduBrain Station对采集的数据进行算法层和数据层的计算与分析，在EduBrain Cloud进行应用层的系统展示，最终完成了对该视频的课堂观察试验。本次实验环境参数如表1所示。

表1　实验环境参数

模块	参数
摄像头	800万像素，4mm焦距
拾音器	6m拾音半径
环境面积	$35m^2$

（六）研究团队构成

研究团队构成如图2所示。

课题负责人陈颖，硕士，研究方向为计算机网络与计算机软件，高级教师。任职于深圳市教育信息技术中心，专长为教育信息化规划与建设应用，教育信息化研究、建设与应用，教育信息安全管理。从事教育信息化一线研究与应用推进工作二十余年，实践经验丰富，曾负责多项信息化课题研究与多项信息化建设项目。其作为主要技术负责人主持的深圳市教育城域网的建设与应用获深圳市科技进步二等奖，负责的"整体推进区域性数字化校园应用的研究"课题获省教育信息技术中心优秀研究课题。发表了《关于创新教育实践的思考》《构建基于大数据的教育信息化生态引领未来教育变革》《教育基础数据的采集与应用》等多篇论文。

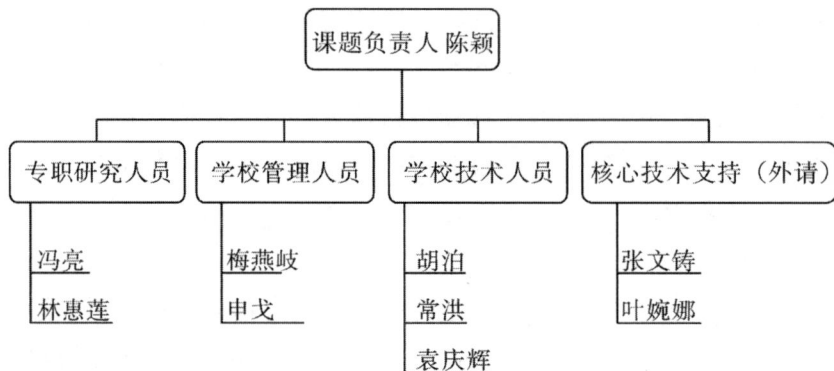

图2　研究团队构成

张文铸，博士，外请专家。2010年毕业于清华大学电子工程系，2010—2012年在清华电子系复杂工程系统实验室做博士后研究，其间担任"清华-思科绿色科技联合实验室"副主任。2012年9月进入国家发改委国家信息中心公共技术服务部工作，负责国家电子政务外网及电子政务云计算技术研究。现任清华大学智能教育技术创新联合研究中心副主任、中国教育技术协会人工智能专委会常务理事、北京清帆科技有限公司CEO。其作为负责人主持的项目包括德国Robert Bosch基金项目"北京城市动力学感知与数据分析"，作为技术负责人或主要成员参与多项国家973、863课题，拥有国家发明专利两项（第一发明人）、软件著作权18项，发表SCI、EI检索论文20余篇。

胡泊，中学高级教师。1992年获得市教育局颁发的"市中小学实验室建设工作"先进个人；2014年被评为市先进教师；2000年2月被省教育厅教育教学研究室和市教育局电教馆分别聘为省、市信息技术教材编写组成员；2002年成为区首批唯一的小学信息技术学科带头人；2003年成为市第二批骨干教师；2004年增补为广东教育学会中小学计算机教育专业委员会常务理事；2005年成为区第二届名师班成员；2008年被聘为市中小学信息技术学科教研中心组成员；2014年被评为福田区教与学方式转变特色教师工作室主持人。其带领的机器人社团已跨入全国优秀机器人社团之一，辅导的学生先后获得国际、全国、省、市和区各级的一等、二等、三等奖共百余项，本人也多次荣获国际、全国、省、市、区各级各类"优秀辅导教师""优秀教练""优秀领队"等称号。

梅燕岐，毕业于天津市第二师范学校，先后取得天津市教育学院汉语言文学大专学历及华南师范大学人力资源管理本科学历，小学高级教师。1996年任天津市东局子小学校长助理、副校长。多次参加天津市各级各类比赛并获得优异成绩，曾是天津市小语协会会员，区级兼职教研员，1998年获得天津市优秀教师光荣称号。1999年参加福田区首届全国招调考试后调入园岭小学担任副校长至今，主持或参与多项课题研究，教学、管理论文曾多次获省、市教育教学论文评比奖项。

冯亮，硕士，研究方向为信息技术与学科融合、教育政策研究，中学一级教师，现为深圳市教育信息技术中心发展规划研究员。曾分别在福田区外国语学校、福田区侨香外国语学校担任一线教学工作共五年，工作中具有科研视野，其间，参加广东省2015年信息技术优质课示范展示活动，参加第四届全国初中信息技术课优质课展评并获得特等奖；曾在教学工作第二年主持申报福田区教科研课题"教与学方式转变中信息化校园管理与教学应用行为研究：基于教学实录分析的策略"（课题编号：FTJY13068）并顺利结题。

林惠莲，从事项目管理，现为深圳市教育信息技术中心发展规划研究员。工作中结合企业发展思维优化日常工作。目前兼任深圳市教育云总项目的项目秘书，统筹促进该项目为全市教育系统提供统一用户管理、统一数据交换、统一应用接入等平台级服务以及为全市提供云课堂、云资源、云档案、云沟通、云政务等服务，并协助完成深圳市基础教育信息化发展报告等工作。

叶婉娜，毕业于广东外语师范大学，电子工程师职称，从事一线教师工作八年。2006年创办精标科技集团股份有限公司，专注于智慧教育产品的研发、生产、销售以及提供解决方案。本人及其团队研发的一系列智慧教育软硬件产品已入围中央电教馆采购目录，产品在浙江省、广东省、河南省、河北省等28个省、市教育厅、教育局、各大高校及高职广泛使用，并受到一致好评。2020年，精标科技集团股份有限公司还承担了国家重点项目课题"人工智能在线上线下教育中的运用"的研究。其团队擅长通过对新技术的运用与研究实现与教育场景的深度结合，并积极探索5G时代下创新的智慧教育运用，以求更有效地提升教学及管理的效率。

申戈，福田区园岭小学副校长，美术中级职称。曾获全国美术绘画书法辅导优秀教师，广东省课题先进个人，深圳市优秀教师；具有课题研究和组织能力，多次承担和参与各级德育、美术、科技课题研究；发表数十篇教学论文或论文获奖。

（七）研究进度安排

1. 研究筹备阶段（2018年3月至2018年8月）

本阶段对课题的选题角度、前瞻性、科学性、可操作性进行分析和论证，并进行前期的分析与评估。

2018年3月至2018年4月，成立校园安全管理、教学管理与课堂教学应用研究小组，明确小组成员的分工，参与课题组相关活动，获取相关信息资料；参阅已有的课题研究成果；组织全体成员认真学习课题的核心理论，明确"人脸识别技术的教学智能化应用"研究的内涵、主旨和具体要求。

01.研究筹备	02.实验部署	03.实验开发	04.中期总结	05.实践反思与优化	06.总结与验收
1.成立核心团队	1.部署课堂教学视频采集语境	1.采集课堂教学视频	1.召开总结会总结研究落实情况并完善需求	1.优化算法	1.形成调研报告
2.应用需求调研与分析	2.部署服务器与网络环境	2.算法研究	2.制订后期研究规划	2.增大采集样例数量，并做进一步测试	2.形成学术论文
3.技术需求调研与准备	3.部署校园人脸识别采集环境	3.软件开发	3.形成中期总结报告	3.在实践中推广人脸识别的管理应用	3.总结与反思
4.形成详细研究计划		4.测试与检验			
5.专家论证与指导		5.算法与软件优化			

2018年5月至2018年6月，选取实施案例，对已铺设人脸识别相关设备并准备投入应用的学校进行应用需求调研与分析。

2018年6月至2018年8月，进一步对已铺设人脸识别相关设备并准备投入应用的学校开展技术需求调研与准备；

2018年8月，形成详细研究计划并请专家进行论证与指导。

2. 实验部署阶段（2018年9月至2018年12月）

本阶段根据课题研究方案组织实施部署。学习人脸识别技术的理论知识，同时积累人脸识别技术在校园管理应用与课堂教学应用中的实践经验，以专题研究的方式推进课题的研究。

2018年9月，基于之前征集的应用需求和技术需求调研结果，部署课堂教学视频采集语境。面向深圳园岭小学五年级5个班安装直录播系统，用于开展精品课件录制、微课制作。

部分精品课件录制如下图所示：

部分微课制作效果如下图所示：

　　2018年10月，基于之前征集的应用需求和技术需求调研结果，部署服务器与网络环境。

　　2018年12月，基于之前征集的应用需求和技术需求调研结果，部署校园人脸识别采集环境。在园岭小学部署基于人脸识别的门禁与考勤系统，在校园各大门出入口、楼梯口安装人脸识别系统，实现对教师的无感考勤。

部分校园人脸识别采集环境如下图所示：

3. 实验开发阶段（2018年10月至2019年8月）

本阶段全面启动课题研究，根据人工智能技术在课堂教学场景中应用的可行性，调整研究方案。通过不断总结反思、不断完善研究思路、夯实研究过程，及时对阶段研究成果进行汇总、编辑。

2018年10月，采集课堂教学视频进行分析。

2018年8月至2019年3月，在应用实践中，对应用效果进行算法研究。

2019年3月至2019年5月，在采集样本、样本分析的基础上，进行软件开发。

2019年5月至2019年8月，进行实地测试，初步检验应用效果。

2019年8月至2019年10月，在再次采集样本、样本分析的基础上，进行算法与软件优化。研究课堂环境下将基于人脸识别技术的检测标准应用于教学实际中。

4. 中期总结阶段（2019年9月至2019年10月）

2019年9月，召开总结会，对深圳园岭小学安装的直录播系统及基于人脸识别的门禁与考勤系统的落实情况进行总结并完善需求，然后制订后期研究规划。

2019年10月，形成中期总结报告。

5. 实践反思与优化阶段（2019年11月至2020年6月）

本阶段课题组全体成员在实际应用的基础上，通过阶段性分析与总结、实际操作与改进，有针对性地完成案例分析，调研采访参与案例的教师，完成整体性研究。

2019年11月至2020年3月，对人脸识别、情感计算、行为识别技术深度应用的实践效果进行算法优化。

2019年11月至2020年5月，增大采集样例数量，并进一步测试课堂教学场景中人工智能技术应用效果，以提供更有说服力的教学研究分析。

2019年11月至2020年6月，在实践中推广人脸识别的管理应用。

6. 总结与验收阶段（2020年7月至2020年9月）

本阶段收集、整理课题研究获得的资料与成果，进行统计、分析、研究、总结，提高课题研究结果的理论含量，形成研究理论体系和课题的调研报告，汇编为资料文献。

2020年7月，根据课题组成员分工，对已实施的研究过程、研究资料和取得的研究成果进行全面整理，形成调研报告。

2020年8月至2020年9月，撰写结题报告、汇编成果专辑、出版学术论文以及总结与反思。

三、研究成果、结论及创新之处

（一）研究成果

1. 已发表论文

基于人工智能的多模态课堂观察方法（张文铸）。

2. 待发表论文

《人工智能时代的个性化课堂教学应用思考》（深圳市教育信息技术中心　陈颖　冯亮）。

《人脸识别技术在校园管理中的实验研究与思考》（深圳市园岭小学　胡泊；深圳市教育信息技术中心　林惠莲）。

3. 研究报告

基于人脸识别的智慧校园管理研究报告（陈颖、胡泊、叶婉娜）。

4. 相关发明专利

《一种特定场景下的目标跟踪方法》（张文铸、马维亮、杜远超）。

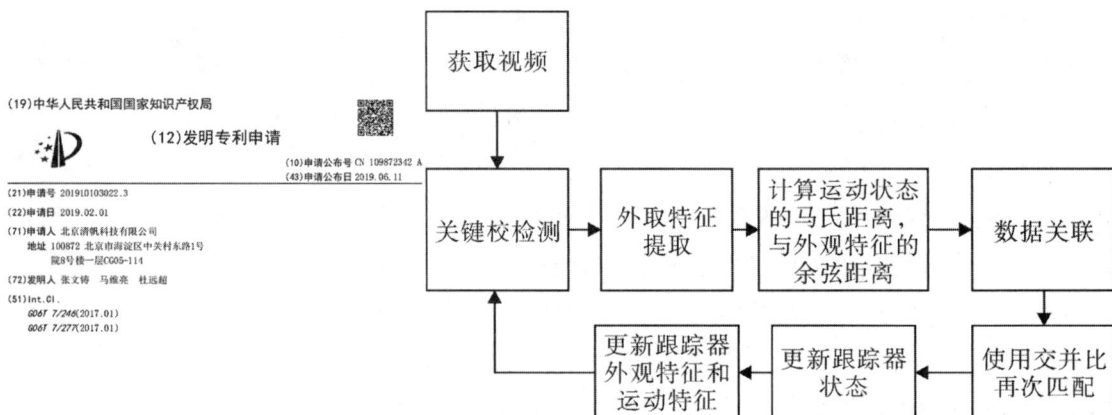

(19)中华人民共和国国家知识产权局

(12)发明专利申请

(10)申请公布号 CN 109872342 A
(43)申请公布日 2019.06.11

(21)申请号 201910103022.3
(22)申请日 2019.02.01
(71)申请人 北京清帆科技有限公司
    地址 100872 北京市海淀区中关村东路1号
    院8号楼一层CG05-114
(72)发明人 张文铸 马维亮 杜远超
(51)Int.Cl.
    G06T 7/246(2017.01)
    G06T 7/277(2017.01)

本发明公开了一种特定场景下的目标跟踪方法，将跟踪算法应用于人员相对固定的场景中，对场景中的参与者如学生、教师、与会人员、培训人员进行实时跟踪，以获取目标的状态，提高准确度与精确度，为使用者提供有用信息，并帮助其掌握参与者的状态，从而营造积极良好的课堂或会议氛围，提高参与者的效率等。

《一种基于深度迁移学习的高精度人脸识别方法》（张文铸、宋婧东）。

(19)中华人民共和国国家知识产权局

(12)发明专利申请

(10)申请公布号 CN 110569780 A
(43)申请公布日 2019.12.13

(21)申请号 201910825038.5
(22)申请日 2019.09.03
(71)申请人 北京清帆科技有限公司
    地址 100872 北京市海淀区中关村东路1号
    院8号楼一层CG05-114
(72)发明人 张文铸 宋婧东
(51)Int.Cl.
    G06K 9/00(2006.01)
    G06K 9/62(2006.01)
    G06N 3/04(2006.01)

本发明公开了一种基于深度迁移学习的高精度人脸识别方法。首先利用中规模人脸图片数据集以及SoftMax分类损失函数对深度卷积神经网络进行分类训练，通过梯度下降算法优化模型参数，得到初始人脸识别模型；随后更换大规模目标数据集，加载初始人脸模型SoftMax分类层外的前$N-1$层，同时采用ArcFace损失函数对加载后的深度卷积神经网络进行训练，利用梯度下降优化模型参数，得到目标人脸识别模型。本发明既解决了SoftMax损失函数精度不高的问题，又解决了直接使用ArcFace损失函数难以收敛的问题，提高了人脸识别模型的训练速度和识别精度，最终在公开测试集LFW上的识别精度为99.40%。

5. 相关技术产品的应用测试

（1）表情。

（2）姿态。

（3）专注力。

6. 相关研究成果

我们认为利用人工智能进行自动化、常态化和规模化的课堂观察，实施更科学、更高效的教学研究，是推进教学模式创新和智能化教育发展的重要研究方向之一。本研究构建的课堂观察技术框架和课堂观察数据指标体系如下：

（1）课堂观察技术框架。

以身份特征识别、行为识别和情感计算等人工智能技术为核心，结合相关理论的研究，我们构建了基于人工智能的课堂观察技术应用框架，主要包括感知层、算法层、数据层和应用层。

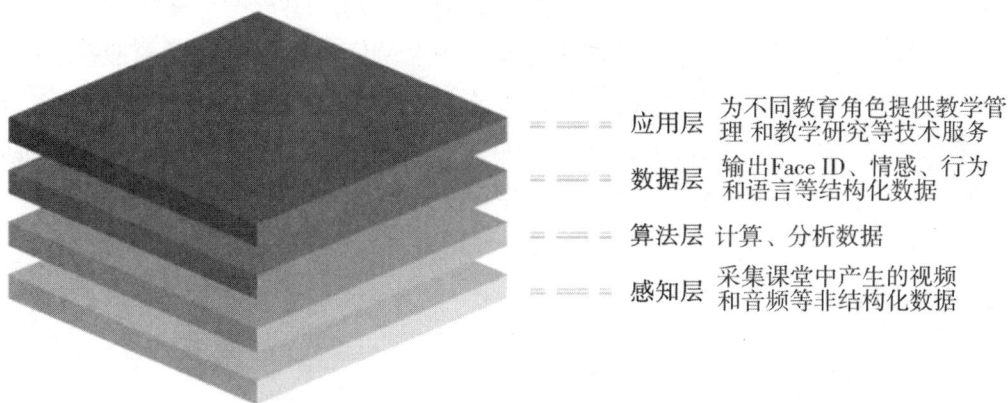

图3 基于人工智能的课堂观察技术框架

①感知层。

感知层是整个技术框架的感知终端，利用终端设备对课堂教学过程中产生的非结构化数据进行采集。通常使用的设备包括摄像头（彩色摄像头、深度摄像头、红外摄像头等），拾音器阵列，智能手表/手环，心率采集装置，脑电波采集装置等。其中后三种设备在教育场景中的普及度较低。本研究采用彩色摄像头与拾音器搭配的采集方案，以实现无侵入的数据采集，不影响正常教学流程。

②算法层。

算法层是技术框架的核心，主要对感知层采集到的非结构化数据进行分析，将其转变为结构化的信息。如针对图像数据进行人员身份识别、动作姿态检测、情感计算以及图像层面的统计指标分析。针对语音数据进行说话活动识别、说话者识别以及语音指标统计。通过时间轴的统一还可以将语音信息与图像信息进行关联分析，并综合教学的场景特点得到语音和图像信号的关联关系。

③数据层。

数据层主要利用机器学习、模式识别等技术对算法层产生的结构化数据进行进一步的处理。预先标注特定行为，对获取结果进行分类识别，对于新的模式可以利用无监督算法进行聚类分析，找到不同数据的不同模式。例如在无先验知识的情况下对班级内学生的学习模式、不同班级或不同老师之间的教学模式进行聚类分析。

④应用层。

应用层是课堂观察技术框架的最顶层，是身份特征识别、行为识别和情感计算等智能感知技术在功能层面的最终体现。应用层通过接收来自数据层的数据处理结果，为校长、教师等不同教育角色提供教学管理、教学研究等教育服务。

（2）课堂观察数据指标体系。

基于对现有课堂观察理论和研究的总结，我们认为能够满足未来教学质量评价需求的课堂观察指标需具备以下特点：一是指标设定丰富完整。课堂教学的主体是学生，但是教师的授课风格及其言行也很重要。因此，在课堂数据指标体系中追踪和抓取教师关键行为和言语，能加深其他教育参与者对整体课堂教学过程的理解。二是指标具有较高的易用性。一套成熟的、易用性高的课堂观察指标体系有利于我们结合不同维度的数据获取课堂关键行为特征，比如通过合并语音和视觉信息来抓取某时间点学生的学习行为特征状态，结合教师的动作和语言信息判定教师的授课风格等。

基于此，本研究提出建立以下课堂观察数据指标体系：

①基础数据指标。

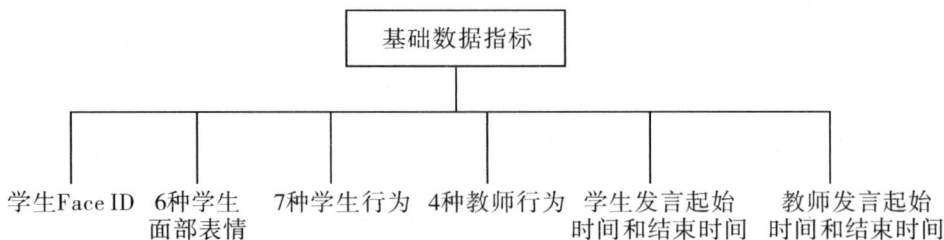

图4 基础数据指标图解

基础数据指标主要来自深度学习模型的输出，其图解如图4所示，主要包括学生Face ID、每秒钟的学生面部表情（包括高兴、中性、惊喜、伤心、生气、害怕等6种情绪）、每秒钟的学生行为（包括抬头、低头、侧头、举手、站立、趴桌和托腮等7种行为）、每秒钟的教师行为（包括端正、低头、侧身、举手等4种行为）、学生发言起始时间和结束时间、教师发言起始时间和结束时间等6类基础数据。

②初级数据指标。

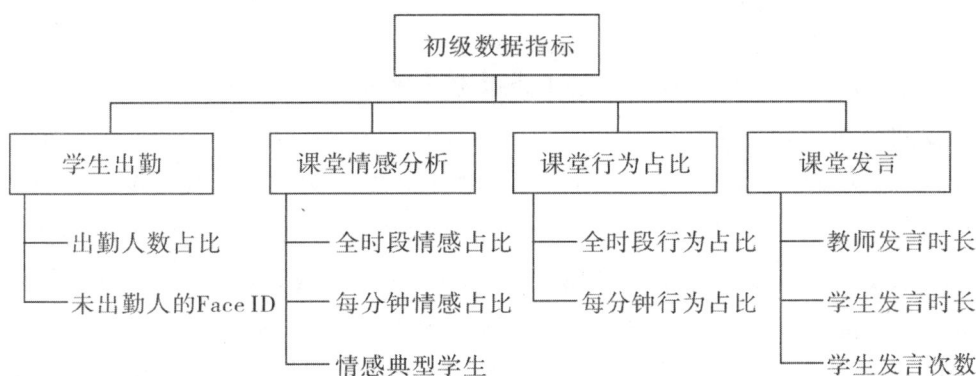

图5　初级数据指标图解

初级数据指标主要是对基础数据的统计计算，其图解如图5所示，包括通过识别每秒钟出现的人脸与Face ID进行匹配，确定出勤人数占比以及未出勤人的Face ID；通过统计每秒钟的学生表情，计算整堂课和每分钟等时间段内学生6种情绪占比，同时通过计算每个学生的正面情绪在课堂全时段内的占比，识别愉悦度最高和最低的情感典型学生；通过统计每秒钟的学生行为，计算整堂课和每分钟等时间段内学生7种行为占比；通过分析教师发言的起始时间和结束时间统计教师发言总时长，分析学生发言的起始时间和结束时间统计学生发言总时长、学生发言次数。

③多模态数据指标。

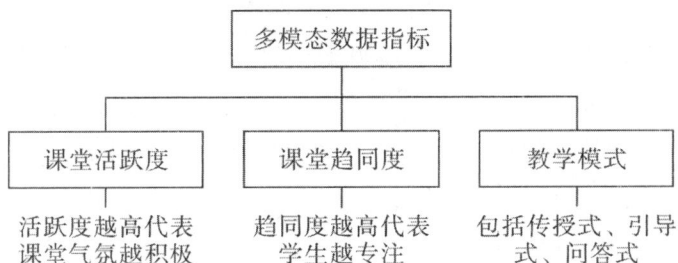

图6　多模态数据指标图解

多模态数据指标是对前期指标的量化建模，也是课堂观察结果的最终数据呈现，其图解如图6所示，其包括以下三方面：课堂活跃度，即对数据指标中的学生课堂情绪、行为变化和教师行为变化进行拟合生成一段时间序列，该时间序列模型输出为一条以时间为横坐标的变化曲线，活跃度越高代表课堂气氛越积极；课堂趋同度，即对课堂中每秒钟学生的情绪和行为、教师的行为离散值的拟合，跟活跃度类似，趋同度也是一段以时间序列模型为输出的变化曲线，趋同度越高代表学生越专注；教学模式，是按照教师和学生的互动度，以及教师的语音分析来判断授课模式，各类教学模式包括传授式（只检测到教师发言）、引导式（检测到教师发言后若干学生相继发言）、问答式（检测到教师和学生交替发言）。

（二）研究结论

1. 基于人脸识别的课堂观察有助于推进个性化课堂教学应用

（1）课堂观察数据指标体系丰富。

首先，通过面部表情识别技术对课堂教学视频中检测到的人脸图像定位68个人脸关键点，判断面部活动单元。基于深度卷积神经网络算法进行人脸图像情感特征提取，得出情感特征向量。结合特定场景人物的情感状态，合理设计情感分析的分类器，输入情感特征向量，得出情感分析结果，实现高兴、中性、惊喜、伤心、生气、害怕6种表情识别；结合教学方法论进行深度分析，帮助教师深入了解学生在课堂上的情绪及心理特征的变化动态；结合教学内容深入研究授课方式与学生接受程度之间的关联，从而借助客观数据调整教案及教学方法，为学生带来更好的学习体验。目前可对每一节课学生的情感占比进行检测并输出结果，即学生正面情绪（高兴、惊喜）、中性情绪及负面情绪（伤心、生气、害怕）出现的时间与比例，有助于了解课堂整体授课氛围及学生的课堂情绪反馈。情感评价作为课堂教学的一个相当重要的因素，可以促使教师关注学生在学习过程中的表现和态度等因素，帮助教师决策、调整教学方案。

其次，通过从图像中检测到的人体定位骨骼关键点，定义身体活动的部分。基于深度卷积神经网络算法进行行为特征提取，得出行为特征向量，并结合特定场景相关数据集，设定行为分析的分类器，输入行为特征向量，在得出行为识别结果的同时通过建模训练，形成对学生行为、教师行为的自动识别。目前骨骼动作检测算法可区分并识别常见的学生行为，如抬头、低头、站立、举手、趴桌、书写等典型课堂行为，并统计课堂过程中学生不同行为的占比，这有助于了解学生的课堂行为习惯，包括通过行为分析获取学生对多种授课模式的反馈，从而可以有根据、有方向地激发学生的学习积极性，促进学生的全面发展。

对课堂情感和课堂行为的分析增加了课堂观察的数据维度，有助于建立从基础数据指标到多模态数据指标的多维度数据评价体系。在人工智能技术辅助下的课堂观察可以获得多维度、细粒度的客观数据，可以提高课堂观察的效率，丰富课堂观察数据指标体系，为教学研究提供了有力的支撑。

（2）无感考勤实际场景应用。

目前的教学实践中，教学管理人员想对学生出勤情况进行整体把握较为困难，往往需要从多个渠道去了解出勤状况，效率低、信息获取途径复杂。而传统的巡课则需要教学管理人员走进班级，既耗时又增加教学管理人员的负担。课堂无感知考勤可为教学管理人员如班主任快速呈现班级学生出勤情况。通过人脸识别技术，自动检测课堂中的学生人脸，提取学生的人脸特征并与前期采集训练的人脸库进行比对，从而给出考勤结果。无感考勤帮助班主任快速、准确地了解班级学生在不同学科课堂上的出勤情况，减少点名、巡查等人力工作带来的时间成本和个人精力损耗，可提高考勤工作效率，有利于及时发现问题并找到相关学生进行沟通。

2. 基于人脸识别的人工智能应用在智慧校园的校园管理与课堂教学指导方面均有一定的学术价值

本课题学术价值主要有以下两点：

（1）对于教育相关专业的学生和一线教师，可以成为他们了解人工智能技术在课堂教学场景中应用的入口。切合实际的实施和分析，有利于提升个人的智能素养、提升自身智能教育水平。

（2）对于教学管理人员和教学研究人员，可以参考本课题的研究内容进一步深入实践和构建面向基础教育质量观察的全方位、规模化、常态化的教育评价体系，并开展面向基础教育质量提升的教育大数据研究。

3. 基于人脸识别的人工智能应用对于推进个性化课堂教学、教师队伍培养有一定的社会影响

（1）推动数据化教研和教师队伍建设。

在教研教学方面，传统教学模式下，刚入校的新教师如果想要获得成长、改进教学，那么就需要积累多年的授课经验。这种成长方式耗时长、效率低，且缺乏客观有效的数据支撑。利用人工智能技术如人脸识别、情感计算行为识别等，对课堂教学的过程性数据进行伴随式计算和分析，可帮助教师快速实现课堂教学反馈的闭环，助力年轻教师成长。

通过信息服务化，将资源、数据和应用流程以基于服务的方式整合，使彼此之间互相关联、数据融通，不断提高教研教学整体水平。应用人工智能技术进行全自动、无干扰的教学数据分析，还能为教研工作提供有力的数据支持，加速具备人工智能素养的教师队伍建设。

（2）丰富教学管理形态，推进精准化和科学化决策。

在教学管理方面，现有的教学评估和教学管理面临的最大挑战在于：教学管理人员或研究者对教师的教学过程检查和研究多停留在审核教案和例行教学观摩上，缺乏多维度的客观数据，导致评估结果主观化；对学生的学习情况检查多停留在期中、期末考试和随堂测验上，数据来源少，而且过于注重教学成绩，忽略了对教学过程的管理。此外，传统教学的教学评价以分数为主，评价方式比较单一，容易忽略学生在学习过程中的变化，以及教师起到的积极作用。构建全方位、全过程的教学评价体系，更科学、更全面地评价"教"与"学"，"告别唯分数论"是素质教育的目标。

以学生为中心的智能感知体系，无侵入式地获取课堂教学的过程性数据，通过班级、学科等多维度的横向对比等方式，可使教学管理的周期从一学期缩短为一节课，帮助教务管理者及时洞察教学环节出现的问题，大大减少教学管理中的重复性工作，让教务管理者能将更多的时间和精力用于决策，降低管理风险，推进精细化、科学化的教学管理决策。

（3）积极响应国家政策，建设可推广典型案例。

近几年，大数据和机器学习算法的革新，让人工智能在走过60多年的发展历史后，在性能上获得了极大的提升。人工智能技术的发展正在进入新的阶段，引发链式突破，推动经济社会各领域从数字化、网络化向智能化加速跃升，并开始对各行各业产生不可估量的影响力。人工智能技术将促使人们更加有效地利用时间，聚焦更有意义的工作——想象、创造和创新。在教育领域，同样如此。

《新一代人工智能发展规划》《教育信息化2.0行动计划》《中国教育现代化2035》等相关政策文件引导人们将人工智能技术应用到教学中，以更好地辅助教学。各地方根据当地教育信息化发展水平，对人工智能技术辅助教育作出布局，并开展应用人工智能技术辅助教学的示范区、标杆校的建设。

目前，人工智能技术已在教育领域得到广泛应用。通过积极应用人工智能技术，可构建学校的智能化教学平台，实现数字化的教学研究和学情管理。这不仅可以提高教学、科研、管理水平和运作效率，还可以全面提升学校的信息化程度。本课题可为人工智能技术在教育领域的应用和实践提供参考，以积极响应国家政策。

（三）研究创新之处

本课题全面思考并实践了人脸识别技术在智慧校园的教育管理与课堂教学中的技术支撑与应用研究，建立了比较典型的应用场景；在课堂教学中对学生的表情与行为进行了数据采集并建立了初步的评价指标体系，以期在后续个性化课堂教学中展开更多的应用研究，同时，在人工智能时代，对教师新技能新理念培训、新的课堂评价指标体系、新的个性化课堂教学支撑带来更多的应用支持与指导。

主要的研究创新之处如下：

1. 实现了基于学生表情分析的学生课堂学习情绪分析

通过面部表情识别技术对课堂教学视频中检测到的人脸图像定位68个人脸关键点，判断面部活动单元。基于深度卷积神经网络算法进行人脸图像情感特征提取，得出情感特征向量。结合特定场景人物的情感状态，合理设计情感分析的分类器，输入情感特征向量，得出情感分析结果，实现高兴、中性、惊喜、伤心、生气、害怕6种表情识别；结合教学方法论进行深度分析，帮助教师深入了解学生的课堂动态；结合教学内容深入研究授课方式与学生接受程度之间的关联，从而借助客观数据调整教案及教学方法，为学生带来更好的学习体验。

2. 实现了基于学生行为识别的学生课堂行为分析

能通过从图像中检测到的人体定位骨骼关键点，定义身体活动的部分。基于深度卷积神经网络算法进行行为特征提取，得出行为特征向量，并结合特定场景相关数据集，设定行为分析的分类器，输入行为特征向量，在得出行为识别结果的同时通过建模训练，形成对学生行为、教师行为的自动识别。目前骨骼动作检测算法可区分并识别常见的学生行为，如抬头、低头、站立、举手、趴桌、书写等典型课堂行为，并统计课堂过程中学生不同行为的占比，这有助于了解学生的课堂行为习惯，包括通过行为分析获取学生对多种授课模式的反馈，从而可以有根据、有方向地激发学生的学习积极性，促进学生的全面发展。

3. 初步建立基于数据分析的课堂观察指标体系

未来教学质量评价需求的课堂观察指标需具备以下特点：一是指标设定丰富且完整。课堂教学的主体是学生，但是教师授课风格及其引导性和启发性往往能够对学生在课堂中的知识反馈起到很强的解释力。因此，在课堂数据指标体系中建立对教师关键行为和言语的追踪和抓取，能加深其他教育参与者对整体课堂教学过程的理解。二是指标具有较高的易用性。一套成熟的、易用性高的课堂观察指标体系很大程度上决定着它能否很好地结合不同维度的数据来获取到课堂关键行为特征，比如通过合并语音和视觉信息来抓取某时间点学生的学习行为特征状态，结合教师的动作和语言信息判定教师的授课风格等。

对课堂情感和课堂行为的分析增加了课堂观察的数据维度，有助于建立从基础数据指标到多模态数据指标的多维度数据评价体系。课堂观察在人工智能技术辅助下可以获得多维度、细粒度的客观数据，真实应用于实际教学中，可以提高课堂观察的效率，丰富了课堂观察数据指标体系，为教学研究提供了有力的支撑。

4. 建立了无感考勤的管理与教学实际应用场景

目前的教学实践中，教学管理人员想对学生出勤情况进行整体把握较为困难，往往需要从多个渠道去了解出勤状况，效率低、信息获取困难。而传统的巡课则需要教学管理人员走进班级，既耗时又增加教学管理人员的负担。课堂无感知考勤为教学管理人员如班主任呈现班级学生出勤情况。通过人脸识别技术，自动检测课堂中的学生人脸，并提取学生的人脸特征与前期采集训练的人脸库进行比对，从而给出考勤结果。考勤结果帮助班主任快速、准确地了解班级学生在不同学科课堂上的出勤情况，减少点名、巡查等人力工作带来的时间成本和个人精力耗费，提高考勤工作效率，有利于及时发现问题并找到相关学生进行沟通。

四、研究总结及反思

（一）研究中获得的经验

（1）教育信息化研究要以教育为核心，做好需求分析与创新定位。同时，有力的技术支撑是课题研究的核心基础。

（2）课题研究源自实践，作用于实践。课题研究目标明晰的情况下，需要对技术开发进行丰富的准备，对技术实践环境进行有效的部署。在实践的基础上，进行分析、完善与补足，在反复迭代中与实际应用需求逐渐吻合。

（3）课题研究成果需在实践应用中不断更新并推广应用，以充分发挥研究的价值。

（二）研究中遇到的困难及突破办法

（1）进行大规模、常态化实践。前期样板间教室、学生、教师数量较少，采集、分析的数据相对较局限，相应的教学研究数据也有待进一步增加。因此下一步的工作是在条件允许的情况下，进行初步的大规模、常态化实践。

（2）提高技术应用深度。前期技术应用较浅，下一步会将人脸识别、情感计算、行为识别技术深度应用到课堂教学场景中，对教学过程中产生的非结构化数据进行细粒度分析，并进一步转化为结构化数据和可视化报告，从而辅助教学研究和教学质量提升。此外，基于分析结果进行横向比较和纵向分析，实现教学数据深度挖掘，并结合不同学科特点进行学科之间的研究分析，结合教师的不同特点进行教师之间的研究分析等，为学校教育实现智能化教学管理、提升教学质量提供助力，为教学优化和教学研究作数据支撑。

（三）后续研究方向

通过本课题研究，我们对基于人脸识别的人工智能技术在智慧校园中的校园管理与课堂教学中的应用需求进行了充分的需求分析、技术研发与应用试验，实现了基于学生表情分析的学生课堂学习情绪分析，并基于学生行为识别的学生课堂行为分析，初步建立了基于数据分析的课堂观察指标体系，以及无感考勤的管理与教学实际应用场景。后续我们将围绕基于人脸识别的个性化课堂教学方向，将研究成果与优化课堂教学予以结合，以期用采集的课堂教学视频数据，支撑教师对学生进行个性化与精准化的课堂教学，以及在提高学生学习效率、养成良好学习习惯方面进行有效的尝试。

（四）对后续研究与课题管理的意见与建议

建议建立一定的课题管理与研究机制，对研究成果予以版权保护；建立课题研究的创新应用实验环境；建立有效机制推广课题研究成果；由此，在信息化2.0时代，发挥课题研究在教与学实验改革中的先锋作用。

五、研究案例点评

该课题对基于人脸识别的人工智能技术在智慧校园中的校园管理与课堂教学中的应用需求进行了充分的需求分析、技术研发与应用试验。

在基于人脸识别技术的校园管理方面，建立了无感考勤的管理与教学实际应用场景。在基于人脸识别的校园大数据管理的基础上，探索并实践了基于人脸识别的师生无感高效考勤管理等应用。

在基于人脸识别技术的课堂教学管理方面，实现了基于学生表情分析的学生课堂学习情绪分析，实现了基于学生行为识别的学生课堂行为分析，初步建立了基于数据分析的课堂观察指标体系，并为基于多模式、多维度、定性、定量的课堂观察提供了模式框架、基础平台、算法实现与实践应用。

后续可将围绕基于人脸识别的个性化课堂教学方向的研究成果与优化课堂教学予以结合，以期用采集的课堂教学视频数据，支撑教师对学生进行个性化与精准化的课堂教学，以及在提高学习效率、养成良好学习习惯方面进行有效的尝试。或者将课题研究成果在基础教育领域的线上线下结合教学、个性化课堂教学、精准化课堂教学等方面推广应用。

案例单位：深圳市教育信息技术中心
负　责　人：陈颖
研究类型：重点课题

基于动态工作组的智慧课堂构建及案例研究

一、研究背景、问题及目标

（一）研究背景

智慧课堂在智慧教育、智慧校园、智慧教室的大环境下，随着信息技术与学科教学的不断融合而发展。同时，随着教育大数据逐渐渗透到教育领域，也使得利用大数据分析技术来构建智慧课堂成为可能。但是，目前国内对于具体的智慧课堂教学模式与课堂实践的应用研究还不足，也鲜有学者对智慧课堂环境下教学模式的有效性进行系统的研究，而对大数据环境下智慧课堂中学与教的研究更是少之又少。

近年来，福永中学进行了小组合作学习的探索与实践，但是由于缺乏及时、有效的教学反馈，很多小组合作的生成性学习都没能在第一时间被关注和回应。为此，需要引入信息技术手段，对教育信息进行智慧处理，以实现学与教的及时反馈与互动。

（二）研究问题

本研究的核心问题：基于互动反馈技术构建多屏学教互动的智慧课堂，探索课堂互动反馈环节、采集反馈信息（数据）和反馈呈现等问题，并对基于多屏学教互动的智慧课堂的教学效果进行评价。

（三）研究目标

第一，整体目标。通过基于数据分析的智慧课堂分层教学，探索以互联网思维和大数据思想为基础的教学模式，实现教师在课堂上聪明地教、学生愉快地学的目的，进而切实有效地提高小组合作学习的效率和质量，助推教育教学改革。

第二，具体目标。①利用信息技术对智慧课堂软硬件提供支持，构建基于多屏学教互动的智慧课堂。②探索针对不同年级、不同学科的智慧课堂教学设计。③探索智慧课堂支持下的"分层教学"，便于因材施教。

二、研究内容及过程

（一）研究内容

本课题研究内容如下（图1）：

（1）基于校企合作的方式探索如何建设适应中学教学需求的智慧课堂；探索如何利用智慧课堂信息采集平台和其他工具来实现课堂分层教学信息的即时呈现，保障课堂流畅地进行高效互动。

（2）智慧课堂学生互动学习研究：探索课堂小组的分类方法；探索小组活动的深度、限度和效度问题，解决异质化小组中优生被后进生拖累等问题。

（3）智慧课堂教学模式研究：探索不同学科课堂模型的构建与数据呈现；基于数据分析调整课堂教学策略。

（4）智慧课堂评价研究：探索课堂数据采集与统计分析关键要素；探索不同学科的课堂评价有效指标与评价方式。

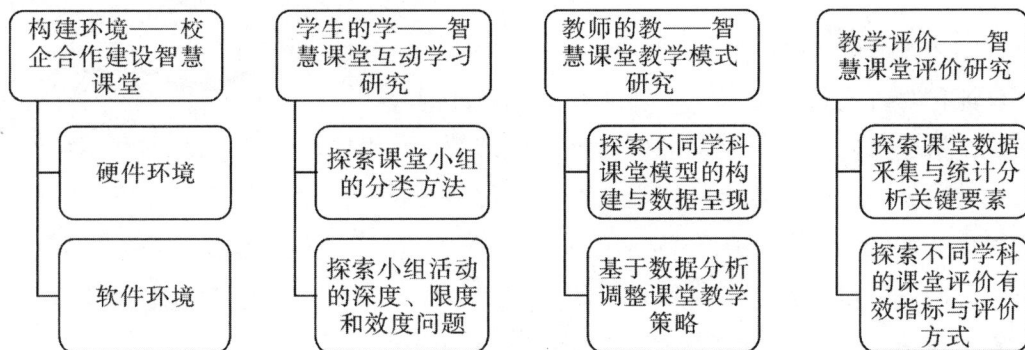

图1 课题研究内容

其中，基于智慧课堂的学生的学和教师的教是研究的重点，而智慧课堂评价则是研究的难点。

（二）研究方法

本研究以行动研究法为主，辅之以实验研究法、数据统计分析法、文献研究法和观察分析法。

1. 行动研究法

本研究使用行动研究法，要求基于教师自身的教学实践，从教师的实际教学出发，在多屏学教互动平台的支持下，利用基于动态数据分析的教学反馈系统，研究课堂中教师的教和学生的学，以提高教学质量。

2. 实验研究法

本研究依据实验研究法在六个实验班中进行智慧课堂的教学实践，针对不同的教学对象进行不同的教学设计，并使用不同的教学模式，通过多屏学教互动平台进行数据统计和分析，从而验证教学的有效性。

3. 数据统计分析法

本研究主要依托多屏学教互动平台进行动态数据的收集和统计分析，从而对学生的学习行为和教师的教学组织进行数据统计和分析，以增强学生的学与教师的教的有效性。

4. 文献研究法

本研究基于多屏学教互动的平台进行智慧课堂的构建和应用研究，主要对智慧课堂的研究进展进行相关的文献研究。

5. 观察分析法

本研究在实际的课堂教学中实施，通过课堂观察分析可以对学生的学和教师的教进行直观和及时的反馈，并掌握第一手资料。

（三）研究思路及过程

本研究的研究思路是基于一学通互动课堂即时反馈系统，搭建可实现多屏互动的即时课堂反馈教学环境——进行必要的教学资源环境建设——学习掌握及时获得真实准确教学数据的平台、工具和方法——根据所获得的数据进行教学过程设计（包括教学目标、分层教学策略、教学模式与方法、教学资源与操作平台）——根据教学过程设计实施教学——利用一学通互动课堂工具和平台对教学成效进行评价——根据教学成效的评价数据和学校和教师对课题研究的建议，修改、完善智慧课堂信息采集平台，如图2所示。

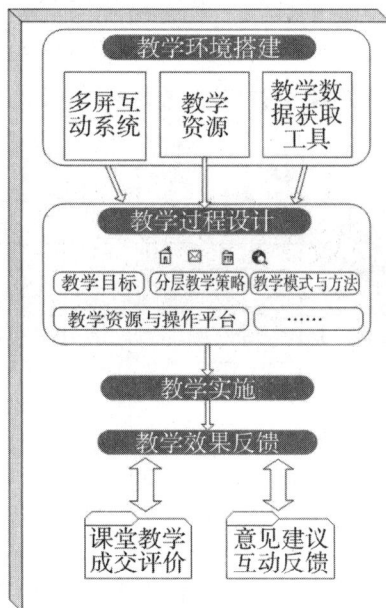

图2　研究思路

研究过程如表1所示。

表1　研究过程

研究阶段	时间	研究内容
准备阶段	2018年3月至2018年6月	课题方案论证、申报、立项
启动阶段	2018年7月至2018年9月	课题组的班子搭建与培训：选取了6个班作为"基于多屏学教互动的智慧课堂"先行班，确定课题参与教师约20人，在上述6个班级中进行先行试点。云合智慧团队和信息技术科组教师亲自对福永中学的相关教师进行技术指导培训

（续表）

研究阶段		时间	研究内容
课题研究阶段	探究性研究阶段	2018年9月至2019年7月	实验教师使用"基于多屏学教互动的智慧课堂"的指南与评估表，定期组织研讨活动，并完成"基于多屏学教互动的智慧课堂"推广应用的中期报告，在此阶段基本摸索出一套立足于本校校情、符合学科教学特点的基于多屏学教互动的智慧课堂模式，并产生一定的实验效果
	中期评估阶段	2019年10月	进行中期考核，形成阶段性成果
	再实践和反思阶段	2019年11月至2020年2月	在先行试点取得经验的基础上，推广应用于全校其他教学班的语文、数学、英语、物理、化学、历史与社会等学科，正式全面铺开"基于多屏学教互动的智慧课堂"实验
验证研究阶段		2020年3月至2020年10月	将反思结果进行整理、小结，写出结题报告，将有关活动教学的案例整理成册
评价与推广阶段		2020年10月以后	积极利用教研活动时间推广成果，扩大影响。争取教研员的支持，鼓励教师克服一切困难，积极开展智慧课堂教学。通过多种途径进行宣传

三、研究成果及结论

（一）研究成果

（1）形成多维互动教学模式。

（2）教学研究论文有如下2篇：

①《初中道德与法治课堂中合作体验式教学的应用探究——以〈法律保障生活〉为例》；

②《小组合作学习在心理健康教育教学中的探索与应用》。

（3）课例包括：

①溶解度曲线；

②Amazon。

（4）现阶段研究总结。

（5）学生成长记录。

（6）环境搭建设计过程。

（二）研究结论

（1）基于校企合作的方式探索建设适合中学教学需要的智慧课堂，有利于课堂分层教学信息即时呈现，保障课堂流畅、高效互动。

（2）通过智慧课堂的学生互动学习研究，找到更加合理的课堂小组分类方法，从而有效提高小组合作学习的效率，有效解决异质化小组中优秀生被后进生拖累等问题。

（3）构建有效的智慧课堂教学模式，形成多维互动教学模式，有利于教师调整课堂教学策略。

（4）智慧课堂教学评价能够有效解决传统课堂教学评价不及时、主观性强等问题。通过对课堂数据的采集与统计分析，有利于在课堂中及时发现和反馈大部分学生遇到的问题并进行反馈。

四、研究总结及反思

（一）研究创新之处

通过课题研究可以开发与构建适合本校教学需要的多屏学教互动智慧课堂。目前，福永中学以一学通互动课堂为支撑，围绕云服务、云互动、云协同三类"云端"结合的智慧课堂，已构建多维互动式教学模式。

1. 多维互动式教学流程

多维互动式教学是人、技术、资源和环境之间的高度耦合，它利用多媒体、网络、云计算等在班级课堂中建立课堂网络学习环境，为学习者提供协商讨论、相互交流和信息共享的渠道，学生则以小组的形式在评价激励的机制下，合作互助、有效地完成共同的学习任务。其流程如图3所示。

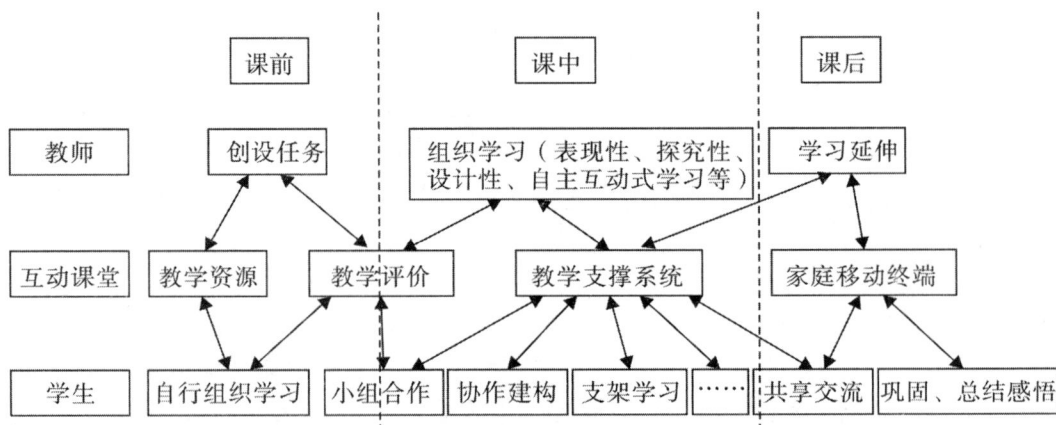

图3　多维互动式教学流程

智慧课堂是一个智能化的教学空间，由多屏显示、平板电脑和连接互联网的教学互动平台构成。利用平板电脑不仅可以便捷地获取资源，也便于与教师和其他同学进行互动、交流。如在教学中，教师可以借助平板电脑看到学生电脑屏幕上显示的内容，并可以随时操控学生的电脑，或根据学生的需要及时协助学生完成课程；学生可在云平台分组讨论，也可及时与教师沟通。这使课堂从原先静态、预设的形态转变成动态的、生成的和高互动的形态。课堂互动不再局限于师生之间、生生之间，还包括人与技术、人与环境、人与资源等方面的多种互动，这就是多维互动式教学的核心。

2. 多维互动式教学模式的构建

如图4所示，在教师的引导下，只有经过学生自主实践、思考、交流过的知识内容，才能被内化到学生的知识体系中，而互动与交流是其中的重要环节。智慧课堂构建了个性化和信息化的教学环境，支持教师的有效教学和学生的有序协作、有效交流，协作是其典型特征，即借助网络服务平台所创设的良好协作环境，使学生个体与个体之间、个体与群体之间进行思想碰撞，增强学生合作素养和深圳市要求的八大素养。经过3个教学实验班为期三年的创新教学实践，现已经初步形成了表现性学习、设计性学习、探究性学习和自主互动式学习的教学模式。现简要介绍如下：

第一，表现性学习的多维互动教学模式。

表现性学习以问题为中心，由获取、释义、生成、表现、评价五个基本阶段构成。目前应用于实验班的语文、历史等学科教学中。

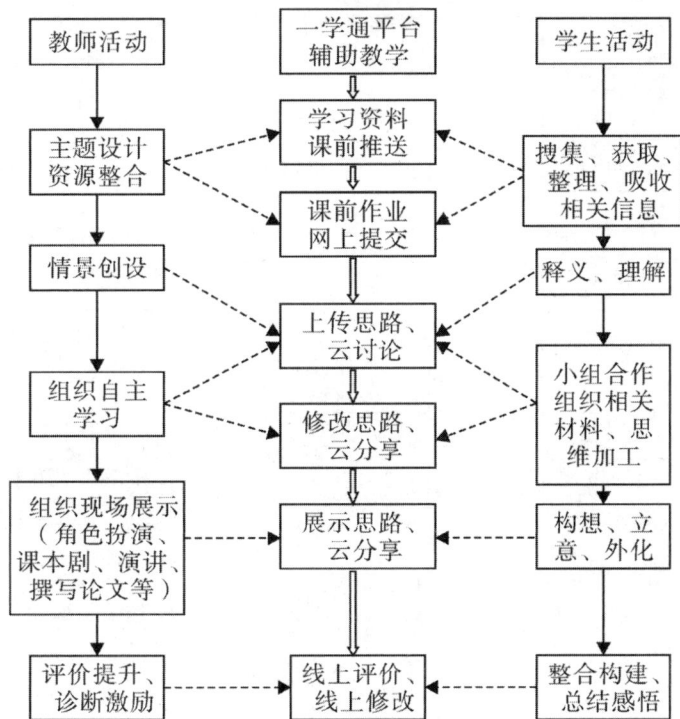

图4 表现性学习的多维互动式教学模式

如图4所示，通过平台学习资源课前推送，学生学会搜集、获取背景知识；通过课前导入，学生能对情景进行释义，并通过平台进行组内讨论；通过自主学习环节，学生能成为"自我导向"的学习者，对精选出来的信息作进一步的解释与分析，明确其内涵，分辨信息的相互关系，并以某种方式对它们进行组织，反复地进行思维加工；通过展示环节，表现任务需要，并通过构想、立意等高级心理活动，建构信息的意义、生成能够外化展示的论文、表演等，同时，还要自己考虑演讲的对象、方式、效果；通过总结评价环节，对活动过程、结果、关系等，进行多元评价。

第二，设计性学习的多维互动教学模式。

设计性学习要求学生在教师的指导下，根据要求或规律，进行设计和成品制作。其突出特点是产品成型和迭代。目前应用于实验班的语文、英语、物理、美术、音乐等学科教学中。

如图5所示，通过设计启迪环节，学生可自行收集资料并在云平台分享，创设设计联想情景；通过设计实践环节，学生可迁移知识、设计方案，并上传分享；通过作品制作环节，学生可按照作品加工方法或规律，将方案转化为产品，并拍照上传分享；通过作品迭代环节，学生可通过云平台即时对作品进行对比、点评、发散思维、不断优化；通过评价环节，学生可对设计过程和设计成果进行师评、自评和互评，按键完成。

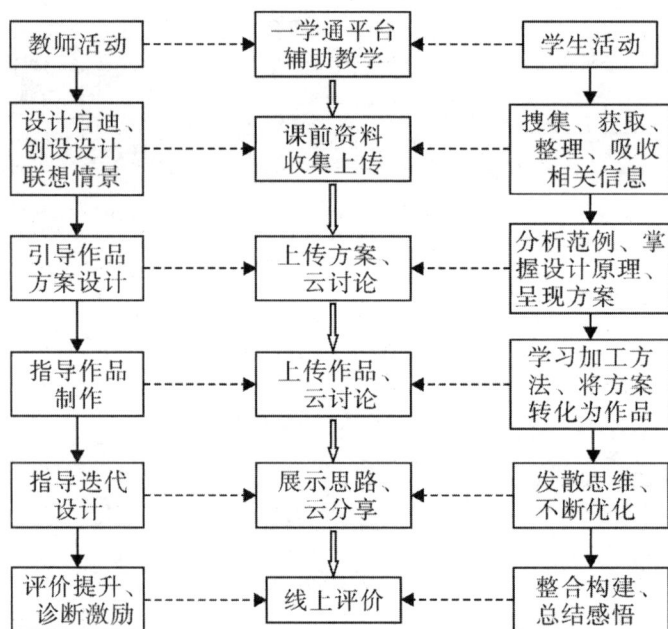

图5　设计性学习的多维互动式教学模式

第三，探究性学习的多维互动教学模式。

如图6所示，科学探究是以学生为中心的重要教学方式之一，一般包括设计场景、提出问题，猜想假设，设计实验，进行实验、得到结论，交流讨论，评价提升、诊断激励等步骤。使用一学通平台，可使探究学习中的瞬时实验证据采集等难题得到解决，目前此模式应用于实验班的物理、化学、生物等学科教学中。

```
┌──────────┐      ┌──────────┐      ┌──────────┐
│ 教师活动 │- - ->│ 一学通平台 │<- - -│ 学生活动 │
└──────────┘      │ 辅助教学 │      └──────────┘
     │            └──────────┘           │
     ↓                 ↓                  ↓
┌──────────┐      ┌──────────┐      ┌──────────┐
│ 设计情景、│- - ->│ 课前资料 │<- - -│ 搜集、获取、│
│ 提出问题 │      │ 收集上传 │      │ 整理、吸收 │
└──────────┘      └──────────┘      │ 相关信息 │
     │                 ║            └──────────┘
     ↓                 ↓                  │
┌──────────┐      ┌──────────┐           ↓
│ 猜想假设 │- - ->│          │<- - -┌──────────┐
└──────────┘      │          │      │ 抽取问题，进│
     │            │ 上传设计方│      │ 行合理猜想 │
     ↓            │ 案、云讨论│      └──────────┘
┌──────────┐- - ->│          │           │
│ 设计实验 │      │          │<- - -     ↓
└──────────┘      └──────────┘      ┌──────────┐
     │                 ║            │ 小组合作、设│
     ↓                 ↓            │ 计实验方案 │
┌──────────┐      ┌──────────┐      └──────────┘
│ 进行实验、│- - ->│ 录像、拍照、│<- - -     │
│ 得到结论 │      │ 直播     │           ↓
└──────────┘      └──────────┘      ┌──────────┐
     │                 ║            │ 观察记录、│
     ↓                 ↓            │ 寻找证据 │
┌──────────┐      ┌──────────┐      └──────────┘
│ 交流讨论 │- - ->│ 展示研究过│<- - -     │
└──────────┘      │ 程、云分享│           ↓
     │            └──────────┘      ┌──────────┐
     ↓                 ║            │ 经验同化、│
┌──────────┐      ┌──────────┐      │ 自主构建 │
│ 评价提升、│- - ->│ 线上评价 │<- - -└──────────┘
│ 诊断激励 │      └──────────┘           │
└──────────┘                            ↓
                                   ┌──────────┐
                                   │ 整合构建、│
                                   │ 总结感悟 │
                                   └──────────┘
```

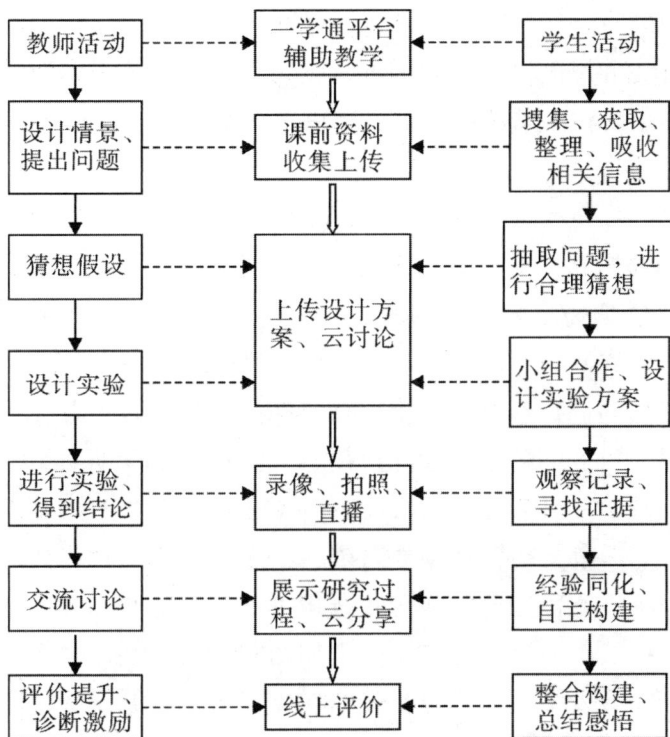

图6　探究性学习的多维互动式教学模式

第四，自主互动式学习的多维互动教学模式。

如图7所示，由陶行知先生提出的"小先生制"，以教育技术作为支撑，能更好地解决大班教学落实贯彻问题，目前应用于实验班的各学科复习课教学中。

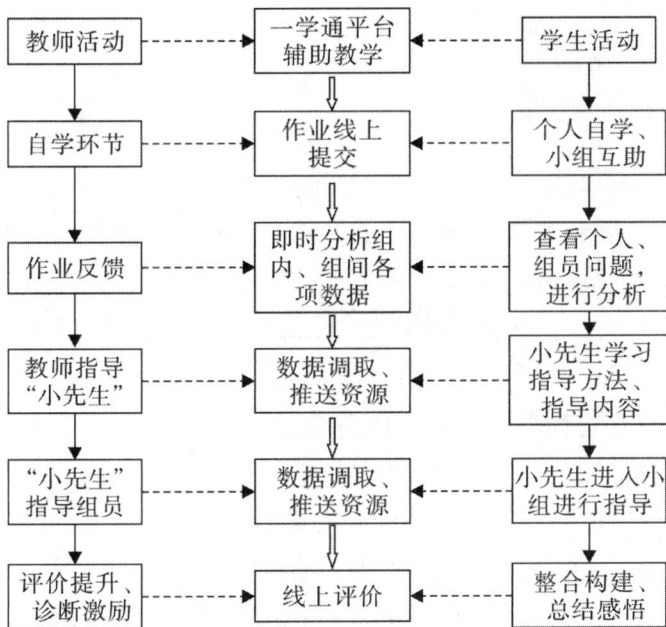

```
┌──────────┐      ┌──────────┐      ┌──────────┐
│ 教师活动 │- - ->│ 一学通平台 │<- - -│ 学生活动 │
└──────────┘      │ 辅助教学 │      └──────────┘
     │            └──────────┘           │
     ↓                 ↓                  ↓
┌──────────┐      ┌──────────┐      ┌──────────┐
│ 自学环节 │- - ->│ 作业线上 │<- - -│ 个人自学、│
└──────────┘      │ 提交     │      │ 小组互助 │
     │            └──────────┘      └──────────┘
     ↓                 ║                  │
┌──────────┐      ┌──────────┐           ↓
│ 作业反馈 │- - ->│ 即时分析组│<- - -┌──────────┐
└──────────┘      │ 内、组间各│      │ 查看个人、│
     │            │ 项数据   │      │ 组员问题，│
     ↓            └──────────┘      │ 进行分析 │
┌──────────┐      ┌──────────┐      └──────────┘
│ 教师指导 │- - ->│ 数据调取、│<- - -     │
│ "小先生" │      │ 推送资源 │           ↓
└──────────┘      └──────────┘      ┌──────────┐
     │                 ║            │ 小先生学习│
     ↓                 ↓            │ 指导方法、│
┌──────────┐      ┌──────────┐      │ 指导内容 │
│ "小先生" │- - ->│ 数据调取、│<- - -└──────────┘
│ 指导组员 │      │ 推送资源 │           │
└──────────┘      └──────────┘           ↓
     │                 ║            ┌──────────┐
     ↓                 ↓            │ 小先生进入小│
┌──────────┐      ┌──────────┐      │ 组进行指导 │
│ 评价提升、│- - ->│ 线上评价 │<- - -└──────────┘
│ 诊断激励 │      └──────────┘           │
└──────────┘                            ↓
                                   ┌──────────┐
                                   │ 整合构建、│
                                   │ 总结感悟 │
                                   └──────────┘
```

图7　自主互动式学习的多维互动教学模式

基本流程：学生课前自学，在线上提交作业；课堂上各项数据即时反馈，学生查看并寻找个人学习上的问题；教师一对一或一对六辅导"小先生"，并推送学习资源；"小先生"根据所在小组组员的得分情况进行指导；最后对各组进行综合评价。

（二）研究不足与展望

1. 研究中遇到的困难及突破办法

都说教育变革最难的是教师的观念，在研究的开始阶段，我们也遇到了这个问题，学科老师觉得这样的智慧课堂系统不好用、嫌麻烦，因此我们花了近一个月的时间不断和各个学科教师进行磨合，每个星期定期开展教学研讨会，对于出现的问题及时解决，不断提高学科老师的积极性和自信心。经过一个学期的磨合，不仅很多老师的教育教学观念都发生了很大转变，而且他们也更加喜欢用智慧课堂教学系统上课。

另外，由于多屏学教互动智慧课堂系统并不完善，在工具的开发和评价的模型等方面都缺乏科学设计，所以需要在使用的过程中不断研究和改进，这对于我们来说本身就是一个不小的挑战。但是，经过一个学期的实验与实践，多屏学教互动系统的很多方面都已经逐渐在教学中变得成熟，相信在接下来的智慧课堂构建中会取得更好的效果。

2. 后续研究方向

基于以上实验班的探索、尝试、实验，基于多屏学教互动系统的智慧课堂的构建，将能完全支持小组间和小组内的反馈与互动，以及教师的评价与分享。

后续应进一步开阔视野，学习其他优秀的多屏互动教学系统，以进一步改进智慧课堂的构建思路和教学应用实践。

五、研究案例点评

（1）课题选题有价值，能紧跟时代要求。课题基于互动反馈技术构建多屏学教互动的智慧课堂，开展智慧课堂分层教学，利用数据分析技术，探索课堂互动反馈环节，并对教学效果进行评价，探索以互联网思维和大数据思想为基础的教学模式。该课题符合我国当前教育信息化的相关政策，符合教育部提出的要以信息化推动教育现代化的教育趋势。

（2）课题研究方法得当。本研究以行动研究法为主，辅之以实验研究法、数据统计分析法、文献研究法和观察分析法。采用的方法切合实际，能保证课题研究的正常开展。

（3）课题研究计划全面、合理。课题研究步骤合理、可行，符合课题研究需要，具有可操作性。课题按时间序列进行了详细的过程设计，并对实施阶段进行了详细的论述划分和研究说明，研究任务分工明确。

（4）课题研究成果较丰富，对智慧课堂教学模式的探索具有实质性的指导意义。研究成果有论文集、课例资源和研究报告，并形成了几种典型的基于互动反馈技术的多屏学教互动的智慧课堂教学模式：表现性学习的多维互动教学模式、设计性学习的多维互动教学模式和探究性学习的多维互动教学模式等。做到边进行实践研究，边总结研究成果。

鉴于该课题是一项实践性很强的研究工作，现对后续研究提出如下建议：①继续细化研究目标，进行更深层次的研究；②继续整理和收集研究成果，形成可大面积推广的、更有价值的成果。

案例单位：深圳市福永中学

负责人：平怀林

研究类型：教与学方式

基于微课的翻转课堂在初中数学教学中的应用研究

一、研究背景、问题及目标

（一）研究背景

开展本课题的研究有如下几点原因。

（1）源于时代挑战的需要：经济的全球化、社会的急剧转型给教育带来了新的挑战。多元化的社会环境对人才的要求越来越高。为使我们的学生具有创新精神和创新能力，以能适应时代的发展需要，数学课堂教学改革势在必行。因此，开展本课题研究具有前瞻性。

（2）源于学校发展的需要：学校的发展依赖于学校教学质量的提高。教学质量是学校的生命线，其成效在于课堂教学。促使学校的教学质量走上可持续发展的道路，是本课题研究现实性所在。

（3）源于教师角色转变的需要：时代在发展，观念在更新。新时期下教师的角色、地位也应顺应时代潮流进行转变，即教师不仅是学生的良师益友，还应是学生学习的组织者、指导者和鼓励者。

（4）源于数学教学目标实现的需要：初中数学学科因知识点比较明确，较为适用传授练习的方法，同时教师也能比较容易地将知识的重难点制作成微视频，供学生在课下自主学习。但并不是初中数学学科所有的内容都适合翻转课堂这种教学模式，因此本课题基于翻转课堂对初中数学学习内容有选择性地进行了研究。

（5）源于学生自身发展的需要：培养学生个性化的自主创新和实践探究能力是知识经济时代下教育的关键。学生能否适应社会的发展，取决于他们受教育的程度、方式。因此，开展本课题研究具有针对性。

（二）研究问题

本课题通过问卷、测试以及访谈等途径收集数据，广泛听取师生的心声，并在课堂上利用信息技术优化数学课堂教学，目的是在信息技术的领域里，在寻求高效的数学课堂教学策略理论的框架下，探讨初中数学课堂的实效性和前瞻性，并为初中数学课堂教学设计提出更加切实可行的教学建议。

（1）调查分析当前的多媒体数学课堂教学模式下，我校学生数学学习的兴趣、情感状况，参与教学活动的积极性，数学知识综合运用技能的发展情况，并从中发现问题，研究解决问题的策略。

（2）了解学生在当前环境下的数学学习策略，并寻求相应的对策，以培养学生有意识地借助信息技术处理学习中障碍的习惯，养成良好的自我学习意识。

（3）利用信息技术优化课堂教学设计和教学策略，对教材内容进行认真选择、精心整合，使内容基于教材，但又不局限于教材，使之具有时代性、实践性和现实性。

（4）依据不同的训练目标，优化资源配置，创设多样化的教学活动，以照顾学生的个体差异；设计出具有典型性、实践性、目的性的课堂策略和方法，培养学生自主参与、合作探究的学习能力。

（5）以课题为中介，丰富并更新教师的教育教学理论，提高教师的教学教研能力，撰写具有针对性、代表性、实践性和现实性的课堂教学设计和教学策略。

（三）研究目标

本课题旨在通过研究，选择初中数学教材中的有关内容并将其制成讲解视频，优化讲授方法，指导学生在家中科学、合理地使用视频进行自学，为课堂上提高学生对知识的综合运用能力扫清障碍，实现课内外学习的有效融合。还可通过翻转课堂教学模式来打造高效学习方法和高效课堂，形成知识点讲解视频库。

二、研究内容及过程

（一）研究内容

（1）教材知识点讲授优化研究：梳理归纳各册知识点，列出需要讲解的知识点，并对各知识点的讲解细节及策略进行研究，为下一步研究打好基础。

（2）微视频应用途径和策略研究：对制作的视频的用途进行研究，分析其是适合预习、复习，还是适合作业指导，以确定讲解视频的使用策略，作为案例逐一加入研究并形成使用建议。

（3）翻转课堂教学模式的设计与评价、综合与分析：研究如何通过翻转课堂教学模式，提高学生的自主学习能力，同时促进教师与学生之间的沟通和交流；研究如何在翻转教学中激发学生学习的主体性，提高学生学习积极性。

基于微课的初中数学翻转课堂教学模式

研究重点：微课的制作与翻转课堂模式设计

研究难点：使用信息化技术的翻转课堂教学模式如何实现融合创新

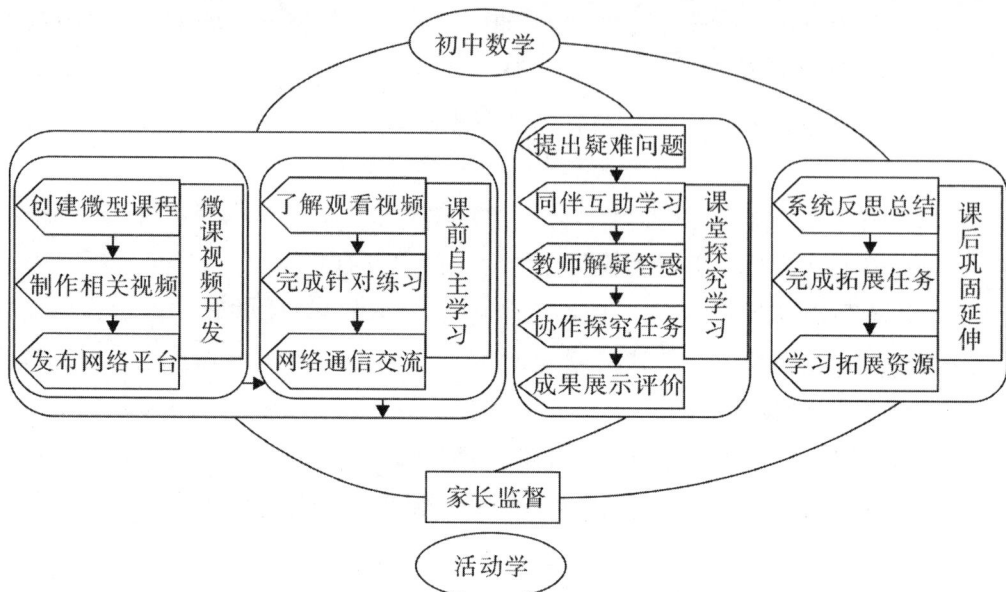

图1 基于微课的初中数学翻转课堂教学模式

（二）研究思路及过程

本课题研究分三个阶段进行：

第一阶段：规划设计阶段。

主要工作：学习相关理论，确定研究课题，组建课题组，落实人员分工，制订课题研究计划、方案，确定研究目标、内容、措施、方法等，报相关部门审批、立项。

第二阶段：开题研究阶段。

主要工作：

（1）课题组教师学习网络平台知识。

（2）在初一、初二年级同时实施课题，首先对学生学习中的疑难知识点进行汇总，然后各成员分工录制微课视频，并在实践中不断优化提升，以使学生取得最好的学习效果。

（3）课题组教师每周抽取具有代表性的微课视频，利用网络平台，讨论交流、集思广益，为下一步的微课制作和创新打下坚实的基础。

（4）课题组各教师将自己课题研究和教学实际中录制的微课视频收集汇总，课题主持人召集课题组成员讨论交流，对所有成果进行综合、全面的评价分析，并形成阶段总结。

第三阶段：研究深化阶段。

主要工作：

（1）依据各年级特点，安排合适的学习内容，录制微课视频的数量随时间推移逐年上升，以期获得年级阶段性成果。

（2）在前期分析和研究的基础上，对初中数学学习内容的改革提出相关策略，为日后解决教学中类似问题做准备。

（3）收集整理有关资料，并进行数据统计分析，撰写研究报告或论文，做好结题工作。

（三）研究方法

（1）行动研究法：准备阶段通过文献搜集与整理分析，学习"翻转课堂"的理论，寻找理论依据，明确研究目标，设计研究方案；在具体的工作情境中认真进行行动过程的研究，并根据研究中遇到的具体情况，边实践、边探索、边修改、边完善，使理论与实践有机地统一起来；在准备阶段和总结阶段分别进行调查，通过对实验前后课堂教学效果、教育质量等方面的对比分析，确切把握研究效果。

（2）个案研究法：选定在研究过程中的典型课例，明确研究课例的特点、状态及变化过程，有针对性地制定执行方案，保证实验顺利进行。

（3）经验总结法：吸取和借鉴他人在翻转课堂实践过程中的经验和教训，结合本校实际情况，在研究过程中不断积累和总结、拓展创新，探索符合我校实际情况的微课和翻转课堂模式，阶段性地回顾总结研究工作，适时调整研究方案，课题研究结束后，形成经验性总结，并推广研究经验和成果。

（四）研究团队构成

课题研究专家指导队伍中，有省、市、区级信息化教育领域教授、正高级教师、学科带头人、教研员，包括华南师范大学教育信息技术学院穆肃教授指导专家团队，湛江市第四中学信息技术正高级教师杨伟洲及赤坎区教师发展中心数学教研员李勇等。课题组充分发挥他们的带头和辐射作用，指导教师挖掘课题研究资源，通过示范教学、分析教学个案、举行经验交流会等活动，将课题研究推向了更深层次。

课题组成员全是本校在职数学教师，共六人，其中本科学历四人，专科学历两人；中学高级教师一人，中学一级教师五人。本课题组年龄结构合理，既有经验丰富的高级教师，也有年轻有为、锐意进取的青年教师，是个有能力、有活力、有精力的研究集体。课题组成员无论是在教育工作还是教学工作上都能严格要求自己，在教学中，勤于钻研，勇于创新，有较强的科研能力和良好的团队精神。在每个研究阶段，课题组成员都严格按照要求，定时收集、整理好常规性研究资料，积极参与微课设计制作，精心设计翻转课堂教学模式，按时开展集体研讨活动。

三、研究成果及结论

（一）研究成果

（1）2019年在湛江市赤坎区国家课程数字教材规模化应用全覆盖项目教学展示活动中，课题组成员戴伟群、陈羽萍老师作为学校骨干教师参与活动，利用微课和数字教材翻转模式上了两节公开课。

（2）2020年5月，课题组陈羽萍老师课例"立体图形与平面图形"获评中央电教馆组织的"2020年新媒体新技术教学应用研讨会暨第十三届全国中小学创新课堂教学实践观摩活动"网络视频"典型课例"。

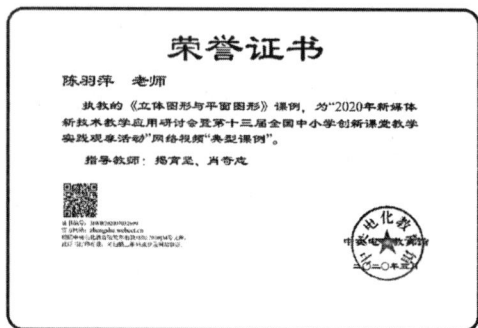

（3）2020年8月，课题组陈羽萍老师论文《基于电子交互式白板的初中数学教学的实践与思考》参加第十一届"中国移动'和教育'杯"全国教育技术论文活动。

（4）2019年12月，课题组陈羽萍老师制作的课件"轴对称"获广东省教育"双融双创"行动暨2019年教师教育教学信息化交流及新媒体新技术教学应用活动初中组三等奖。

（二）研究结论

在课题开展的过程中，形成教学成果的同时，我们也有了一定的研究经验。在此提出几点意见：

（1）微课确实有助于加深学生对课本知识点的理解，尤其在2020年疫情"停课不停学"期间，我们课题组老师尝试在网络教学中，制作出各种相关的微课，例如课本知识点解答、习题解答、难点解疑等，通过各种在线学习方式向学生传授知识，从而形成一种网络翻转课堂教学模式。

（2）翻转课堂教学模式的教学实践可以和学校正在开展的国家课程数字教材全覆盖应用、交互式电子白板高效课堂改革、基于学习分析的智慧教学系统、学生电子平板学习系统等结合起来，从而使我们的课堂取得"教育与技术的深度融合、教学与科研的互助融合、信息化教育教学创新、师生创新创造能力提升"的效果。

（3）要多和研究人员进行分享和讨论，积极参加网上相关的慕课学习，从而获取较准确的理论知识，指导研究实践。

四、研究总结及反思

我校在开展"基于微课的翻转课堂在初中数学教学中的应用研究"课题方面虽然取得了一定的成果，但我们还决心在下阶段进行进一步深化研究。通过前期的实践开展情况，我们也发现了自己在研究中的不足与短板。

（1）深化教学应用，需要继续深化微课及翻转课堂教学模式的应用研究，形成有规模、有推广性的教学模式。到研究工作的下一阶段，将面临大范围的微课设计与开发，而相关的微课设计和开发的理论支撑的力度不够，需要开展覆盖面广、方便教师随时学习的线上培训。

（2）促进科研成果的产出，现在的课题组成员老师大多数为本科毕业，除协调常规教学外，可能还需要对他们进行专门的科研训练和论文书写指导方面的工作。

（3）研究过程性资料还欠缺整理和保存。在研究过程中部分教师没有注意到及时总结和反思的重要性，以致总结不够及时，另外很多资料保存不够完整，不能为下一步的研究提供有价值的参考。因此，接下来需要更多地指导教师保存课题研究的过程性资料，比如教学实践过程中的参考资料、原创研学案、翻转课堂教学任务单等，同时课题组要注意收集、整理每一次研究活动的相关记录，包括活动记录表、课例录像、上课课件等。

五、研究案例点评

该课题能紧扣课程标准，致力于解决当前初中数学学科教学中存在的课堂教学效率不高，教师教得累，学生学得累，学生学习的积极性、主动性、创造性不够的问题，对于提高教学效率，培养学生有意识地借助信息技术处理学习中的障碍，转变教师在教学过程中的角色有一定的实践价值和现实意义。

（1）该课题引用目前有关翻转课堂和微课的理论及方法，关注国内外有关的最新理念和课例应用，使研究内容能更切合现代教学技术发展的要求。

（2）校本教材的开发计划、校本课程的规划制订清楚，能利用平台进行视频库的管理，便于应用及推广。

（3）每个研究阶段应达成的目标能与本校的实际情况结合，并能让每一位研究成员明确每个阶段的目标。课题研究成果形式方面要包括论文、报告、课件等。

该课题研究的整体思路清晰，目标定位准确、具体，研究思路和方法切实可行，研究团队力量强大，人员分工合理，组织有效，预期成果丰富。

为使此研究有序推进、走向完善，建议课题组成员加强课题理论学习，明确课题内涵，细化研究问题。

案例单位：湛江市初级实验中学
负 责 人：肖奇志
研究类型：专题研究

中小学科技教学活动中创客教育的资源建设与实践策略研究

一、研究背景及问题

（一）研究背景

改革开放40多年以来，教育实验发展速度之快，规模之大在我国历史上前所未有。蓬勃发展的教育实验不断为教育理论注入新的思想和活力，同时它自身也已经发展成为教育研究领域当中最具影响力的一种研究方式，并且已经取得了令人满意的丰硕成果。在这众多的教育改革实验当中，直接以创客教育资源为载体研究学生自身学习动力的产生过程，以及通过学生与学生之间互动关系的作用而激发学生内部学习潜能的实验尚不多见。

当前，信息化潮流给整个社会带来了巨大的冲击，社会对人才的培养也提出了更高的要求，而通过传统的教育方式培养出来的知识应用型人才已经不能完全适应信息化社会的要求，特别是随着人工智能和网络技术的普及，传统教育面临着更严峻的挑战；同时，信息化潮流也给传统教育方式带来了前所未有的发展机遇。如何使师生尽快适应这种日新月异的数字化生存新环境？这是我们新课程改革必须着重研究和思考的课题。

我国《国家中长期教育改革和发展规划纲要（2010—2020年）》中提出，将"坚持能力为重"列为四大发展战略之一，强调要"优化知识结构，丰富社会实践，强化能力培养，着力提高学生的学习能力、实践能力、创新能力"，倡导"知行合一"。《基础教育课程改革纲要》也强调要充分发挥信息技术的优势，为学生的学习和发展提供丰富多彩的教育环境和有力的学习工具。

"创客"（Maker/Hacker）起源于美国。麻省理工学院发起的一间个人制造实验室（Fab Lab），为创新提供了平台，使得发明创造不再受地点（如具有昂贵设备的实验室）和人群（如专业科研人员）的限制。它的发展掀起了个人设计和制造的浪潮，创客由此涌现。他们的"创"不只是创新，更是创造。3D打印技术和各种开源软件是他们的"拐杖"，创意、实践和分享是他们的步伐。和其他具有相同爱好的人会搭建"圈子"一样，创客也有自己的操作和分享平台，称为"创客空间"。目前，全世界已建立超过1400个创客空间，英特尔、苹果、微软等科技巨头的创始人物，都曾是典型的创客，他们创造出了众多改变世界的产品和发明。

当创客精神与教育相遇，"创客教育"便诞生了。创客教育是指以培养所有学生的创新、创业所需的知识、能力、视野以及意志品质方面的教育行为，是活动、课程和环境的总和。创客教育产生的背景是全球工业发展范式的转型：从大工业时代的批量生产到桌面加工业的定量生产，从门店推广时代的拼价格到社交网络推广时代的拼设计，从粗放生产时代的高污染、高能耗、高资本到精细生产时代的零污染、按需生产、众筹众包。可以说，创客教育集创新教育、体验教育、项目学习等的思想于一体，顺应了学生富有好奇心和创造力的天性。它主要以课程为载体，在创客空间的平台上，融合数学、物理、化学、艺术等学科知识，培养学生的想象力、创造力以及解决问题的能力。欧美国家的很多学校都设置有创客课程，通过开设创客空间，为学生提供了基于创造的学习环境、资源和机会。而在中国的校园里，也逐渐开始出现了创客教育的身影。比如清华大学、同济大学、深圳大学等高校，都各自组建了创客团体或社团；一些中小学，如浙江温州中学、北京景山学校，也分别搭建了创客平台并开设了相关课程。

21世纪的竞争，归根到底是人才的竞争。面对"为什么我们的学校总是培养不出杰出人才"的钱学森之问，我们试图通过在中小学科技教学活动中建设创客教育资源，重整科学、技术、工程和数学等学科领域的教学内容，培养出适应21世纪发展的复合型、创新型人才，实现钱先生"大成教育"的理想。

（二）相关概念

1. 科技教学活动

科技教学活动是指在所有科学技术领域内，即自然科学、农业科学、医药科学、工程与技术科学、人文与社会科学中，与科技知识的产生、发展、传播和应用密切相关的全部的、有组织的、系统的教学活动。

2. 创客

"创"指创造，"客"指从事某种活动的人，"创客"本指勇于创新、努力将自己的创意变为现实的人，他们应具备一定的知识基础和创新、实践、共享、交流的能力与意识；现在更多的是指那些兴趣主要集中在电子、机械、机器人、3D打印等以工程化为导向主题的人。

3. 创客教育

创客教育是指培养所有学生的创新、创业所需的知识、能力、视野以及意志品质的教育行为，是活动、课程和环境的总和。

（三）研究问题

（1）学生自身的学习动力是如何产生的？

（2）如何激发学生内部学习潜能？

（3）高效学习能力提升的路径是什么？

二、研究目标及意义

（一）研究目标

以科技教学中的创客教育资源为载体，研究学生自身学习动力的产生过程，并通过学生与学生之间互动关系的作用而激发学生内部学习潜能。探究人工智能创客教育项目中高效学习能力提升的路径。培养和提高教师的科技创客教育理论和教学实践水平。

（二）研究意义

随着信息化的发展以及人们科技意识的加强，创客教育将逐渐进入中小学课堂。对教育者来说，虽然创客教育不会直接教授学生基础知识，但在当"创客"的过程中，学生将有机会运用数学、物理、化学、甚至艺术等多学科的知识。在创客教育中，学生不再是知识的被动接受者，而是身兼数学家、科学家、发明家等多重角色。创客教育所倡导的提出问题并利用自己的创造力解决问题的过程，对学生科技创新能力的培养至关重要。我们将组织一批长期在教学一线从事科技教学和竞赛的教师组成研究团队，通过与智能机器人教学的深度融合，构建学生人人能参与的创客教育教学平台，建设优质的教学和学习资源，探究创客教育的教学策略和方法，切实引入创客教育的评价量规，从而对中小学生整体素质的提高，创新人才的培养，促进创客教育事业的发展，产生重要的影响和现实意义。

三、研究内容及过程

（一）研究内容

（1）构建中小学科技创客教育研究的软硬件平台。

（2）构建创客教育的教学策略和模式，有效培养学生的科技创新能力。

（3）以青少年科技创新大赛为平台，开发和建设科技创客教育课程的教学和学习资源。

（4）以机器人为载体，加强开展人工智能创客教育项目学习的探究活动。

（5）培养和提高教师的科技创客教育理论和教学实践水平。

（6）建设中小学科技创客教育的评价体系。

（二）研究方法

文献研究方法：研究国内外新的创客教育、创新性教学模式、教育理论和教育改革发展动态以及机器人课堂教学的有关理论，借鉴已有的理论成果，通过总结提炼，为本课题研究的开展奠定基础。

行动研究法：组成创新性教学平台研究和教学团队。将研究与行动相结合，以"研究—计划—行动—反思"多环节循环方式开展课题研究，并在课堂教学实践中，不断将课题研究的教学理念转化为实际教学行为。

项目实验法：通过在社区中开展创客项目实验学习活动，吸引学生和家长自主参与创客教育活动，从而为课堂教学以外的学习模式做探索研究。

课例研究法：通过分析创客教育的授课视频和微课，从中寻找各种课型培养学生动手能力的教学突破口。

经验总结法：通过组织教研，对科技实践活动中的具体情况，进行归纳与分析，并形成教学后记、教学反思。

（三）研究思路及过程

本课题以"中小学科技教学活动中创客教育资源建设与实践策略研究"为主体内容，通过任务教学和项目学习的有机整合来开展创客教育活动。针对不同学习阶段和层次的学生特点及教学的需求，我们组织师资力量创建创新性的教学，并通过创客教学网站和创客空间实验室来开展创客教学，在这一过程中还不断积累和沉淀优秀的论文、课例、课件、教学平台和专题学习等教学资源，并研究探索如何更好地应用和共享这些教育资源。

（1）开发和建设丰富的创客教育资源。目前看来，创客教育进入学科教育的课程覆盖面还不是很广，参与学科整合的经验也很少，教学模式和教学方法的探索还不足。本课题将在镇内多所中小学中以不同的科技教学模式和教学方法开展创客教育实践，从而形成一系列创客教育资源和成果。

（2）探究和开拓创新型的由学校、家长、厂家、镇教育局多方参与建设创客实践基地的项目学习模式。由于实验设备、培训场地、资金等多方面因素一直制约着创客教育的普及与发展，因此本课题将以多方参与的形式，对应解决各方面的不利因素，有效促进创客教育在课堂上的深入开展，最终达到培养学生创新能力和综合素质的目的。

（3）在科技教学活动中，构建有效的创客资源交流、共享、应用平台，使教师和学习者可以在网站平台中进行相互交流，探讨教学心得与技巧，共享学习资源和成果。

（4）不断丰富教师的专业知识。目前，中小学创客教育的开展，主要依赖信息技术教师或者通用技术教师来完成，本课题将以"请进来，走出去"的方式对教师进行创客教育及专业技能的培训。"请进来"是指邀请专家前来我镇指导课题工作和创客教育教学实验，以及邀请厂家对教师进行人工智能知识、编程能力、组装能力、创新技术的培训。"走出去"是指派送教师到创客教育先进的学校进行观摩学习，虚心向参赛成绩好、经验多的教师进行学习借鉴、交流沟通。

四、研究成果

（一）理论成果

（1）探索和推动科技教学的课堂传授和项目化学习的有机整合，初步探索一套在社区实践基地中开展科技项目学习活动的模式。

（2）学校、家长、公司、社区多方参与课题实施，对应解决各方面的不利因素，教育局和学校动员、组织、提供培训资金，社区提供场地，公司提供技术支持，家长自愿购置设备，从而有效推动科技创客教育的深入发展，最终达到培养学生创新能力和综合素质的目标。

（3）编印《北滘镇中小学科技教学论文集》和《北滘镇中小学科技教学作品设计集》。

（4）形成中小学科技创客教育的评价体系。

（二）实践成果

1. 探索和推动科技教育课堂教学和项目学习的有机整合

通过研究，开发了一系列适应我镇中小学实际教学需求的，有助于培养学生创新能力的小学科技教学课程，编印了《北滘镇中小学机器人科技DIY课程》和《北滘镇中小学科技教学课例与课件集》。

2. 通过课题研究，构建中小学科技创客教育研究的软硬件平台

（1）创建创客教育基地学校。

近年来，镇教育局将创客教育效果显著的中小学校创建成创客教学教育基地学校，以点带面让创客教育在镇中小学校园全面开花。

①西海小学、中心小学被创建成全国青少年创客奥林匹克实验基地学校；

②君兰中学被评为全国教育信息化创新应用先锋学校；

③广东碧桂园学校被授予全国首批STEM教育&创客教育实验学校；

④承德小学被评为顺德区创客教育示范学校。

（2）建设创客空间。

为了能更好地为学校提供全套整体解决方案，从2015年年底起，我们多次组织老师到深圳、广州等地参观学习，了解各地创建创客空间的成功案例，并在部分学校建立创客空间，做好创客试验校，并借助实验校的先进经验，合理规划区域创客教育的

实施工作，让本镇中小学创客教育少走了弯路。

2016年3月，投资40万元建成的西海小学创客空间全面投入使用，它是一个开放式创客实验室，学生可以在创客室里自由共享资源和知识，使用各种基础工具实现自己的创意想法。

2017年，广东碧桂园学校建成了面积200余平方米的机器人应用教室、140平方米的创客空间，还建有专门的机器人与编程教室、航模制作与模拟飞行教室，从而使学生能够完成从设计、编程、机械加工、激光雕刻到3D打印的完整实践过程。

2017年下半年，镇教育局统筹规划为全镇中小学的创新教育实验室购置了MakeBlock、WER创客机器人套装及3D打印机，保障了全镇中小学校创客活动的开展。

2018年9月，我们在已投入使用的华南师范大学附属北滘学校中，以高标准创建了机器人、电子机械、动漫创意、金工木工、3D打印、无人机等多个主题式创客空间。同年，中心小学和承德小学分别再次投入50万元改造提升了本校的创客教育空间。

（3）打造创客教师团队。

创客教育的蓬勃开展，离不开一批对创客教育充满热情、对创客教育课程充分了解的专业教师。为了提高教师的创客教育能力，我们非常重视创客教育教师培训，积极组织教师参加市、区、镇组织的各类创客教育培训活动，如开源硬件（Arduino）设计、3D打印、机器人在STEM教育中的应用与实践培训等。

（4）搭建多元创客实践平台。

开展镇级科技创新比赛，培养孩子的动手、动脑意识，积极鼓励孩子们课上课下发挥创意制作自己喜欢的作品。

开展丰富多彩的创客节活动。为提高学生的动手能力、创新能力，我镇中小学校每年都会举行各类创客节活动，为学生展示自我搭建平台，学生参与热情很高。

根据学生的兴趣、综合想象力及年龄特点，让爱好创客、有创造力和想象力的学生进入社团学习WER机器人、FLL工程挑战机器人、无人机、3D打印、编程猫等课程。

近年来，我镇中小学积极参与各类科技类竞赛，成绩名列前茅。获省以上奖项700多项，其中一等奖以上200多项。

与"智造"产业共融发展。目前，北滘镇大力推进创新教育，充分利用美的集团总部产品体验中心和历史馆、广东工业设计城、北滘镇文化中心等优质社会资源打造包括科技创新教育在内的八大社会实践活动基地。从课内到课外着力学生创新能力的培养，强调知行结合。在学生创新教育成效方面，北滘更是走在区域乃至全省前列。

3. 构建了以机器人为载体的"自主探究""合作发展"的科技教学模式，有效培养学生的创新和实践能力

"自主探究"的教学模式和"合作发展"的学习形式很受学生欢迎。"自主探究"的教学模式给了学生个性发展的空间，让学生有时间和机会以自己的方式主动参与学习，研究自己关注的问题，发挥自己的特长，实现自己的创意。这种教学模式激发了学生学习的主动性，大大提高了学习效率。

在研究过程中，我们发现"合作发展"是一种适合科技教育的学习形式，这种学习形式能培养学生的合作精神、交往能力、创新精神、平等意识、抗压能力、激励学生主动学习。其效果在以小组为学习单位的学生身上也得到了充分的体现。

4. 在智能机器人实践活动中培养学生的兴趣，提高创新能力

让智能机器人作为科技教育的有效载体走进课堂，并以此开发机器人的教育功能和发掘智能机器人的教育价值，对推进教育创新，对促进教育改革和教育现代化，对形成创造型、研究型、专家型的教师队伍，对提高学生的创新和实践能力，同时对发展我国机器人事业、建设人才高地，都具有重要的现实意义和战略意义。本课题参研教师在实施过程中利用学校机器人社团活动的方式，辅导学生制作出了许多特色机器人，编印了《北滘镇中小学创意机器人集》。

五、研究结论及反思

近几年的实验取得了不少的成果，但由于我们在经验、技巧等方面的原因，导致了一些问题出现，这是我们在今后的实验过程中必须避免和改正的。

1. 存在的问题

（1）创客教育的器材在使用管理上有效性不够，虽然有相关制度，但是在使用过程中仍然存在损坏、遗失的情况，还要加强过程管理。

（2）研究可借鉴参考的资源有限。科技教育本来就是作为一项新兴的内容进入中小学课堂，各地所使用的教材版本不一样，可供我们参考的案例、课堂实录及相关研究成果也很少，因此只能在研究课题目标的基础上结合自己对本课题研究的理解探索前进，而这难度很大。

（3）评价学生的学习效果不够科学、全面。现阶段学生的学习效果结合了理论知识和操作能力两方面进行检验，但对于学生在课堂当中所展现出来的创新意识、创新能力等隐性素质还没有一个相对合适的评价标准。

2. 今后的设想

（1）将研究成果先在本镇进行推行，再在区、市等进行交流推广，进而使科技教学的创客资源能全面进入中小学各学科课堂中。

（2）课内向课外延伸，使学生能通过运用科技教学掌握的知识和技能解决生活和学习中遇到的问题。

（3）专题应用研究成果多样化。科技教学研究成果的展示方式不仅限于信息技术课程中，还可以体现在语文、数学、美术、科学等多学科教学中。

六、研究案例点评

（1）课题具有较高的实践价值和可推广性。该课题以建设科技教学的创客资源与解决实践应用的现实问题为目标，开发了丰富的创客教育资源，为相关科技教学实践和研究人员提供了参考，对创客教育在国内的推广起到推动作用，同时也具有很强的借鉴性。

（2）课题研究方法选用恰当，科学性、操作性较强。该课题主要采用教育行动研究的方法，引导教师边实践、边研究，着力解决教育实践中的具体问题，改善教育者的教育行为，提高教育智慧。

（3）课题资料全面、翔实、丰富。该课题研究过程中注意收集、整理各种资料，并用文字、照片、实录、网站等多样化的形式进行了记录，真实反映了课题研究的过程和轨迹，有利于研究者进一步反思和总结，为同类研究提供了实操性较强的做法和经验。

（4）课题阶段性研究成果丰富。该课题联合北滘镇各中小学构建了科技创客教育研究的软硬件平台，包括建立创客教育基地学校、创客空间，打造创客教师团队，搭建多元创客实践平台，构建了以机器人为载体的"自主探究""合作发展"的科技教学模式，做到了边进行实践研究，边总结研究成果。

该课题存在的问题是目前体现的成果更多集中在工作层面。为使此课题研究有序推进、走向完善，建议课题组进一步深入探讨学生学习动力和创客教育策略的关系，梳理研究思路，形成更具推广价值的实践性研究成果。

案例单位：佛山市顺德区北滘镇教育局
研究类型：创新教与学

STEAM 理念下中学物理演示实验的设计与实践

一、研究背景、问题及目标

（一）研究背景

STEAM 课程是美国政府主导的"项目引路 PLTW"计划所倡导的以科学、技术、工程、艺术和数学为核心的课程。STEAM 教育主要以基于项目的学习、问题的学习为主要教学（学习）方式，引导学生通过合作与实践，完成主题项目和解决生活中遇到的难题。STEAM教育是由STEM教育加入了艺术概念后发展而来，美国、韩国和英国等国家的STEM教育兴起于20世纪80年代，在近40年的发展中，已积累了大量的素材和经验。

STEAM教育具有跨学科、趣味性、体验性、情境性、协作性、设计性、艺术性、实证性、技术增强性等特征；采用整合的教学方式，注重实践和过程，强调解决真实问题；强调知识与能力并重，倡导做中学；强调创新与创造力培养，注重知识的跨学科迁徙及其与学习者之间的关联。

STEAM教育是技术创新的驱动力，依托新技术转变教学理念和教学模式，对于提升科技水平和保障国家战略发展具有重要作用。《新媒体联盟地平线报告（2015高等教育版）》认为，未来的1至2年内STEAM教育将在全球兴起。因此，变革教育组织形式、建设科技创新类新课程、培养具有综合科技素养和深度创新能力人才的教育新范式——STEAM教育，将成为知识经济时代一种全球性的科技教育战略。

新课程改革针对中学物理教学提出了全新的教学理念，首先是培养中学生了解并采用科学家般的探究精神去发现和解决物理问题，全面发展学生的科学素养。其次是引导学生学会细致观察生活中的物理现象，实现"从生活走向物理，从物理走向社会"的STS教学理念。最后，通过多种学习与探究方式让学生发挥自身的想象力与创造力去发现和解决物理问题。探究性实验，是指学生在不知道实验结果的前提下，以教师所给的启发性问题为指导，通过实验设计、实验操作、思考分析得出结论的实验形式。学生通过亲身经历和体验物理探究过程，不仅可以获得物理知识与技能，还可以激发对物理的学习兴趣。通过学习物理探究的方法，了解物理的本质，树立科学精神和科学价值观，从而全面培养学生的科学素养。

（二）研究问题

物理探究实验在实质上是一种模拟性探究活动。具体来说，其是在一个以学生为主体的探究学习环境中，学生通过经历与科学家进行科学探究相似的过程，学习物理知识与技能，体验科学探究的乐趣，领悟科学的精神和思想。对于中学生来说，物理探究实验有利于在物理新课程的教学活动中，让学生体会从自然到物理，从生活到物理的STS理念，让学生通过自主学习和协作学习，经历科学探究过程，学习科学研究方法，培养学生的探究求知精神、实践能力以及创新思维。

因此，在中学物理探究实验过程中引入STEAM理念的传感器与Arduino平台等，不仅能够帮助学生更加直观地理解物理实验的本质，产生学习兴趣，还能够促进物理教师自身的专业化发展。

（三）研究目标

在课题实施期限内，完成若干符合教学实际并融合Arduino传感器的演示实验设计，且经过物理课堂实施检验，使演示实验的专业性与系统性得到完善，实验结果具有可推广性和普及性。

二、研究内容及过程

（一）研究内容

（1）如图1所示，中学STEAM融合物理演示实验的设计要素包括：①实验目标设定；②实验融合原则、意义与特点；③实验结构规划，如何处理物理演示实验与STEAM融合的问题；④实验设置，含实验内容整合与呈现；⑤实验成果与评价，其中教学评价包括形成性评价和总结性评价。

（2）中学物理演示实验融合STEAM理念普及教育实施方向包括：①教学方法研究改进；②师资队伍建设；③教学环境和学习环境设计。

（3）中学STEAM融合物理演示实验在中学物理课堂实践中试用和总结。

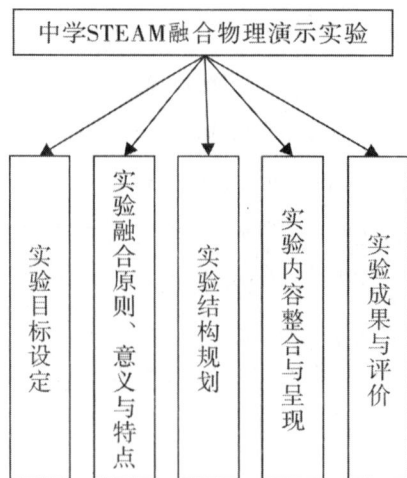

图1　中学STEAM融合物理演示实验的设计要素

（二）研究方法

（1）文献研究法：广泛收集国内外学术文献，对资料进行整合、归纳与评述，充分借鉴国外的先进理念与做法，为本研究提供丰厚的专业知识基础。

（2）档案分析法：收集有关物理与STEAM领域的特色课程方面的档案、申报书、讲义、教材等进行分析。

（3）访谈法：综合运用个别访谈与团体访谈的方法。通过与物理教师的访谈，并结合物理教师的实际需求，有针对性地设计符合教学实际的物理演示实验。

（4）问卷调查法：设计相关的问卷对物理演示实验教学效果进行检验。

（三）研究思路及过程

如表1所示，本课题的研究共分为5个阶段：

表1　研究阶段表

阶段	时间	工作
第一阶段	2018年3月至2018年5月	确定课题组成员，明确分工，前期资料搜集，撰写开题报告
第二阶段	2018年5月至2018年8月	研究各项理论，进行演示实验设计，并全面实施
第三阶段	2018年8月至2019年8月	展开物理演示实验开发的实践探究过程，针对八至九年级进行物理演示实验设计，按照计划在各年级进行实践
第四阶段	2019年8月至2019年12月	观察研究试用过程，教师对试用情况进行记录，对问题进行反思修正，分阶段小结
第五阶段	2019年12月至2020年3月	形成相关的研究报告、论文反思，形成教材

三、研究成果及结论

（一）研究成果

（1）《STEM理念下中学物理创新演示实验的设计与实践》发表于《中国现代教育装备》（ISSN 1672–1438）2019年第05期。

（2）2018年1月《Arduino支持下探究影响重力势能大小因素的装置》获第33届广州市青少年科技创新大赛科技辅导员创新成果竞赛项目科教制作类一等奖。

（3）2018年4月《Arduino支持下探究影响重力势能大小因素的装置》获第33届广东省青少年科技创新大赛科技辅导员创新成果竞赛项目科教制作类二等奖。

（4）2018年6月《深度融合视角下的物理教学实践》获广州市"羊城工匠杯"职工首届创新创业成果大赛银奖。

（5）2018年7月《STEM理念下中学物理创新演示实验的设计与实践》获广东省首届科技教育研究论文评比活动一等奖。

（6）2018年8月《STEM视角下中学物理多元化评价的实践研究》获2018年广东省中小学信息技术优秀教学论文评选活动二等奖。

（7）2018年12月《STEM理念下中学物理创新演示实验的设计与实践》获第九届广东省教育技术论文活动二等奖。

（8）2019年1月《Arduino支持下的比热容探究实验演示装置》获第34届广州市青少年科技创新大赛科技辅导员创新成果竞赛项目一等奖。

（9）2019年2月《Arduino支持的物理创新实验的设计与制作》获2018年广州科普创新奖二等奖。

（10）2019年3月《STEM理念下中学物理创新演示实验的设计与实践》获第九届全国教育技术论文活动优秀奖。

（11）2019年4月《牛顿第一定律演示器》获2019年黄埔区第三届中学物理教师自制教育评比二等奖。

（12）2019年6月《Arduino支持下的比热容探究实验演示装置》获第五届广州市职工发明创新大赛优秀"五小"奖。

（二）研究结论

在针对不同层次的学生进行的访谈过程中，学生普遍对创新物理实验很感兴趣。尤其对实时展现实验数据进行分析兴趣浓厚，这与初中学生所具有的喜爱分享，喜欢展示自己的个性有很大的关系。此外，创新物理实验在很大程度上允许学生自主进行探究和学习，这让本来生硬的知识变得生动有趣。实验数据可以通过电脑直接显示在大屏幕上，这就让大部分学生都能够实时观看探究实验过程，尤其是坐在教室最后两排的学生，他们过去常常因为无法看清教师的实验演示过程而感到非常烦恼。基于STEAM理念进行物理探究演示实验，让学生在能够看清实验过程的同时，也能对物理产生浓厚的兴趣。

在STEAM理念的指引下，合理运用Arduino传感器辅助物理课堂教学，有助于创设有趣的物理探究课堂氛围，培养学生的主体参与意识，激发学生的学习热情和自主性，使他们能更有效地参与物理学习，提高对物理学习的积极性。通过信息技术手段的辅助，学生能更灵活地应用所学物理知识，对物理探究性问题的解决更有帮助。

四、研究总结及反思

（一）研究创新之处

STEAM教育既有坚实的教育理论和教学实践基础，又有技术创新的驱动力，而物理演示实验是中学物理教学的一个非常重要的环节，其把STEAM理念应用到中学阶段的物理教育，更是全新的尝试。笔者希望能借助STEAM教育理念在本校开展以传感器演示物理实验为教学基础的物理实验课堂教育实践活动，为本校学生的物理学习找到可持续发展的道路，从而把更多的学生培养成具有科学探究精神的人。

（二）研究不足与展望

新技术反馈的数据与传统实验测试的数据有出入是我们遇到的困难。突破的办法是寻找相关的书籍、查阅相关的资料，从而了解问题产生的原因。

在后续的研究中，本研究将继续针对一些暂时无法借助传感器以及其他新技术的物理演示研究实验进行深入研究，使其与STEAM进行融合。

五、研究案例点评

（1）课题研究切合实际，具有较强的实践价值。该课题以"设计STEAM融合物理演示实验为依托，让学生通过自主学习和协作学习，经历科学探究过程，学习科学研究方法，培养学生的探究求知精神、实践能力以及创新思维"为目标，重视并研究物理课堂教学的动态生成过程，强调科学探究的有效性和实效性，从而实现教学研究和学生实践的有效结合。该课题的研究，更新了教师的教育观念，提高了教师的教研水平，提高了学生的综合素养。

（2）课题研究成果较丰富。该课题尝试分析了中学STEAM融合物理演示实验的设计要素，探求了STEAM理念普及实验教学的实践过程；积极撰写了教学总结和论文，做到边进行实践研究，边总结研究成果。

为使此研究有序推进、走向完善，建议课题组加强课程理论学习，更加明确STEAM内涵。最终的课题研究成果应服务于课堂的教育教学工作，因此课堂教学的过程性材料应更加充分，这样才更具有说服力。

案例单位：广州市第一二三中学

负　责　人：翁宗琮

研究类型：专题研究

线上线下创新能力培养联结模式的设计与实践

一、研究背景及目标

（一）研究背景

1. 教育信息化发展现状

21世纪人类将全面进入信息化社会，教育信息化要求在教育中普遍运用现代信息技术，开发教育资源，优化教育过程，培养、提高学生的信息素养和创新能力，促进教育向现代化迈进。2018年由中华人民共和国教育部提出的《教育信息化2.0行动计划》，标志着教育信息化从1.0向2.0时代迈进。该行动计划提出了实现"三全两高一大"目标，其中"一大"指建设"互联网+教育"大平台。新时代的教育信息化建设既要提速又要提质，互联网使得线上线下的教师、学生、资源有效联结，通过互联网可构建起"网络化、数字化、个性化、终身化"的教育体系和"人人皆学、处处能学、时时可学"的学习型社会。因此，互联网成为新时代教育信息化发展的原动力，混合学习模式成为"互联网+教育"的实践路径，创新能力发展成为新时代人才培养和学习型社会的重要诉求。

2. 混合教学模式研究现状

线上线下混合教学模式是指在现代信息技术的支持下，教师在线上平台提供教学视频和知识点PPT等学习资源，学生在课外自主完成对线上资源的学习，而在课堂上（线下）教师则对学生反映的重难点内容进行讲解，解答学生的疑惑，帮助学生更好地掌握知识。有学者提出基于翻转课堂理念的O2O（Online to Offline）教学模式，该模式将线上教育和线下教育有机地结合起来，体现了"互联网+"时代信息技术与教育教学的深度融合。通过混合教学模式多年的实践经验积累，有学者对O2O混合教学模式的影响要素进行了解构，包括学生Online学习、教授Offline引导和学生Offline表演，同时提出了对O2O教学模式的优化思路，即构建具有较强交互功能的线上平台、开发满足学生需要的多元教学资源、利用线上平台的记录功能追踪学情以及利用线上平台的互动功能促进交互。

3. 线上线下师生创新能力培养模式研究现状

慕课（MOOC）与私播课（SPOC）成为人才创新能力培养的重要方式，利用网络平台针对性的教学资源、智能化的学习行为管理及准确的大数据分析，可保证混合教学顺利展开，帮助学生开展探究学习。混合学习模式不仅在非正式学习环境中发挥作用，在课堂教学中也能够发挥重要作用。

（二）研究目标

本课题总目标是通过线上线下混合联结模式促进师生创新创造能力发展，具体将实现以下四项目标。

1. 构建线上线下联结模式

为提升师生融合创新能力，构筑信息技术应用高地，借助虚拟社区平台，促进教育公平、均衡优质发展。

2. 搭建线上线下联结平台

以"精细化、智能化、国际化、数字化"的服务模式，打造走在全国前列的师生融合创新虚拟社区，为培养学生核心素养提供环境支撑。依托广东省基础教育资源公共服务平台的支撑，搭建应用平台支持虚拟实践社区，实现用户数据与资源的公用与共享。

3. 设计学生培养实践内容

采取O2O的教学模式，以促进学生探究问题、发现问题与解决问题的学科综合能力发展为目标，创设以创客实践为核心活动的创客课程体系和创客教育空间，为培养创新人才提供支持。

4. 设计教师发展实践内容

以促进教师专业能力发展、信息技术能力发展为目标，以线上线下师生创新能力培养平台为依托，组建广东省各地市、镇街、学校的创新实践共同体，促进各级各类教师开展形式丰富的网络教研活动，帮助教师共同成长。

二、研究内容及过程

（一）研究内容

1. 构建线上线下师生创新能力培养模式

构建线上线下混合模式，主要是以虚拟实践社区及其中的社团为依托，组织广东省各地市基础教育教师与学生，开展基于社区的O2O同步或异步教与学，促进教师、学生创新创造能力发展。发挥信息技术的优势，构建核心素养培养新模式，为师生提供"互联网＋"融合创新实践支持。

2. 搭建线上线下师生创新能力培养平台

搭建面向师生创新能力培养的智慧共享社区平台。整合广东省各地市学校的骨干教师及学生、行业内高校专家、教研机构等多方力量，对共建体系的组织架构、职能权责、共建渠道等进行顶层设计，全面梳理社区职能并建立社区建设制度及管理制度。在构建多元化共建体系的前提下，建立多方参与平台共治的机制，打造优质资源共享平台。

3. 设计线上线下学生创新能力培养实践内容

在线上线下智慧共享社区平台的支持下,以创客教育为着力点,创设创客课程、创客教育空间和创客教育体系,以创客资源和创客作品培养学生的实践创新能力和动手能力,以及学生"做中学、学中创、创而能"的层次性能力和素养培养。

4. 设计线上线下教师专业能力发展实践内容

建立面向教师专业能力发展的"互联网+"课题管理、基地管理、案例管理、培训管理、课程管理、项目管理、活动管理与成果管理模式,实现教师专业能力发展再造。打造一批拥有创新导师、创新项目、创新团队、创新成果的实践(示范)基地学校和创新实践共同体,培育一批前沿领先、示范引领、特色鲜明的高水平创新创造项目和骨干教师队伍。

线上线下混合教学模式与师生能力培养的联结结构如图1所示。

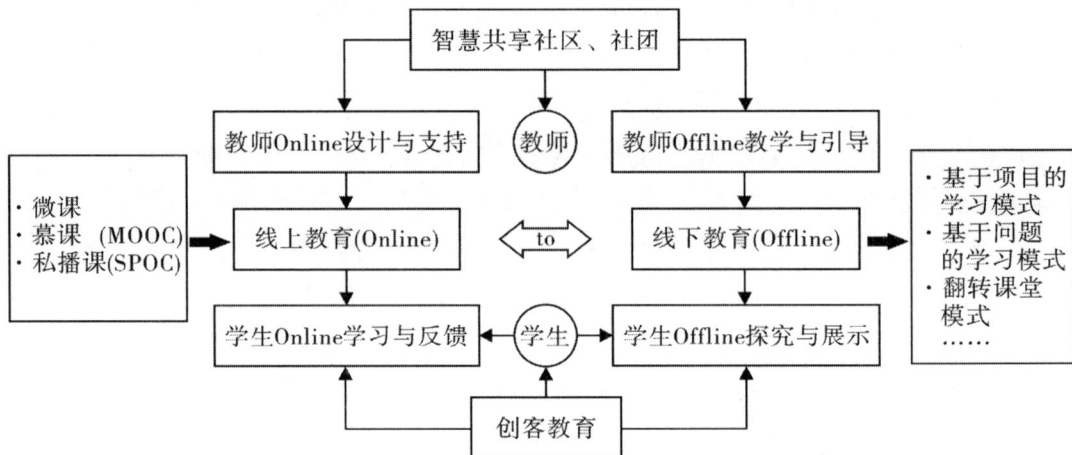

图1 线上线下混合教学模式与师生能力培养的联结结构

(二)研究方法

(1)文献研究法:基于文献调查国内外相关研究现状,以"混合教学""O2O模式""创新能力培养""创客教育"等为关键词,梳理对本课题有支持作用的关键概念。

(2)实证研究法:培育具有创新能力的跨学科教学骨干教师队伍,并在专家的指导下对其展开跨学科学习项目设计培训,探索项目学习在学科素养培养中的作用与模式。

(3)经验总结法:运用多学科的理论、方法和成果从整体上对本课题进行综合研究。

(4)个案研究法:聚焦于建成的虚拟社区和虚拟社团,选取5~10个具有典型特征的社区或社团,以定量研究和定性研究的方法进行调查分析,厘清虚拟社区及其社团特点及其形成过程，以进行典型个案的特征分析和理论研究。

（5）行动研究法：对虚拟社区和虚拟社团开展实践研究，以实践研究结果作为社区和虚拟社团的反馈经验，不断完善支持平台的功能，构建有效的支持资源，探索创新的教学模式与策略。

（三）研究技术路线

本课题通过线上线下联结模式促进师生创新能力发展，其技术路线包含以下四个步骤，如图2所示。

（1）现状研究阶段。利用文献研究法对国内外线上线下混合模式的文献进行现状研究，提出研究假设和研究目标。

（2）设计研究阶段。利用经验总结法总结混合学习实践经验，构建线上线下师生创新能力培养模式，搭建线上线下师生创新能力培养平台；以个案研究法研究智慧共享社区或虚拟社区及社团中师生的活动，总结典型案例特征。

（3）实践研究阶段。利用实证研究法开展面向教师和学生的线上线下师生创新能力培养实践活动；利用行动研究法开展多轮行动研究，对骨干教师进行培训，打造教育示范社区，在各地市开展广泛的实践研究。

（4）成果总结阶段。利用经验总结法总结课题实施经验和成果，整理相关材料、撰写结题报告、申请结题，并对积累的典型案例和典型经验进行成果的应用和推广。

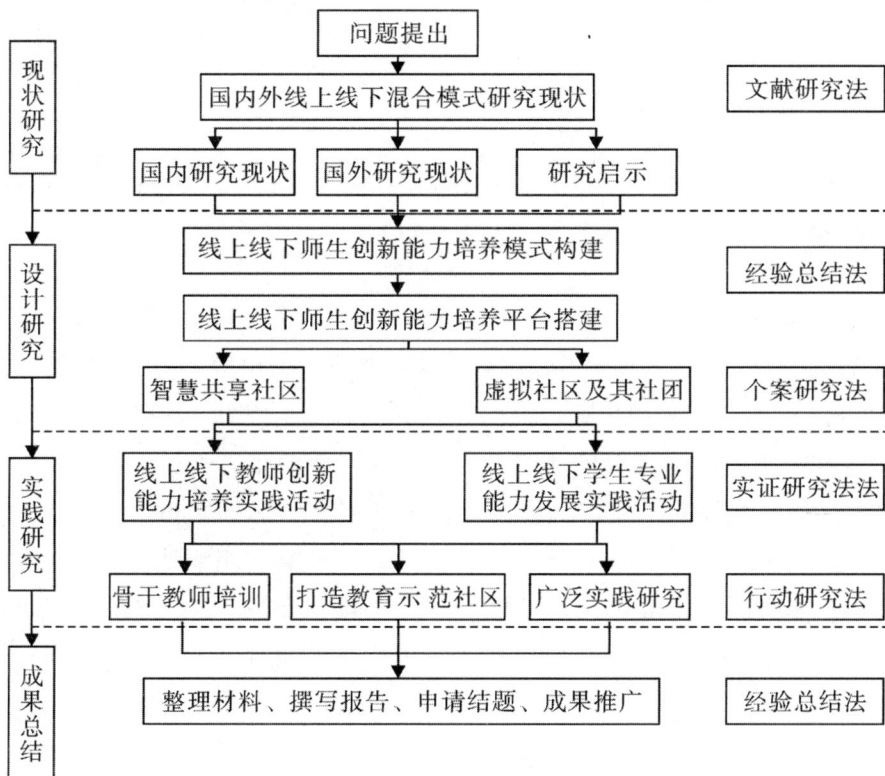

图2 技术路线图

（四）研究过程

第一阶段：2019年11月前，成立课题小组。小组成员对课题研究进行可行性分析，提出研究方案，撰写课题立项评审书。

第二阶段：2020年1月，课题小组开会学习、讨论有关课题研究的文献资料，为后续的课题研究提供理论基础，组织撰写开题报告。

第三阶段：2020年2月至2020年7月，课题小组组织实施课题。小组成员制定各校骨干教师培训方案，以打造创新教育示范社区。按照研究目标与任务，广泛开展实践并进行优化提升，不断完善研究方案，突破研究难点，完成课题中期报告。

第四阶段：2020年5月至2020年9月，课题结题。小组成员整理有关材料，撰写课题研究结题报告，申报课题研究成果，申请结题，做好结题工作。

（五）研究时间进度安排

课题时间进度及预期成果如表1所示。

表1　课题时间进度及预期成果

时间	成果名称
2019年10月1日至2020年9月31日	创新能力培养模式
2019年10月1日至2019年12月1日	虚拟社区平台
2020年2月1日至2020年4月30日	创新能力培养资源集
2020年3月1日至2020年6月30日	创新能力培训虚拟社区（8～10个）
2020年4月1日至2020年7月30日	专业社团（200个）
2020年5月1日至2020年9月31日	研究报告

三、研究成果及结论

（一）研究重点与难点

本课题研究重点为凝练经验，提出线上线下创新能力培养的联结模式，并基于该模式构建创客课程和虚拟实践社区。

基于以上研究重点，本课题的研究难点主要有以下两个方面：

（1）智慧共享社区的搭建、优化和应用需要较多投入，同时积累实践案例需要将广东省各地市学校教师和学生引入社区，而这需要较高的组织协同能力。

（2）由于各地市学校背景、教学规模等存在较大差异，因此在成果总结阶段需要对教师与学生能力发展的实践内容进行统一整理，这将耗费较大的人力和物力。

（二）研究创新之处

（1）通过提供各种线上创作、代码开发、设计、虚拟实验、互动、合作等资源作为支撑，提升师生的融合创新能力，实现以应用为导向的融合创新。

（2）突破传统能力培养的局限，抢占新信息技术应用新领地，彰显勇于探索与创新的勇气。

（3）形成具有广东特色的系列化应用资源数据库，并通过各种已有的竞赛活动，添加新元素，激发师生新动力，营造一个支持培养学生发现问题、研究问题、解决问题能力的网络环境。

（4）构建学习、教学、创新的新模式。培育一批教师创新能力强、学生发明素养高、师生融创成效显著的示范学校，引领并带动东西两翼中小学创新能力培养的同步发展。

（三）预期价值

在研究价值方面，本课题的研究成果具有一定的创新性，能起到示范作用。广东省教育技术中心通过整合中心资源和各地市师生力量构建的一个"互联网+教育"的众创环境，可以有效促进师生信息技术融合创新能力的发展。本课题研究成果还将丰富教育信息服务均等化的理论体系和内涵，凸显新时代教育社区共建、共享、共治的新特色和意义，能在一定程度上丰富已有的研究成果和进一步推动对教育虚拟社区的理论研究。

在实践应用方面，本课题通过借助全省中小学开展协同创新的良好契机，创建创新能力培养新模式，构建"省＋市＋县＋镇＋校"五级一体化的创新能力联动培养"互联网＋"模式；有效形成强有力的"学习、教研、管理、共享"四位一体的云机制；探索多元化教育主体的融入，构筑"共建、共享、共治、共赢"的线上线下合作新教学模式。

（四）预期研究成果

本课题预期通过为期一年的时间开展研究工作，形成多项理论与实践成果。首先在线上线下联结模式实践过程中形成创新能力培养模式，形成不断完善的虚拟社区平台，积累丰富的创新能力培养资源集，构建8～10个创新能力培训虚拟社区，构建约200个专业社团，最后形成关于线上线下创新能力培养联结模式的理论研究报告。

四、研究总结及反思

本课题丰富了混合教学模式的理论与实践研究，提出构建线上线下师生创新能力培养模式，并与创建创新能力培养"共同体"内容相结合，搭建创新能力培养虚拟社区平台并完善运行机制。

五、研究案例点评

　　该课题研究过程有条理、有组织，管理工作科学有效。课题组组织结构合理，工作分工和管理都比较科学。例如制订了明确的研究路线、研究思路、研究过程，使得课题能有条不紊地进行。研究内容创新，不仅聚焦"互联网＋教育"的理论与实践，开展O2O混合教与学研究，并提出线上线下创新能力培养联结模式，也关注社区运行与师生创新能力培养。该课题预期研究成果丰富，既有论文集和构建的虚拟平台，又有专业社团。研究成果虽源于课题，关注和解决的却是实际教育教学中遇到的问题和困难，具有现实意义。建议课题组凝练课题研究的经验，通过举办各种活动推广课题研究成果及经验。

案例单位：广东省教育技术中心

负　责　人：许力

研究类型：信息技术环境下教与学创新的研究

走班教学环境下初中智慧课堂教学实效性实践研究

一、研究背景、问题及目标

（一）研究背景

随着信息化时代的到来，"互联网+教育"早已成为时下热门话题，而借助各项新技术来完成高效率教学的智慧课堂也被视为未来课堂的发展方向。智慧课堂是指学生在课堂内外利用移动设备端通过WiFi接入校园网及互联网，快捷地获取学习资源，而教师利用多媒体教学设备连接无线网络随时随地查看学生的学习情况、完成备课以及进行科研工作的课堂形式。现有的智慧课堂的实践研究主要集中在智慧课堂教学模式、智慧课堂的构建与实践等方面，研究视角主要倾向于高校的智慧课堂建设和智慧课堂教学模式研究，而中小学的研究比较少，其中对于智慧课堂实效性的研究则更少，暂时没有发现类似走班背景下的智慧课堂实效性研究的成果。

（二）研究问题

第一个问题：在走班的背景下如何在初级中学推进智慧课堂建设？如智慧课堂系统如何选择、硬件的来源在哪、如何进行师生培训等。第二个问题：在走班分层教学的前提下，采用何种策略可以提升各学科在智慧课堂教学中教学的实效性？如怎样结合后台相关的数据，精准安排个性化教学内容，精准突破课堂教学重难点。第三个问题：如何评价智慧课堂对教学效果的影响？如智慧课堂教学中学生参与度和学习兴趣是否得到提升，学生的学习成绩是否提高等。

（三）研究目标

通过实践推动走班教学环境下初中智慧课堂的建设，提高教师在智慧课堂建设中的积极性，探索走班制背景下提升初中智慧课堂教学实效性的教学策略，采用成绩发展值（即智慧班本次成绩/年级本次均值−智慧班上次成绩/年级上次均值）对智慧课堂的教学实效性进行评价，对初中智慧课堂的开设及实效性提高提供可借鉴的建议和经验。

二、研究内容及过程

（一）研究内容

（1）智慧课堂教学在走班制初中的建设。建设方面需要考虑投入资金的来源，学校资金充足时可以全资进行全面建设；资金不足时公共资源由学校出资采购，学生终端由学生自行采购，还可以选择建设部分实验班级。

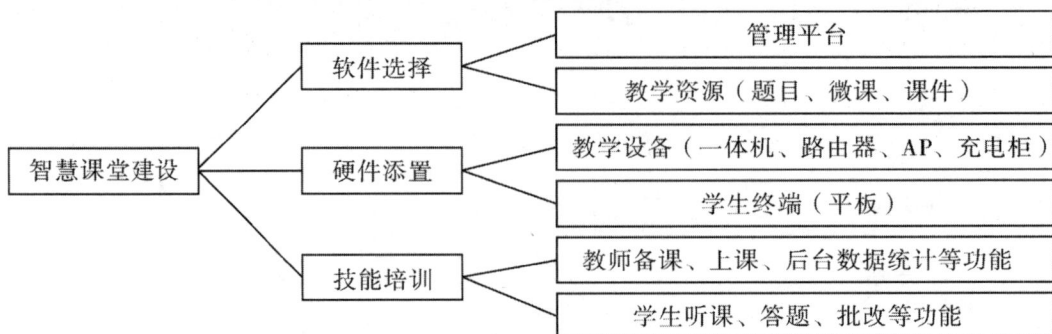

图1　智慧课堂建设结构图

（2）探索走班制学科教学的教学策略在智慧课堂中的实效性的研究（见图2）。各学科课程类型可分为新课、练习课、评讲课三种，根据学科和课型的需要分别对课前学生预习数据、课中学生学习数据、课后学生复习数据进行处理，从而使教师能有针对性地进行备课、讲课和辅导。经过一段时间的实践，进行教学策略的实效性评价，评价指标主要包括智慧课堂教学是否受教师和学生喜爱，智慧课堂教学是否能常态化开展，与非智慧课堂班的学生相比，学习成绩发展值是否有所提升。

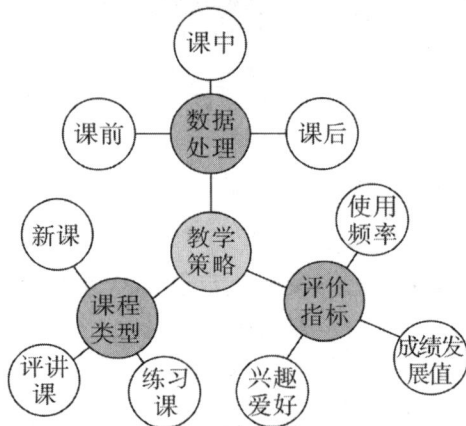

图2　走班制学科教学的教学策略在智慧课堂中实效性的研究结构

研究的重点：在推进公办初级中学智慧课堂班级建设的同时，兼顾走班教学的组织实施，并开展在各学科智慧课堂中采用何种教学策略提升教学的实效性研究，以及智慧课堂的后续开设，构建我校走班教学环境下智慧课堂有效开展的实施方案，并对区域智慧课堂的有效开展的实施提供可靠的经验和可行的方法。

研究的难点：用什么标准衡量智慧课堂的教学实效性？如果仅用学生成绩来衡量，评价标准是否单一，那么又该如何丰富？

（二）研究思路

前期确定研究方向，根据研究框架内容组建课题组并召开第一次工作会议，课题组成员通过查阅学术期刊、搜索网络资源等方式进行课题研究现状和背景的整理，确定研究内容和研究目标。中期组织课题实施研究，明确分工，制订研究计划，实施研究内容，边研究边总结资料，分批完成相关论文及研究报告的撰写，利用个案分析进行阶段性经验总结和研究评价。后期进行课题研究的成果汇总、实践反思，撰写结题报告，上报申请执行结题评审。如图3所示。

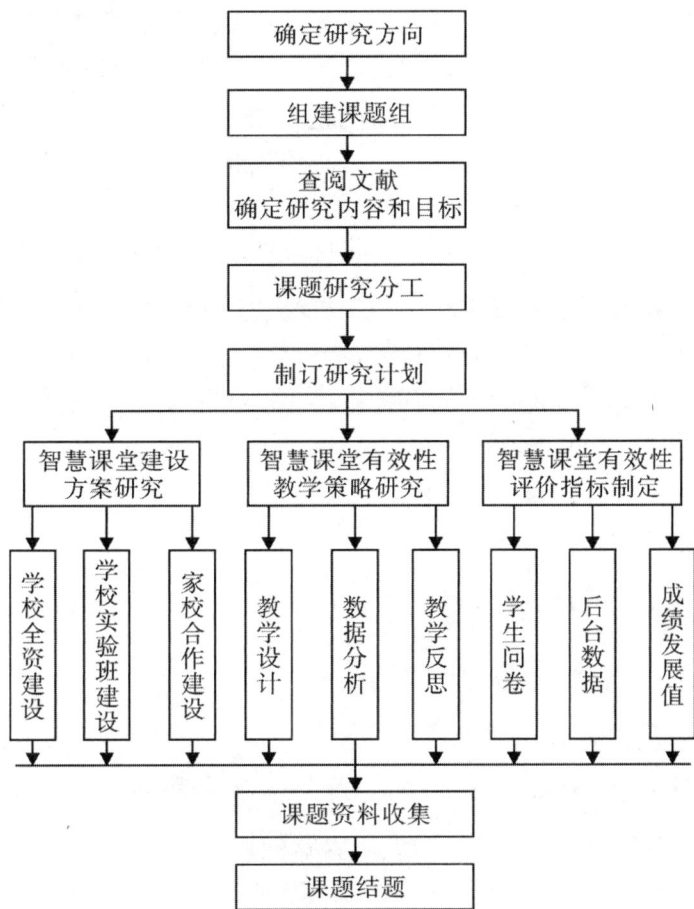

图3 走班教学环境下智慧课堂研究思路

（三）研究方法

（1）文献研究法：在课题开展前，大量阅读、思考和整理国内外关于智慧课堂教学建设和教学模式的研究论文。通过该方法获知智慧课堂教学已有的学科智慧课堂教学模式，智慧课堂推进建设等研究成果。暂时没有发现走班教学环境下智慧课堂教学实效性相关的研究。结合学校实际情况实施学科走班教学，同一年级有智慧课堂实验班和普通班，能够形成数值参照对比，因此选择以"走班教学环境下初中智慧课堂教学实效性实践研究"为题进行课题研究。

（2）问卷调查法：设计问卷，对开展智慧课堂教学实验班的学生进行问卷调查，了解日常开展课程是否能够使用智慧课堂教学模式，是否能够正常运用智慧课堂相应的功能，是否深度开发运用智慧课堂个性化教学功能，从而对智慧课堂教学与普通课堂教学的有效性进行评价调查研究，了解智慧课堂教学中出现的问题，提出走班教学环境下初中智慧课堂教学有效性研究的建议。

（3）行动研究法：实践教师在教学设计、教案、教学课件的制作和教学实践中，通过对比一些典型的课型，如智慧课堂实验班新课、练习课、评讲课的教学目标完成度与普通班相应课型的教学目标完成度的对比，得出如何利用智慧课堂提升教学实效的策略，同时记录智慧课堂出现的新问题，制订方案并改进，再次实施。通过多次的设计、实践、修改设计、再实践等，最终得出相应学科提升智慧课堂教学实效性的教学策略。

（4）经验总结法：在研究和实践中，及时进行资料的整理、教学实效的反思反馈，总结经验。通过与普通教学班科任教师教学成绩发展值等数据进行对比，形成教学实效性数据。根据数据及实践中积累的资料进行反思，总结经验，撰写走班制背景下初中智慧课堂建设和相关学科在智慧课堂中提升教学实效性的教学策略研究的论文及报告。

（四）研究工具

在研究中使用了问卷星进行教学过程的问卷调查，使用了墨痕教育教学管理平台进行智慧课堂教学数据统计。

（五）研究团队构成

本课题研究得到华南师范大学况珊芸教授、广东教育技术中心发展研究部欧阳慧玲主任和广东省名师工作室主持人、正高级教师许勇辉校长等专家指导。课题组成员有硕士1人，本科7人。而且全部为学校一线教师，其中副高级教师2人，一级教师4人；二级教师2人，任教学科包含信息技术、语文、数学、英语、历史、地理。

（六）研究进度安排

（1）第一阶段（2019年4月至2019年6月）：前期研究启动准备阶段。课题组根据课题要求，召开工作会议，讨论并撰写开题报告，广泛了解、搜集、组织材料，进行调研，着手学术期刊、网络资料收集，摘录课题情报卡片。

（2）第二阶段（2019年6月至2020年10月）：中期课题组织实施阶段。课题组分步骤召开讨论会，具体确定成员分工、课题研究目标和方法，制订具体的研究计划，开始具体实施各子课题的研究，分批完成相关论文及研究报告，利用个案分析进行阶段性经验总结和研究评价。

（3）第三阶段（2020年10月至2021年7月）：后期结题申请课题鉴定。课题组进行课题研究的比较综合、实践反思、成果汇总，撰写《走班教学环境下初中智慧课堂教学实效性实践研究》课题结题报告，完善结题所需的论文及报告，结集装订，上报申请执行结题评审。

三、研究成果及结论

（一）研究成果

面向相关学校和单位召开了智慧课堂建设经验分享会和智慧课堂教学公开课堂活动。课题组成员根据自己的分工撰写了《如何推进走班教学环境下初中智慧课堂建设》和《智慧课堂在学科教学中如何提升教学实效性》等相关论文，制定了课堂教学实效性评价指标，并根据指标评价实践教学，收集、整理了在智慧课堂教学中提高教学实效性的学科教学案例。

（二）研究结论

（1）走班制背景下初中智慧课堂的建设模式。智慧课堂建设需要大量资金支持，可根据学校资金安排情况选择不同的建设方案。资金充足时，由学校全资购买全校或实验班级的智慧课堂教学管理服务平台、教学资源、设施设备等。资金不足时可以采用学校资金和社会资源相结合的方式，公共资源由学校出资采购，学生终端和学习资源由学生自行采购。教学中走班情况下采用虚拟班级管理方法，让学生自带学习终端到相应教室选择虚拟班级上课。

（2）走班制背景下初中智慧课堂采用数据分析等教学策略可提升教学实效性。智慧课堂中，实验教师在各学科的新课、练习课、评讲课三种课程类型中实践智慧课堂教学，利用管理服务平台对课前学生预习数据、课中学生学习数据、课后学生复习数据进行分析处理，有针对性地进行备课、讲课和辅导，学生有选择性地进行学习，逐步实现精准教学和学习。经过实践研究得出结论：在走班分层背景下创设的初中智慧课堂提升了教学实效性。

（三）研究创新之处

本课题研究基于学校智慧课堂建设，初步建设后在多区域进行经验分享交流，并在交流过程中逐步完善方案，使得研究成果更有推广价值。主办智慧课堂教学同课异构活动，邀请其他实验学校教师到我校执教，教师基于相同的教学目标采用不同的组织方式，并经过多次深层次的交流，使得到的学科教学策略更具有实操性，从而更能提升智慧课堂教学有效性。为了验证智慧课堂是否能够提升教学实效性，课题组成员制定了走班制背景下初中智慧课堂教学实效性三个评价指标，分别是智慧课堂教学开展频率、教学功能深层次使用深度和学生学习成绩发展值（走班学生归起点班级计算），可将三个指标数据结合起来核验有效性。其中通过智慧课堂管理平台后台数据可以得到实践老师开展智慧课堂教学的频率、教学功能深层次使用深度等，通过学生的问卷补充智慧课堂在教学中功能使用的层次深度，通过计算成绩发展值得知学生成绩是否有提升。

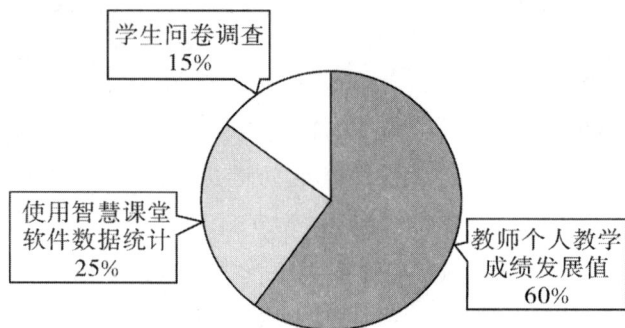

图4　走班制背景下初中智慧课堂教学实效性的评价维度

四、研究总结及反思

（一）研究中获得的经验

我校在走班教学环境下初中智慧课堂教学实效性实践研究中，形成了走班制初中智慧课堂建设方案和提升智慧课堂教学实效性的教学策略，初步设定了有效性教学评价指标。课题研究中，研究目标明确，课题组成员分工清晰。学校通过常规智慧课堂教学和教研活动，在不同课程类型中进行教学实践，通过数据分析，教师有目标性地备课、讲课和辅导，学生有选择性地学习，向精准化教学和个性化学习迈进。学校举办区域内智慧课堂实验学校的联动上课和联合教研，在活动中互相交流学校智慧课堂的建设推进和各学科智慧课堂教学策略等方面的研究工作，也将我校智慧课堂研究的阶段性成果进行了推广分享。研究过程中，通过定期的小组会议，我校将研究目标和研究内容进行了分解，并在不同时间段内完成了相应的课题研究内容。课题组成员能够根据细化的研究目标和内容更加有目标性地开展各自领域的课题研究，尤其可以相互交流、相互补充具有学科共性的研究内容。

（二）后续研究计划

通过前期的课题实践研究开展情况，我们从中发现了一些不足，并为此提出了下一阶段的研究计划：①加强课题组成员及参与智慧课堂教学实践的全体教师在积累教学数据和使用教学数据方面的能力培训，优化教学策略。②促进科研成果的产出。现在的课题组成员教师大多数仍为本科毕业，在各学科的智慧课堂教学实效性研究中还缺乏相应的指导，具有一定的盲目性，还需要进行专门的科研训练和论文书写指导。③课题组成员及时总结和反思的意识不强，开展相应的活动之后，没有及时总结和反思，在研究过程中没有留意资料的收集和保存，整理的资料不够完整、不够精细。因此，接下来要加强课题组成员分析处理数据的能力，使之习惯于采用文字、图片、录像等手段记录课题研究的过程。

五、研究案例点评

（1）课题结合《教育信息化2.0行动计划》，注重信息技术与学科教学融合，初中开始探索走班智慧课堂教学，让学生更好地适应新高考选课走班制学习模式。智慧课堂建设方式为准备建设智慧课堂教学的学校提供了经验，值得推广。

（2）课题研究方法得当，以走班制背景下智慧课堂教学实效性实践为主要研究内容，采用文献研究法、问卷调查法、行动研究法、经验总结法等方法，立足课堂教学实践，注重理论研究，做到理论与实践相结合。

（3）课题组分工合理，前期研究工作认真落实，保证了研究各个阶段的规范性、科学性。主办智慧课堂教学同课异构活动，进行多次深层次的交流，得到的学科教学策略更具有可操作性。

（4）研究进度需要加快。从课题目前的进展来看，可视化的研究成果较少。课题组已召开了智慧课堂建设经验分享会和智慧课堂教学公开课堂活动，正在撰写《如何推进走班教学环境下初中智慧课堂建设》《智慧课堂在学科教学中如何提升教学实效性》相关论文，制定了课堂教学实效性评价指标。建议在后续的研究过程中做好研究过程性资料的整理，做到边进行实践研究，边总结研究成果。

案例单位：佛山市顺德区凤城实验学校

负 责 人：孙绪江

研究类型：青年课题

基于教育城域网架构下的中小学直播、协同课堂的实践研究

一、研究背景、问题及目标

（一）研究背景

1. 课题来源

教育均衡发展是我国教育一直关注的问题。九年义务教育的实施使得中小学生实现了"有学上"，在"有学上"的基础上，家长还希望学生能够"上好学"。当前中小学优质教学资源分布的不均衡，让部分偏远学校的学生难以获得同等优质教学资源，因此，促进教育均衡发展是当前亟待解决的问题。立足我区实际，可利用信息技术，推动教育信息化发展，打破学校的壁垒，实现优质教学资源的下放，更好地促进本区教育均衡发展。

近年来，珠海市教育局加强了对包括斗门区在内的西部教育资源的投入，我区教育配套基础设施得到进一步完善，包括建设了教育局数据中心，各个直属中小学均接入了教育城域网，已实现百兆专线连接到教育城域网等。与此同时，还建设了精品录播课堂、升级了教学多媒体设备、使用了平板教学设备等，逐渐实现了教学信息化。虽然在教学硬件设施的配套建设上已有良好的基础，但是在师资力量上，仍无法在短时间内满足偏远地区教育水平提升的需求。正是基于这一考虑，斗门区教育局运用现有的教育资源，利用较低的成本建设容易操作使用的平台，提供教学共享、互动，以解决偏远地区的师资问题。在加大对偏远地区学校教育配套基础设施投入的同时，进一步加强了对偏远中小学教学教研的精准帮扶力度，尝试利用网络和信息技术手段解决了师资结构性问题，促进了全区教育的均衡发展，为偏远地区教师和学生展示出一条教与学的出路，开阔师生视野，也为当下课堂教学的改革提供了一种新的尝试。

2. 关于远程教学的研究

（1）国内关于远程教学的研究。

远程教学的发展依赖于网络的发展。国内关于远程教学的研究主要涉及以下几个方面：

①远程教学支持服务的研究。袁松鹤、丁新、邱崇光从技术支持服务角度出发，

对远程教学平台进行升级改造的设计研究。俞建华基于云环境对远程教学支持服务模式进行研究，从九个方面进行阐述：总体架构、平台架构、技术架构、组织架构、建设主体、运行架构、开放课程架构、虚拟实验架构和评价体系。

② 远程教学的交互研究。比如，我国学者陈丽九对远程教学交互规律的现状研究进行评述，认为交互在远程教育中的重要作用已经得到了广泛的重视，交互理论的研究远远落后于实践的需要。我国李美凤、胡卫星针对远程教学中的交互现状以及问题进行分析，最终提出远程教学中交互活动的优劣是远程教学能否实现的重要条件。

③远程教学策略的研究。例如，王燕、汤松、肖天庆以持续关心理论为指导，设计出基于持续关心理论的教学策略。

（2）国外关于远程教育的研究。

远程教育于19世纪中叶首次以函授教育的形式在英国出现。随着信息技术的发展，这一教育形式也在不断地发展与丰富。国外关于远程教育的研究主要涉及以下几个方面：

①远程教育研究方法的研究。国外关于远程教育的研究方法多样，常用的有个案研究、模型研究等方法。

②远程教育理论的研究。美国学者蔡德尔、查理斯·魏德迈以及瑞典学者博瑞·霍姆伯格对早期的远程教育理论研究做出了巨大的贡献。

③远程教育媒体选择的研究。远程教育中媒体的选择影响着学习者的学习体验以及学习者之间的交流体验。

3. 关于协同教学的研究

（1）国外关于协同教学的研究。

关于协同教学的起源地，不同的学者有不同的看法。"协同教学之父"夏普林（J.T.Shaplin）认为现代协同教学理念的最早来源是贝尔–兰卡斯特制。他认为，协同教学是一种教学组织形式，它由两个及以上的教师共同负责担任同一群体学生的全部或主要教学部分。经过相关研究，美国教授Spraker.Jean认为协同教学对提升学生学业表现起着积极的作用。美国的Shields和Julia.L认为协同教学有利于促进教师专业发展。

（2）国内关于协同教学的研究。

我国对协同教学的研究也在不断摸索中。我国学者王少非认为协同教学是两个或以上的教师共同负责同一学生群体的教学。而刘海燕于2007年提出协同教学是由一组教师共同工作，并计划、指导、评估同一群体的学习行为。关于协同教学，无论是在国内还是在国外，目前尚没有统一的定义。刘迎春指出协同教学不仅强调团队协作，注重分工合作，有利于教学资源的系统整合，也是促进教师专业发展的良好途径。雷美玉老师开创城乡协同课堂教学模式，研究发现协同教学能够提高学生的习作水平、教师课堂的教学效率。

（二）研究问题

（1）面向教育均衡与教师专业发展，如何利用网络技术手段实现区域层面的中小学远程网络协同课堂？

（2）基于远程直播、协同课堂，如何构建高效适切的课堂教学模式？

（三）研究目标

（1）利用网络技术手段在我区中小学开展远程网络协同课堂，缓解当前我区中小学教师结构性不足的问题。

（2）通过基于远程网络技术手段的远程直播和协同课堂，促进我区优质教育资源的下放，促进教育均衡发展。

（3）通过基于远程网络技术手段的协同课堂，促进部分年轻教师的专业化发展。

（4）构建适合本区的高效的远程直播和协同课堂教学模式。

二、研究内容及过程

（一）研究内容

（1）对我区中小学教师的教学现状进行前期的调研（重点在美术、音乐、科学和信息技术等学科），形成网络直播和协同课堂的城乡学校结对方案。

（2）研究基于教育城域网架构下的远程直播、协同课堂的组成、特点和实施的策略。

（3）研究基于教育城域网架构下的远程直播、协同课堂对农村学校教师的专业化成长和学生学习能力的有效性。

（二）研究方法

根据研究的问题和研究的对象，本研究主要采用以下研究方法。

1. 行动研究法

从实际工作找出问题，通过问卷、观察和谈话等方法收集前期数据并形成实施方案。在研究过程中进行多次的行动研究，不断调整，逐步理清和解决研究过程中存在的问题。

2. 问卷调查法

通过问卷调查对学生以及授课老师进行调查，了解学校学科教师的结构，了解学生的学习情况。

3. 谈话法

通过与学生以及授课老师进行面对面交谈，弥补问卷调查的不足，进一步了解学校学科教师的结构、各科课堂的现状以及学生的学习情况。

4. 文献研究法

收集、整理与远程教学、协同教学相关的国内外文献，为课题研究的开展提供理论基础。

5. 准实验研究法

在实施远程直播、协同教学前对学生进行前测，实施完成后进行后测，以检验远程直播、协同教学是否有效果。

（三）研究思路及过程

本课题进度安排主要分为三个阶段。

1. 整体筹划准备阶段

时间：2018年6月1日至2018年9月1日。

主要任务：对研究方案进行整体的构想、筹备，制订研究计划和实施方案。

（1）研究学校和小组人员的确定。确定城区学校和偏远农村学校、参与的名师和辅助上课的老师，落实具体的课程表。

（2）制订具体的研究计划。对课题小组成员进行精细的分工，形成并确定各自详细的计划和方案。

2. 实施运行阶段

时间：2018年9月15日至2019年12月30日。

主要任务：

（1）开展基于教育城域网架构下的直播、协同课堂的教学。

（2）每月定期召开课题实验小组研讨会，确保实验的进度。

（3）根据实施的情况，不断调整研究方案，实施并完善方案。

3. 形成成果及总结阶段

时间：2020年3月1日至2020年6月1日。

主要任务：

（1）整理实验的数据和资料，初步梳理并总结出实验的结论；构建适合斗门区的高效的基于教育城域网架构下的直播、协同课堂教学模式。

（2）对实验得出的初步结论进行再研究，再总结，并邀请专家对研究成果进行鉴别。

三、研究成果及结论

1. 创新教学模式

本课题采用的教学模式可以分为两种类型，一种是直播教学讲座模式，另一种是网络协同教学模式，其各自有自己的组成和特点。这两种教学模式的特色与创新主要体现在两个方面：一是网络传播的方式体现了教学时间的一致性和空间的异地性；二是在教学的价值和意义上，体现为对农村学校和薄弱学科的支持性和互补性。

经过一年多的教学实践和研究，我们已开展了三期教学试验，共计完成近200节课堂教学，其中直播教学讲座模式近50节，网络协同教学模式近150节，且都有了一定的经验和研究数据，我们认为这两种教学模式都是可行的。

（1）直播教学讲座模式。

组成：主讲教室由一名教师和主讲教室或录播室的相关设备组成，如图1所示。

图1　主讲教室（可以通过电脑或手机等终端设备听课）

特点：对主讲教师的业务水平要求较高，一般情况下为名师级的教师，在学科教学上具有较高的理论和实践水平。

（2）网络协同教学模式（分为3种类型）。

①主辅式。

组成：由2个网络协同教室组成，分别定位为主讲教室和辅助教室，负责的2位教师自然就是主讲教师和辅助教师。一般情况下采用这种方式的协同教学是为了解决师资不足的问题，如图2、图3所示。

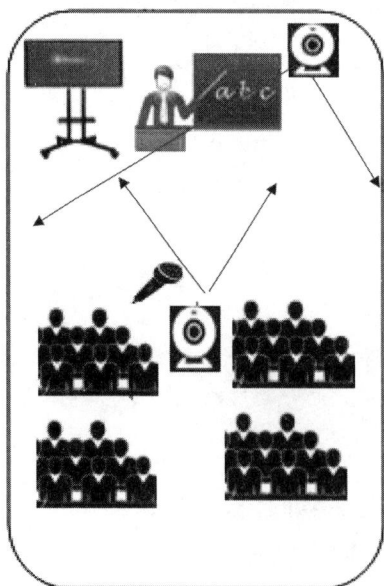
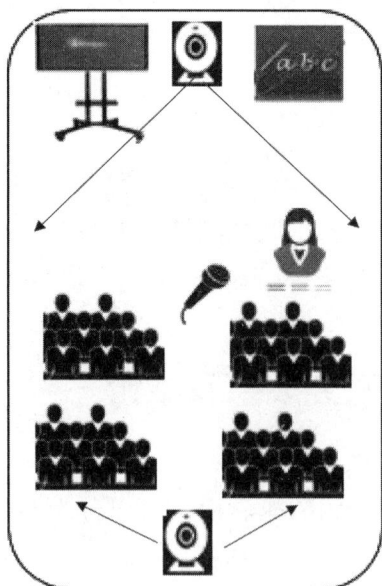

图2　主讲教室　　　　　　　　图3　辅助教室

特点：对主讲教师的业务水平要求较高，他一方面要控制好教学的进度，兼顾好2个班教学的步调；另一方面要充分发挥出网络的优势，避免它的弊端，引领辅助教师落实好教学各个环节；与此同时，这种协同方式对辅助教师要求不高，他只需配合主讲教师完成各项任务即可，但这种方式对于辅助教师会有较大的提升，因为他不仅可以有机会与业务水平较高的教师同台教学，切身感受和体会其教学的理念和技巧，更能从近乎实操的课堂教学中不断巩固。

②同课同构式。

组成：由2个网络协同教室组成，两个教室不分主辅，由两位老师分别在两个课堂教学中扮演授课教师的角色，不同的是他们要根据教学内容和教学策略的需要进行交替轮换。一般情况下采用这种方式的协同教学是为了解决教学重难点问题，它可以较好地发挥出师资的各自优势，如图4、图5所示。

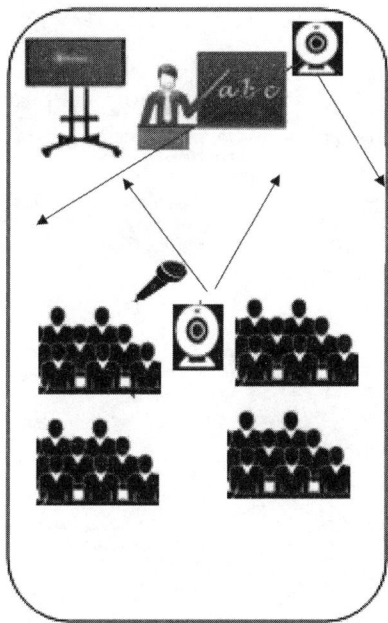

图4　主讲教室A　　　　　　　　　　　　图5　主讲教室B

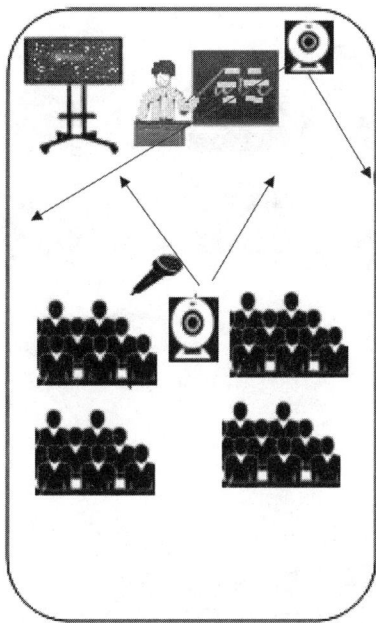

特点：这种方式要求主讲教师的业务水平相当，他们通过共同完成一节课的教学来达到教学资源的共享共建。这样的方式一方面可以让协同双方的教师和学生了解彼此教学和学习状态，另一方面可以有效发挥主讲教师各自的优势，拉长时间和压缩空间，从而创造出更多的资源来提高课堂的容量和质量。

③多元融合式。

组成和特点：如图6所示，多元融合式协同教学是指2个或以上的教室利用网络技术手段与一个特定教室的授课教师进行协同教学，这个特定教室里没有学生，它甚至可以定义为简易微课演播室或简易协同室，教师在里面可以通过屏幕看到"参与"和

"预约"到协同班里学生的画面。一般情况下，他每次在网络协同课上讲解的内容和知识点都较为固定，且时间一般不超过10分钟，有点类似于电视新闻主持人和评论员的工作，不同的是他可以重复地为多个网络协同教室的师生服务，并且进行专业、精准和精简化的讲解。

之所以定义这种方式为多元融合式，就是因为这种方式的教学内容具有跨学科性、稀缺性和多元性，课堂教学具有较强的独立性。但这样的网络协同属于更高的级别，需要进行一定的理论和实践研究，这里不再赘述。

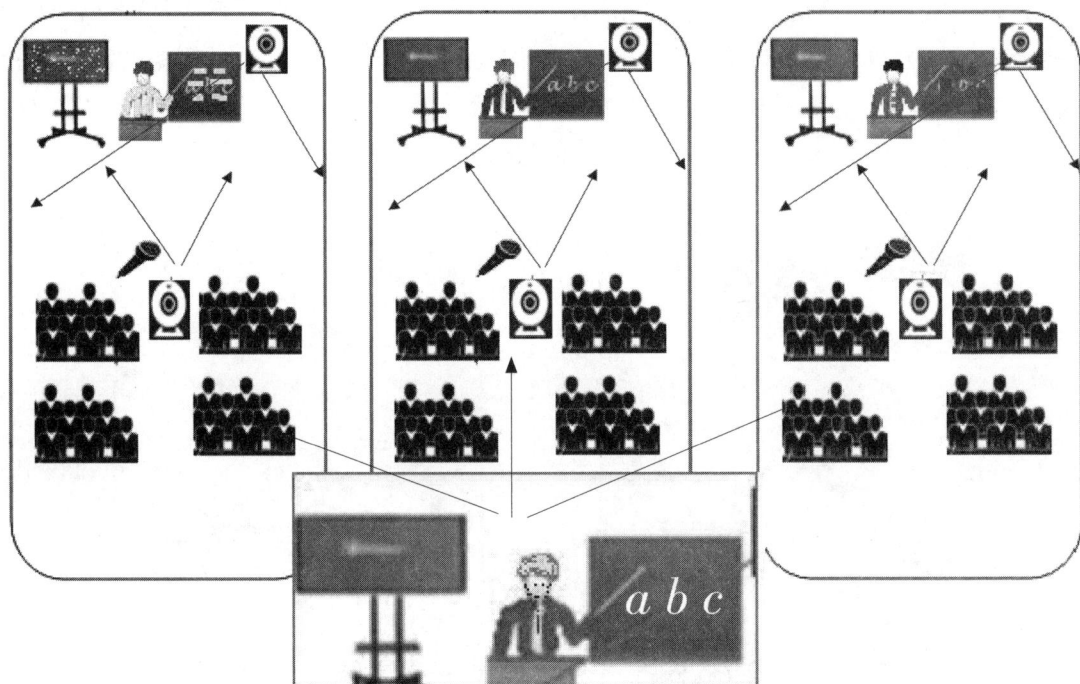

图6 多元融合协同教学

2. 教学模式的成效与推广

一是本课题的研究成员包括10多所学校的名师和辅助教师，参与的人员有50多人，参与的班级有20多个，学生人数近800人，这样的规模本身就具有推广性。

二是本课题在2019年珠海市教育教学成果申报中获得一等奖的成绩。

三是本课题组的2名成员林幸强和陈燕瑛老师分别成功申报2019年珠海市教育教学课题。

四是课题组成员黄耀忠教师在《珠海教育》杂志中发表了相关的研究论文。

3. 网络直播平台

2018年7月11日，课题组成员交流总结从书籍或者文献中了解到的网络直播平台的特点，并依据我区直播、网络协同课的需要进行交流讨论，设计出了网络直播平台的架构。然后，请专业的公司对网络直播平台的架构进行指导和调整。最后，邀请专业的公司帮助搭建网络直播平台。最终于2018年9月，成功搭建出网络直播平台。2018年9月中旬，在个别学校安装平台，进行两节课的试教。通过两节课的试教，我们发现平台的功能基本能够满足我们所需的直播、网络协同课的使用要求。于是，从2019年9月下旬，我们在参与研究的学校中陆续安装了网络直播平台设备。

四、研究总结及反思

（一）研究中存在的不足之处

课题实施以来，基本能够按照方案进行开展。但是在开展过程中，还是存在一定问题。

1. 设备问题

为了确保课堂的顺利进行，每节课都安排了辅助老师协助处理特殊情况，比如设备出现故障等。但是在实施过程中，有时候会遇到网络慢、直播出现卡顿的情况。这种情况下，尽管我们已经安排了辅助老师，但是网络慢还是会影响课堂的正常进行。另外，由于是网络传输，声音会延时，这就导致课室两边的声音并不是完全同步的。这种情况会对音乐课会带来很大的影响，如屏幕两边的师生听到的音乐是不同步的。

2. 部分教师的抵触

部分教师习惯了传统的课堂，突然以直播、协同课堂的形式开展教学，他们会感觉到不适应，产生抵触的情绪。为了更好地开展课题，在后期的计划当中，我们会想办法帮助教师尽快适应协同课堂。

（二）研究改进措施

（1）收集各校需求表，新学期继续在区内开展网络协同课堂。

（2）安装及检修各学校设备。

（3）定期开展培训以及会议。

（三）后续研究计划

（1）我们在下阶段的研究中，将继续遵循最初的课题研究思路，加强理论学习，按原计划正常开展网络协同课堂。继续加深教师对网络技术的了解，使教师意识到网络技术对教学的影响，帮助教师更快适应信息技术与教学融合的课堂。

（2）根据区里现在的网络状况，在能力范围内对网络进行改善，使网络状况更顺畅，减少直播过程中出现的卡顿现象，使直播、网络协同课堂顺畅进行。

（3）收集并撰写与本课题有关的论文。

五、研究案例点评

1. 课题研究目标明确，研究过程较扎实，组织管理工作科学有效

以"构建适合本区的高效的远程直播和协同课堂教学模式"这一实际问题为研究目标，课题组成员按照研究计划，认真落实课题前期研究工作，研究的各个阶段都尽可能做到科学、规范。

2. 课题研究方法得当，科学性、操作性强

以"区中小学教师的教学现状调研""基于教育城域网架构下的远程直播、协同课堂的组成、特点和实施的策略研究及其效果研究"为主要研究内容，综合运用行动研究法、问卷调查法、谈话法、文献研究法、准实验研究法等多种研究方法，立足课堂教学实践，注重理论研究，做到理论与实践相结合。

3. 课题取得了丰硕的研究成果，对如何利用远程直播、协同课堂促进农村学校教师的专业化成长和学生学习能力提升具有实质性的指导意义

经过大量的实证研究工作，课题组构建了两种适合本区的高效的远程直播协同课堂教学模式：一是直播教学讲座模式；二是网络协同教学模式。一方面，在一定程度上缓解了当前区中小学各科教师的结构性不足的问题，促进区优质教育资源的下放和教育的均衡发展；另一方面，有效促进了部分年轻教师的专业化发展。

案例单位：珠海市斗门区教科培中心

研究类型：专题研究

可视化学习促进小学数学教学改革的实验研究

一、研究背景及目标

（一）研究背景

1. 关于可视化学习的相关研究

可视化的一种定义是"可视化是一种计算和处理的方法，它将抽象的符号数据表示成具体的几何关系，使研究者能亲眼看见他们所模拟和计算的结果，使用户看见原本不能看见的东西"。

近年来，可视化技术的不断发展使得国内外越来越多的教育研究者开始关注可视化学习，认为可视化就是把数据、信息和知识的外部表征和学习者内部心理表征转化为可视的表示形式，从而获得对数据、信息和知识更深层次认识的过程。目前国内外的可视化学习的相关研究主要从知识可视化、思维可视化、数据可视化三个方面展开，可视化在学习过程中对知识学习、传播和创新等方面的促进效果已得到很多研究证实，很多新型可视化技术也开始应用在教学过程中。由于受到不同可视化方式的支持，教学活动得到了极大的丰富，学生在学习中的主体性逐渐凸显。从目前相关研究现状来看，大多数的研究仅针对一种可视化方式进行，还没有多种可视化方式在学习中的综合运用的相关研究，由此可以看出可视化方式在学习过程中综合应用的研究还处于探索阶段。

2. 可视化学习与小学数学教学

小学数学教学对于发散学生思维、发展智力、发展儿童的空间观念和提高教学质量具有重要意义。《二十一世纪学习的9个特征》指出，可视化学习与个性化学习是21世纪学习的基本特征。"互联网+"时代的到来，为学生可视化、个性化学习提供了契机。在教育实践层面，可视化学习、个性化学习影响着国内教育的发展方向，不少小学进行了可视化、个性化学习理念下的新型教学实践探索，比如微课应用、翻转课堂等。如何将可视化学习与小学数学教学相融合，促进学生对数学知识的理解，提高学生学习数学的能力呢？纵观国内的可视化学习实践，系统地从目标、过程和效果三个方面综合考量进行实践的研究为数不多，也缺乏深入的实证研究。所以想要实现学生学习图形几何能力的提高，促使可视化学习与小学数学教学实践的融合，还有待进一步的实践探究。

3. 本校学生数学学习现状

2018年9月课题组教师深入开展了对"本校学生数学教学现状"的调研工作，对四、五、六年级学生进行问卷调查，在分析、梳理问卷的过程中，发现存在如表1所示情况：一是学生难于提升数学认识，常常停留在生活经验或直观认知上，无法形成抽象的数学认识；二是学生难于理解概念内涵，对数学概念的掌握不全面，运用时易混淆等；三是学生难于发展空间观念，如小学生空间观念薄弱，或认识上易存在习惯性的错误；四是难于提高作图技能，主要表现为作图方法不正确，技能难掌握。

表1　2018年9月石湾第一小学学生数学学习现状调查统计

项目	难于形成抽象认识（如对"体积和体积单位"学习中的"空间"的抽象认识）	难于理解概念（如区分"周长、面积""表面积和体积"概念的理解）	空间观念较弱（如"平行四边形"是否为轴对称图形的理解）
占比	50.7%	51.2%	59.8%

（二）研究目标

（1）通过研究，探索利用可视化手段促进学生数学思维能力、个性化学习能力发展的教学模式。

（2）通过研究，转变学习方式，促进学生的数学思维能力、个性化学习能力的发展。

（3）通过课题研究，切实提升教师利用可视化手段开展数学学科教学及科研的能力。

二、研究内容及过程

（一）研究内容

1. 结合研究专题开发知识可视化资源

计划开发一批适用于小学数学教学的微视频资源。本研究中的微视频资源强调必须结合知识内容的情境性，同时以问题为导向，提出能让学生深入思考的问题，而非知识内容的再"讲解"。所开发的微视频资源可用于学生的自主学习、合作学习、探究学习等活动。

2. 运用知识可视化资源和思维可视化工具开展教学试验，探索利用可视化技术促进学生数学学习能力发展的教学模式

本研究中，可视化学习不仅只在教学中应用思维导图开展教学，而且在教学过程中要综合应用知识可视化资源、思维可视化工具。此外，思维可视化工具不仅限于建立联系、适用于发散思维的思维导图，还包含适用于培养逻辑思维和结构化思维的多样化图形化思维工具（如 X–Y–W 线图、韦恩图等）以及表格化的思维工具（如

PMIQ反思表）。为此，本研究在活动理论的指导下，提出了以问题为导向（PBL）的可视化学习STILE活动模型。其中S（Situation）表示教师利用知识可视化资源创设问题情境；T（Thinking）表示学生利用图形化的思维可视化工具进行问题探究；I（Interaction）表示小组成员围绕思维可视化作品进行交流互动；L（Lucubrate）表示教师利用多种可视化方法巩固和深化知识，解决疑惑；E（Evaluation）表示学生利用表格化的思维可视化工具进行学习反思并提出新的问题。

该模型突出学习活动的设计和实施，它包括五项活动，即活动一：利用知识可视化资源创设学习情境，提出问题，激发学生思考；活动二：学生利用思维工具，积极思考，分析问题，表达观点；活动三：学生围绕可视化思维作品进行小组交流互动；活动四：教师利用多种可视化资源指导学生深化学习，并对学生提出的问题进行析疑、归纳和总结，再进行知识巩固和深化；活动五：学生利用表格化的可视化思维工具即PMIQ反思表进行学习反思和自我评价。这五项活动既包含自主学习、合作学习、探究学习活动，也包含微课（微视频）的应用，可以支持翻转课堂教学的开展，也可利用知识可视化资源在课后进行复习巩固，还可以根据教学内容设计和组织不同的学习活动的安排与次序。

（二）研究方法

1. 文献研究法

本课题通过文献研究法可以查阅、整理和分析国内外相关领域的研究现状，梳理可视化学习的研究与应用现状，以及利用可视化思维工具培养学生几何概念学习能力。

2. 访谈法

本课题通过设计访谈问题提纲，深入获取学生数学学习能力发展的效果及建议，为构建和优化可视化学习教学模式提供数据支持。

3. 行动研究法

本课题通过行动研究法，经过"制定计划""教学实施""过程观察""教学反思"开展可视化学习行动研究教学实验，不断完善，形成利用可视化技术促进学生数学学习能力发展的教学模式，促进学生学习能力的发展。

（三）研究思路及过程

（1）2018年9月前期准备，进行文献调研、制定方案。

（2）2018年10月至2019年11月开发并收集可视化学习资源，开展第一阶段行动研究，研究"可视化激趣——自主探究"教学模式的可行性。

（3）2019年12月至2020年3月进一步开发并收集可视化学习资源，开展第二阶段行动研究，研究如何改进"可视化激趣——自主探究"教学模式。

（4）2020年3月至2020年6月进一步开发并收集可视化学习资源，开展第三阶段行动研究，研究如何完善"可视化激趣——自主探究"教学模式。

（5）2020年7月对研究过程进行分析与总结，准备课题结题材料。

三、研究成果及结论

（一）研究成果

（1）课题负责人林雅梅老师撰写的论文《基于智慧课堂下的"可视化教学模式"探究》，发表于由山西省教育厅主管的省级教学期刊《小学教学设计（数学）》（2019年第7期）（ISSN 1009–2544，CN14–1240/G4），如图1所示。论文内容是如何在课堂中借助智慧课堂下的现代教育技术从"创设情境，生发主题，激发思考；制定方案，分析思考，展现思路；实施方案，解决问题，深度学习；归纳总结，反思评价，拓宽视野"等四方面发展学生的数学思维能力和个性化学习能力。

图1 《基于智慧课堂下的"可视化教学模式"探究》论文证明材料

（2）课题负责人林雅梅老师撰写的论文《小学数学课堂教学评价微探》，发表于由广东省教育厅主管的省级教学期刊《广东教育·综合》2019年第1期（ISSN1005–1422，CN44–1145/G4），如图2所示。论文内容是课堂评价贯穿教学活动的始终，教师可以灵活运用随"情"而生、应"景"而为、众"启"拾翠等评价策略，发挥评价应有的激励、引导、调控等效能，让数学课堂展现灵动的魅力。

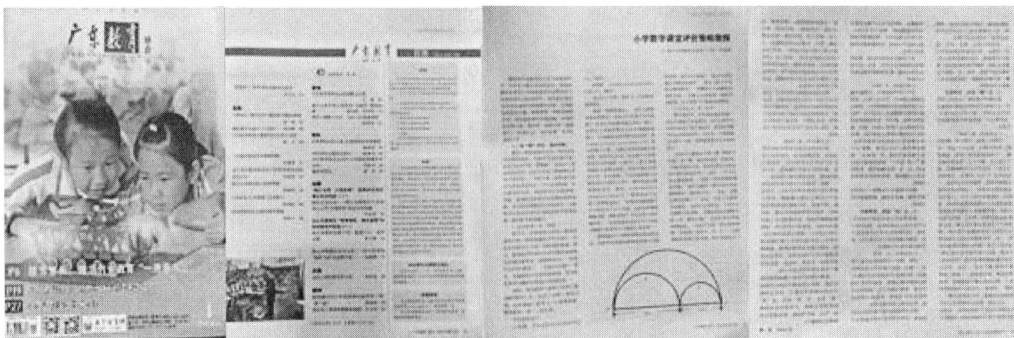

图2 《小学数学课堂教学评价微探》论文证明材料

（3）课题负责人林雅梅老师撰写的论文《运用"自学自悟式"学法提高学生自主学习能力》，发表于由山西省教育厅主管的省级教学期刊《小学教学设计（数学）》（2018年第11期）（ISSN 1009-2544，CN14-1240/G4），如图3所示。论文内容是如何借助"自学自悟式"学法，引导学生从"聚焦任务，展开自学；交流探讨，思辨自悟；扩充拓展，丰实内涵"等三方面进行课堂学习。

图3　《运用"自学自悟式"学法提高学生自主学习能力》论文证明材料

（二）研究结论

1. 学习成绩分析

"可视化激趣——自主探究"教学模式能提高学生的学习成绩。从表2来看，两个班统考成绩差别不大。经过一年的学习后，两个班的学习成绩均有进步（见表2、表3），但幅度不同。实验班进步的幅度大于对比班。在学习能力水平大致相同的前提下，实验班能够从成绩稍落后到成绩反超对比班，证明"可视化激趣——自主探究"教学模式是有效的，它确实能提高学生的学习成绩。

表2　（行动研究前）2017学年第二次区统考的结果统计

项目	平均分	标准差	Z值	P值	显著性
实验班	82.31	4.74	2.02	<0.05	显著
对比班	83.82	5.39			

表3　（行动研究后）2018学年第二次区统考的结果统计

项目	平均分	标准差	Z值	P值	显著性
实验班	89.62	5.32	1.99	>0.05	显著
对比班	84.07	3.29			

2. 学习能力分析

小学中高年级学生的数学学习能力大致有自学能力、学习迁移力、空间想象力、提出—分析—解决问题能力等。"可视化激趣——自主探究"教学模式能锻炼和提高学生的上述各种学习能力。例如，2018年6月本校六年级的数学竞赛中第5题为：一个圆柱形油罐，原来高8分米，现在需要加高5分米，这样表面积增加了6.28平方分米，油罐现在的容积是多少立方分米？结果实验班获满分的人数比对比班多13人，平均分高出2.12分，检验Z值，差异达到"极显著"水平（见表4）。实验班学生能从"表面积增加"联想转换为圆柱"增加的侧面积"，通过侧面积公式先求出圆柱底面的周长，再求出底面半径，最后算出圆柱现在的容积，而对比班的学生很多都不知从何入手。导致这种差异的原因是实验班的学生通过"可视化激趣——自主探究"教学模式的课堂教学，并在课堂中通过自学、质疑和探究、绘制思维导图等自主学习活动，提高了提出—分析—解决问题的能力；通过思维可视化工具PMIQ反思表格总结，他们又从中积累并掌握了学习数学的方法策略。

表4　（行动研究后）2018学年六年级数学竞赛第5题的结果统计

项目	满分人数	平均分	标准差	Z值	P值	显著性
实验班	25	6.08	2.47	5.39	<0.01	极显著
对比班	12	3.96	1.65			

3. 学习兴趣分析

问卷调查获得的数据见表5、表6，表明在行动研究开始之前，对比班在学习兴趣方面还明显优于实验班；但在开展行动研究后，实验班的学习兴趣已经与对比班无显著差异，这就表明实验班学生的学习兴趣提高了。例如，1班的胡明鑫同学在感想中写道：我对本学期的数学课非常满意，特别是自学后的质疑环节，我们可以提出自己不明白，但又最想知道的问题，在合作探究时，与同学们互相切磋、讨论来解决问题，不仅让我获得了知识，还掌握了探究的方法，我们都很喜欢上数学课。很多孩子的家长告诉笔者："我的孩子越来越喜欢上数学课了，谢谢老师。"学习兴趣的提高促进了学习能力的提升，学习能力的提升又促进了学习成绩的提高，而随着学习成绩的提高，学生也渐渐地爱上数学课，从而形成了良性循环。

表5　（行动研究前后）实验班与对比班的差异

项目		学习兴趣
两个班的前测差异	Z值	2.159
	结论	P<0.05显著（对比班优胜）
两个班的后测差异	Z值	0.732
	结论	P>0.05不显著

表6 实验班和对比班在行动研究前、后各自的差异

项目		后测与前测的平均分之差	标准差	Z值	结论
学习兴趣	实验班	0.653	0.983	2.032	$P<0.05$显著
	对比班	−0.096	0.878	−0.768	$P>0.05$不显著

四、研究总结及反思

（一）研究创新之处

"可视化激趣——自主探究"教学模式具有有趣、轻负和高效的特点，它为数学课堂带来了生机与活力，是对有效教学研究的丰富和补充。通过对"可视化激趣——自主探究"教学模式的行动研究，使小学数学的教学模式不断朝着更有趣、更有效的方向发展，这样也有助于学校构建数学特色课堂，提升教师的数学教学与科研能力，发挥了推动校本教研建设，打造学校数学特色文化课程的作用。经过两轮10个月的行动研究，"可视化激趣——自主探究"教学模式的分类操作在我校中高年级得到有效实施，从而拓展了本教学模式研究的宽度和长度，分类操作的具体方式内容又丰厚了其研究的内涵。所谓教无定法，贵在得法。只要教师掌握了不同操作的技巧，自然能为教学内容找到最合适的"可视化激趣——自主探究"教学模式，形成特色鲜明的个人教学风格。

（二）研究不足与展望

1. 研究不足

实验过程中最大的不足是在第一阶段行动研究中，虽然学生对新模式的课堂教学很感兴趣，但课题组对本模式中的自学发现和学生质疑两个环节考虑欠周全，以致在课堂上浪费了较多的时间。

2. 研究展望

在本研究中，"可视化激趣——自主探究"教学模式都只是运用在新课讲授中，而要让这种教学模式的生命力更强，影响力更广，必须尝试将其运用在不同的课型（如复习课、试卷评讲课等）中，这也有待在今后的工作中继续研究和探讨。

五、研究案例点评

（1）课题研究思路清晰，计划合理。在课题组成员的共同努力下，课题研究工作得到落实，课题组成员已经完成了行动研究，"可视化激趣——自主探究"教学模式的分类操作也得到有效实施。

（2）课题研究方法选用合理，使用科学。课题采用文献研究法、访谈法、行动研究法，顺利完成了"可视化激趣——自主探究"教学模式的探索，并将其应用于课堂，有助于学校构建数学特色课堂，提升教师的数学教学与科研能力。

（3）课题组缺乏对研究结论的提炼。课题组将研究结果数据分析与研究结论混为一谈，其中研究结论应当在研究过程中收集数据并分析数据，再由教学实验前后数据对比提炼而来。课题组应当加强对研究结论的总结，得出本课题研究的观点和结论。

（4）课题研究成果较少且缺乏多样性。结合课堂研究过程的阶段性成果，在省级刊物发表了三篇论文，具有一定的价值，为可视化学习促进小学数学教学改革提供了一定的参考。但总体上看，课题研究凝练的成果单一，只有论文形式，数量也较少。建议课题组加强对研究成果的提炼，同时注重提炼教学模式并形成相应的课程资源，例如微课资源，以便于教学模式的推广和应用，实现学术价值的最大化。

此研究进展顺利，已得出相应的成果并成功发表，为使此研究更加完善，建议课题组对已有的结论进行梳理和再验证，将"可视化激趣——自主探究"教学模式用于不同的学科和不同的年级中，进一步验证该教学模式的有效性，完善课堂研究，对小学数学教学改革提出更具体、可行的建议。

案例单位：佛山市禅城区石湾第一小学
负 责 人：林雅梅
研究类型：专题研究

基于计算思维培养的 Python 项目式教学策略研究

一、研究背景、问题及目标

（一）研究背景

Python对于中小学来说是一门新语言，之前的Python教学研究绝大多数集中在大学阶段，中小学阶段的甚少，可供参考的资料不多，因此研究中小学的Python教学方式与教学策略变得十分迫切。

《普通高中信息技术课程标准（2017版）》强调教育要面向学科核心素养，而计算思维是信息技术四大学科核心素养之一，是其他学科所不具备的、独特的、最为重要的要素，也是信息技术学科教学的首要培养目标。因此如何在Python教学中培养计算思维也是一个迫切的问题。

新课程标准强调并指示要通过项目式教学法开展教学，突出学生的实践活动，避免其对信息知识的机械接受。可见项目式教学法是非常合适学生的一种极具优势的方法，是新课程重点推动的教学方式。在Python教学中实施项目式教学的文章并不多见，因此如何开展项目式教学也是非常值得探讨的问题。

在Python教学中，把Python教学、计算思维和项目式教学三者结合起来研究，不仅是新课程改革的要求，也是现阶段中小学一线教师在教学中迫切需要解决的问题。因此，本课题的研究结果将会给同行带来有价值的、可供参考的、有益的做法。

（二）研究问题

（1）Python教学研究：Python是新采用的编程工具，它具有什么特点？怎样教学才能让学生听得懂，掌握得好？

（2）计算思维与Python教学相关性研究：什么是计算思维？Python教学与计算思维培养有什么关联？

（3）项目式教学与Python教学相关性研究：什么是项目式学习？在Python教学中采用项目式教学有什么优缺点？如何实施？

（4）基于计算思维培养的Python项目式教学策略研究：参考国内外的教学实践经验，依据本校学生情况，不断摸索制定基于计算思维培养的Python项目式教学策略，并在行动研究中不断改进，以达到更好的效果。

（5）基于计算思维培养的Python项目式教学活动的教学设计与实践：在两间学校的初、高中运用制定出的教学策略进行Python项目式教学设计与实践，探究如何渗透培养学生的计算思维。

（6）教学效果及计算思维培养效果研究：所进行的教学活动效果如何？项目式教学策略对Python教学效果是否有用？对培养计算思维是否有效？

（三）研究目标

（1）厘清计算思维与项目式教学的内涵，研究清楚计算思维与项目式教学在Python学习中的地位和作用，培养学生的思维能力与创新能力。通过对国内外Python典型教学案例的分析，结合中学教学实际，根据学情，制订合适的教学策略，设计Python教学设计方案和教学实践方案。

（2）以广州市南海中学和广州市西关外国语学校的学生为研究对象进行教学实践，以期达到在中学Python教学中培养学生计算思维的目的，并最终得到完善的培养计算思维的项目式教学的策略和方法，为计算思维及项目式教学在Python程序设计教学中的研究提供参考和借鉴。

二、研究内容及过程

（一）研究重难点及内容

（1）研究难点是对基于计算思维培养的Python项目式教学策略的研究。参考国内外的教学实践经验，依据本校学生情况，不断摸索并制订基于计算思维培养的Python项目式教学策略，并在行动研究中不断改进，以达到更好的效果。

（2）研究重点是基于计算思维培养的Python项目式教学活动的教学设计与实践。在两间学校的初、高中运用制定的教学策略进行Python项目式教学设计与实践，探究如何渗透培养学生的计算思维。

（3）教学效果及计算思维培养效果研究。所进行的教学活动效果如何？所使用的教学策略对Python教学效果是否有用？对培养计算思维是否有效？课题研究内容如图1所示。

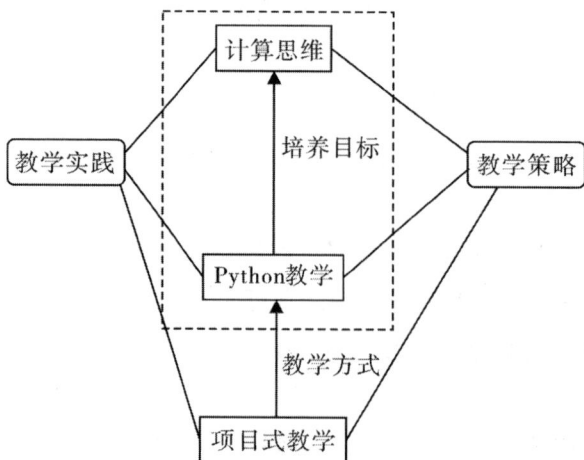

图1　课题研究内容

（二）研究思路

本研究按照"现状调研—分析设计—教学实践—效果验证—总结反思"的思路进行研究，现状调研指的是调查学生的学情、计算思维现状，根据国内外文献研究，制订具体的教学策略与教学设计，在行动研究实践中不断修正与完善，并验证其效果。具体的研究思路如图2所示。

图2　课题研究思路

（三）研究方法

在现状调查时，可以使用问卷调查法，通过问卷星发放计算思维相关问卷，以检测学生的计算思维现状。在设计Python项目式教学案例时，可采用文献研究法、归纳推理法，借鉴国内外同行的做法。在Python项目式教学实践中，可用行动研究法来不断修正完善教学策略和教学方法，并用观察法和问卷调查法分析效果。

（四）研究工具

（1）基于Python程序教学的计算思维三维框架调查问卷。在教学前后分别让学生完成问卷调查，以考查学生的计算思维有无提高。此问卷参考了2012年美国麻省理工学院（MIT）媒体实验室终身幼儿园研究小组（Lifelong Kindergarten Group）在多年研究Scratch在线社区、Scratch教师工作坊以及互动媒体设计者的编程活动基础上开发的一个计算思维三维框架，它包括三个维度：计算概念、计算实践和计算观念。

（2）Python作品评价量表。此评价量表参考计算思维三维框架和全国电脑制作活动程序设计比赛作品评分标准后自行编制出来的。

（3）Python期末测试题。根据学生的学习内容，参考计算思维三维框架，自行编制测试题，用以检测学生Python语言的掌握情况，并间接地测量了学生的计算思维情况。

（五）研究团队构成

课题组成员来自两间学校，均为中学一线教师，教学经验与研究经验都非常丰富。

课题负责人林晓明，现任广东省中小学教师发展中心信息技术教育委员会委员、荔湾区信息科教研会理事，2015年至今一直是广州市继续教育能力提升工程网络研修主持人、培训导师。2014年建设了一门广州市中小学教师继续教育课程必修课"技术支持下的高中信息技术课堂教学"，2017年建设了一门选修课"高中信息技术教学策略"。论文《高中信息技术学困生转化策略研究》于2013年发表在《广东教育装备》上，《〈算法与程序设计〉微课的设计——以递归法为例》《基于Moodle+微课的信息技术高效课堂建构策略——以电脑艺术设计为例》发表在《教育信息技术》上。

课题组成员陈金波，广州市西关外国语学校副校长，广州市优秀教师，广州市卓越校长培养对象，计算机一级教师，他坚持一线教学，从事信息技术教学工作，结合学校分管工作，对学校的信息化建设和教育信息化发展有丰富的实践经验。

课题组成员梁丽霞，毕业于华南师范大学教育技术专业，在攻读硕士学位时的研究方向为教学设计，在读研期间，跟随导师深入中小学做了很多关于信息化教学改革方面的课题，了解信息技术课堂教学面临的问题。论文《3G环境下大学英语移动学习模式的研究》发表在《中小学电教：下》上；《国外视频公开课对国内高校网络公开课的启示》收录在《华南理工教育学报》上；论文《基于校本研修的中小学教师远程培训——以新疆农村学科教师教学能力提升培训项目为例》获2013年教育技术国际论坛二等奖。

课题组成员陈瑜，毕业于华南师范大学教育技术学专业，中学一级教师，九年台湾中学资讯学科教学经验，五年广州市中学信息技术学科教学经验。2007年开始应用Moodle，能熟练应用微课和平台各项功能辅助教学，具备多项Moodle课程开发经验。2014年设计微课"奖状制作之谜"获广州市初中组一等奖。2015年6月—2016年12月所主持的基于Moodle与微课进行研究的荔湾区教师小课题"初中信息技术会考分层复习策略研究"被评为区一等奖。擅长指导学生进行项目式多媒体作品制作，所辅导作品曾获电脑制作活动国家一、二、三等奖，多个广东省奖。

课题组成员余宇平，毕业于华南师范大学教育技术学专业。2006—2015年在深圳工作，其间被评为深圳市龙岗区优秀教师、教坛新秀、学科中心组成员。执教或设计的课例及论文曾多次获得国家、省、市、区等级别的奖项，其中包含市级以上14项。曾参与"互联网中培养学生自主学习方法的研究""信息技术与学科教学整合的研究与实践"等课题的研究，主持完成的小课题有"基于中小学生的scratch语言的课堂教学模式研究""利用专题学习网站培养中学生自主学习能力的研究"等。论文《浅谈信息技术课堂中教师的"教"和学生的"学"》获得2012年深圳市信息技术学科论文比赛一等奖，并发表在《深圳教育研究》和《广东教学研究》上。

课题组成员伍婉琴，毕业于华南师范大学本科，理学学士，计算机中学一级教师。广州市荔湾区信息技术教研组理事，广东省信息技术骨干教师，广东省计算机软件评审活动基础教育组评委。负责学校"智慧教室"专项建设和验收工作。参与"翻转课堂应用于初中学科教学的模式和实践效果研究"课题研究，被评为2016年广东省信息技术骨干教师优秀学员。获2017年广州市中小学信息技术学科教学论文评比活动二等奖，在广州市信息技术教研会上作"运用评分软件提高EXCEL复习课教学效果"专题讲座。

（六）研究进度安排

1. 研究准备阶段（2019年4月至2019年7月）

对当前国内外有关计算思维、项目式学习和Python教学三方面进行文献调研，并分析总结当前计算机程序教学存在的问题。

2. 分析设计阶段（2019年7月至2019年9月）

以计算思维为导向，将计算思维培养融入教学中，制订项目式学习的具体教学策略，设计具体的Python教学内容和教学方法。

3. 教学实践阶段（2019年9月至2020年9月）

教学实践阶段主要是在班级中根据第二阶段设计的Python教学进行教学实践，开展行动研究，并在实践中不断完善设计方案，改进教学策略。

4. 效果验证阶段（2020年9月至2021年9月）

对面向计算思维的Python教学效果进行评价，通过问卷调查、内容分析、访谈等方法来验证教学效果。

5. 反思总结阶段（2021年9月至2022年4月）

对整个研究进行总结，概括研究结论，并反思整个研究过程与结果，指出研究存在的不足和后续研究方向。

三、研究成果及结论

（一）研究成果

（1）撰写并准备发表论文《计算思维视域下的高中Python校本课程建设与实践》，论文主要内容是培养计算思维的Python校本课程的设计与开发。

（2）撰写了论文《核心素养下的Python在线教学——高一Python教学案例》，论文主要介绍了疫情期间线上课程的开展情况，重点关注如何走进学生内心，如何激发学生兴趣。

（3）形成了一系列教学案例，如表1所示。

表1　教学案例成果

案例名称	执教者	案例内容与亮点
霍格沃兹的来信——input函数	余宇平	用学生感兴趣的故事贯穿整个线上课堂教学，利用问卷网搭建生动有趣的教案，带领学生自主学习
词频统计及词云生成项目（包含三个课例：英文词频统计、中文词频统计及词云分析）	林晓明 梁丽霞	这是一个完整的项目，约包含6节课时，先是让学生接触英文词频统计，然后深入到中文词频统计中，再把词频用漂亮的词云图展示出来，最后3节课是让学生每2人1组合作，完成并展示分享自选小说的词频统计及词云分析
税费计算器项目	林晓明	2019年起我国实行了新的个税法，那新旧个税能为我们的父母省下多少钱呢？这是个值得思考的问题，能让学生感受国家政策的惠民性。教师先用一节课讲解练习选择结构及输入输出函数，第二节课开始分析计算方法，第三、四节课让学生每2人一组合作完成税费计算器程序，第五节课来展示和分享
心仪大学录取分数线变化分析（网络爬虫项目）	林晓明	网络爬虫是Python的经典项目，而数据分析也是Python最擅长的，本项目把这两个知识点结合在一起，选取同学们最感兴趣的大学录取分数线作为问题切入点，进行项目式学习

（4）初步形成了一些面向计算思维培养的Python项目式教学策略，如表2所示。

表2　教学策略成果

教学策略	含义	使用方法
适切性策略	所谓适切，即适合、贴切。我们的教学要符合学生的年龄特点和认知特点，学习内容要符合学生的水平，强调因材施教	在备课前要善于利用问卷等形式充分了解学情，不同学校的教学内容深浅不一样，教学处理也不一样
问题引领策略	以问题探究统领整个项目、整个课堂，让学生在由浅入深的问题引导下，一步步深入探究，最终完成任务或者项目	在课堂教学中注意设置有层次的问题
兴趣激发策略	兴趣是最好的老师，课堂教学要注重激发学生兴趣。选取的项目要贴近学生的生活与学习实际，要选择学生感兴趣的项目	项目选择要充分考虑学生的兴趣
展示分享策略	展示作品，分享交流，一方面有助于互相学习，另一方面也会起到督促学习的作用	在项目完成后，分小组展示和分享作品

（二）研究结论

（1）Python项目式教学有助于培养学生的计算思维。贴近学生生活与学习实际的项目式教学，对学生计算思维的提升有一定的作用。

（2）适切性策略、问题引领策略、兴趣激发策略和展示分享策略有助于计算思维培养的Python项目式教学。在教学中应用一些策略，有助于学生Python知识的掌握、计算思维的培养，从而有助于项目教学的开展。

（三）研究创新之处

1. 研究视角创新

在我国，计算思维的研究大多停留在大学计算机类课程上，对于中学信息技术教学中计算思维的关注还不是很多，现阶段已有的中学程序设计课堂更多关注程序的语法，忽视了学生计算思维的培养，导致学生无法跳出课堂。本研究以计算思维为导向，通过设计和实践程序设计的教学来检验其效果。

2. 研究内容创新

Python教学研究大多在大学进行，2018年后才逐步进入中学，因此这是一个崭新的领域，急需一线教师进行教学实践，为后来者提供可供参考的、有价值的研究成果。另外项目式教学在其他程序设计语言中使用得比较多，但在Python语言教学中可借鉴的应用经验比较少，因此也急需进行研究。

四、研究总结及反思

（一）研究中获得的经验

在研究过程中，通过观察法和反思法，逐渐摸索出一些教学策略，发现重视这些教学策略，对教学效果会有比较大的提升。Python的项目可以根据学情和当前的社会环境作适当的变化。计算思维的测量可以借鉴前人的成果，可通过发问卷、分析评价作品及测试三种方式获取。

（二）研究中遇到的困难及突破办法

研究中主要遇到的问题是不熟悉Python语言，要花大量的时间去设计一个项目，突破方法是多花时间学习，如可以在中国大学MOOC平台上学习，也可以多买些书学习，还可以通过多交流学习。

（三）后续研究方向

教学策略的优化和扩展问题，可查阅相关的书籍，突破自身的局限性，多向同行借鉴。由于时间关系，现阶段的Python项目比较粗糙，后续要重点着力研究Python项目的设计优化问题。

（四）对后续研究与课题管理的意见与建议

课题组成员来自两间学校，学生的学情和教师的教学风格都有比较大的差别，后续可以多相互听课，多交流，多比较差异并分析原因。

五、研究案例点评

（1）课题切合教学热点及需求，具有前瞻性。该课题面向新课标要求及现阶段中小学教学需要，抓住当前的三大教育热点：计算思维、项目式学习、Python教学，致力于学生计算思维的培养，要求既能把握信息技术教育的变革趋势，又能切合当前培养核心素养的教育热点，具有较高的研究价值。

（2）课题研究过程较扎实，组织管理工作科学有效。课题组织结构较为完善，课题组成员任务分工合理，管理科学。课题组成员来自两间学校，有利于校际的交流与合作，对课题的研究比较有帮助。在课题研究过程中，课题组成员积极开展教学设计、教学实践工作，初步形成了一系列研究论文、教学案例、教学策略等成果。

为有序推进本课题研究的进行，建议课题组加强Python语言的学习，并将其运用于教学设计中，继续提炼、完善研究成果，为今后开展相关教学实践及研究提供有价值的、可供参考的经验。

案例单位：广州市南海中学　广州市西关外国语学校
负 责 人：林晓明
研究类型：教与学方式

电子书包在初中分层教学中运用的探索与研究

一、研究背景及目标

（一）研究背景

在科学技术高速发展的今天，信息技术已经渗透并改变了我们生活的方方面面。在信息时代，学生的思维方式发生了很大变化，社会也对他们提出了新的要求，传统的教学方式已经很难满足如今社会的需求。早在2001年教育部颁发的《基础教育课程改革纲要（试行）》中就提出要改变教育教学方式，促进信息技术在教学中的广泛应用。而我国教育部门在2010年颁布的关于教育改革和发展的规划纲要中也提出要重视信息技术对教育发展的影响。自从电子书包被纳入"十二五"重大工程项目后，全国各地相继开展试点项目，电子书包项目再次成为教育界关注的热点。

《教育信息化十年发展规划（2011—2020年）》中明确提出要"推进信息技术与教学融合。建设智能化教学环境，提供优质数字教育资源和软件工具，利用信息技术开展启发式、探究式、讨论式、参与式教学，鼓励发展性评价"，以此缩小基础教育数字鸿沟。电子书包将云学习的概念和技术发展结合起来，从传统"以教促学"转向"以学促学"，基于正式学习和非正式学习的结合，允许学习者进行自适应学习，构建个性化学习空间，提高教学与学习的针对性，从而体现分层教学的思想。目前，有关电子书包的实践少、研究时间短，关于个性化学习、针对性教学和分层教学等领域的电子书包的研究更少。鉴于此，我们课题组大胆提出了"电子书包在初中分层教学中运用的探索与研究"这一主题，颠覆传统课堂模式，充分发挥电子书包所具有的资源交互性、体验性、开放性、富媒体性和针对性，真正体现信息技术环境下教学的特定性，实现分层教学，培养学生的核心素养。

（二）相关概念

1. 最近发展区理论

最近发展区理论由苏联教育家维果茨基提出。他认为学生的发展有两种水平：一种是学生的现有水平，指独立活动时所能达到的解决问题的水平；另一种是学生可能的发展水平，也就是学生通过教学所获得的潜力。两者之间的差异就是最近发展区。教学应着眼于学生的最近发展区，调动学生的积极性，超越其最近发展区而达到下一发展阶段的水平，然后在此基础上向下一个发展区发展。

2. 电子书包

电子书包是一个信息化环境的集成体，它整合了资源、设施、工具和平台，是一个集"教学云平台、教学资源、智能学习终端"于一体的系统，具有学习终端所共有的移动性和便携性、支持服务个性化和多样性、学习资源丰富性和新颖性等特点，是实现分层教学的必要技术。除了传统家校通包含的家校沟通功能，电子书包还提供了更加丰富的教育信息化功能，如数字化教育资源、学生成长史等，让其真正成为孩子们学习和生活的信息助手，成为一个真正的"数字化书包"。

3. 分层教学

分层教学是教师根据学生现有的知识掌握情况、能力水平和潜力倾向把学生科学地分成几组水平相近的小组并进行分层教学，这些小组在教师恰当的分层策略和相互作用中得到最好的发展和提高，因而分层教学具有差异性、可接受性、层次性和递进性。

4. 素质教育

素质教育是指以提高受教育者各方面素质如思想道德素质、培养能力、发展个性、促进身体健康和心理健康等为目标的新型教育模式。素质教育与应试教育相对应，但也并非绝对对立。

5. 双个性化教学

双个性化教学是指教师个性化指导和学生个性化学习。

6. 核心素养

核心素养是指学生应具备的适应终身发展和社会发展需要的必备品格和关键能力，突出强调家国情怀、社会关爱、个人修养，更加注重自主发展、合作参与、创新实践。

（三）研究目标

构建电子书包和分层教学架构，结合初中生心理发展的最近发展区，用教育信息化技术"电子书包"来探索分层教学，实现双个性化教学和素质教育。以数据分析为基，以分层教学为本，以电子书包为径，聚焦课堂的转型，实现双个性化教学，培养学生核心能力。

本课题研究包括"电子书包初推广，分层教学建根基""电子书包再完善，分层教学显成效""电子书包深研究，分层教学成常规"三阶段。如图1所示，其细化目标是建有效互动课堂，促学生全面发展，构建新型教学新模式；建立特色校本资源；物化精品研究成果；减负扩知识，实现双个性化教学，促进师生共同成长；推广成果，形成学校一张名片。

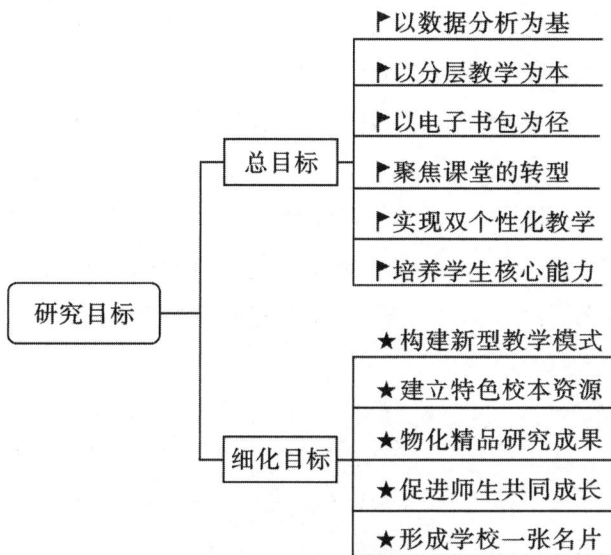

图1 研究目标图解

二、研究内容及过程

（一）研究内容

研究内容主要分为总体研究内容和细化研究内容两个方面，具体内容如图2所示。

1. 总体研究内容

（1）电子书包在分层教学中的教学模式构建。

现有的教学模式基本都建立在传统的黑板粉笔或者多媒体投影的技术基础上，分层教学也仅停留于形式，导致推广效果不佳。在这些模式中，教师和课本是知识的唯一来源，教室是学习的主要场所，课堂时间就是主要的学习时间，这些使分层教学模式的运用受到极大限制。将电子书包引入教学，使得学习环境和学习时空有了较大的改变，且更能灵活实现真正意义上的分层教学，并将分层教学落到实处。因此，构建一种新的教学模式以契合当代中学生在分层学习中的习惯，突出电子书包的优势是本次研究的主要内容。

（2）电子书包在分层教学中的教学实施策略。

在分层教学的实践教学环节中，由于教学内容难易有别，学生的学情也不同，所以，在电子书包环境下，如何选择最有效率的教学策略也是本研究的内容之一。本研究分为三个阶段，并要在每阶段探索最高效率的教学策略。

（3）电子书包在分层教学中的教学效果分析。

结论的得出往往建立在数据的基础上，因此本次研究的重要内容之一就是收集并分析实验前后的各项数据。通过对研究过程中的测试成绩、问卷调查结果、访谈记录、成果展示等进行分析，得出电子书包应用于初中分层教学的成效。

（4）电子书包在分层教学应用中的问题和建议。

新环境、新模式在教学实践的运用中必然存在不少的问题。本次研究的一项重要内容是整理归纳电子书包在初中分层教学应用过程中遇到的问题，并提出一些针对性的解决建议。

2. 细化研究内容

围绕着研究目标和总体研究内容，将本课题的研究内容继续细化，主要细化为四个个性化研究：个性化管理空间的研究、个性化教学空间的研究、个性化学习空间的研究以及个性化监护空间的研究。

个性化管理空间研究：通过电子书包"云平台"实现"校本统计""教学统计""监督课堂"等个性化管理。

个性化教学空间研究：该空间相当于微型的社交空间，在这里能够实现"家校互通""课堂互动""学情互馈"，体现了电子书包强大的交互性。

个性化学习空间研究：这是学生自主学习的小天地，"课堂回顾""在线答疑""学习社交区""错题归类""薄弱点分析针对性辅导"等都充分激发了学生学习的自主性。

个性化监护空间研究："日常表现实时追踪""阶段分析及时补救""作业报告签字反馈""入校离校实时通知"等完美打造了和谐家校合作共同体。

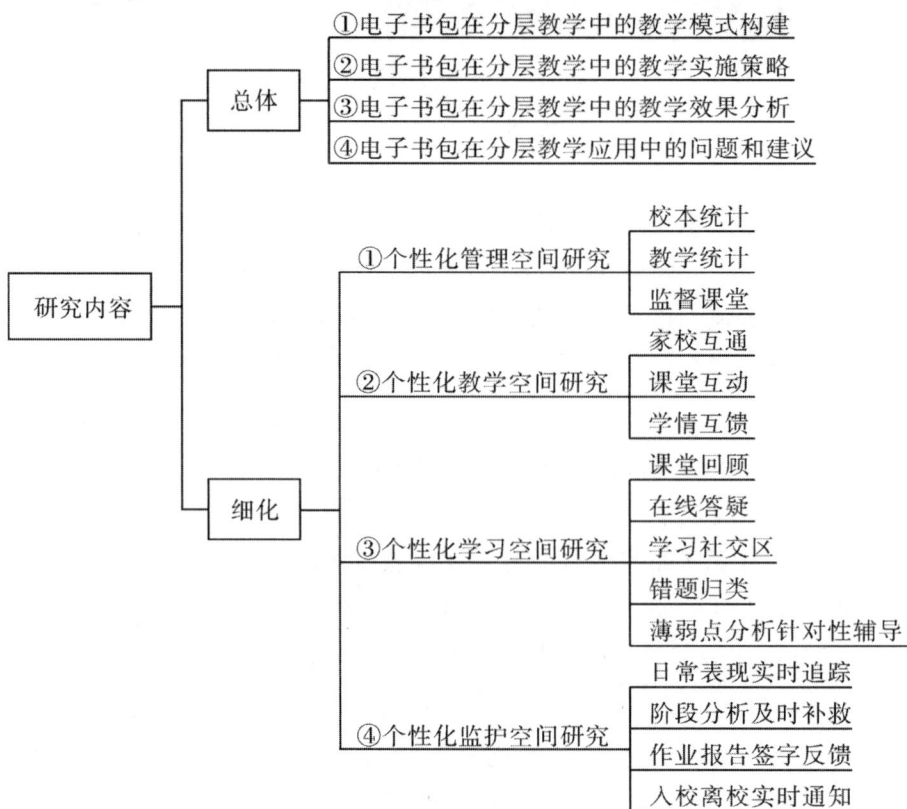

图2　研究内容图解

（二）研究方法

1. 文献研究法

在图书馆、中国知网等数据库中检索与研究相关的文献并进行分析研究，分析电子书包在实际运用中的优势和不足，结合分层教学实践中遇到的问题，预设电子书包在分层教学运用中能够解决的问题以及研究过程中可能遇到的问题，为课题研究搭建好基本框架、找到理论支撑点。

2. 调查访问法

对不同学科教师在采用电子书包进行分层教学时的状况及学生的学习效果进行问卷调查。对电子书包在分层教学中应用的满意度、个性化学习需求满意度等数据进行对比分析，总结电子书包对分层教学学习者的学习方式、学习态度以及学习效果等方面的影响，收集存在的问题和不足，以便提出改进意见。

3. 行动研究法

行动研究体现为一种螺旋式深入发展的过程。遵循"计划—行动—观察—反思—新计划"几个环节的循环，实现由单个教师的行动研究→协作性的行动研究→学校范围内的联合行动研究的发展，将教学实践与研究工作相结合。

4. 技术实践法

借助电子书包云平台、创客空间平台、便携式学习机等技术及工具进行探索性实践活动。发现电子书包在分层教学实践中存在的问题，并进一步优化其应用技术。

5. 典型个案研究法

参与教师应用电子书包进行分层教学的优质课并做好详细记录。针对观察到的情况，与学校电子书包工作负责人、教师进行个别访谈和小型集体座谈，深研个案，树立典范。

6. 反思总结法

研究过程中形成良好的反思→总结→改进→共享机制，及时组织成员针对问题进行分析并解决。总结成功经验，为推进工作打下坚实的基础。

（三）研究思路及过程

构建电子书包运用和初中分层教学探索研究框架，应用各种研究方法总结提炼一些带有规律性的理论层面的观点，这些观点有利于促进初中分层教学、实现双个性化教学和素质教育，在实现我校素质教育的同时为我市乃至我省加快教学信息化进程提供可行且易操作的参考。

1. 电子书包初推广，分层教学建根基（时间：半年）

（1）电子书包支持下的大数据分析。通过问卷星设置电子书包在初中分层教学运用的相关调查问卷，如《电子书包在初中分层教学中运用的作用性调查（教师版）》《电子书包在初中分层教学中运用的需求性调查（学生版）》《电子书包在初中分层教学中运用的可行性调查（家长版）》，从教师、学生、家长三方去调查电子书包是否适宜推广，从而通过云计算对大数据分析进行反馈，更好地确定电子书包推广方案和分层教学根基建设方向。

（2）电子书包支持下的资源共建。在云平台中按学科分类建设"备课素材""上课课件""习题""微课""影音材料""评价管理体系"等资源库，教师可在资源库中根据学情进行分层式教学，学生可在资源库中根据自我需要进行个性化学习。

（3）电子书包支持下的初步运用。在初步推广电子书包时，拟在我校初一年级选一个班进行推广，并拟选择数学科目作为首要推选的科目，因为数学比较容易激发学生兴趣，也易于评价教学成效。首先，根据学生模拟考试的成绩将其分为6个小组，如果每个小组内成员的数学成绩都是相对均衡的，那么教师在上课的时候就可以根据每个小组的数学水平推送难度不一的数学习题；其次，数学还可以开设"闯关数学，我最行"兴趣竞赛活动，当学生由易到难完成数学练习的时候，如果某道题连续错了三次，电子书包就会自动推送相关的微课视频供学生学习，这样，不仅激发了学生的学习兴趣，更大大提高了学生学习的信心。在云平台大数据的支持下，通过分析每个小组、每个人的进步幅度、变化程度等，可以有效评估电子书包推广的效果，从而为电子书包的推广奠定根基。

（4）电子书包运用下学生的成绩体现。经过半年电子书包的运用，通过对班级学生进行数学模拟考试，并且利用云平台对学生运用电子书包学习前后的数学成绩进行对比分析，形成反馈，从而对推广方案的建设、电子书包的数据完善发挥指导性的作用。

2. 电子书包再完善，分层教学显成效（时间：一年）

（1）电子书包数据库的完善。

根据第一阶段云平台反馈的数据，对数学学科的数据库进行完善，如增加"数学比一比，我们赛一场"的博弈板块、"挑战中考最后一题"板块、"限时速答数学选择题"板块等，通过各种竞赛式、游戏式学习去充分调动学生学习的积极性。同时，从数学学科拓建到物理、化学学科。除了构建相同的基础板块之外，拟根据物理、化学学科的特性去开设特色板块，例如"实验板块"。

（2）电子书包的深入推广运用。

①原有班级深入推广：在原先推广数学电子书包的班级深度推广数学的特色板块和物理、化学板块。因为学生已经对电子书包的使用十分熟悉，故深入推广会更容易体现效果。

②新增班级进行推广：第二阶段会增加3个班级进行电子书包的推广。有了第一

阶段的推广经验，在新增加的3个班级中推广运用就等于站在巨人的肩膀上，能少走弯路，直达目标。

③阶段性的问卷反馈：深入推广一段时间后，制作《电子书包的运用对您的成绩作用性》《电子书包的运用对您教学的作用性》《电子书包的运用对分层教学的作用性》三份问卷去调查电子书包运用在初中分层教学中的必要性、重要性、可行性等，从而再次完善电子书包的构建，推进我校分层教学的开展。

④阶段性的模拟反馈：成绩是对一个平台有效性的最快、最有效的验证。本阶段进行2次模拟反馈，并对模拟反馈成绩进行班内对比、学生自我对比以及班外对比（与没有推广运用电子书包的班级对比）。如此一来，成绩的差异会更加彰显电子书包的运用在初中分层教学中的作用，从而为下一个阶段的全面推广奠定坚实的基础。

3. 电子书包深探究，分层教学成常规（时间：两年）

（1）电子书包运用于初中分层教学的常规模式。

①预学诊断，提供全端分析；

②智能推送，支持个性化学习；

③实时反馈，精准分析评价；

④多屏互动，加强协作交流；

⑤记录过程，促进学习生成；

⑥多元评价，育人服务全程。

如图3所示。

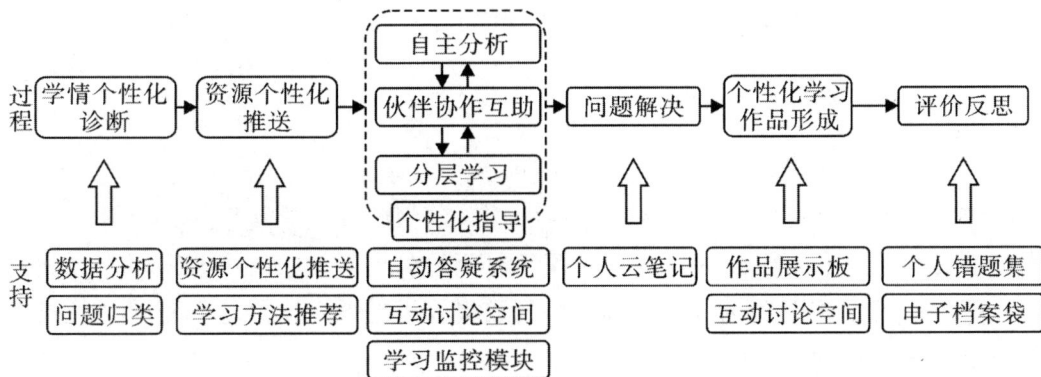

图3 电子书包支持下问题导向式个性化学习模式

（2）全面推广电子书包，常规实施分层教学。

①构建各个学科的分层教学资源库。

将电子书包的应用范围扩大，由理至文，在开设基础板块的同时，也构建不同学科的特色板块，如语文的"听说读写"板块，政治的"我与时事那点共鸣"板块，历史的"听我来讲故事"板块等。甚至体育也可以运用电子书包平台开设"我的跑步路径""我的健康直线"板块等。

②实践出真知，分层教学常规化。

全面推广，由4个班推广至22个班；由数学、物理、化学推广至语文、政治、历史、体育等多个学科；每个班的分层教学都是基于小组分层和学生自我分层，根据学情班风去展开个性化的分层学习，力求做到"人人愿意学习，人人乐于学习，人人在电子书包技术支持下喜欢分层教学，人人在分层教学下提高自我"，从而使得电子书包在初中分层教学中的探究、运用常规化。

③学科测试显成效，电子书包下的分层教学效果显著。

该阶段持续的时间为两年，其间会进行4次学科测试，每次学科测试中，电子书包云平台都会对每个学生、每个班级形成一个线性的数据分析，了解学生哪个科目、哪个环节比较薄弱，班级哪个科目还有待提高，并针对性地提出合理化的建议。每个学科的带头人则可以带领全科组的教师根据反馈的问题进行集体备课、完善电子书包资源库建设，每个教师则可以根据学生的线性图有针对性地展开分层教学，从而做到时间、效率两不误。

总的来说，"电子书包初推广，分层教学建根基""电子书包再完善，分层教学显成效""电子书包深研究，分层教学成常规"这三个阶段，是根据我校的校情确立的，由1个班推广至4个班，由4个班推广至22个班；由数学学科推广至数学、物理、化学3个学科，由数学、物理、化学3个学科推广至语文、政治、历史、体育等多个学科，层层递进，并且运用调查问卷、访谈、意见箱等方式完善电子书包数据库的构建，去推进分层教学的开展，从而在摸索、研究、实践中使电子书包的运用在初中分层教学中常规化、有效化。

三、研究成果及结论

（一）研究成果

课题"电子书包在初中分层教学中运用的探索与研究"于2018年12月开题，在申请立项前，我校已利用电子书包进行一两年时间的分层教学；立项开题以来，我们也一直在努力前行，并初有成效，取得较多的成果，也有着一定的社会影响力。具体的研究成果如下。

1. 研究的分层教学模式在全校推广并受到教师们的认可

进行本课题研究试行、验证的龙头学校是茂名市祥和中学，课题研究初步成型的互联网+自主学习单环境下的分层教学模式在全校广泛推行，并受到教师们的广泛认可和欢迎，说明分层教学模式结构合理，能对学校教学、学生成长成才产生积极的指导作用。学校教学流程如图4所示。

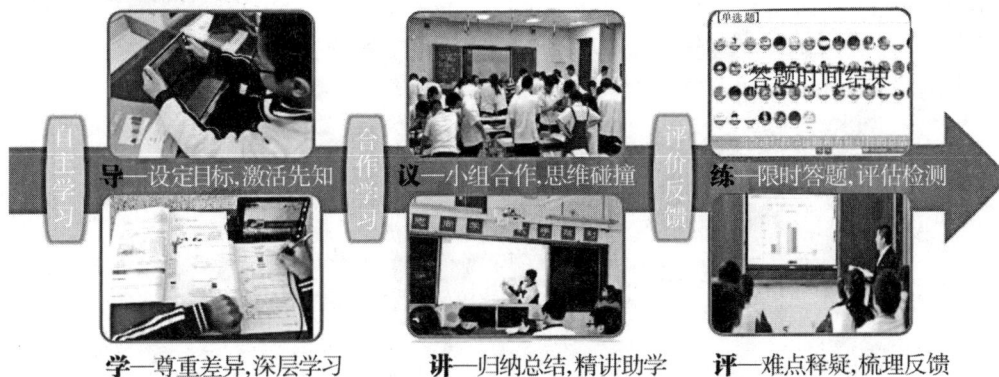

图4　教学流程图解

该分层教学模式运用五大教学工具：一书一单一笔一平板一平台，实现自主学习、学情分析、微课释疑、分层（个性）辅导、错题汇集、智能导练、课后跟踪等。互联网+自主学习单环境下的分层教学模式实现了信息技术与学科教学深度融合；实现了无处不在的开放式按需学习；实现了教育资源无缝整合共享；实现了对学生自主学习能力的培养；实现了基于大数据的科学分析与评价。

我校三百多名教师中，已经有一百多名教师在慢慢地接受、学习、运用电子书包进行分层教学。基于教师配置，选取的实验班中我们率先在语文和数学两个科目中开展分层教学。初二，我们又增加了生物、地理两个学科。目前，我校在这四个科目进行推广，下一阶段将会增加物理、化学和英语三个学科。推广方式上，一开始选取公开课进行推广，以增加校内的知名度；现在以阶段式交流课推广和常规课推广为主，以增加校外知名度，同时提高课堂使用率。

2. 校本课程（资源）建立且完善，形成多维的课程品牌

基于"电子书包+分层教学"下的校本课程（资源）建立且完善，形成多维的课程品牌。

如图5所示，校本课程（资源）建设主要分为纸质版资料积累和网络校本资源库建设。各学科"自主学习单"课程已初步形成，供老师学习使用。

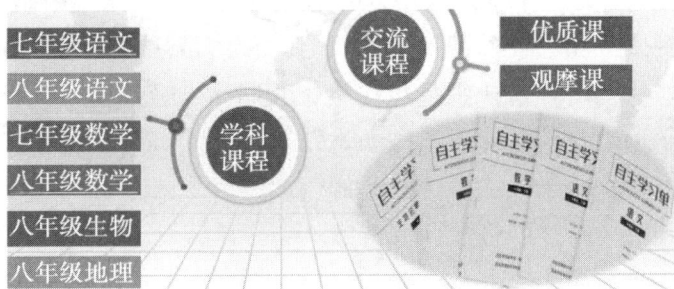

图5　校本课程（资源）

如图6所示，网络校本资源库丰富。目前全部学科总资源数33928个，每周更新1921个资源。

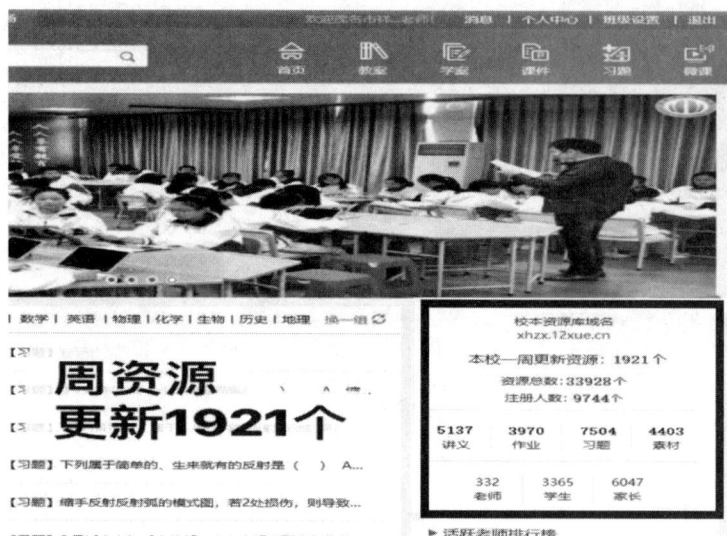

图6　网络校本资源

3. 有效学情分析，学生成绩线性提高

结合表1可以看出，实验班学生成绩优秀、综合能力强，核心能力得到提高；以点带面，新实验班级个别科目反响效果好。

表1　实验班与非实验班成绩对比分析图

班号	考生数	平均分	最高分	最低分	合格人数	合格率	优秀人数	优秀率	低分人数	低分率	实验班&对照班
1722	63	444.35	520.6	224.4	59	93.65%	21	33.33%	1	1.59%	实验班1（推行一年半）
1721	62	370.53	549.7	116	39	62.90%	10	16.13%	9	14.52%	新实验班（推行半年）
1720	48	346.21	505.4	104.6	27	56.25%	2	4.17%	10	20.83%	对照班1（未推行）
1719	46	335.36	522.7	51	24	52.17%	4	8.70%	9	19.57%	对照班2（未推行）

4. 辐射引领，实施"帮扶"攻略

俗话说，独行快，但众行远。如图7所示，为了深化课题的推广和影响力，课题组实施了"校内帮扶"和"校外帮扶"的攻略。校内帮扶，组建教师联盟，以"新"带"老"，技术帮扶；校外帮扶则是组建教育共同体，通过送校到培、双师教学等形式进行课题研究初步成果的实践、交流，和茂名市茂南一中、化州市良光中学、电白沙院中学等形成教育共同体。

基于电子书包下的分层教学走进茂名市茂南一中　　　基于电子书包下的分层教学走进电白沙院中学

图7 "校内帮扶"和"校外帮扶"现场情景

5. 研究理论成果得到了社会的认可

（1）课题组支持人彭志洪的成果《"和进教育"的思与行》已公开出版发行。已购买此书的学校和老师普遍反映此书对加强电子书包和分层教学的应用具有很好的指导作用。

（2）如表2所示，课题组成员在理论研究与实践相结合的过程中承担了多项电子书包、信息技术等教学教研项目，"扁鹊见蔡桓公"等10余篇课例荣获市级、省级乃至国家级的奖项，《电子书包在初中物理分层教学中的应用研究》等5篇论文在《电化教育研究》《师道·教研》等刊物上发表，影响深远。

表2 课题部分成果

序号	姓名	成果名称	形式	何时、出版单位或发表刊物名称、刊号
1	彭志洪	《"和进教育"的思与行》	专著	2017年8月，华南理工大学出版社，ISBN 978-7-5623-5379-9
2	彭志洪	《电子书包在初中物理分层教学中的应用研究》	论文	2019年第4期，电化教育研究，ISSN 1003-1553，CN 62-1022/G4
3	彭志洪	《俄罗斯：鼓励学生自主选择》	论文	2018年12月，中国教育报，ISSND 739，CN 11-0035
4	彭志洪	《"创现"理念下的个性化学习》	论文	2017年第4期，教育信息技术，ISSN 1671-3176，CN 44-1529/G4

（3）参研的老师在信息技术运用和分层教学上取得卓越的成绩，领航示范，引导更多的教师加入电子书包分层教学运用研究：陈国浩、李妙霞老师的课堂实录荣获2018年广东省教育研究院颁发的"资源展示/日常教学展示优秀作品（项目）"，杨敏等8位老师的微课获2018年茂名市微课大赛一等奖。通过互联网传播，我们的研究成果为更多的人所知、学习和运用。

（二）研究结论

（1）互联网+自主学习单环境下的分层教学模式助推了课堂教学的转型，促进了学生由浅层学习向深层学习的转变，课堂上学生表现出强烈的求知欲和表现欲，他们对问题的感知敏锐，思维活跃，课堂和谐。我们教师也在课堂教学改革实践中，不断反思和改进自己的课堂教学，每天都和学生一样在不断成长。

（2）该模式教法是"三段六步法"，"三段"指的是自主学习、合作学习和评价反馈；"六步"指的是"导""议""练""学""讲""评"。该模式实现了信息技术与学科教学的深度融合；实现了无处不在的开放式按需学习；实现了教育资源无缝整合共享；实现了对学生自主学习能力的培养；实现了基于大数据的科学分析与评价。

（3）以"问题"为导向，以"细小"为切口，逐"阶"推进。将研究目标细化、研究思路精化。研究过程中推动校本资源建设，开创本校特色资源。将研究基点细化、实化。研究过程中每一阶段都应具体落脚到学科中，从教学实践中产生，又运用于教学实践。

（4）对电子书包在初中分层教学中运用的探索与研究，有助于教师更好地开展课堂教学工作，促进教师信息化教学素质的全面提高。电子书包的应用可以提高教师的教学效率，进一步促进分层教学的实施，有效地增进教师和学生之间的互动，丰富教学模式，真正做到以生为本、因材施教，与教学改革提倡的教学互动目标一致。

（5）应用电子书包进行分层教学活动有助于培养学生学习的主观能动性、交互性，激发学习兴趣，提高学习效率。同时，可以避免其陷入传统教学模式误区，认为只有学习成绩优秀的学生才会自信主动地与老师交流、成绩偏差的学生就自卑而不敢与老师探讨问题。此外，可促进不同层次学生与老师之间的交流，使不同层次的学生都能得到发展与进步。

（三）研究创新之处

（1）实现电子书包、分层教学和素质教育三位一体。层层递进式的研究、阶段性数据分析的探索让项目研究的可行性、广度和深度大大增加，稳步前进乃本课题最经得起验证和推敲的地方。

（2）以"问题"为导向，以"细小"为切口，逐"阶"推进。将研究目标细化，研究思路精化，在研究过程中推动校本资源建设，开创本校特色资源。

（3）将研究基点细化、实化。研究过程中每一阶段的落脚点都应具体到学科中，由教学实践中产生，并运用于教学实践。

四、研究总结及反思

1. 研究不足

随着课题研究的不断深入，我们在总结前一阶段研究成果的同时，也深刻地认识到研究工作才刚刚开始，于是对本课题存在的问题进行了以下思考。

（1）教师理论素养还不够丰富。在专家、学校老师的推荐下，课题组成员阅读了一些与课题研究有关的书籍，丰富了自身的理论素养，但随着课题研究的不断深入，越来越感觉到理论知识的缺乏。

（2）本课题中，学生自主性有待提高；在校本资源的完善上，教师备建力量薄弱；实验班级增多，技术资源急需提升；教育联盟初建，教师队伍未真正形成。这些都将是接下来研究该努力的方向。

（3）宣传、推广力度与辐射广度需要加强。本课题在实验班级中进行了一系列实践，并取得了一定成果，但对成果的宣传与推广力度还不够，没有使成果最大化。我们要继续努力建设电子书包课程开发的典型，并利用好这个典型，发挥其示范性作用，搭建学习交流的平台，实现以点带面。同时，组织教研员、一线教师等有经验、有成效的电子书包课程建设者，通过教研建立电子书包课程开发、实施和评价等环节的一般操作性框架和规范性样本，再通过组织不同层次的培训以及深入学校进行指导，对成果进行宣传辐射，给其他学校提供参考和帮助，促进地区各个学校课程的建设。

2. 下阶段工作

在接下来的课题研究中，我们会在原有研究的基础上，发扬优点，正视不足，加强薄弱环节，适当调整研究方向，使自己对课题的研究目的逐步形成清晰的认识，充分认识课题研究的意图，争取进一步深入课题、扎实开展课题研究。我校将继续坚持以数据分析为基，以分层教学为本，以电子书包为径，聚焦课堂的转型，实现双个性化教学，培养学生核心能力，重点加强个性化管理空间研究、个性化教学空间研究、个性化学习空间研究以及个性化监护空间研究。

（1）筛查课题研究中存在的细节问题，邀请专家到我校当面指导、解惑，把实验的效果用科学的方法和手段呈现出来，进行推广，以形成校本课程资源。

（2）继续深化课题研究，积极推进课题研究的深度，做好结题准备，写好实验研究总结报告、评估报告，整理文本、图片、视频和相关论文等资料。

（3）构建学生德智体美劳一体化的评价体系；建立教师评价体系，重视教师关键能力的提升；阶段实验方案创新化、阶段研究成果出版化；相关技术支撑提升化；教育联盟形式多维化。

3. 针对存在问题提出的措施

（1）继续加强师资队伍建设，提高教改水平。

为适应教育改革的需要，我们将继续加强科研能力的素养，建设一支高素质的教师队伍，提高教改水平，使课题实验顺利进行。

①严格要求，勇压担子：严格要求青年教师，对他们"压担子""加砝码"，要求青年教师把压力变为动力，努力钻研业务，苦练基本功，提高自身素质。

②加强培训，促进群体交流：鼓励教师努力学习，积极参加各种培训，不断完善自己；创造更有利的条件，让教师外出听课、学习、参观、研讨，开阔眼界，学习先进思想，改革教学；邀请教育行家来校讲座、听课、教研，使全体老师受益，使课题实验能更有利地开展。

（2）探索实验中的问题，及时调整实验方案。

虽说本课题已是省级的实验课题，但实验中仍会出现没有预测到的问题，我们需要及时发现、探讨实验中的问题，及时调整实验方案，使课题实验扎扎实实地进行下去。

（3）加强资源配置，优化上课系统。

目前与电子书包配套的资源、运营服务体系、相关的平台接口以及相应的管理制度尚未完备，教学软件的开发没有跟上教学的需要，导致教师为了准备一节课需要的教学资源会耗费大量的时间。

（4）更注重培养学生自主思考能力，降低网络依赖度。

电子书包具备强大的网络搜索功能，可能造成学生依赖网络，弱化学生主动思考的能力。有什么问题都去搜索，见解几乎都从网上获得，这对于培养学生独立思考的能力是不利的，减弱了学生自主思考的意识。

（5）关注学生视力问题，健康第一。

视力是家长最为关注的问题，电子书包的图像多变，屏幕较小，学生容易产生视觉疲劳，加之学生的视觉系统尚未发育成熟，导致学生近视和弱视的概率增加。因此，在硬件的选择，教学中使用电子书包的时间、方式等以及学生学习习惯的培养上，还要进一步研究。

五、研究案例点评

（1）选题具有时代意义，具有较高的研究价值。在教育现代化2.0时代，电子书包是教育信息化改革的必然趋势。本课题构建"电子书包运用"和"实现分层教学"架构，为后期电子书包在教育教学中进一步推广提供参考依据。该课题结合时代新型教学形式进行研究，在初中的信息化教学中做出了大胆的尝试，具有较强的创新性。

（2）课题使用的研究方法丰富，但部分方法缺乏科学性。课题研究方法多样，有文献研究法、调查访问法、行动研究法、技术实践法、典型个案研究法和反思总结法。需要收集和分析的材料相对较多，多种研究方法相结合有利于更好地呈现教学过程、教学效果以及开展课题研究，但是部分研究方法缺乏科学性，课题组对教学方法、工作内容及研究方法定义混淆不清，误将"技术实践法"等同于研究内容，出现研究方法不规范及研究过程不科学、不严谨等问题。

（3）课题研究应考虑教学稳定性，加强学生心理引导。电子书包是新媒体教育，十分适合学生的差异性、个性化学习和发展，但是初中生都是未成年的学生，在推广实验研究时，应该考虑学生的自觉性与自控力，从而维护教学秩序。电子书包会根据学生的学习个性推送不同的学习资源，促进学生学习。但有时资源分配的不均也会导致学生出现心理负担。所以在电子书包推广期间应做好学生的心理引导工作。

（4）课题研究的基点应该细化，由于研究的题目范围过大，因此要与具体学科教学相结合。要完成本课题的研究，应该以小见大，聚焦具体学科在电子书包作用下与分层教学相结合的效果，再进行分析、总结。

为使此研究更加完善，建议课题组在后续的研究中，认真研究电子书包的内涵和外延，充分认识智能终端在大数据分析下的优势。更明确教学定位，利用电子书包进行分层教育时，因材施教，为每一个学生设定不同阶段的学习目标，进行有针对性的教学。加强优质资源的引进，推动校本资源建设，开创本校特色资源，形成教学特色，打造学校品牌。

案例单位：茂名市祥和中学

负 责 人：彭志洪

研究类型：教与学方式

微课在高中数学函数专题的创新应用与研究

一、研究背景、问题及目标

（一）研究背景

（1）当前高中数学函数教学普遍存在课堂教学效率低下的问题，究其原因，即教师在课堂教学中采取的教学方法传统、落后。尽管微课已经开始在教学中得到应用，但因为缺乏科学的指导观念和丰富的实践经验，微课的作用并没有很好地发挥出来，因此将微课应用于函数的教学创新显得势在必行。

（2）微课是新时期科学技术发展下的产物，主要是通过微视频播放对学生进行实际的现场教学，其优势在于能在很大程度上改进传统教学模式的弊端，为学生营造出更为自由、开放的学习空间。与此同时，在具体的应用中，微课也可以提升学生的主体地位，培养学生逻辑思维能力以及自主学习的意识，使学生的课堂学习效果得到全面提升。教师在利用微课进行高中数学函数专题教学时要注意灵活性和创新性，发挥微课独特优势，提升学生的函数解题能力。

（二）研究问题

微课如何在高中数学函数专题中进行创新应用？

（三）研究目标

（1）通过课题研究，了解当下高中数学函数教学中存在的问题，深层次调查微课在高中函数教学中的需求，验证微课在高中函数教学中应用的可行性。

（2）通过课题研究，探索符合高中数学函数微课内容选择的策略和微课设计的原则，尝试构建高中数学函数微课设计的模式。

（3）通过课题研究，改进和完善微课在函数教学上的应用，以期建立一个基于微课的高中数学函数教学模式。让教师认识到微课教学对于学生的重要意义，进而将微课和函数教学结合在一起，运用有效的策略，提升高中生的函数解题能力。

（4）通过课题研究，满足学生个性化的学习需求，在一定程度上解决传统教学模式存在的问题。

（5）通过课题研究，帮助教师深入了解当前高中函数教学中存在的问题，并能针对其中存在的问题，提出具有针对性和可行性的建议，促进教师自身知识的完善和专业化成长。

（6）通过课题研究，帮助高中生克服函数学习障碍，拓展高中生的数学思维，提升高中生的数学综合素质，为他们的高考奠定坚实的基础。

（7）通过课题研究，丰富高中数学函数教学模式，为高中数学教学提供范式，为素质教育实施找到抓手，借此指导教学实践。

二、研究内容及过程

（一）研究内容

课题研究内容包含以下7个方面，相互之间的关系如图1所示。

（1）微课的相关概述，包括概念界定、特征、应用于高中数学函数教学的重要性等。

（2）高中数学函数教学现状调查的探究分析，包括教师方面的调查和学生方面的调查，了解高中数学函数教学的真实情况和学生的需求情况。

（3）应用微课提升高中生函数解题能力策略的探究分析，可从教师、学生两个方面提出行之有效的方法、策略。

（4）基于微课的高中数学函数教学模式的研究与实践，高中函数教学中微课的类型、微课的原则、微课内容的选择、微课的设计模式、微课的制作策略。

（5）微课在高中函数课前、课中、课后、课内、课外教学中的应用，课前预习时，教师可以根据学生已有知识基础和新知识所需的衔接知识点设计制作微课；在重难点、疑点讲解时可用微课的形式展示出来，比如：函数概念、二次函数、函数图像变换、指数函数、对数函数、幂函数、函数的单调性与奇偶性等。

（6）微课在高中数学函数教学中的创新与应用，微课的多样化评价。

（7）微课能够满足学生个性化学习的需求，促进学生自主学习，并在学生的互助合作和交流中实现价值，从而让微课在高中数学函数教学中发挥更有效作用。

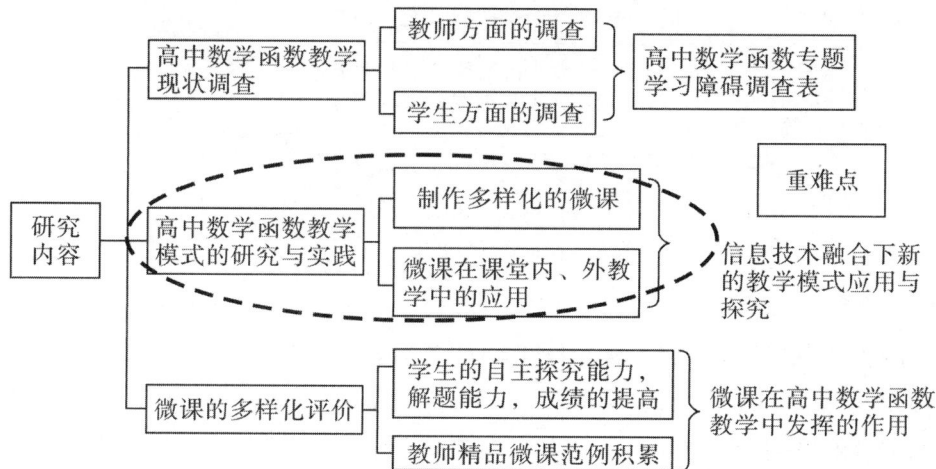

图1　研究内容

（二）研究方法

1. 问卷调查法

对遂溪县第一中学高三年级学生和教师进行问卷调查，初步了解学生的学情和老师的教学情况。

2. 案例分析法

制作精品微课，采用类比的教学方法进行课堂实践，并组织公开课，组员们相互讨论，通过对这些案例的分析，探讨微课在高中数学函数专题中的具体应用情况，找出存在的问题，积极探索行之有效的方法和策略。

（三）研究思路及过程

1. 研究思路

首先，搜集、整理和分析相关文献资料，了解国内外研究现状和相关理论基础，然后通过与教师谈话了解当前微课在高中数学函数教学上的应用现状，再通过问卷调查对当下高中生在函数专题上的学习情况进行全面把握，并深刻分析学习难点，最后，通过案例分析法、行动研究法以及结合相关理论，制订微课在高中数学函数教学应用上行之有效的方法和策略，如图2所示。

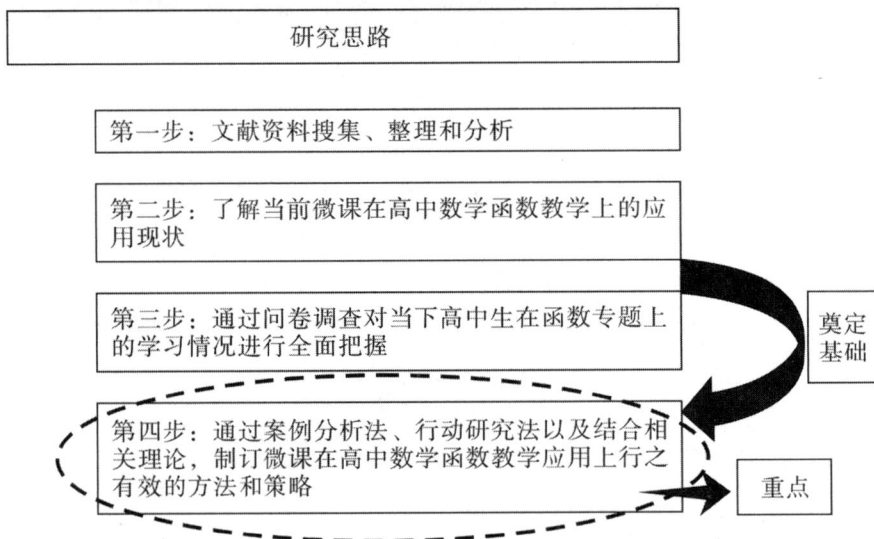

图2　研究思路

2. 研究过程

（1）准备阶段（2018年7月至2018年10月）。

本阶段为课题研究的实验预备阶段，主要工作为收集调查分析资料，组织成员进行理论学习与研究，制订课题的实施方案与具体的研究计划。

（2）实验阶段（2018年10月至2020年3月）。

本阶段为课题研究的正式实施行动阶段，主要工作为以课题实施进度为依据来安排相关的研究工作。其间要进行工作汇报，并根据汇报内容，明确研究的初步成果，发现存在的不足和问题，明确下一阶段研究任务，调整实施方案。

（3）总结阶段（2020年3月至2020年5月）。

本阶段为课题研究的总结阶段，主要工作为依据研究成果，撰写与课题相关的论文和结题报告等，并提交研究成果。

三、研究成果及结论

（一）研究成果

（1）论文两篇（未发表），名单如下：

庞静群老师的《浅谈微课在高考数学函数专题的创新应用与研究》。

唐小玲老师的《微课让高中数学课堂精彩活跃》。

（2）课题组成员解小翅荣获2018年湛江市教育局中小学微课征集比赛二等奖，微课内容为：函数的零点与方程根的关系，证明材料如图3所示。

湛江市第十中学	许文婷	高中	语文	已评分	二等奖
湛江一中	刘婷婷	高中	物理	已评分	二等奖
湛江市第二十一中学	黄哲	高中	历史	已评分	二等奖
遂溪一中	解小翅	高中	数学	已评分	二等奖
湛江二中港城中学	徐	高中	语文	已评分	二等奖
湛江市二中	吴艳	高中	语文	已评分	二等奖
湛江市爱周高级中学	赵梅	高中	历史	已评分	二等奖
遂溪一中	李	高中	语文	已评分	二等奖

图3　解小翅荣获2018年湛江市教育局中小学微课征集比赛二等奖证明材料

（3）课题组主持人唐小玲参加广东省遂溪县第一中学第五届青年教师课堂教学能力竞赛并荣获二等奖，如图4所示。

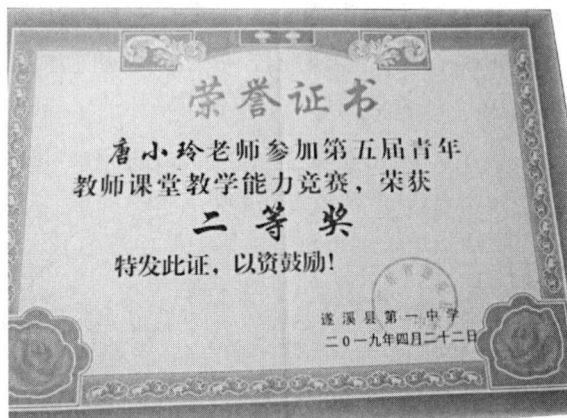

图4　唐小玲荣获广东省遂溪县第一中学第五届青年教师课堂教学能力竞赛二等奖

（二）研究结论

本课题结合微课的特点、理论基础，探究当下数学函数的教学现状以及高中生对函数的心理特征，挖掘微课在高中数学函数专题中的教学优势，提炼适合高中函数教学的微课类型，并通过相应的教学案例进行实证。本课题改进了传统课堂"满堂灌"的教学方式造成的弊端，有效解决了学生学习盲目性的问题；提高了学生的自主探究能力，促进了学生自主学习的实施，提高了高中数学函数学习效率；设计了若干典型的高中数学函数微课案例，使得微课的设计更符合学生的学习需求，为教师提供了一定的理论参考和借鉴意义；转变了教师的教学方式，实现了高效课堂的建构。

四、研究总结及反思

（一）研究创新之处

作为新时期科学技术发展下的一种新型教学模式，微课将其和高中数学函数教学进行有机的结合，有助于教师制订更科学、准确的教学策略，对促进高中数学函数教学的完善有着重要的意义。

（二）研究不足与后续研究方向

1. 研究不足

在本课题研究中，我们所要解决的主要问题是如何在课堂教学中将微课与高中函数课程整合在一起，提高学生自主学习能力。因此，研究的落脚点又主要落在对学生能力的把握、对微课运用的设计以及课堂实施的方式方法上。尽管本课题组已经在这些方面进行了一些有益的探索，也取得了一些成效，但仍存在着一些问题值得反思。

制作一个精品微课需要很多素材及大量的精力，但受教师教学精力及现有信息资源的影响，往往很难达到理想状态。另外还需要团队的协调配合，但由于教师本身日常工作繁忙，因此，很难制作和开发出精品，也很难使平时的课堂研究常态化。

高考中三角函数、指数（对数）函数知识涉及的难点和重点较多，需设计多种层次的知识，因此，实际操作时难度较大。

课题组成员中，大多数是年轻教师，虽然他们有较强的积极性，但缺乏深厚的教学理论功底及丰富的教学研究经验，因而在研究过程中层次不一，对学科的研究工作带来了一定的影响。

信息技术掌握能力薄弱，聘请专家来指导的次数少或课题组教师外出学习的机会少。信息技术使用知识匮乏，学生在刚开始观看视频教学时难以习惯，在观看的过程中缺少与老师的互动，并对他们自己得到的一些结论不够自信。

2. 后续研究方向

我们目前正处于初步探索阶段，现已利用一个学期进行个案研究，以及多种模式的教学课例、课堂实录等的理论与实践的探索。之后我们将结合高三教学的进度，以及新高一必修一课程，进一步探索微课如何与传统教学模式融合。利用微课的动态性使高中数学抽象复杂的函数问题简单化、具体化，让学生通过观看视频明确核心知识点，从而提高学生的自主探究能力，促进学生自主学习，提高高中数学函数学习效率。今后将进一步加强理论与实践的探索，多提炼精品微课案例，给广大一线教师提供教学资源。

五、研究案例点评

（1）课题选题具有研究价值。课题立足于学校实际，在推行新课改的前提下开展微课在高中数学函数专题中应用的教学实践研究，锻炼学生的思维能力、自主学习能力及解决问题的能力，从而推进高效课堂的有效实施，有较强的可行性。课题定位了理论目标和实践目标，既兼顾了学术价值又突出了实践意义。

（2）课题研究过程较扎实。在课题组成员的共同努力下，课题前期研究工作得到比较认真的落实，课题组成员进行了微课和教学设计相关知识的系统学习，进行了相关文献的分析与整理。在研究计划中，按时间序列进行了详细的过程设计，并对实施阶段进行了详细的论述划分。

（3）课题研究方法得当，使用科学。课题采用问卷调查的方法，从教学中发现问题。以数学高中函数专题为对象，了解学生的基本学情，包括学生对数学学习的兴趣、听课效率、做题量、函数概念知识的基本了解情况。

（4）课题研究重视教学实践，并取得一定的成效。课题立足课堂教学实践，明确了我校学生在函数内容上迫切需要解决的问题，采用了概念获得模式和自学辅导模式相结合的方式来初步探索微课的创新应用，并取得了一定的成效。

（5）课题研究成果较少，建议加强成果多样性。根据研究目标，建议教师多渠道收集新课程改革中与微课相关的教学信息资源，对实施计划不断完善与总结，形成预期成果。成果形式不只局限在教研论文、研究报告、教学案例及教学反思上，还可酌情增加评价量化表。

（6）后续研究方向建议增加教学效果的评价内容。课题组目前已经通过分析和实践凝练出典型的教学模式，并且已经应用于实际课题教学当中。但是暂不包含教学效果评价，及提炼的教学模式与传统的教学模式相比是否有效的内容，这还需要课题组进行教学模式的规模化应用，并对应用效果给出具体的评价指标。

为使此研究更加完善，建议课题组加强针对函数专题的微课学习和微课创作，重视课题理论学习与实践相结合，明确课题内涵，细化研究问题，继续完善"微课在高中数学函数专题的创新应用与研究"的研究成果，从而增强课题的创新性和应用性。在后续研究过程中，还应认真做好过程性材料的再整理工作，如问卷数据、访谈记录等。

案例单位：广东省遂溪县第一中学
研究类型：教与学方式

基于核心素养的信息技术与初中化学实验教学的有效整合

一、研究背景及目标

（一）研究背景

1. 学生核心素养的提出背景

"核心素养"是学习者较为核心且重要的素养，具体是指个体为了健全发展、适应生存、生活需求而必须具备的知识、能力与态度等。我国目前迫切需要立足国情并结合时代特点，根据学生阶段性成长规律和社会对人才的需求，构建我国学生发展"核心素养"的指标体系，因此教育部启动了"立德树人"工程。其中，化学科学教育对社会发展、科技进步起到重要推动作用，培养学生化学核心素养是中等教育阶段的关键任务。建立初中化学的核心素养体系并对其进行合理评价，开展基于培养学生核心素养的课堂教学实践和研究，构建具有可操作性的课堂教学标准，能有效指导初中化学课堂教学实践。

2. 理科注重实验操作考试

为适应新时期课程改革要求，贯彻落实教育部颁发的《义务教育物理课程标准》及《义务教育化学课程标准》所规定的教学目标和实验教学要求，大力推进理化实验室的建设及相关实验仪器的配备，全面考查初中毕业生实验素养，促进初中生创新精神和实践能力的发展，从2017年开始，深圳市逐步推进物理、化学、生物实验操作考核。推进时间表如表1所示。

表1　深圳市物理、化学、生物实验操作考核推进时间表

年份	2017年	2018年	2019年	2020年
科目	物理、化学	物理、化学	物理、化学、生物	物理、化学、生物
推进情况及分值演变（分）	区或者校查查，结果以等级形式呈现，计入学生综合素养评定	考查，结果以等级形式呈现，增加录取门槛	10分，计入中考总成绩（4∶3∶3）	30分，计入中考总成绩（各10分）

各地《普通高中学业水平测试说明》的命题指导思想中也提出"重点考查考生的化学实验探究、从化学视角和化学思维分析解决问题等能力"，显然，化学实验教学与技能操作考试越来越受到重视。

（二）研究目标

（1）突出学科核心素养。依据课程标准、人教版教材和最新深圳中考理化实验操作考核精神，分析提炼实验教材知识所包含的核心内容，并对这些基础内容的学业等级按"二阶五等"进行评定，以便形成实验教学体系结构。

（2）丰富"互联网+个性化教学"资源。通过撰写核心知识点文字解析、收集或录制核心知识点微课视频等方式，创设更加符合初三学生特点的实验教学核心知识点解析环境，让学生能更好地从整体上掌握知识的内在逻辑，对所学内容进行意义建构，提升解决核心知识相关问题的能力。

二、研究内容及过程

（一）研究内容

（1）深入渗透化学学科以及建立化学实验教学核心知识素养内容体系。

（2）结合深圳市目前正在推进的中考实验操作技能考查实际情况，以化学实验教学核心知识内容为一级大纲，制定"二阶五等"初中化学实验教学学业标准。

（3）基于化学实验教学的实际发展情况，科学调整化学实验核心知识内容的教学要求和相应的考点命题双项细目表，以适应对学生实验操作考核的要求。

（二）研究方法

（1）文献研究法：查阅国内外有关文献，掌握总结国内外优秀经验，论证研究方法选取的恰当性。

（2）行动研究法：结合深圳市初中物理、化学、生物实验操作考试，通过课例研讨，研究初三不同学校、不同班级以及教师对教、学、评一体化的理解及需求，同时研究学生在不同学段的学习情况及问题。

（3）实证研究法：运用信息技术进行实验课堂教学。

（三）研究思路及过程

研究思路如下：

（1）采用文献研究法研究、总结国内外优秀经验，为本课题研究提供借鉴。

（2）理解"化学核心素养"和"学业等级"概念，基于学习进阶理论，采用内容分析法分析其不同表征维度和阶段性的层次水平要求，界定初中化学核心教养内容的类别。将"化学核心素养"概念与化学课程标准进行对比分析，了解两者间本质的联系。

（3）将"化学核心素养"体系与实验操作考核大纲、化学教材课标相结合，编制"初中化学实验教学核心知识素养纲要细目表"，将知识分类与其体现的化学核心素养标注清楚。

（4）利用信息技术，使用平板与同屏技术进行实验教学，分析学生掌握化学核心素养的现状，并同步开发实验教学核心知识点微课程和个性化教育教学资源。

研究技术路线如图1所示。

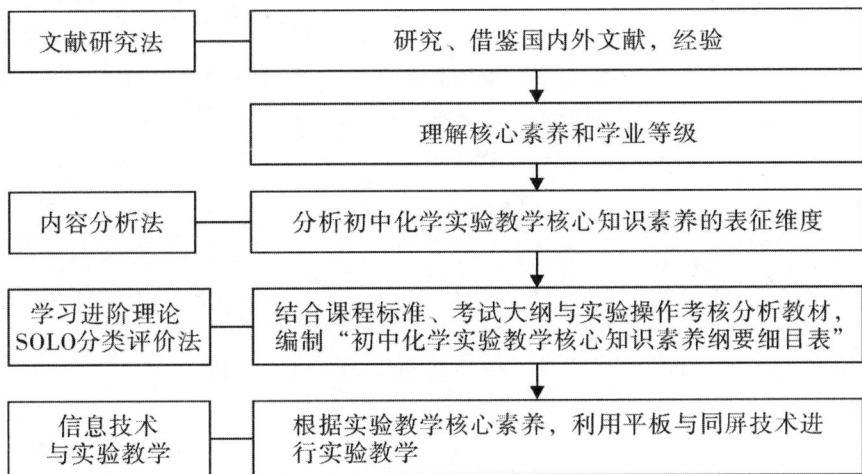

图1 研究技术路线

研究进度安排如下：

（1）2018年构建研究框架。综合以上研究思路，提出初步研究计划，组织课题相关成员进行论证研究，并根据合理建议修改研究思路，最后形成科学、完整、合理的研究方案。

（2）2019上半年开展研究。2019 年上半年力争完成初中化学实验教学核心知识素养纲要细目表。

（3）2019年下半年借助信息技术平台，使用平板与同屏技术进行教学，形成初中化学实验教育教学资源，完善初中化学实验课堂教学课程。

三、研究成果及结论

（一）研究成果

本课题研究成果包括论文、课例、论著和教辅。论文和课例成果如表2所示，论著和教辅成果如表3所示。

表2 论文和课例成果

序号	作者	成果形式	成果名称	出版单位/发表刊物	刊物级别（CSSCI/核心）	出版时间/刊物期号/页码	转载	获奖情况	决策采纳
1	林建芬，刘月娇，古春文	教学论文	互联网+视角下化学教师运用信息技术促进课堂教学方式转变的应为——以人教版"甲烷"的教学为例	中国教育部/教育与装备研究	国家级非核心	2016，32（12）：29-32	《中学化学教与学》全文转载	—	—
2	林建芬，解慕宗，彭炫，许逸群	教学论文	教学评一体化下基于SOLO分类理论的初中化学命题研究	中国教育部/教育与装备研究	国家级非核心	2018，34（1）：87-91	《中学化学教与学》全文转载	—	—
3	林建芬，陈博殷，李言萍，钱扬义	教学论文	将科学论证活动融入STSE教育的研究初探——以人教版"空气"的教学为例	陕西师范大学/中学化学教学参考	核心	2016（4）：17-21	—	—	—
4	林建芬，陈粉心，李娟	教学论文	在STSE教学中培养学生基于媒介资讯的化学信息素养——以科普网站、影视节目及微信社群的分析为例	陕西师范大学/中学化学教学参考	核心	2016（10）：7-10	—	—	—
5	林建芬	教学论文	核心素养视角下探讨中学"化学+艺术"教学活动的困境与路径	中国教育部/教育与装备研究	国家级非核心	2017，33（1）：57-60	—	—	—
6	林建芬	教学论文	角色扮演与剧本教案在初三化学教学中的应用——以人教版"酸和碱的中和反应"为例	中国教育部/教育与装备研究	国家级非核心	2017，33（8）：24-28	—	—	—
7	许逸群，林建芬	教学论文	SOLO分类理论在初中化学实验教学中的应用——以"粗盐中难溶性杂质的去除"为例	中国教育部/教育与装备研究	国家级非核心	2018，34（8）：27-30	—	—	—

（续表）

序号	作者	成果形式	成果名称	出版单位/发表刊物	刊物级别（CSSCI/核心）	出版时间/刊物期号/页码	转载	获奖情况	决策采纳
8	许逸群，林建芬	教学论文	基于SOLO分类理论的初中化学实验课时教学标准研究——以人教版"粗盐中难溶性杂质的去除"为例	南京师范大学/化学教与学	省级非核心	2018（10）：75-78	—	—	—
9	许逸群	课例	"燃烧与灭火"（首届全国中小学实验教学优秀案例展演一等奖）	—	—	2013年11月	—	—	—
10	许逸群	课例	"水的净化"（"一师一优课、一课一名师"活动省级优课）	—	—	2017年6月	—	—	—
11	许逸群	课例	"生活中常见的盐"（全国基础教育化学新课程实施成果课堂教学案例类评选活动二等奖）	—	—	2017年7月	—	—	—

论文代表作品1：《教学评一体化下基于SOLO分类理论的初中化学命题研究》（林建芬、许逸群等）。

基本内容：概述化学核心素养评价、大数据评价与SOLO命题研究的背景，论述如何基于SOLO分类理论在双向细目表中体现教学程度（教）、思维梯度（学）、试题难度（评）这三个"度"上的一致性，介绍项目组在教、学、评一体化研究理论上的创新、标准化试题研究工具上的创新、大数据支持下的评价方式创新，进而对初中化学单元核心素养教学或中考复习提出建议。

学术价值与社会影响：教、学、评一体化视角下，课题组建议深圳市各个初中学校在结束章节教学后，教师及时组织学生进行学业质量测试，扫描、上传、批改，对成绩进行统计分析，划分等级。对考试数据进行系统分析，对此试卷的信度、效度和成绩的相关性进行检验，形成科学、全面的分析报告。根据分析报告中对试卷的分析结果与教师估测相关性的分析结果，给出反馈意见，提供教学建议，分析教学程度、思维梯度、试题难度在预设值或等级与实际值或等级间的差异，根据大数据样本中的实际教学程度和思维梯度调整教学标准。根据分析报告对不同学校中不同班级程度划分层级，匹配相对应的教学标准，调整学业要求、教学目标与策略等。该论文获人大复印资料全文转载，受到同行的广泛关注。

论文代表作品2：《SOLO分类理论在初中化学实验教学中的应用——以"粗盐中难溶性杂质的去除"为例》（许逸群、林建芬）。

基本内容：我国各市对化学实验教学与技能操作考试越来越重视，论文以初中化学"粗盐中难溶性杂质的去除"为例，尝试基于学习进阶理念，划分化学核心素养的"二阶五等"学业质量标准，探讨SOLO分类理论在知识分类、操作技能、实验教学与评价及命题上的应用。

学术价值与社会影响：在初中化学实验教学中，教学的主要目标之一就是培养学生的实验技能。实验技能是构成学生科学素养的重要元素，亦是化学教学中培养学生创新能力的基础。强化化学实验是为了更好地进行化学知识的教学。运用SOLO分类理论对学生的实验操作技能进行考查，有助于教师了解学生已经掌握的知识水平，从而更好地进行化学实验教学。将SOLO分类理论应用于实验教学设计、学生分层活动、教学效果评价与命题测评研究中，可以扩大SOLO分类理论的应用范围。应用SOLO分类理论，便于在教学实践中重点关注实验教学对学生基础知识分析和实验技能的操作考查。该论文受到同行的广泛关注。

表3 论著和教辅成果

论著、教辅	吴运来、许逸群，《深圳市初中理科实验教学标准指导意见》，出版 郭琪琦、林建芬，K—9年级的8册《STEAM课例精编》实验教科书，中国科学技术大学，2018年出版 许逸群、林建芬等，《知识与能力训练》，出版 林建芬、许逸群、卢天宇等，《直击中考》，出版 林建芬、许逸群等，《化学课时测》，出版

论著代表作品：《深圳市初中理科实验教学指导意见》（吴运来、许逸群）。

基本内容：紧扣课标，深入探讨人教版的理科实验课时教学标准。一方面，厘清义务教育实验教学涵盖的基础知识、基础技能和基本方法，以便教师在实验教学中培养学生核心认知；另一方面，确定实验教学的学业质量和评测标准，以达成教、学、评一体化，提高学生的关键能力。该论著介绍了深圳初中理科实验教学的改革创新之路，其中既有理论的创新，也有实践操作的创新。该论著以理论为基础，从核心素养与教、学、评一体化的视角综合梳理了初中物理、化学、生物学科的实验教学指导意见，是一线教师实验教学的指南与标尺，这将会给深圳市基础教育实验教学带来新的研究视角和发展动力。

学术价值与社会影响：课题组组织、编撰实验教学标准指导意见，并成立了多个子课题组，引起了全市教师的关注并使他们参与进来。这对教师们的实验课堂教学已经起到积极影响，激发了一群青年教师投入实验教学、教具创新中，并在国家级、省级比赛等屡获佳绩，打造出一批优质实验教学课例，初步形成实验教学的优质资源平台。

（二）研究结论

搭建思维梯度，构建核心素养视角下的教、学、评一体化框架。结合SOLO分类理论，在每一SOLO水平分级之上，构建一个对应等级的思维梯度，搭建学生知识应用能力与思维水平之间的桥梁。例如，前结构水平P，是指停留在错误的、前科学概念的旧认知上，并未真正习得新知识，思维水平定义为梯度一（G0）：无关概括，直接无序。再如，单点结构水平U，对应于认识记忆层次的知识，思维水平定义为梯度二（G1）：单一概括，定向再现。思维梯度的内涵解构如表4所示。

表4　思维梯度的内涵解构

SOLO水平分级	学生思维等级水平描述	思维梯度
前结构水平P	没有回答或只是重复了问题本身，或答案是与问题无关的零散信息。基本上不能解决题目涉及的相关问题	梯度一（G0）：无关概括，直接无序
单点结构水平U	仅能联系单一现象或事物进行"概括"：在解题时找到一个线索就立即跳到结论上去，回答问题时思维的深广度不够，比较肤浅	梯度二（G1）：单一概括，定向再现
多点结构水平M	能根据几个有限的孤立现象或事物进行"概括"：回答包含了构成问题的若干要点，但只是简单罗列了这些要点，没有回答出要点间的联系。对问题的理解还停留在量化阶段，还没能理解问题或者事物的本质	梯度三（G2）：并列概括，发散零散
关联结构水平R	表现出较强的归纳能力：能在设定的情景中利用相关知识进行概括，能将组成问题的要点连成一个有机整体，并能在类似问题情境中通过模仿实现知识的迁移来解决问题，能理解问题或者事物的本质	梯度四（G3）：关联归纳，多向综合
拓展抽象水平E	表现出较强的演绎与归纳能力：能对陌生问题情境中的规律进行分析概括，并能将结论演绎拓展到一个新领域，通过知识远迁移去创造性地解决问题	梯度五（G4）：抽象演绎，辩证创新

根据新课标对学业质量水平的划分，结合学习进阶理论和SOLO分类理论，得到教学程度（能力等级）、思维梯度（SOLO等级）、进阶水平、质量水平之间的关系图，如图2所示。

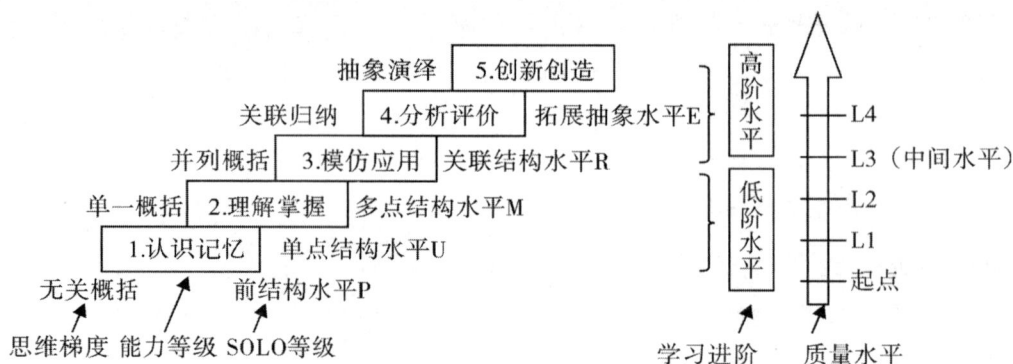

图2 教学程度–思维梯度–进阶水平–质量水平的关系图

四、研究总结及反思

（一）研究创新之处

研究内容主要有两个方面的突破与亮点。

（1）实现教、学、评三位一体，开展适度有效教学。我们期望构建一个"同屏技术课堂教学—数据诊断评价—自学纠错—预测发展水平"的实验教、学、评一体化体系。

通过通力合作、多轮论证和培训研讨，在课标、教材、考纲说明、教学标准的一体化研究上达成一致共识，在制作双向细目表过程中体现教学程度（教）、思维梯度（学）、试题难度（评）这三个"度"上的一致性。具体分析如表5所示：

表5 标准化命题中教学程度、思维梯度、试题难度一致性

教学程度	思维梯度	答题表现	试题难度	理解层次
—	前结构水平P	学生被题目中无关条件干扰，基本无法回答问题	—	无
等级1：认识记忆	单点结构水平U	学生只能联系单个素材或知识点解决问题，给出一个方面的解答	容易	浅层次
等级2：理解掌握	多点结构水平M	学生能联系多个素材或知识点，但是只能运用孤立的素材去解决问题	中等	较浅层次
等级3：模仿应用	关联结构水平R	学生能利用问题线索间或不同知识点之间的相互关系解决问题，并能进行知识概括		较深层次
等级4：分析评价	拓展抽象水平E	学生能对未经历的问题情境进行抽象概括，并运用不同知识点之间的相互关系将结论拓展到新的情境中	难	深层次
等级5：创新创造				最深层次

（2）形成系列化个性实验教学微课程，充实深圳市初中化学实验教育教学资

源，打造三随（随时、随地、随意）移动学习平台。

（二）研究反思

1. 研究中获得的经验

（1）在中国知网密切关注教、学、评一体化的研究进展。

（2）加快对实验教学标准的研究，形成研究模板，汇总成果，并加以梳理。

2. 研究中遇到的问题

（1）如何寻找初中理科实验教学走向教、学、评一体化的路径有哪些？

（2）如何厘清课标与教材的逻辑关系，并制订适度的课时教学目标？

（3）如何围绕核心认知与关键能力，立足核心素养设计实验教学活动？

（三）研究展望

后续研究方向考虑如下：

（1）组建初中理科实验教学标准成果梳理小组，研究成果的体例。

（2）以吴运来名师工作室、艾进达名师工作室等市级、区级名师工作室为平台，推动实验教学的研究。

（3）积极推动成果梳理，形成案例或论文集。

五、研究案例点评

（1）课题研究过程有条理、有组织，管理工作科学、有效。课题组组织结构合理，工作分工和管理都比较科学。制订了明确的研究路线、研究思路、研究过程，确保课题有条不紊地进行；后续研究建议让更多的教师参与课题的调查、研究与实践，定期召开课题研讨会，形成例会制度，并把课题研究和学校的教研工作联系起来，列入学校的工作计划或行事历。

（2）课题研究方法选用得当，具有科学性和正确性。课题以"化学实验教学核心知识素养内容体系的建立"为研究内容，采用文献研究法、行动研究法、实证研究法等方法，立足理论研究，注重课堂教学实践，做到理论与实践相结合。由于在实际研究过程中可能涉及其他的研究方法，建议酌情补充并注意研究方法实施时的科学性、规范性。

（3）研究内容新颖，根据核心素养体系，将学科内容与核心素养关联在一起。课题组建立初中化学核心素养框架、确立学业质量标准体系并对其进行合理评价，开展基于课堂的教学实践和研究，也就是以学科核心素养为纲，以学习进阶形式统整学业要求，编制学业质量标准，提出教学评价建议，实现基于新课程标准的教、学、评一体化，这也是新一轮深度课改的研究方向。

（4）借助新型技术开展实验教学，并提炼出典型课堂教学案例资源。课题组后期利用平板和同屏技术开展实验教学，分析学生具有的化学核心素养现状，并同步开发实验教学核心知识点微课程和个性化教育教学资源。

（5）课题研究成果丰富，既有论文集和课例，也有论著和教辅。研究成果虽源于课题，关注和解决的却是教育教学中实际遇到的问题，具有现实意义，同时，研究成果也具有很大的学术价值，并产生了一定的社会影响。课题研究成果如此丰富，建议课题组通过举办各种活动，如论坛、沙龙、比赛、课例展示现场观摩会、出版优秀经典案例集等推广课题研究成果及经验，发挥课题研究的示范作用，形成以点带面的发展路径，发挥辐射引导效应，以学校教育信息化发展引领地区教育信息化发展。

目前本课题研究主要聚焦在化学学科上，在后续的研究中期望可以细化研究目标和研究内容，选择不同的学科和不同的年级，探索基于核心素养的信息与不同学科不同年级有效整合的方式、方法、策略和教学模式，把此次研究的经验和成果进行迁移，发挥课题研究价值和现实意义。

案例单位：深圳市龙岗区南湾学校

负　责　人：许逸群

研究类型：教与学方式

基于多元理论下，"双线双师"小学英语绘本阅读教学的研究

一、研究背景、问题及目标

（一）研究背景

阅读能力的培养对英语教学极为重要，能帮助小学生提升自身能力，达到评价要求。然而目前小学英语教学中阅读教学的内容比较枯燥，形式比较单一，使学生对阅读课程的兴趣不高。依照《义务教育英语课程标准（2011年版）》的目标要求，中小学生五级阅读量的目标为15万词以上。现阶段绝大多数学生的英语阅读量都达不到这一要求；学生在学习英语的时候也难以找到匹配的、优质的、有趣的、有意义的英语学习资源进行阅读。在"互联网+教育"的时代背景下，我校作为"全国教育信息化试点实验校"，开始了"双线双师"的小学英语绘本阅读教学新模式的探索，将绘本阅读内容与"线上＋线下""外教＋中教"结合的教学模式引入到小学英语阅读教学中，共享互联网彼端的国外优质教育资源，提高学生的阅读能力和兴趣，促进小学生多元智能的发展，提高小学生自身综合素质，提升小学英语教师对于阅读课程的把握能力，提升小学英语阅读教学的效果，实现阅读教学的多样化发展。

（二）研究问题

"多元智能"理论源于国外。关于这一理论的研究，国外学者主要将其与各种教学活动进行联系，重在通过多元智能的挖掘提升学生某一方面的能力，强调学习活动中学生个性的保持和激发。我国学者在研究过程中，将多元智能理论与音乐教学活动联系在一起的比较多，主要的研究就是基于"多元智能"中语言智能、音乐智能、数理逻辑智能、空间智能、身体运动智能、人际交往智能、自我认识智能这七项智能的内容进行教学现状的评估和教学策略的分析，为当代外语教学提供了新的研究视角。目前，我国的绘本教育主要用于家庭教育领域与早教领域，主要是在家庭范围内进行亲子阅读以及早期阅读，而学者研究的领域也主要集中在这两方面，目标都是指向阅读能力的培养与提高。学者研究认为，对于小学英语阅读教学来说，绘本的确是一种很好的参考材料，然而从绘本阅读活动的实施情况来看，寻找适合小学生阅读的绘本

并将其与合适的阅读教学活动相结合确实存在很大的困难。因此确定的研究问题如下：

（1）如何将绘本阅读内容与"双线英语"教学模式引入到小学英语阅读教学中？

（2）如何提升小学生英语阅读的能力和兴趣并促进小学生多元智能的发展？

（3）如何提升小学英语教师对阅读课程的把握能力以及实现阅读教学的多样化发展？

（三）研究目标

（1）将绘本阅读内容与"双线英语"教学模式引入到小学英语阅读教学中；

（2）提升小学生英语阅读的能力和兴趣，促进小学生多元智能的发展；

（3）提升小学英语教师对于阅读课程的把握能力，实现阅读教学的多样化发展。

二、研究内容及过程

（一）研究内容

1. 绘本的定义、特点以及对于英语阅读教学的意义所在

绘本起源于国外，是一种制作精美、内容精良、内涵丰富的儿童文学阅读作品。绘本在欧美等地区的幼教领域被广泛使用，它以精美的内容吸引幼儿，提升其对于阅读的喜爱程度。国内的英语以及其他外语教育活动，也经常将绘本作为阅读的重要材料引入到教学活动当中来。

2. 目前小学英语阅读教学的现状、特点，存在的问题，以及产生这些问题的原因

目前，我国小学英语教学存在着阅读教学内容较为单一、枯燥的问题，这就弱化了学生的学习兴趣。枯燥的课堂氛围很难调动学生自身的积极性，这不仅阻碍了学生学习效率的提高，也不符合《义务教育英语课程标准（2011年版）》中明确提出的"基础教育不仅要关注对学生进行知识与技能方面的培养，还要对学生进行情感、态度与价值观方面的培养"的要求。在实际教学过程中，可以观察到学生阅读兴趣消退而导致的阅读技巧水平降低、阅读效率较低下的问题，提高学生阅读能力是小学英语学习活动中的重点，亦是难点。

3. 绘本阅读的优势，以及如何解决目前小学英语阅读教学中存在的问题

绘本阅读的优势在于其内容精美、重点突出，能够激发小学生阅读的兴趣并且使其在短时间内有效记住英语单词、句子，学习效果好。同时，绘本阅读活动结合有效的教学方法和教学引导活动，能够有效激发学生在语言智能、音乐智能、数理逻辑智能、空间智能、身体运动智能、人际交往智能、自我认识智能这七个方面的多元智能，促进学生各方面智能的综合性发展，这就为英语阅读教学活动开辟了新的领域——其不仅仅是英语教学活动，更是促进学生全面发展的重要教学方式。

4. 利用绘本阅读进行小学英语阅读课程教学改革主要采取的策略，以及这些策略在实施的过程中的有效性，在实施过后取得的经验，获得的教训及改进方法

在研究开始之前，课题组对于策略提出的假设主要有以下几个。

激发学生语言智能：结合"双线英语"教学活动，通过原汁原味的互动听说——连线美国小学老师，双师实时互动授课的模式，与绘本阅读活动结合；或在绘本阅读活动中，加入"故事会"活动、演讲活动和表演活动等，有效激发学生快乐阅读、积极听说的主观能动性，使得学生在阅读的同时听说、在听说的同时思辨，通过由口及心的互动激发自身在语言方面的天赋和智能。通过以上带有思辨性质的陈述与口语训练，可以让学生在自主进行文本阅读时带有很强的目的性和任务性，从而能够快速地进行识记，并提升自己在阅读方面的能力。

激发学生音乐智能："双线英语"教学拥有与主题配套的原版绘本，这一套教材为绘本部分配备了一系列的习题、互动游戏以及音乐部分的内容，外教在教学活动中也会有唱歌、欣赏英文原版电影和音乐的活动，这些内容都是激发学生音乐智能的很好的材料。在"双线英语"教学活动的过程中，教师会选择有音乐性的绘本内容，带领学生进行阅读、学唱，以有效激发学生在音乐方面的能力。回到家中，学生可以通过"双线英语"的微信公众号观看视频，并在这一过程中，将绘本内容与动画、音乐、电影的内容相结合，进而唱起来，动起来。

激发学生数理逻辑智能、空间智能："双线英语"教学活动中，要将主题匹配故事绘本，通过课前预习、课中展示教具、课后公众号听读、阅读激励等方式建立完整的教学闭环。这一完整的逻辑就可能帮助学生学习全套的英语学习方式和方法。在绘本阅读活动中，我们将与数理逻辑相关的内容挑选出来并设计成游戏活动，邀请学生参与进来，帮助学生建立数理逻辑；空间智能则是要让学生依据绘本实现场景设置、表演活动，通过对绘本内容的理解实现空间理解的外化。以上这些活动都通过"双线英语"教学模式的资源闭环和服务活动得到保障，通过教务老师、技术专家、外教、导师的通力合作，形成最为有效的绘本阅读活动，激发学生的逻辑智能和空间智能。

激发学生身体运动智能、人际交往智能："双线英语"教学活动构建了一个比较复杂的教学体系，在这个教学体系当中，学生不仅要接触老师，还要接触教务教师、导师、外教等，这无疑为学生提供了丰富的人际交往的场所和环境，使学生在双语的环境中不断提升自身英语水平，而此时绘本阅读只是一个"引子"。同时，"双线英语"教学活动还将绘本中的内容设计成为游戏活动、社交表演活动、团队活动，让学生在理解绘本内容、进行识记的同时锻炼身体，进行人际交往。

激发学生自我认识智能："双线英语"教学活动中所采用的130余篇绘本内容均为英文原版绘本，这些绘本不仅有精美的装帧，还以小见大、深入浅出地呈现了一些积极的观点。因此，在学习绘本的过程中，学生通过阅读绘本就能够形成对自身言行

的思考。在绘本阅读活动中，还可以让学生结合绘本的内容对自己在生活中的有关表现进行思考，通过演讲活动表达出来，从而逐步提升自我认识水平。总而言之，在小学英语绘本阅读教学活动中，结合"双线英语"教学活动，能够将死板的个人阅读行为变成集体的、有趣的阅读活动，学生能够锻炼自己的阅读能力，学会其他学生的阅读技巧，在学习知识的同时获得自身在多方面智能上的进步，巧妙地达到全面发展的目标，实现自我成长。

（二）研究方法

（1）文献研究法：阅读与课题相关的论文、专著等，撰写综述。课题研究前进行的理论分析工作、资料收集工作、文献综述工作主要运用的就是这一方法。

（2）调查分析法：通过面谈、提问的形式，对目前小学英语绘本阅读教学的内容构成、活动形式等方面的资料进行收集，为接下来的问卷调查指明方向。

（3）问卷调查法：本课题的调查问卷主要调查我校小学生对于英语绘本阅读活动的取向，包括阅读内容、活动形式、教学语言风格等方面的喜好，为接下来的研究奠定基础。

（4）行动研究法：在本课题的研究中，主要通过小学生读书活动教学设计、实践教学的模式，在教学中不断调整读书活动的实践模式，在此基础上归纳、总结经验，形成以阅读积累为目标的读书活动的实践模式。

（5）归纳演绎法：结合理论与现状，用归纳演绎法对策略与路径进行分析，并利用这一方法进行问题、策略等方面的总结归纳。

（三）研究思路

研究思路是从小学英语阅读教学的客观背景及小学英语阅读教学的现状出发，结合"双线英语"教学活动，从绘本阅读、多元智能理论的角度审视小学英语阅读教育活动应当如何提升水平、创新机制，形成途径、策略之后，将其运用到现实教学环境中进行试验分析，最终优化并且得出结论。

（四）研究过程

课题的研究于2018年5月开始，直到2018年12月完成前期的研究计划。按照进度安排，在2018年年底，计划完成前期资料查找、文献综述撰写、开题报告撰写等工作。在2019年3月—2020年12月，按照研究计划，进入相关小学英语课堂进行探访研究，利用访谈、材料收集等方式对相关小学英语课程的开展进行多维度的了解，为研究奠定材料方面的基础。研究技术路线如图1所示。

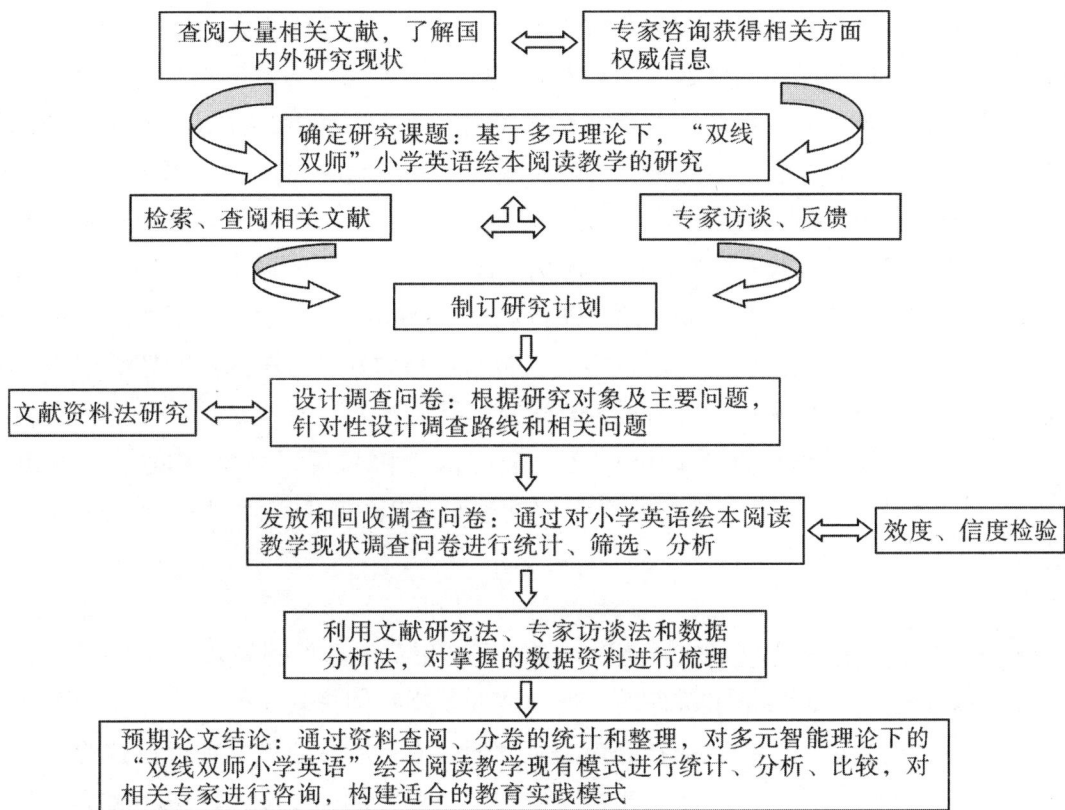

图1　研究技术路线图

三、研究成果及结论

（一）研究成果

1. 成果一

基本内容：在小学英语阅读活动中，实现了教学资源的扩充，由此引出了教学模式的转变，确定了基于多元理论下"双线双师"小学英语绘本阅读教学模型。

在实践教学过程中，将初级的教学设计和课件，改为"新模式课例"的教学设计，并配备相应课件。对四年级的教学模式进行了三次研究，并在第三次研究中基本确立了基于多元理论下"双线双师"小学英语绘本阅读教学模型：课前微课预习＋课中中教15分钟新授＋课中外教25分钟巩固与拓展，配备双线英语App应用，包含故事朗读、跟读、练习题。在四年级的课堂教学中，教师将"双线双师"与平板电脑引入课堂，学生采用小组合作学习的模式展开学习，在"双线双师"、平板电脑的配合下，学生与教师之间的交流丰富了、学生之间的交流也丰富了，课堂讨论、小组讨论丰富多彩，学生语言智能、音乐智能、数理逻辑智能、空间智能、身体运动智能、人际交往智能、自我认识智能在各类活动中得到了显著激发。

社会影响：目前基于多元理论下的"双线双师"小学英语绘本阅读教学模型仍主要在我校内部使用和完善。课题组的袁淑华老师在2017—2018学年度下学期的"慧教育·融合创新"慕课教育信息化工程之智慧课题同课异构展示交流活动中，面向全市教师展示了一节信息化教学的优质市级公开课"Where is my mom"，并在省内外的同步网络直播中获得一致好评。此外，袁淑华老师在2019年4月小学英语阅读教学专题培训活动中进行了"双线双师"的优质课例"Late for work"的展示，此外，该课例还在大朗镇"朗式慕课·双线互联"绘本阅读教学专题培训活动中进行了展示，并获得"国培计划"专家库人员、天津市教研员张宏丽老师的好评。该课例的教学模式已经得到镇内参与双线双师实验项目的其他学校的肯定和效仿。

2019年5月我校被大朗教育局评为"全国信息化与英语教学深度融合创新实验基地"，被中小学英语学科发展国际化共建平台PRT项目组评为"PRT项目实验学校"。

2. 成果二

基本内容：在小学英语阅读活动中，实现了学生英语素养的提升。

此次研究活动，不仅基于课程教学活动转变了小学阅读教学的模式、建立了全新的教学模型，更是以教学模式的转变为契机，通过有效的英语教学评价模式的转变，扭转了小学英语教学长期以来固有的评价模式，使得整体的教学更符合素质教育的要求。在实践过程中，通过变更低年级绘本内容，期末口语考查开始变成"游学考查"；中高年级支持学生参加双线口语大赛、阅读存折大赛等，并且不断增加获奖人数。通过学生评价方式的改变，基于多元理论下"双线双师"小学英语绘本阅读教学获得了制度上的保障，从而有了持续开展下去的依托。

具体来说，在研究过程中，配合"双线双师"小学英语绘本阅读教学，学校展开了"我是绘本阅读达人"、"我要做单词王"、六一英语节游园活动、爱"拼"才会赢单词拼读比赛活动。在多种多样的比赛活动当中，学生能够尽情地展示自我，呈现出自身所具备的阅读能力以及基于阅读所具备的多元化英语能力。在日常的教学评价过程中，这些竞赛类活动的成绩也成了教师对学生进行学习评价的重要依据。在我校"朗式慕课双线互联"绘本阅读教学专题培训中，教育部基础教育课程教材专家工作委员会秘书长、特级教师还特地为在第三届"双线英语"口语展示活动中获奖的教师与学生颁奖。以上这些评价方式都有效地配合了教师"双线双师"小学英语绘本阅读教学，而学生受到鼓励，也进一步接受了"双线双师"小学英语绘本阅读教学模式，并投入其中。同时，在多元化的活动当中，学生学习英语的方式、渠道更加多元化，学生也逐步学会了自主学习、结对学习、小组学习，并在学习中充分激发了自身的语言智能、音乐智能、数理逻辑智能、空间智能、身体运动智能、人际交往智能、自我认识智能。

社会影响：由于这一部分成果涉及校内多项比赛活动，因此对学生自身、家长和社会都有一定的影响。对于家长来说，研究成果帮助家长重新明确了英语学习活动自身的价值，使部分家长摒弃了"唯分数论"的错误观念，也使家长能够更加配合学校的教学工作。同时，各种丰富多彩的校园英语比赛、节庆活动也吸引了教育主管部门的关注，在当地掀起了"英语学习热"。

（二）研究结论

在此次四年级、六年级的研究活动当中，基本确定了符合样本学校自身的基于多元理论下"双线双师"小学英语绘本阅读教学模型。这一内容对多元理论、小学英语绘本教学理论都进行了补充和革新，多元理论、绘本教学理论中又多了一个具备实践意义和实践效果的实践教学模型因子。

在理论上明确了教学评价模式对教学活动的积极影响，并且从实践中证明了教学评价模式对教学模式的有效固定作用和积极推动作用。从学术研究的角度上来说，该模式能够引发专家学者对教学评价活动的深入研究与思考。

四、研究总结及反思

（一）研究创新之处

充分利用线上线下资源，借助双师辅助，学生能更容易地学会目标语言。将我校英语教育教学与绘本阅读活动联系在一起进行研究，将阅读和多元智能理论结合在一起，本身就是一种教育学与心理学的跨学科研究，可取长补短。该课题以促进信息技术与教育教学的双向融合为导向，旨在为师生构建一个"互联网+"众创环境，开展线上线下的教与学，实现智慧共享，构建信息技术与学科教学融合创新的新模式。

（二）研究不足与展望

课题组在前期的调研活动中，对我校低中高年级的"双线双师"小学英语绘本阅读教学活动进行了分析，并从中得出了以下存在的问题。

一方面，由于中期研究活动刚刚展开，"双线双师"小学英语绘本阅读教学刚刚落地，因而教学活动中教学针对性较差，能力强的学生如鱼得水，能力差的学生容易拖后腿，而如何全面推进教学，弥补优生差生之间的能力差距是该课题需要研究的重要问题。

另一方面，此次展开的绘本阅读活动是小学英语教学活动的补充，课题组所在班级的教学进度会在一定程度上受到教研活动的影响，这也是课题组在研究中需要注意的。

除此之外，课题组还发现，"双线双师"教学在实施伊始确实能够显著提升学生注意力和学习兴趣，然而展开一段时间之后学生的注意力又会分散，如何让教学常变常新同样是课题组需要注意的问题。

五、研究案例点评

该课题以促进信息技术与教育教学的双向融合为导向，旨在为师生构建一个"互联网+"众创环境，开展线上线下的教与学，实现智慧共享，构建信息技术与学科教学融合创新的新模式。该课题实施的基本保障是在全校的教室都安装互联网直播平台；学生购买绘本阅读书籍，并通过平台获得课前预习立体动画；英语老师辅助组织课堂，在外教上课前进行知识的热身；外教通过互动式教学，对学生进行英语的原汁原味的原声输入，完成绘本阅读教学；学生在课后进行扩展主题阅读，观看复习直播视频以巩固与扩展学习内容，并完成阅读后的思维导图设计，从而帮助复习。

案例单位：东莞市大朗镇巷头小学
负 责 人：袁淑华
研究类型：专题研究

基于翻转课堂的山区小学数学教学应用研究

一、研究背景、问题及目标

（一）研究背景

翻转课堂译自"Flipped Classroom"或"Inverted Classroom"，也可译为"颠倒课堂"，是指重新调整课堂内外的时间，将学习的决定权从教师转移给学生。"翻转课堂"是对基于印刷术的传统课堂教学结构与教学流程的彻底颠覆，由此将引发教师角色、课程模式、管理模式等一系列变革。在进行本课题研究之前，我们做了大量的理论研究和可行性探索，最终确定了研究方向和研究内容。

我校是梅州市第一批"全国现代教育技术实验学校"，是处在山区的梅州市中比较早开展教育信息化的学校之一。特别是近年来，梅州市提出创建广东省教育现代化先进市，为响应这一号召，梅县区于2018年年初顺利通过了省级"教育现代化先进区"的检查与验收，市、区两级政府加大了现代信息技术硬件的建设力度，使学校的信息化水平得到进一步的提升。这也为本课题的研究提供了坚实的硬件保障。

我校现任校长余军同志，其在原任学校一直推行"生本教育"，并且取得了显著的成绩，特别是数学学科，自从基于"生本"理念实施教学后，教师教学成效显著提升。因为"翻转课堂"的理念和"生本教育"的理念是相似和相通的，所以，余校长在调任我校校长后，也一直致力于将"生本教育"的理念带到本校，并且希望能够结合学校的基础和特色，将"生本教育"理念和现代信息技术相结合。课题组组长梁军老师，在2017年申报了教育部教育管理信息中心的国家教育信息化课题"山区小学数学'翻转课堂教学'模式的研究"，在课题研究中，课题组成员多次参加"翻转课堂"方面的相关学习，包括在广州参加了全国"翻转课堂"专题研讨会，聆听了焦建利教授、胡铁生教授的专题讲座。在"翻转课堂"的课题研究方面，本课题组组员已经有了一些基础，积累了一些成功经验，这也为本课题的研究提供了理论支持。

（二）研究问题

我校是一所区直属小学，地处城区。在学生方面，近年来，随着外来人员增多，生源质量参差不齐；在教师方面，因为多种原因，很少有年轻教师进入我校，造成我校教师队伍年龄偏大，思想保守、思维固化现象比较严重。由于教学理念、教学手段、教学方式的落后，我校学生学习缺乏主动性和创造性，"高分低能"的现象比较突出。在当前国家强调"核心素养"、培养创新创造型人才的教育观面前，我们必须作出改变。

（三）研究目标

（1）本课题旨在研究基于"翻转课堂"的新型教学方式，改变传统的、落后的"灌输式"教学方式，利用现代教学技术，提高课堂教学质量。

（2）本课题遵循面向全体学生的原则，余军校长在申报此项课题前反复强调，要让每一位学生都能得到平等的对待，以体现教育的公平性。

但是，学校在硬件方面存在不足（比如学校智慧教室目前只有50台平板电脑；学校43个教学班中，还有11个教学班没有安装一体机、电子白板等教学设备，有些班级的电脑存在老化、不好操作等问题），每个教学班的学生人数又多，因此我们需要利用好目前的有效资源，做好学校和家长的沟通和协调工作，充分利用家庭资源，以化解这种困境，为本课题服务。

二、研究内容及过程

（一）研究内容

1. 强化教学视频设计

翻转课堂与传统课堂最大的不同，就是将学习环节由课堂转移到了课后，学生的自主学习取代了教师的教学。但学生受认知能力、知识掌握情况等多重因素的限制，容易在学习环节中走弯路、走歪路，这就需要教师提供相应的指导资料。其中，最为核心的便是微视频，甚至可以说，微视频与翻转课堂是一体两面的关系，微视频的质量直接决定了翻转课堂的教学效能。实验教师在翻转课堂教学中要强化教学视频的设计工作，以5~10分钟的时间长度，制作多个相关的微视频，便于学生吸收理解教学知识点，强化学生的记忆力。

2. 引导学生自主交流

翻转课堂由课外、课内两部分组成，其中，课外是基础，课内是升华。有效的课内教学，不仅可以提高学生课外自主学习的效果，还能弥补学生自学学习中的缺陷，一举两得。当然，翻转课堂以学生为主体，关于这一点，无论是课内还是课外都是如此。为了更好地提升翻转课堂教学模式的教学效能，教师在课内教学要突出学生的主体地位，最有效的途径莫过于采取小组教学的方式。教师可将学生划分为不同的小组，然后让其讨论课外自学过程中的心得与困惑，这样既能让学生将行之有效的学习方法在同学圈中扩散开来，也能使部分学习能力强的学生，引导学习较为薄弱的学生，实现共同进步。

3. 课堂教学答疑解惑

"师者，所以传道授业解惑也"。学生受主、客观等各种因素的限制，在课外自学环节中，必然会存在不少问题，其中一些问题具有共性，且在学生群体中具有普遍性，这些问题就是教师课堂教学中的重点所在，有效地解决这些问题，不仅是提升课堂教学针对性的客观需要，也是强化学生学习效果的必然追求。

4. 反思教学流程

"学而不思则罔，思而不学则殆"，这句话对数学教学活动而言同样适用。相比于一般性的课堂教学而言，翻转课堂包含的环节更多，需要注意的内容也更多，稍有不慎，便可能造成教学效率低下。本课题研究中，教师在数学翻转课堂教学模式中要做好教学反思工作，及时反思翻转课堂教学中存在的问题与不足，进而采取具有针对性的应对措施。

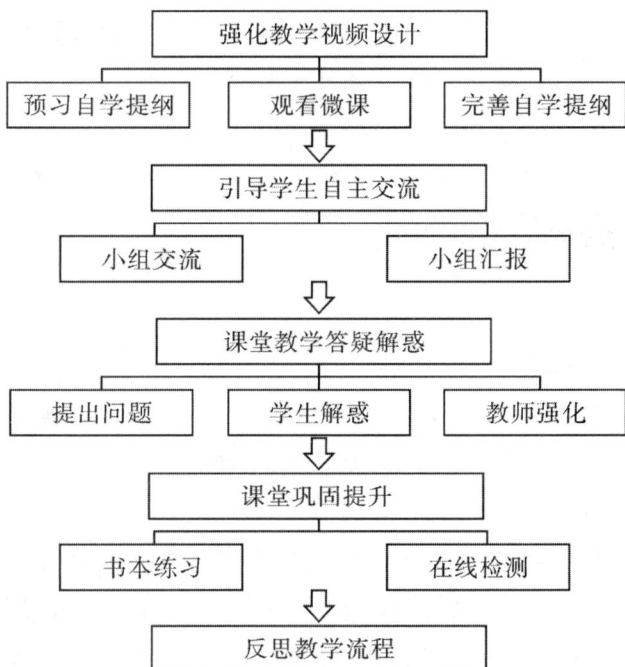

图1　技术路线图

（二）研究方法

1. 文献研究法

通过查阅期刊、论文和书籍等多种资源，搜集大量国内外关于翻转课堂、小学数学课堂问题、课例研究以及课堂教学理论的文献资料，并对搜集来的文献资料进行系统的梳理分析，了解国内外小学数学翻转课堂发展的相关动态，为将要进行的研究提供方向指引和理论支撑。此外，对相关文献的研究也有利于充实课题组成员的理论素养，提高研究的起点和研究的理论水平。

《全日制义务教育数学课程标准（修改稿）》指出"重视学生在学习活动中的主体地位"和"注重信息技术与课程内容的整合"，倡导建立自主合作探究的学习方式，这对教师提出了较高的变革要求，对翻转课堂的教学探索也应运而生。

焦建利教授提出：颠倒教室（翻转课堂）本质上就是混合学习，即把识记、理解这些难度较小的环节放在家里进行，通过视频给学生提供帮助；而把应用、分析、评价、创造这四个难度大的环节放在教室进行，由教师给予帮助。

参考重庆聚奎中学提出的"课前四步骤""课中五环节"翻转课堂基本模式、山东潍坊昌乐一中提出的"二段四步十环节"翻转课堂教学模式，探索适合山区小学数学翻转课堂的教学模式。

2. 课堂实践法

根据课题研究的需要，实验教师进行课堂教学实践活动，获得有效的数据和信息，为本研究提供客观依据。课堂实践研究用于帮助学生检查课前微视频中知识的掌握情况，呈现实验教师在课堂上的师生关系，检验课堂练习等方面的教学效果。

课题组主要成员分别上了几节翻转课堂研讨实践课，例如梁军老师的"比例的认识"、黎瑞荣老师的"圆柱的体积"、吴楚凤老师的"三角形的面积"、钟方方老师的"'重复'的奥妙"、林群燕老师的"乘法分配律""确定位置一"等。据统计，每节课上课之前有九成以上的学生能去观看微课，课堂上学生的分享交流也比较热烈，有九成以上的学生能正确完成课堂练习。

3. 案例分析法

选取典型的翻转课堂实施案例，通过对学生自学课前微视频和课堂教学的实录的探究分析，探讨翻转课堂在小学数学课堂教学中的应用，从而推进学校数学教学改革，提高数学教学质量。

以林群燕老师的翻转课堂实践课"确定位置一"为例。这节课教师制作了微课供学生课前学习，回到课堂时，学生娓娓道来："我一开始认为，剑英体育馆在丽群小学的东南方向，作新小学也在丽群小学的东南方向，但实际上剑英体育馆偏下一些，作新小学偏上一些。""我刚开始的想法是：可不可以通过测量来区分呢？后来我仔细观察了一下，发现剑英体育馆和丽群小学的连线与方向标的南边形成了一个角，作新小学和丽群小学的连线与方向标的南边也形成了一个角，这两个角的大小不一样，我就想到通过测量角的大小来区分。""通过观看微课，我知道了确定方向要说清楚角度的大小和距离。""我发现反过来说相对位置的时候，方向相反，但角度相同，距离也相同。"通过课前的微课学习，学生有了自己的理解，分享交流时比较顺畅，学生参与热情很高，学生的主体地位在课堂上得到淋漓尽致的展现。

（三）研究思路

小学数学是小学教育的重要科目，其难度比较大。在实践过程中必须从当前教学现状入手，结合课程教学格局的变化，依托现代信息技术，依据"翻转课堂"教育理念，探索出适合我校教育发展、具有我校特色的基于"翻转课堂"的小学数学教学模式，以解决数学课堂教学中存在的一些问题，提高我校数学课堂教学效率和教学质量，使数学学习不仅成为学生学习的乐园，而且成为学生成长的乐土。

1. 改变学生的学习方式

翻转课堂教学是不同于传统教学的一种新型教学模式，这一教学模式对改变学生的学习方式有一定的作用，主要体现在如下两个方面：其一，学生可以充分结合教师的教学计划安排自己的学习。在翻转课堂之后，学生可以利用教学视频进行学习，由此可以根据自身的情况控制学习进度。当然，学习地点也不再受到限制，学生可以在课外比如家中进行视频学习，这样的学习氛围相对轻松，不用担心自己在课堂学习中无法跟上教师的进度。同时，学生在观看学习视频时，能够自行调整学习节奏，并且能够有针对性地进行学习，针对不懂的地方可以反复学习，记录重点，甚至可以通过网络平台寻求帮助。其二，翻转课堂教学能够在一定程度上加强学生在数学学习中的互动，主要表现在学生与教师及其他学生之间的交流沟通增加了。通过翻转课堂教学，教师能够有更多时间与学生进行交流，能够对学生的学习情况有更深入的了解，同时能够更有效地激发学生的学习积极性。

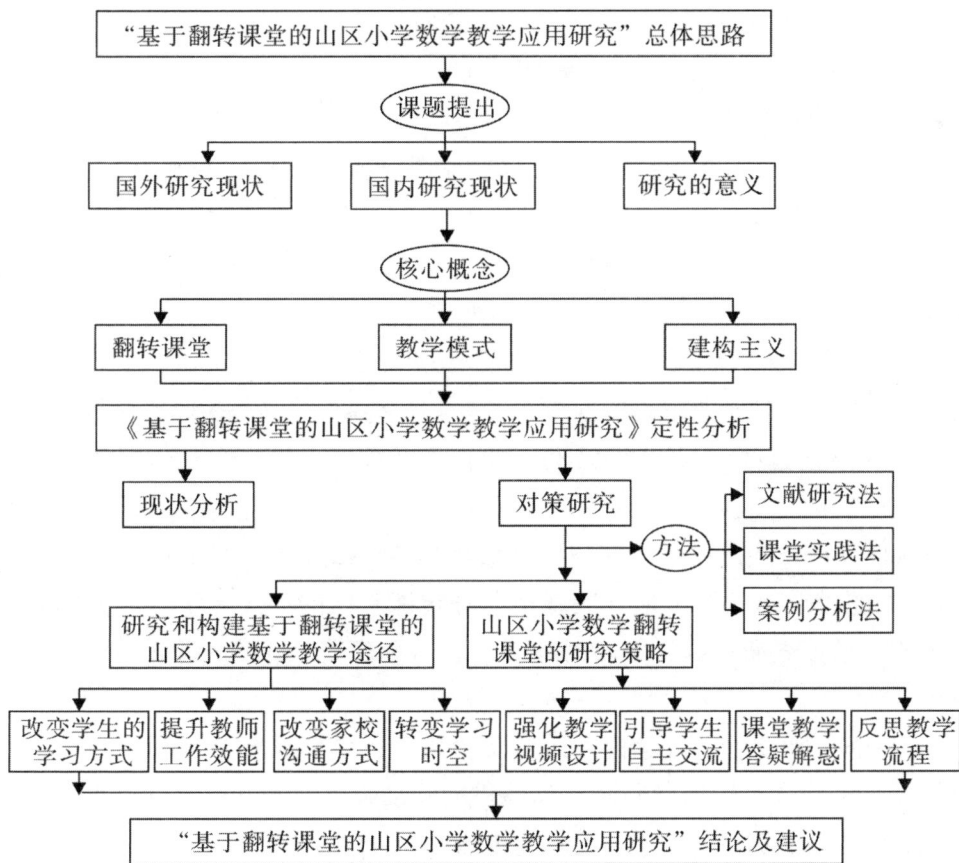

图2　研究思路图

2. 提升教师工作效能

对于教师来说，翻转课堂教学既可以有效开展个性化教学，还能减轻课堂管理负担，更加深入地了解学生。

3. 改变家校沟通方式

长久以来，家长要了解孩子的情况主要是通过向教师询问自己孩子在课堂上的表现，例如：学生听讲是否认真，是否能够积极回答问题，行为是否规范等，而翻转课堂教学的引入能够促使家长和教师共同培养学生，让学生感知家庭教育的重要性。

4. 转变学习时空

在引入翻转课堂教学之后，教师教学和学生学习的时间将会发生巨大变化，学生能够根据自身情况进行调整，使得教师进行课堂教学的时间减少了，由此获得更多的时间用于交流和沟通，从而能够更好地进行自主学习，更好地提升自主学习能力。

（四）研究进度安排

第一阶段：准备阶段（2018年1月至2018年8月）。

（1）通过问卷调查、教师访谈、学生座谈、课堂观察等途径，了解教师课堂教学中存在的问题，关注"翻转课堂"教学动态。

（2）认真准备课题申报书，提交课题申请。

第二阶段：启动阶段（2018年9月至2018年10月）。

（1）成立"基于翻转课堂的山区小学数学教学应用研究"课题组并开题。

（2）课题组成员在课堂教学中改革实践，上研究课。同时加强理论学习和实践研究，不断实践、反思、学习、探讨、改进、再实践，初步构建基于翻转课堂的小学数学教学模式。

（3）以"翻转课堂"教学理念为指导，改变课堂教学评价方式，"以学论教"，初步制订能指导课堂教学改革总体方向的"基于翻转课堂的小学数学教学评价表"。

（4）积极开展新模式研究课活动，如青年教师课堂教学大赛，课题组成员研究课等。

第三阶段：深入实践阶段（2018年11月至2019年12月）。

（1）课题组全面、深入地开展基于"翻转课堂"的小学数学教学应用研究，每两周要推出一节模式研究课，并及时评课、总结、改进、调整。课题组成员也要加强相互听课和研究。

（2）每个年级设一个教学模式改革实验班，以实验班数学实验教师带动各科教师按照实验新模式来组织课堂教学。实验班教师加强学习和交流，课题组组织实验班教师每周开一次实验研究会，找问题，想措施，及时调整。

（3）对实验班的学生进行纵向跟踪对比研究，对实验班和非实验班的学生进行横向定期对比研究。

第四阶段：总结深化阶段（2020年1月至2020年3月）。

（1）在取得阶段性研究成果的基础上，总结翻转课堂教学模式存在的问题，进一步制订解决措施，深入开展研究，特别是对课堂教学模式中的细节问题要加强研究。

（2）及时总结、推广课堂教学改革中的成功经验。以专题讲座、研讨会、学习简报等形式予以交流推广，供学校其他教师学习借鉴。

（3）构建小学数学翻转课堂教学模式，探索适合我校的创新型小学数学教学模式。

三、研究成果及结论

（一）研究成果

1. 问卷调查

采取随机抽样的形式对五年级的40位实验班学生进行了前期问卷调查和访谈。从中了解到，学生对"翻转课堂"理念不甚了解，很多学生有课前预习的习惯并且经常在课堂上进行合作交流。

2. 课例研究

进行了打造适合山区学校开展的小学数学"翻转课堂"新型教学模式的尝试。在前期，各实验教师都在"翻转课堂"理念的指引下，积极探索、不断总结、寻求创新，进行了课堂教学的尝试和改革，初步构建新型的、有效的教学模式。在此基础上，课题组成员吴楚凤老师和钟方方老师分别于本学期第七周和第十四周上了两节研讨课，取得了很好的教学效果，基本摸索出了一条教学主线：①观看微课，感知知识；②小组合作，交流研讨；③全班汇报，掌握新知；④课堂检测，查缺补漏；⑤强化训练，巩固新知。教学研讨的开展和实验课的实施，为课题研究目标的实现指明了方向。梁军老师的"翻转课堂"实验课例"七百分数的应用（三）"在"一师一优课，一课一名师"活动中，被评为省级"优课"；在梅县区2019年年会论文和教学设计评比活动中，课题组成员以"翻转课堂"理念撰写的教学设计获得了评委的好评，其中梁军老师的"比例的认识"、黎瑞荣老师的"圆柱的体积"、吴楚凤老师的"三角形的面积"、钟方方老师的"'重复'的奥妙"、林群燕老师的"乘法分配律"分别获得一、二等奖。

3. 研究论文

本课题组成员林群燕老师在前期对翻转课堂比较关注，并在课堂教学中进行了实践应用，有了一些成功的经验和做法。她撰写的《小学数学总复习翻转课堂教学模式》和《"翻转课堂"模式在山区小学数学教学中的实践》等两篇论文已在《教育信息技术》等刊物上发表。另外，温爱萍老师在"翻转课堂"教学实践的基础上进行反思和总结，其撰写的论文《转变教学观念，翻转数学教学》也在梅县区小学年会论文评比中荣获二等奖。

4. 校本资源

翻转课堂课前都需要使用微课，但老师不可能每节课都自己制作微课，于是我们在网络上搜索和寻找优秀的微课资源，并收集起来。同时，在前面已经开发的数学校本教材（自学提纲）的基础上，对资源进行优化，然后开发出新的校本教材。

（二）研究结论

学生对目前的教学现状比较满意，但是认为现在的学习效率不高，如果有更好的学习方式，他们愿意做出改变。这就说明，学生已经有了很好的知识基础和学习习惯，并且愿意进行新的尝试。这也为我们的课题研究开展打下了坚实的基础。教师们在"翻转课堂"理念的指引下，积极探索、不断总结、寻求创新，进行了课堂教学的尝试和改革，初步构建新型的、有效的教学模式。山区小学数学翻转课堂要从山区实际出发，在渗透生活化理念的基础上树立学生在学习中的主体地位，引导学生通过翻转课堂教学走向自主合作、探究学习，促使学生全面发展和个性成长，以更好地实现数学课程目标。

四、研究总结及反思

（一）研究创新之处

研究方法创新，通过选取典型的翻转课堂的实施案例，并对学生自学课前的微视频和课堂教学实录进行探究分析，探讨翻转课堂在本校小学数学课堂教学中的应用，并利用课堂实践研究帮助学生检查课前微视频中知识的掌握情况，呈现实验教师在课堂上的师生关系，检验课堂练习等方面的教学效果。

（二）研究不足之处

（1）学校教师年龄普遍偏大，理论基础比较薄弱，现代教育教学意识不强，缺少专家的引领和指导。

（2）来自家长的压力较大。部分家长因为担心电子产品或网络对学生学习产生不利的影响，而反对孩子在家使用平板或网络，这也给课题的正常开展造成了影响。

（3）实验工具使用的问题。实验研究中需要收集大量的数据，并对数据进行分析、检测。但是课题组成员还缺乏专家的指导，不能有效使用实验工具。

五、研究案例点评

翻转课堂对于传统课堂而言是一场颠覆性的变革，有人将其视为教育的"破坏式创新"。翻转课堂教学模式的确为学生和教师带来了教育理念的革新和教育质量的提高，但这也需要老师不断地更新自己的教学理念，提高课堂管理技巧和掌控能力，并通过家校合作加强监督力度，同时希望更多的专业技术人员开发出高质量的微课视频和闯关争章的游戏式练习软件系统。要使翻转课堂在山区小学数学教学中生根发芽，茁壮成长为参天大树，还需专家和一线教师深入实践，不断探索，不断总结。

案例单位：梅县区丽群小学

负 责 人：余军

研究类型：重点课题研究

基于网络空间的山区学校德育教育模式研究

一、研究背景、问题及目标

（一）研究背景

21世纪是网络空间支撑的世纪，人们面对的是备受关注、最有活力的数字化挑战，它改变着人类对时间、空间的认知，引发了整个社会生产、生活方式和思维方式的深刻变革。在中小学校，数字化对学生的影响是全方位的，特别是德育教育，如今学生面临的社会环境更加复杂，学生的行为方式、道德取向、政治态度、心理发展、价值观念等都出现了新的特征。在国外，关于网络文化的研究始于20世纪90年代初期，先后经历了对网络文化利弊的争鸣、"虚拟社区"和"在线身份"的探讨、在线交流、数字话语、因特网的介入和拒绝、网络空间的界面设计等的相关研究。在国内，近年来《中共中央国务院关于进一步加强和改进未成年人思想道德建设的若干意见》等文件要求加强未成年人道德建设，但是，基于网络空间的学校德育教育模式研究并未得到足够的重视和落实，更谈不上普及。尤其是在山区，由于受到各种因素的制约，基于网络空间的学校德育教育被忽视、被冷落的现象尤为突出，更谈不上深入探讨。

我县地处闽粤赣三省交界的粤东北部山区，地理位置有别于经济发达地区，学生的思想观念、价值取向以及"触网"程度等有一定的独特性，学校在运用信息技术探索德育教育模式上也相对滞后。因此，研究基于网络空间的学校德育教育模式问题，有利于更广泛、更深入地开展山区学校德育教育，有利于完善信息技术与学校德育教育深度融合的理论与实践依据，也对促进我县现代教育技术在教育教学中的运用和素质教育的创新发展具有深远的影响。

（二）研究问题

如何基于网络空间构建山区学校德育教育模式？

（三）研究目标

（1）通过研究，构建一个基于网络空间的符合当代教育理念、具有现代教育特色的新型山区学校德育教育模式，推进学校素质教育创新发展。

探索基于网络空间的山区学校德育工作中的新问题、新特点、新理念、新对策，开辟德育教育新途径、新方法、新模式。

（2）加强学生的网络道德教育，引导学生崇尚先进文化，促使学生养成文明上网、健康上网的良好习惯，培养学生形成正确的世界观、人生观和价值观。

（3）通过研究，提升山区学校信息技术与学校德育教育的融合水平。

二、研究内容及过程

（一）研究内容

（1）调查了解山区学校运用信息技术开展德育教育的情况。

（2）运用网络的模拟功能、BBS（电子公告板）和聊天室等，创设情境，探索德育教育策略，提高学生的道德判断水平、选择能力和道德参与意识。

（3）充分运用网络空间，完善学校德育工作措施，形成网络教育模式和网络监督机制，构建"家庭、学校、社会一体化"的德育新模式。

（4）通过访谈、问卷或测试的形式了解研究的成效。

（二）研究方法

本课题研究在不同的阶段分别采用不同的方法。

（1）在选题设计阶段，采用文献研究法，查阅相关的文献资料。

（2）在调查分析阶段，采用问卷调查法，了解掌握相关数据。

（3）在实践研究阶段，分别采用个案研究法和行动研究法，建立个体发展档案，有针对性地对学生的行为施加影响。

（4）在总结评估阶段，采用经验总结法总结、评价研究成效。

（三）研究思路及过程

本课题研究拟分以下几个阶段进行。

第一阶段：选题设计阶段（2018年1月至2018年4月）。

（1）查阅文献，组织学习，明确方向，为课题研究提供理论依据。

（2）进行选题论证，申报课题立项。

（3）确立课题研究的组织机构、人员配置和具体分工。

（4）制订计划、研究讨论各层面具体工作。

第二阶段：调查分析阶段（2018年5月至2018年12月）。

（1）确定课题研究策略。

（2）进行网络问卷调查和焦点个案访谈，了解相关情况。

（3）对课题组人员分层次进行培训，有针对性地进行教育信息技术、德育理论与实践培训，组织教师外出参观学习。

（4）逐步搜集整理有代表性的个案，分析个案的德育问题。

第三阶段：实践研究阶段（2019年1月至2019年12月）。

（1）收集和整理调查数据，进行统计分析。

（2）根据统计分析结果，探索德育教育策略。

（3）明确课题研究重点，建立学生德育档案。

（4）分析总结和反思调适，形成理论。

第四阶段：总结评估阶段（2020年1月至2020年12月）。

（1）验证和完善策略，形成有效的德育教育模式。

（2）进行访谈问卷或测试，了解研究的成效。

（3）整理汇编研究成果，完成课题研究报告。

（4）推广应用研究成果，结题论证。

三、研究成果及结论

（一）研究成果

（1）凌贵荣老师论文《基于网络空间提升山区学校德育教育质量——以平远县为例》在《实验教学与仪器》（2019第6期）上发表。

（2）朱上国老师论文《如何创建基于网络空间的德育教育模式》在教育部基础教育课程教材发展中心、长沙理工大学主办的《实验教学与仪器》（2019第9期）上发表。

（二）研究结论

目前，课题研究进度基本过半，暂未形成研究结论和研究报告。

四、研究总结及反思

（一）研究创新之处

与前人的研究成果进行比较，研究方法基本相同，但手段更多样化，德育教育模式也有更多的种类。

（1）选题富有挑战性。本选题形成于信息化大发展，及传统教育与新型教育大更替的阶段，具有承上启下的作用。

（2）打破传统的德育模式。通过实践研究，构建一个基于网络空间的符合当代教育理念、具有现代教育特色的新型山区学校德育教育模式，有力地推进了学校素质教育创新发展。

（3）手段先进。探索了基于网络空间学校德育工作中的新问题、新特点、新理念、新对策，开辟了德育教育的新途径、新方法、新手段，构建了"家庭、学校、社会一体化"德育新模式。

（二）研究不足与展望

本课题取得了一定的成果，但仍存在一定问题：

（1）课题组成员的研究水平不高，能力有限，大部分成员不能及时将研究结论转化成理论成果，在刊物上发表的论文较少。

（2）课题缺少专项研究经费，虽然单位非常重视，但山区经济欠发达，这在一定程度上制约了课题研究的开展。

通过前期的实验开展情况，我们也发现了自己在实验中的不足与短板，为此提出了下一阶段的研究目标：

（1）在家庭教育方面有所突破。

（2）在家庭教育与学校教育的结合上有所突破。

（3）在课题研究的方法上有所突破。

（4）在课题研究的队伍上有所突破。

（5）在社会教育的创新上有所突破。

五、研究案例点评

（1）课题研究过程较扎实，组织管理工作科学、有效。课题组组织结构合理，工作分工和管理都比较科学。在课题组成员的共同努力下，研究的各个阶段都尽可能做到了规范、科学。

（2）课题研究方法得当，立足点恰当、富有挑战性。课题以调查了解山区学校运用信息技术开展德育教育的情况、把网络的模拟功能运用到教学中、探索德育教育策略、完善学校德育工作措施、通过访谈、问卷等形式了解研究的成效为主要研究内容，采用文献研究法、问卷调查法、个案研究法、行动研究法、经验总结法等方法，立足课堂教学实践，注重理论研究，做到理论与实践相结合。

（3）课题研究有一定的成果，对"基于网络空间的山区学校开辟德育教育的新途径、新方法、新手段"具有实质性的指导意义。已发表论文两篇，做到了边进行实践研究，边总结研究成果。

为使此研究有序推进、走向完善，建议课题组加强课题理论学习，明确课题内涵、细化研究问题，继续提炼以"基于网络空间的山区学校德育教育模式研究"为课题的主要研究成果，从而增强课题的操作性和辐射性。在后续研究过程中，还应认真撰写研究报告和编辑教师论文集，将探索的基于网络空间山区学校德育教育模式在全县进行推广，用以加强学校师生和家长的德育教育观念。

案例单位：梅州市平远县教育局

研究类型：专题研究

基于大数据和人工智能技术初中地理体验式教学研究

一、研究背景、问题及目标

（一）研究背景

《中国教育现代化2035》《加快推进教育现代化实施方案（2018—2022年）》《义务教育地理课程标准》等多个文件中都提出教师要积极利用地理信息资源和信息技术手段开展地理实践活动，增强学生地理实践能力。然而，提高学生的地理实践能力需要在真实的地理情境中，让学生借助地理信息技术体验地理知识产生的过程。于是，我们在校内外积极开发"体验式教学"课程，利用地理信息感知新装备和新技术，为中学地理教育的转变提供新的契机。

（二）研究问题

1. 实现以学生体验为主的跨学科项目式学习实践

本课题开展过程中所进行的项目式研究，无论是对校园微气候的研究，还是对因为新冠疫情而产生的项目"雷神山、火神山医院为什么能很快建成"等，都是针对实际问题，融合多个学科而形成的项目式学习实践活动。

2. 促进无线传感技术在初中学段研究的应用

近年来，无线传感技术正广泛地应用于各个监测领域，但传感技术在初中教学研究中较少涉及。所以我们课题中使用的无人车、无人机等设备将会极大增加学生对无线传感技术的学习兴趣。

3. 提升学生数据收集、处理能力

本课题中，无人车、无人机等地理环境采集平台所带的传感器，能够自动监测并生成最原始的、未经处理的微气候因子数据。通过让学生将数据转化为信息，以此培养学生对数据的收集与处理能力。

（三）研究目标

1. 聚焦核心素养，落实立德树人的根本任务

通过与大数据、人工智能等技术手段的融合，使初中地理教育在思维创造、批判质疑、探究实践等三方面有所突破。如疫情期间在空中课堂学习时，通过学生居家实

验操作来学习地理模型制作，提升学生的动手实践能力。

2. **融合信息科学技术，彰显地理学科价值**

现今地理学科的发展将更多地依赖信息科学技术，拓展时间、空间的研究尺度和精度。学生以新一代地理信息技术为工具，以创新地理课程为载体，可感受地理知识产生的过程。

3. **在体验中学习，培养学生地理实践能力**

通过技术在课堂再现或重构真实情景，帮助学生了解地理概念和原理，运用概念和原理解决生活中的问题，让学生在实际情境中进行问题导向的体验式学习，从而提高学生的地理实践能力。

二、研究内容及过程

（一）研究内容

本课题拟引入大数据、人工智能等技术，引进高校科研资源，构建南山区初中地理体验式学习体系，在初中地理课堂教学实践、校本课程建设与实施、创新课程设计与实施三方面开展实践研究。

1. **初中地理体验式教学工具研究（重点）**

地理知识的学习就是在不断观察、体验和实践中进行感知。本课题将形成"基于大数据和人工智能的初中地理体验式学习圈"（图1），并将其作为初中地理体验式学习的方法论。

（1）具体情境体验：让学生借助信息技术手段，如VR虚拟地球等进行感知。

（2）观察反思：引导学生体验地理画面和场景，并从中总结地理知识和思维方法。

（3）抽象概念：引导学生将知识碎片加以梳理整合，形成合乎地理逻辑的概括。

（4）地理实践：通过开展相关的课堂活动或课外实践活动，解决问题，进行调整和改进。

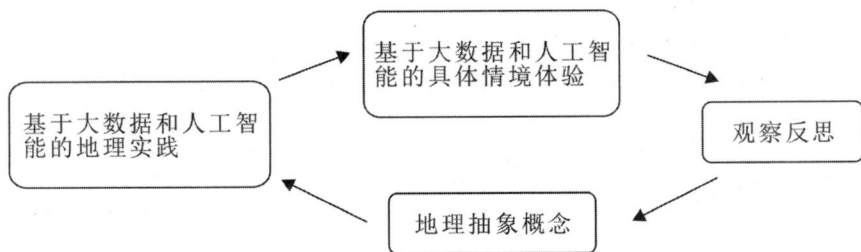

图1　基于大数据和人工智能的初中地理体验式学习圈

2. **基于大数据与人工智能技术的初中地理课程体系研究**

基于大数据与人工智能的体验式学习需要构建完整的学习体系，可以从国家课程校本化实施、校本课程建设与实施、创新实验课程构建与实施三个维度进行构建。

（1）国家课程校本化实施。

国家课程校本化实施中，应引入大数据研究和人工智能的研究手段和部分成果。表1是对国家《义务教育地理课程标准（2011年版）》中（七年级部分）适合借助信息技术开展体验式教学的课程进行梳理的结果。

表1　信息技术与体验式教学融合的国家课程条目

国家课程标准	学段	条目	具体体验
地图	七上	在地图上辨别方向，判读经度和纬度，量算距离	利用三维空间建模
		在等高线地形图上识别山峰、山脊、山谷，判读坡的陡缓，估算海拔与相对高度	
		在地形图上识别五种主要的地形类型	
		根据需要选择常用地图，查找所需要的地理信息，养成在日常生活中使用地图的习惯	
		列举电子地图、遥感图像等在生产、生活中应用的实例	
地球	七上	了解人类认识地球形状的过程	利用VR地球观察体验
		用简单的方法演示地球的自转和公转	
		在地球仪上确定某地点的经度和纬度	
海洋与陆地	七上	运用地图和数据，说出地球表面海、陆所占比例，描述海陆分布特点	
		举例说明地球表面海洋和陆地处在不断的运动和变化中	
		知道板块构造学说的基本观点，说出世界著名山系及火山、地震分布与板块运动的关系	

（2）"校园微气候"校本课程建设与实施（难点）。

①校园植物种类等基本信息识别。

利用手机微信小程序"识花君"对植物进行拍照，拍照后立即显示该植物的名称、种类、形态特征、生长习性、产地、主要用途、在校园中的分布等，记录在表2中。

表2　校园植物种类等基本信息记录

名称	种类	形态特征	生长习性	产地	主要用途	在校园中的分布

②数据采集与分析。

Ⅰ.采集不同植物相应范围内的微气候数据，教会学生运用编程软件对数据进行处理的基本方法，让其对采集数据进行处理。

Ⅱ.分析植物种类分布对校园气温（近地面）的影响。通过识别校园植物的种类，明确校园植物的分布情况，利用手机温度计App检测不同种类植物分布地区在不同时间的气温并进行记录（见表3）。

表3　不同植物分布地区气温记录

植物种类分布	时间			
	时段1的气温	时段2的气温	时段3的气温	时段4的气温
植物种类分布地区a				
植物种类分布地区b				
植物种类分布地区c				

Ⅲ.分析植物种类分布对校园湿度的影响。

Ⅳ.分析植物种类分布对校园风速的影响。

Ⅴ.分析植物种类分布对校园风力的影响。

③植物分布：通过遥感影像分析校园植物的分布特征。

④人工模拟校园最适宜微气候环境。

（3）创新实验室课程构建与实施。

与深圳大学"空间信息智能感知与服务深圳市重点实验室"合作，参与部分基础性研究（见表4），让初中生有机会接触地理科学发展研究的前沿技术，并能简单地运用研究。

表4　信息技术与国家课程标准培养目标融合的创新实验项目

实验室名称	学段	实验项目
VR实验室	七上	无人机遥感采集，空间数据处理，学校及周边3D模型构建
智能遥感实验室	七下	学校植物种类分布，校园微环境监测，人工智能环境监测

（二）研究思路

第一，本课题的方法论是"基于大数据和人工智能的初中地理体验式学习圈"；第二，引进高校资源融合大数据和人工智能技术及其提供的研究成果，开发适宜初中地理课堂教学的资源；第三，开发校园及周边环境的校本课程，让学生学会采集并使用数据；第四，利用VR实验室和智能遥感实验室开发大数据和人工智能技术融合的创新实验课程。研究思路及方法流程如图2所示。

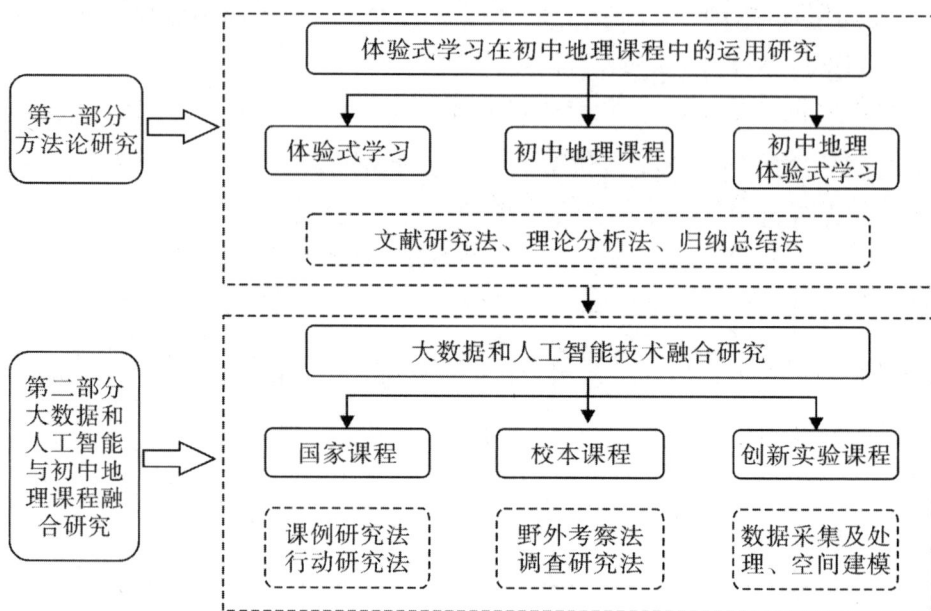

图2　研究思路及方法流程图

（三）研究方法

1. 文献研究法、理论分析法、归纳总结法

学习先进理论，将体验式学习方法与初中地理课程结合，建立初中地理体验式学习方法理论。

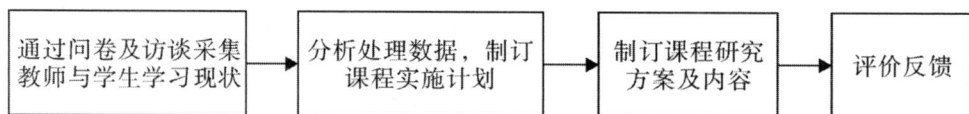

图3　研究方法流程图

2. 大数据和人工智能技术融合的野外考察法、调查研究法

野外考察和田野调查是自然地理和人文地理实践的重要内容，数据采集和处理技术可以提高野外考察信息收集整理的效率和正确率，而人工智能能提高信息采集处理和运用中数据的可视化水平，培养初中生地理学科学习兴趣。

例如：校园植物分布的调查，首先利用定位软件确定植物位置和海拔，识别并调查植物具体种类，测量温度、湿度等地理数据，然后利用软件进行统计分析，最后利用绘图软件绘制分布图等。

3. 大数据和人工智能技术及成果在课堂教学中的运用

（1）课例研究法。

把大数据和人工智能技术及其提供的成果与初中地理课程标准条目对应，形成课堂教学资源。根据主题和讨论的内容重新进行教学设计，总结确立课例。

（2）行动研究法。

解决大数据和人工智能技术融合后学习资源、学习环境中呈现的问题，并以解决问题为目的将问题发展成研究主题进行系统的研究，最终解决问题，并获得研究成果。

4. 个案研究法、经验总结法、实验法等

前期通过访谈法、问卷调查法等方式进行实践调研。中期完成课程系列的研究。后期对教师教学成果、学生学习成果进行对比研究、总结反思，形成研究成果。

（四）研究工具

国家课程校本化实施过程中，不仅要用到VR地球模拟体验以及计算机模拟实验，还需要进行三维建模。校园微气候项目式研究当中，不仅需要使用无人车、无人机等探测感知工具，还需要接受深圳大学遥感实验室团队的操作指导。在新冠疫情暴发后的空中课堂教学"雷神山、火神山医院为什么能很快建成"的项目式学习中，则需要进行调查问卷、黏土制作地理模型、Excel制图等工具的应用。

（五）研究团队构成

项目进行至今，外请专家8人，技术指导人员10人，校内参与人员15人，主要参与人员6人。参与人员由地理高级教师牵头指导，各成员具体学历与职称如表5所示。

表5　研究团队构成

成员姓名	单位	出生年月	学历	职称	擅长领域
高青	南山区教育科学研究中心	1972年3月	大学本科	中学高级	中学地理教育教学
汪玲	南山第二实验学校	1968年1月	大学本科	中学中级	中学地理教育教学
张露	南山前海学校	1990年9月	硕士研究生	中学二级	中学地理教育教学实践研究
谢胜楠	南山实验教育集团南海中学	1992年3月	大学本科	中学二级	中学地理教育教学实践研究
苏嘉亮	南山外国语集团滨海中学	1991年3月	大学本科	中学二级	中学地理教育教学实践研究
翟心心	华侨城中学	1986年8月	硕士研究生	中学一级	中学地理教育教学实践研究

（六）研究进度安排

本项目至今已对初中地理体验式学习圈进行了研究总结，并在相应的基地校进行了推广，抗击疫情期间空中课堂的项目式学习也形成了完善的学习方案与案例，但受疫情影响，校园微气候部分的学习内容还未进行，预计将在疫情渐趋缓和后再进行。

具体研究进度如表6所示。

表6 研究时间进度与成果

序号	研究阶段（起止时间）	阶段成果名称	成果形式	负责人
1	2019年1月至2019年4月	研究方案确立和人员配置	开题报告	高青
2	2019年4月至2019年11月	文献与数据分析	材料文本	张露
3	2019年12月至2021年4月	项目实践与行动研究	论文、报告、教学设计	高青、汪玲、翟心心、谢胜楠、苏嘉亮、张露
4	2020年4月至2020年5月	项目中期报告	材料文本	翟心心
3	2020年5月至2021年4月	项目实践与行动研究	论文、报告、教学设计	高青、汪玲、翟心心、谢胜楠、苏嘉亮、张露
5	2021年5月至2021年12月	项目结题	结题报告	汪玲

三、研究成果及结论

（一）研究成果

项目进行至今，已形成了完备的项目式学习方案1个，论文4篇、教学设计6个，教学课例实录4个，学生学习研究报告若干等。

（二）研究结论

现今国家、社会对于学生的地理素养的要求是多方面、全方位的，仅仅只靠书本上的知识不足以支撑学生的成长，而应进行跨学科的融合研究，利用新一代的地理信息技术，使学生可以在实际的情境中获取数据，获取地理感知，获取地理体验。本项目进行至今，给学生创设了很好的实际感知情境，通过与大数据、人工智能等技术手段的融合，使初中地理教育在思维创造、批判质疑、勇于探究实践等三方面有所突破。VR实验室和智能遥感实验室的运用，使学生乐学善学、勤于反思、信息意识等方面得到拓展，并让学生学会学习，实现终身学习。通过参与高校研究的基础阶段有助于学生形成社会责任感、国家认同感、国际理解等，积极参与社会活动；跨学科融合研究取得了很好的成果，并将在项目结束后在南山区甚至深圳市推广相应的研究成果。

（三）研究创新之处

1. 构建初中地理体验式学习圈

地理学的研究对象是地球表层，即地球陆海表面，由岩石圈、水圈、大气圈、生物圈和人类智慧圈等相互作用形成的自然–社会经济综合体。通过构建初中地理体验式学习圈，开展地理实践活动，在具体的情景中观察、体验和反思，以形成抽象的地理概念。

2. 促进大数据与人工智能技术在国家校本课程实施中的应用

将大数据与人工智能技术引进地理课堂，有利于帮助地理教师解读地理课标、进行教学设计和课堂实施，对学生活动进行设计、评价和反馈；有利于构建真实情境或模拟真实情境，使学生能在真实情境中发现问题、提出问题并解决问题。

3. 大数据与人工智能技术在校本课程评价和反馈中的开发与实施

在校本课程"校园微气候"的开发和实施过程中使用GIS软件、遥感图像软件、Keil工程等信息技术手段，帮助学生了解地理学科发展前沿，对培养学生信息技术应用能力和地理专业能力提出了要求，以进一步提升学生的实践能力、动手能力和创新能力。

四、研究总结及反思

（一）研究中获得的经验

本课题作为跨学科融合教学研究的一种尝试，是想改变现今南山区地理教师的教学方式，地理课标要求让学生学习身边的地理，学习对终身发展有用的地理，但是我们现在缺乏把地理知识延伸到生活中去的一种合理手段，而本课题研究的即是此种手段。本课题研究的目的是让课题组教师努力改变平时课堂中传统的教学方法和手段，以在生活中使用地理，用信息手段收集地理知识并总结出一定的规律及结论。无论是无人车、无人机、水下机器人等一系列地理感知设备的使用，还是在疫情网上教学期间产生的"雷神山、火神山医院为什么能很快建成"项目式教学研究，都是为了带动学生从身边获取地理信息和数据，且用合理恰当的手段进行数据处理，以解决身边的地理问题，从而提升教师教学能力，提高学校科研水平，并希望可以以点带面，推广到南山区的其他学校，改变教学生态。

（二）研究中遇到的困难及突破办法

研究过程中遇到的困难：课题研究设备的使用及数据分析软件的使用；课题研究内容在实际教学中体现及推广方式；学科融合研究的一些理论性问题、研究内容在跨学科融合过程中内容的框定等。突破的办法：请相关信息学科的专家来本校进行指导，进一步框定与细化研究内容，厘清跨学科实验与研究内容的关系，形成一些规律或流程，从而更好地进行学科教学的推广。

（三）后续研究方向

后续将研究如何进一步借助新一代信息技术，打破学生初中地理学习的壁垒，提升学生对地理学习的兴趣，实现融合发展。从学生的学习出发，倒逼创新实践活动的研究运用，通过剖析地理信息感知新装备和新技术的应用特征，探索新一代信息技术普及转化应用路径，并利用技术支撑，让学生走出课堂，走向社会，创造出新的学科形态。同时，适应现代信息技术的发展与应用，提升体验式学习效果，不断打造"行走 + 科创"的实践特色，推动跨学科融合和课程重构，联结学校与社会、中学与高校，实现技术融合、学科融合、课程融合、社会融合，拓宽中学地理课程实施途径。

（四）对后续研究与课题管理的意见与建议

跨学科研究需要协调的不仅是学科间知识，更是学科间概念、设备、平台，课程融合的生态构建是一项系统工程，建议区域教研部门要在顶层设计和搭建软硬件平台方面为学校和教师提供服务，推动VR、无人机、无人驾驶车、水下机器人等实验室硬件设施的建设，并引进高校科研团队组建教学队伍，创造有利于科创学习的大环境。

五、研究案例点评

该项目最大的特点是切合现今的学科发展趋势与学科人才培养方向，教会学生恰当的数据获取手段，从而获得第一手资料，提高学生数据获取、数据分析及数据处理能力，学科融合优势明显，且深刻改变了中学地理课程生态，构建了地理课程改革的新模式和新路径。项目式学习的发展和体验式课程体系的构建，既体现在课堂教学中，又体现在野外考察和创新实验室的构建与实施上。其实质是利用技术提高教师教学效果和学生学习效率，重构传统教学核心要素，实现课程生态个性重建。该项目现在已经在基地校进行实践操作，并将所得经验、课例等成果编制成指导手册，在南山区全范围内进行推广。

案例单位：深圳市南山区教育科学研究中心
负 责 人：高青
研究类型：专项课题

智慧教室环境下体验式交互学习的实践研究

一、研究背景、问题及目标

（一）研究背景

国家重视教育信息化的发展，发布了《国家中长期教育改革和发展规划纲要（2010—2020年）》。传统"PPT＋投影"模式单向呈现信息，忽视了知识的意义建构，忽略了学生的主体地位；传统学习交互方式单一，有效反馈不足，因此解决学习交互问题已迫在眉睫。2015年9月，以培养学习者应对现实情境中各种挑战能力为目标的"互联网＋教育"顺势而生，众多研究者基于翻转课堂、微课、慕课等探索新的教学模式，开始互联网与教育的深度融合，纵观这些模式，发现其中仍缺少对学习者将所学知识应用于不同情境解决现实问题的考量，以致学习者难以在真实情境中体验学习的连续性、知识的完整性。

随着移动技术飞速发展，移动终端逐渐普及，师生对移动技术的应用也逐渐得心应手。各类App的强大功能和内容资源给各个领域带来便利，为移动技术在教育中的应用打下基础，移动技术已然具备了应用于教学的条件，可为实施交互学习提供有效的保证。然而，传统课堂往往禁用这些与"学习无关"的设备。但与其禁用，不妨思考将其为学习所用，从提升学生实践能力的视角探索信息技术与课程融合的新思路，变这些"玩具"为辅助学习的"学具"。

（二）研究问题

智慧教室的一个显著特征是接受移动技术支持，移动技术在课堂教学中的应用研究很多，而移动技术在交互学习中的应用研究则相对较少。如：徐淑丽、陈丹敏等提出了移动技术支持下，利用手机、掌上电脑等设备，进行教学交互，但没有介绍在课堂中如何实现交互；焦建利、周晓清在《基于Pad的一对一数字化学习BA4C模型》一文中提出在布鲁姆教育目标分类法——Padagogy轮基础上，利用平板电脑构建数字化学习环境；施莉莉在移动技术环境下，利用相关软件构建基于移动白板的课堂教学模式；李华新提出以交互式移动学习平台辅助教师进行教学交互等，这些研究强调学习资源和学生之间的交互，但忽略了教师和学生之间的交互。

陈会元根据智慧教室学科教学现状的调查结果，建构了基于智慧教室的体验式学习模式，并依照体验发生的机制设计出具体的操作流程；唐湘宁、王静静先对智慧环境下体验式学习进行了特征分析，然后提出了智慧型体验式学习环境的创建策略。

可见，在基于移动技术的交互学习的研究中，以教师为中心的理念没有发生变化，教师讲学生听，学生被动学习的地位也没有发生根本改变；以网络课堂为主探究交互平台的构建和课堂交互环境的搭建，以及基于移动技术的及时反馈和师生交互都没有受到足够的重视。

因此，我们的研究问题是：

（1）智慧教室、体验式学习以及移动技术支持下的交互学习现状如何？

（2）如何构建基于智慧教室的体验式学习模式？

（3）如何将基于智慧教室的体验式学习模式运用到实践中？

（三）研究目标

本研究针对传统教学交互不足乃至缺失，甚至无法获得连贯而完整的学习体验等问题，拟从提升学生实践能力的视角，基于移动技术支持，借助移动智能设备和教育类交互软件，分别从课前、课中、课后构建 "连贯" 的体验式交互学习环境；通过模型建构、模拟情景再现、可视化等信息化方式，设计交互活动课程，优化学习资源；构建基于智慧教室的体验式交互学习模式，通过试点学科专题案例实践，优化学习方式，引导学生由浅层到深度进行"无缝学习"体验，通过深度培育，提高学习效率。

二、研究内容及过程

（一）研究内容

对照研究目标，本研究的具体研究内容是：

（1）通过对智慧教室、体验式学习以及移动技术支持下的交互学习的研究现状、基本理论以及相关研究进行分析，从理论层面论证本研究的必要性。

（2）以智慧教室环境为支撑，依托智慧教室理念以及体验式学习的相关理论，构建基于智慧教室的体验式交互学习模式。

（3）针对学科抽象概念、枯燥难懂的知识点，采用模型建构、模拟情景再现、可视化等方式，初选数学和历史作为试点学科，设计交互活动课程，为体验式交互学习提供配套资源。

主要观点为：

（1）"互联网＋教育"通过连接教育数据、学习过程、学习体验和参与主体，实现互联网与教育的深度融合，强调学习的连续性，满足 "互联网+教育" 的诉求——无缝学习。

（2）移动技术在教育领域的应用催生新的学习方式——移动学习，在无缝的移动学习环境中，碎片化和系统化学习两者相得益彰。

（3）通过信息化融合等技术手段，可将学科抽象概念、枯燥的知识点优化为学生乐于学习的体验素材，为其深度学习提供课程资源。

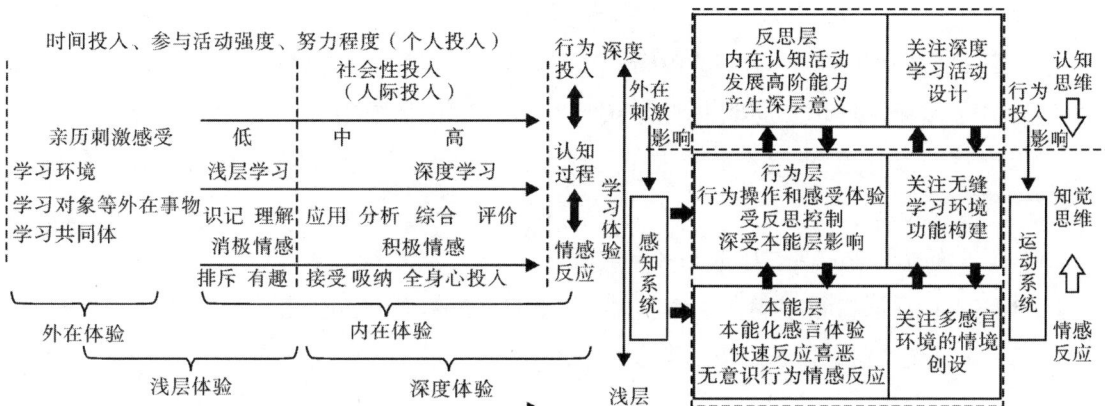

图1　技术路线图

（二）研究方法

本研究主要采用文献研究法、案例研究法和经验总结法。

1. 文献研究法

在中国知网检索相关文献，梳理智慧教室、体验式学习的研究现状与成果，了解移动技术在教育领域的应用发展情况，了解基于智慧教室的体验式交互学习研究的紧迫性、必要性，为后续的研究提供理论以及方法上的指导。

2. 案例研究法

基于移动技术支持，在体验式学习理论的指导下，构建基于智慧教室的体验式交互学习模式，在试点学科以专题的形式展开实践，评估并验证本研究的效果，同时为该模式的推广使用提供参考案例。

3. 经验总结法

收集研究过程数据，尤其是案例实践数据，整理归纳，科学分析，提炼成果。

（三）研究思路及过程

本课题研究周期为2年，分4个阶段。

1. 第一阶段（2018年1月至2018年3月）：准备阶段

（1）查阅文献了解智慧教室、体验式学习的研究现状，梳理移动技术在教育领域应用的发展情况。

（2）成立课题组，组织学习相关理论，制订课题研究方案，撰写开题报告，组织开题论证会。

2. 第二阶段（2018年3月至2018年8月）：预实施阶段

（1）了解当前智慧教室使用中的主要困惑，分析原因，提出、优化或完善策略。

（2）选定试点学科，借鉴已有研究的成功案例，构建基于智慧教室的体验式学习模式。

3. 第三阶段（2018年9月至2019年6月）：研究全面实施阶段

（1）完善交互环境，创设体验情境，结合专题内容展开案例教学。

（2）打造基于智慧教室的体验式学习精品课例。收集数据，组织研讨、分析，修正并完善模式。

4. 第四阶段（2020年7月至2020年12月）：总结提炼阶段

（1）在全面总结课题实验工作基础上，撰写课题研究结题报告、课题实验论文。

（2）召开结题报告会，展示课题研究成果。

三、研究成果及结论

（一）研究成果

1. 研究论文：《以思维导图实现初中信息技术复习课绩效改进的实践研究》

本论文以建构主义认知发展理论以及"绩效技术在运用中强调关注效果，对过程与结果进行评价"等基本原则为依据，在复习课中使用思维导图，以"教师展示思维导图进行知识梳理、学生制作思维导图以呈现自己对知识的理解及对知识规律的发现"的策略，提升复习备课的有效性，帮助教师建构复习知识网络、科学设计复习问题解决方案，起到"活化学生认识、深化学生学习效果、帮助学生构建个性化的知识网络、提升学生思维的条理性、优化学生学习方法"等作用，从而增强复习教学的效果。

本论文发表于由中华人民共和国教育部主管、教育部教育装备研究与发展中心主办的《教育与装备研究》2019年第6期。本论文使用思维导图的策略、实施方法，可操作性强，易于迁移、复制，适用于不同学校的信息技术复习课，推广性较强。

2. 研究论文：《利用常见设备构建高效智慧课堂——以初中生物为例》

本论文以初中生物学科为例，探讨如何利用常见工具设备构建高效智慧课堂，主要内容：社交软件助力智慧课堂；巧用常见软件，营造智慧教学环境；制作微课，促使学生成长为"智慧人"；借助"同屏器＋直播架"，打造实用智慧实验室。

本论文发表于《新教育》2019年第10期。

3. 开发校本资源

信息科姚嘉伦老师专门开展"如何录制微课"的专题讲座，指导老师们借助Camtasia Studio、超级捕快等软件和工具制作微课，便于师生在课前、课中、课后各环节进行学习。同时，由课题组牵头，各学科收集、整理课件、导学案、试卷等电子资源，由杭州施强教育科技有限公司提供技术支持，整合为校本的智慧资源。

（二）研究结论

通过借鉴黄荣怀提出的智慧教室"SMART"概念模型，从智慧目标、技术支持、教学过程、智慧评价等方面，探寻、整理智慧课堂教学模式的理论基础，为模式设计提供指导思想。在模式构成要点基础上，对智慧课堂教学模式进行设计，其中教学过程设计是核心要点，主要是线上学习资源和学习任务设计、课上面对面的教学互动交流设计。再由此提炼出基于智慧教室的体验式交互学习模式，设计出此模式的基本框架图，并进行模式的应用与效果分析、影响因素分析。

四、研究总结及反思

（一）研究创新之处

研究内容方面：构建课前、课中、课后"无缝"体验式交互学习环境，优化交互方式；融入信息化手段设计交互活动、深度融合课程。

研究领域方面：引入移动技术支持，探索基于智慧教室的体验式交互学习，提出体验式交互学习模式，并进行案例评估验证。

（二）研究不足与展望

学科资源不够完善，后续研究将以智慧课堂为技术依托，进行学习资源、学习任务的设计、课堂教学资源和教学活动的设计、学习数据收集分析，并逐步完善各学科的智慧资源建设。

五、研究案例点评

选题有价值，能紧跟时代要求、解决教学中实际问题；课题组准备充分，梳理、研读了大量的文献，研究思路清晰，团队分工合理，方法恰当。研究目标是"构建基于智慧教室的体验式交互学习模式"，具体到学科（历史和数学），并依课程标准考虑建模；利用行动研究法，以"计划—行动—观察—反思—修改计划—再行动—再观察—再反思"的模式进行研究，多轮修正、完善；用实验班作前后、横向对比，验证了研究效果。该课题从综合和学科两条主线入手，基于"问题解决"开展了研究，致力于提升学生实践能力，并将移动技术引入体验式学习中，依托移动技术推进信息技术与课程深度融合，为体验式学习提供了可供参考的方案和实践经验。

案例单位：广州市江南外国语学校

负　责　人：郑泽如

研究类型：专题研究

新课标背景下基于微型语料库的高中英语写作研究

一、研究背景、问题及目标

（一）研究背景

1. 新课标关于英语学科核心素养的培养要求

《普通高中英语课程标准（2017年版）》（新课标）明确指出：英语学科核心素养主要包括语言能力、文化意识、思维品质和学习能力。其中，在高中英语写作方面，语言能力目标指的是具有一定的语言意识和英语语感，在常见的具体语境中整合性地运用已有语言知识，能有效使用书面语表达意义和进行人际交流。

新课标对高中英语写作方面的学业质量设置了三个水平。

水平一：要求学生能以书面形式陈述事件、传递信息、表达观点和态度。具体要求学生能以书面形式简要描述自己和他人的经历，表达观点并举例说明；能介绍中外主要节日和中华优秀传统文化；书面表达中所用词汇和语法结构能够表达主要意思；能运用语篇的衔接手段建构书面语篇，表达意义，体现内容的逻辑关联性；能借助多模态语篇资源提高表达效果。

水平二：要求学生能以书面形式陈述事件、传递信息、再现真实或想象的经历、阐释观点和态度等。具体要求学生能在书面表达中有条理地描述自己或他人的经历，阐述观点，表达情感态度；能描述事件发生、发展的过程；能描述人或事物的特征，说明概念；能概述所读语篇的主要内容或续写语篇；能在表达过程中有目的地选择词汇和语法结构，确切表达意思，体现内容的逻辑关联性；能使用多模态语篇资源，达到特殊的表达效果。

水平三：要求学生能以书面形式陈述事件、传递信息、创造性再现经历，阐释观点和态度等。具体要求学生能通过书面方式再现想象的经历和事物，对事实、观点、经历进行评论；能根据需要创建不同形式的语篇；能使用衔接手段有效提高书面语篇的连贯性；能使用特殊词汇、语法创造性地表达意义。

2. 新高考的要求

新高考要求考生能以书面形式简要描述自己和他人的经历，或续写结尾，或表达观点并举例说明，介绍中外传统节日和中国传统文化；所用词汇和语法结构能够表达主要意思；能运用语篇的衔接手段建构书面语篇、表达意义，体现内容的逻辑关联性。

概要写作和读后续写是新高考英语科目中的新题型。对于这两种书面表达题型，学生都不熟悉。高考改革，势在必行，因此，本研究的开展很有必要。

3. 语料库运用于英语教学的优势及其研究现状

英语写作能力的提高有赖于学习者对写作话题所涉及的内容图式的深入了解，及对与之相匹配的语言图式的迅速激活。这两种知识技能的获得需要学习者对写作材料足够重视。何安平研究发现，利用语料库观察和分析语言信息能够吸引学习者的注意力，帮助学习者建构语言认知图式，还可以使传统教学模式发生转变（由以教师为中心转变为以学生为中心），提高学生的自主学习能力，激发学生好奇心，使其具备批判精神和反思精神。

现已有研究利用语料库分析学生作文中的错误；或者通过与本族语学习者语料库对比来了解母语写作能力对英语写作能力的影响，从而为写作教学提供建议和参考依据；利用语料库改进写作的评估模式。

（二）研究问题

（1）高中生英语写作文本有什么特征（含应用文、摘要写作和读后续写）？

（2）如何基于微型语料库开发高中生英语写作教学课例（含应用文、摘要写作和读后续写）？

（三）研究目标

（1）总体目标：完成本项目的研究报告、相关论文发表、相关专著出版。

（2）阶段性目标。

①2018年12月至2019年3月：完成相关文献研究、撰写开题报告；

②2019年4月至2019年7月：对学生写作文本进行研究（采用语料库工具），撰写并发表相关论文；

③2019年8月至2019年12月：出外学习调研、研发不同体裁语篇的概要写作课例、研发不同体裁语篇的读后续写课例、撰写并发表相关课例分析论文；

④2020年1月至2020年12月：撰写中期报告、结题报告、相关论文，整理与本项目有关的论文，出版专著。

二、研究内容及过程

（一）研究内容

为研究新课标背景下基于微型语料库的高中英语写作教学，本研究内容主要包含：

（1）高中生英语写作文本的特征（含应用文、摘要写作和读后续写）。

（2）基于微型语料库开发高中生英语写作教学课例（含应用文、摘要写作和读后续写）。

（二）研究过程

如图1所示，本课题研究计划分四个阶段进行。

第一阶段（2019年7月至2019年12月）：组织分工、相关文献研究、撰写开题报告；

第二阶段（2020年1月至2020年6月）：对学生写作文本（应用文写作文本）进行研究（采用语料库工具），开发课例，撰写并发表相关论文；

第三阶段（2020年7月至2020年12月）：研究摘要写作文本及研发不同体裁语篇（含记叙文、说明文和议论文）的概要写作课例；研究不同读后续写文本及研发课例（含新教材文学作品、有提示词高考真题和无提示词高考真题），撰写中期报告，撰写并发表相关课例分析论文；

第四阶段（2021年1月至2020年7月）：撰写结题报告、相关论文，整理与本项目有关的论文。

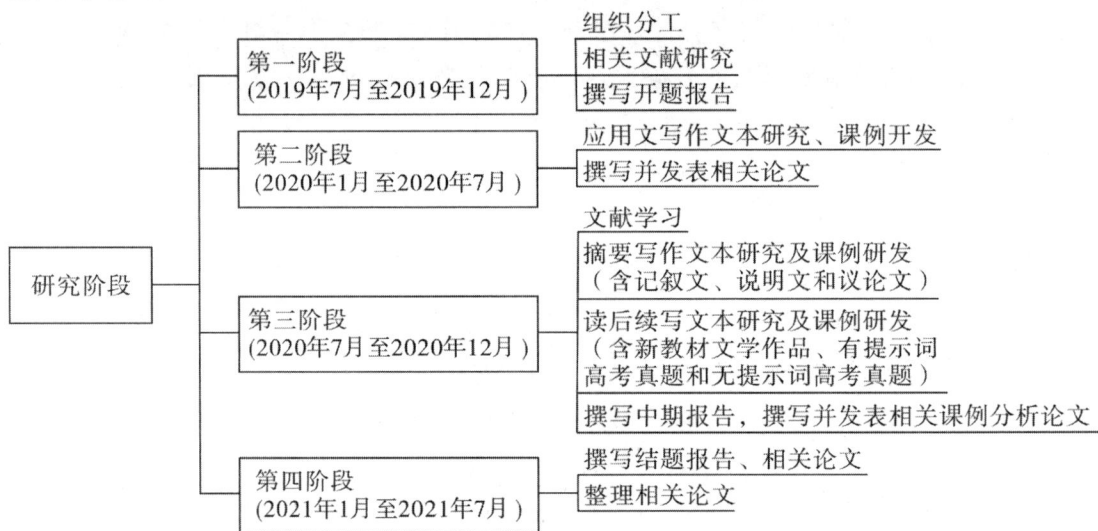

图1　研究阶段流程图

（三）研究方法

（1）文献研究法：利用图书馆和数字化期刊平台，对高中英语写作实证研究方面的文献资料进行梳理和分析，掌握最新研究进展并寻找研究的薄弱点；

（2）案例研究法：开发课堂教学案例并在课堂教学中实施，上专题研讨课；

（3）比较研究法：分析不同水平学生的写作文本，找出影响学生写作的因素，并提出切实可行的建议，以促使学生写作水平的提高。

（四）研究工具

本课题研究中用到的工具有语料库工具、图书馆和数字化期刊平台。

（五）研究团队构成

本课题研究团队构成如表1所示。

表1 本课题研究团队构成及分工一览表

姓名	学位/职称	单位	项目分工	研究领域
陈丽云	硕士/高级	佛山市第一中学	课题申报，开题报告、中期报告及结题报告的撰写，文献收集及整理，课例研发，论文撰写	语料库语言学、应用语言学
许静	硕士/中级	佛山市第一中学	（新教材文学作品读后续写）课例研发及相关论文撰写	应用语言学
陈镜辉	硕士/中级	佛山市第一中学	（无提示词高考真题读后续写）课例研发及相关论文撰写	应用语言学
杨姝	学士/中级	佛山市第一中学	（有提示词高考真题读后学写）课例研发及相关论文撰写	应用语言学
冯艳华	硕士/中级	佛山市第一中学	（说明文摘要写作）课例研发及相关论文撰写	应用语言学
陈丽娟	学士/中级	梅州市五华中学	（议论文摘要写作）课例研发及相关论文撰写	应用语言学

三、研究成果及结论

（一）研究成果

已经撰写好相关论文7篇，待发表。均为研究组成员陈丽云所写，论文名如下：

《高中英语写作评讲课模式新探索——以道歉信为例》《不同语言水平的高中生英语写作文本特征差异研究》《不同语言水平的高中生英语写作文本句子类型差异研究》《不同语言水平的高中生英语写作文本篇章组织结构差异研究》《高语言水平的高中生英语写作文本特征探究》《中语言水平的高中生英语写作文本特征探究》《低语言水平的高中生英语写作文本特征探究》。

（二）研究结论

应用文写作文本研究结论：学生的英语语言水平越高，其写作文本在篇章组织结构方面的表现为主题句的情况越凸显，结构越完整、规范，上下文衔接越合理、规范、连贯；在句子类型的运用方面表现为准确性和复杂性越高。本研究旨在为全面提高英语写作教学水平提供参考。

（三）研究创新之处（或突出特色之处）

本课题研究的主要创新之处在于：

（1）借助语料库的检索工具对学生的写作文本进行研究。

（2）系统研发易于操作的相关精品课例。

（3）收集、整理、汇编相关写作资源。

四、研究总结及反思

（1）对于在研究过程中遇到的困难，要主动联系高校专家，收集和整理在研究中出现的问题，邀请高校专家进行指导，多渠道查阅各类文献资料进行解决。

（2）将课题研究融合在日常工作过程中，就会更容易随时发现课题研究开展的机会。

（3）在课题研究过程中要常总结、反思，提炼可推广应用的理论。注意资料的收集和保存，善于用文字、图片、录像等手段记录课题研究过程。

五、研究案例点评

（1）课题基于新课标对英语核心素养的要求，梳理当前高中生英语写作文本特征，借助语料库的检索工具对高中生的写作文本进行研究并开发教学课例，包含应用文、摘要写作和读后续写三类写作类型，能为新课标背景下新高考英语写作教学提供一定的参考价值，具有可推广性。

（2）阶段性研究成果较为丰富，目前已撰写完成《高中英语写作评讲课模式新探索——以道歉信为例》等七篇论文。

（3）对于"如何基于微型语料库开发高中生英语写作教学课例（含应用文、摘要写作和读后续写）？"这一研究问题尚未提及，因此后续研究中，关于新高考写作题型（摘要写作和读后续写）的相关课例研发及论文撰写的进度要抓紧，要做好组员间的分工合作，有序推进研究进展。

案例单位：佛山市第一中学

研究类型：专项课题

第二部分 课程改革篇

ke cheng gai ge pian

"博爱教育"理念下的小学创客 3D 打印校本课程开发

一、研究背景、问题及目标

（一）研究背景

在大众创新万众创业、"互联网＋"潮流以及世界各国重视创客教育的影响下，我国各地开始如火如荼地开展创客教育研究。2014年，科技部将3D打印技术纳入国家863计划中，部分学校作为3D打印课程开展的试点学校，将3D打印引入教学中。在当今科技知识大发展，科学呈现高度综合化的趋势下，如何体现人的价值及培养人文情感逐渐成为学校重要的育人目标之一。而"博爱教育"重视学生的情感发展与个性化发展，有助于学生个体的全面发展，与此育人目标一致。对"博爱教育"理念下小学创客3D打印校本课程设计进行研究，具有重要意义。了解前人对"博爱教育"理念下小学创客3D打印校本课程设计的研究进程，可对接下来的研究方向起到指引作用。

狮山中心小学创客3D打印课程秉承STEAM教育理念，将科学、技术、工程、艺术、数学等多学科进行综合。在对课堂教学目标进行设置的同时，将教学目标与其所涉及的每门学科相对应，并从知识与能力、过程与方法、情感态度与价值观三个维度进行设置，使学生在习得知识、运用方法、参与过程、锻炼能力、养成态度等方面实现有机统一，以培养具有文化基础、自主学习能力、创新实践能力、社会参与能力的学生。以此为教学目标，有利于我们更好地贯彻核心素养理念进行跨学科融合教学。

（二）研究问题

（1）如何分析"博爱教育"在学校教育中的现状与3D打印技术在小学教学领域的主要开展形式及教学中存在的问题？

（2）如何探索与开发适合博爱教育理念下的小学创客3D打印校本课程教学模式和课程教材？

（3）如何在实践研究中探究小学创客3D打印校本课程的实施策略与教学策略？

（三）研究目标

本研究基于"博爱教育"理念的小学创客3D建模与打印校本教材设计，以弥补小学校本教材的不足，为培养小学生成为创新型综合人才打下基础。

基于核心素养的视角，以狮山中心小学为例，探索小学创客3D打印校本课程的课堂教学设计，期望为跨学科知识融合教学、助力学生创新创造能力的养成提供启示与借鉴。

二、研究内容及过程

（一）研究内容

（1）分析梳理当前"博爱教育"在学校教育中的现状与3D打印技术在小学教学领域的主要开展形式及教学中存在的问题。

（2）探索融合"博爱教育"理念的小学创客3D打印校本课程教学模式。

（3）开发"博爱教育"理念下的小学创客3D打印校本教材。

（4）在实践研究中探究小学创客3D打印校本课程的实施策略与教学策略。

（二）研究方法

1. 文献研究法

通过在中国知网搜索"博爱""3D打印"等关键字，共搜集到1篇国内文献。学者徐颖欣、少春霞和罗润英等将3D打印与本校特色相结合，对"博爱教育"理念下的3D打印校本课程进行阐述，并从课程目标、课程内容、教学活动等方面对所开发课程进行说明。

学者对建设博爱教育特色学校以及3D打印课程的研究关注较多，对"博爱教育"理念下的3D打印校本课程的研究较少。

2. 问卷调查法与访谈法

在小学阶段，学生处于身心发展的重要时期，3D打印创客教育改变传统教育方式，给学生创造一个开放、自主、创新实践的学习空间，有助于发展学生的创造力、培养学生良好的设计思维以及独立自主、解决问题的能力。为促使该3D打印校本教材最大限度地满足使用者的需求、促进学生发展，在设计本教材的内容框架前，特别通过调查问卷、访谈的方式对本校3D打印社团课的学生、教师，以及学校高层领导进行调查，以了解小学不同层面的人群对3D打印的需求，并在此基础上，展开"博爱教育"理念下小学创客3D打印校本课程设计研究。

3. 行动研究法

选取3～5年级部分班级和学生开展"博爱教育"理念下小学创客3D打印校本课程教学，并在每轮教学后进行调查研究。

（三）研究思路及过程

为了顺利开展"（博爱教育）理念下小学创客3D打印校本课程开发"课题研究的工作，使课题研究走向规范化、科学化，学校成立了实力强劲的课题研究小组，将本课题研究作为学校重点办学特色进行开展与推广。其中，学校校长亲自担任课题主持人，负责学校德育与教导工作的主任及各学科精英教师为组员，全体教师共同参与。

两年的课题研究中，课题组举行课题研究活动20多次，并积极参加教研活动与校外课题相关学习活动。课题组成员认真严谨地推进课题研究工作，在顺利开展的两轮3D打印校本课程行动研究中不断设计、实施、总结反思和改进完善课程内容与实施策略，踏实完成了以下工作：

（1）开展"博爱教育"理念下小学创客3D打印校本课程相关文献研究与需求分析，明晰"博爱教育"理念、3D打印、小学创客3D打印校本课程相关关键词的研究现状与需求现状。

（2）根据文献研究和课程实践反馈的问题设计"博爱教育"理念下小学创客3D打印校本课程内容，包括课程目标、课程教材、课程实施方案、课程评价等。

（3）选取3～5年级部分班级和学生开展"博爱教育"理念下小学创客3D打印校本课程教学，并在每轮教学后进行调查研究。

课题分为四个阶段进行，具体研究过程如表1所示。

表1 课题研究过程

研究阶段	时间	研究步骤与要点	主要负责教师	研究方法	研究成果
理论研究阶段	2017年9月至2018年4月	1. 对"博爱教育"理念下小学创客3D打印校本课程设计的进行需求分析与文献研究。 2. 整合文献研究成果，提出课程计划与实施研究的理论基础	钟智红、肖康	文献研究法、问卷调查法	文献研究需求分析报告
课程设计阶段	2017年9月至2017年12月	通过对文献的研究与课程实践反思，设计第一轮"博爱教育"理念下小学创客3D打印校本课程，包括：课程开展目标、课程内容、课程实施安排计划、课程资源等	钟绍坤、麦志球	问卷调查法、访谈法	"博爱教育"理念下小学创客3D打印校本三轮课程设计方案
	2018年7月至2018年8月	根据第一轮课程实施数据分析与结果反馈，完善并制订第二轮校本课程内容			
	2019年7月至2019年8月	根据第二轮课程实施数据分析与结果反馈，完善并制订第三轮校本课程内容，形成较为完善的课程体系			

（续表）

研究阶段	时间	研究步骤与要点	主要负责教师	研究方法	研究成果
课程实施阶段	2017年10月至2020年7月	1. 在本校开展"博爱教育"理念下小学创客3D打印校本课程。 2. 根据课程计划方案进行课程教学实践、反思与修正	徐颖欣、廖丹丹	行动研究法	"博爱教育"理念下小学创客3D打印校本课程过程资料与成果资料
课程反思与总结阶段	2020年5月至2020年8月	撰写研究论文和报告	钟绍坤	—	"博爱教育"理念下小学创客3D打印校本课程研究论文

为确保本课题的顺利开展，课题组主持人钟绍坤校长联合狮山镇团委与佛山广工大研究院三方共建多功能创客实验室，为本课题研究提供较好的课程开展环境。同时，本课题通过多方资金的申报，拥有较为充裕的资金支持，这有利于在每轮课程开展的过程中，学校联合课题组成员与佛山广工大研究院等校内外团队，在校内外开展多样化的创客活动，主要包括科技节活动之创客嘉年华、创客研学活动和创客家校大讲堂等，更好地在校内外推广本课题研究成果，让更多学生和家长了解创客3D打印及其相关知识。

三、研究成果及结论

（一）研究成果

1. "博爱教育"理念下小学创客3D打印校本课程教学模式

基本内容：本研究依据课程整合与STEAM教育理论设计"博爱教育"与跨学科知识融合的教学模式。课程教学活动主要采用CDIO工程教育法、小组合作探究学习法与示范教学法交替引导项目组学生在学习中，综合运用跨学科知识不断反思，发挥创意，合作完成创意性、文化性与实用性相结合的作品。课题组成员在"博爱教育"理念下实施小学创客3D打印校本课程教学模式的课堂教学中，整理教案设计、精彩案例等，进行活动总结，教学反思，并在《教育信息技术》上发表了1篇相关论文。

社会影响："博爱教育"理念下小学创客3D打印校本课程教学模式在实践中取得较好的成效，所教授的学生分别在国际、国家、省、市、区等各级创新、创客比赛中取得优异成绩，参与课程设计或实践的教师在教研中逐步提升自身的综合能力，成为将教、研、行相结合的教师，例如，2018年5月5日至7日，狮山中心小学作为南海区唯一一所代表佛山市的小学参展了由教育部基础教育司主办的第三届全国基础教育信息化应用展示交流活动，并且本校教师徐颖欣、邵春霞等参加的"石湾花瓶"课例说课获得了现场专家评委的高度评价。

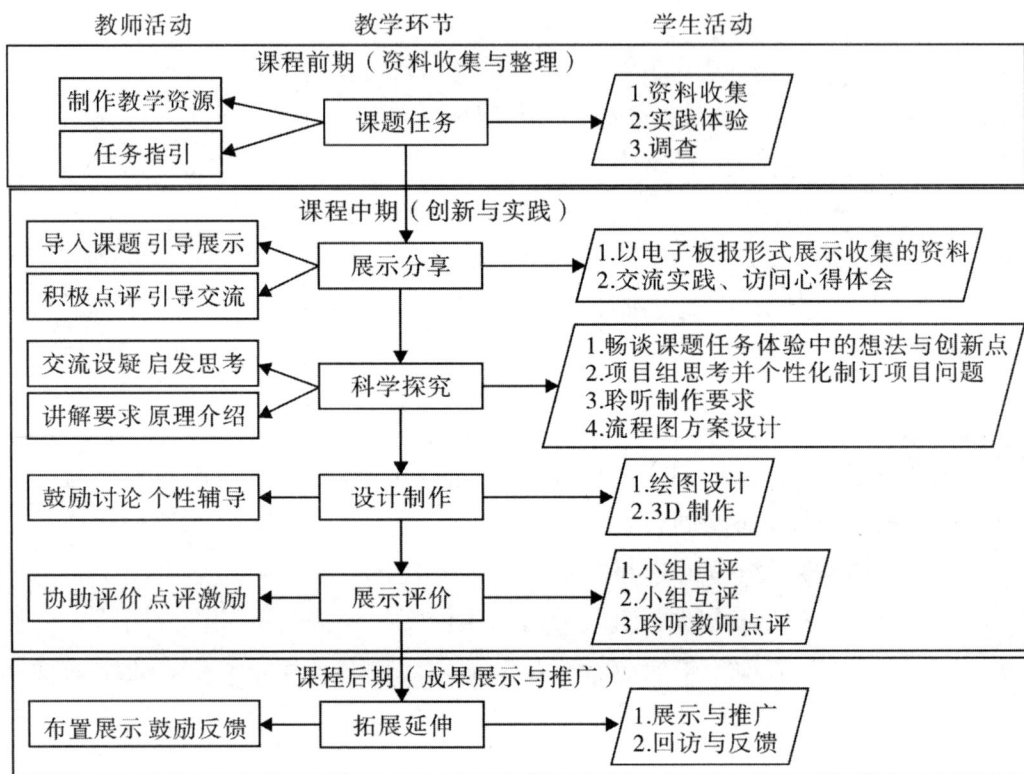

图1 研究过程

2. 博爱教育理念下小学创客3D打印校本教材

基本内容：《"智造佛山"3D打印校本教材》以佛山传统文化技艺与本土研学科学技术知识为背景，让学生在情境中思考问题，解决问题，并通过创新思维与项目合作，运用跨学科知识与3D打印技术重新设计具有传统文化的创新作品。本教材分为四个单元进行教学，如表2所示。

表2 《"智造佛山"3D打印校本教材》的内容

章节	内容
第一单元　初识3D打印	第一课　认识3D打印 第二课　制作个人名片 第三课　个性水杯设计 第四课　手机壳制作

（续表）

章节	内容
第二单元 博雅之文化传承	第一课 "智造佛山"之剪纸文化 第二课 "智造佛山"之彩灯文化 第三课 "智造佛山"之石湾陶瓷文化
第三单元 博学之环境保护	第一课 固废处理：垃圾桶设计 第二课 污水处理：浇花系统 第三课 空气净化：空气净化器
第四单元 博趣之科技之光	第一课 无人驾驶汽车 第二课 无人机 第三课 机器人
活动乐园	创意实践课：3D测量与创意实物制作

社会影响：通过对《"智造佛山"3D打印校本教材》的设计与教学实施，学校先后多次荣获区多项比赛的青少年科技活动先进单位称号、优秀组织奖。

（二）研究结论

本课程提高了学生的动手实践能力与创新能力，使学生学会如何进行3D打印创意设计；学会综合运用多学科知识和传统文化技艺创新性地解决生活中出现的问题。本研究把多学科知识重新整合融入实际生活问题的探究与实践中，将学校办学理念和优秀传统文化等加入教学实践，这是一种基于理论研究视角的新探索。《"智造佛山"3D打印校本教材》的建设打破了原有的学科理论体系，以实践操作技能为主体，整合多元知识，制作出了模块化、项目化教学教材。该教材不仅引导教师深入学习新技术，不断更新教育观念，提高教师自身的教学水平和技能水平，也为学生提供了高质量的课程和教学内容。让课程校本化，其最基本的出发点就是结合本校学生的实际，让本校学生具备问题解决能力、协作能力、理解运用能力和创新能力，为其未来成为创新型人才打下坚实基础。

四、研究总结及反思

（一）研究创新之处

人才培养的核心是课程建设，而教材建设是课程建设的主要内容之一，高质量的教材是培养合格人才的基本保证。为此，必须重视教材改革与建设，开发具有自身特色的教材，努力发展创客3D打印教学实践，在小学阶段培养具有综合知识、问题解决能力、合作意识的应用型、创新型未来人才。我校所秉持的"博爱教育"理念涵盖了"博学"（益智）、"博爱"（育立德）和"博雅"（敦行）三个方面。其中"博学"包括传统优秀文化的学习与传承、先进科学技术的掌握与应用。其理念需要与先进技术融合,而3D打印技术正好切合"博爱教育"理念建设要求,能为学校培养具有创新能力与关爱他人品质的学生。学校"博爱教育"理念下的3D打印校本教材就是围绕地方优秀文化(佛山优秀传统文化技艺和科技创新文化)与先进科学技术(3D打印),融合多学科知识(语文、信息技术、美术和科学等)开展的课程,以培养学生成为综合运用能力强、思想素质高的创新型社会主义接班人。

(二)研究不足与展望

研究不足如下:

(1)由于课题研究组成员都是教师,教学工作繁重,在课题两轮实施过程中课程开设的班级数量未能达到预期。

(2)校本课程设计缺乏系统性和理论性。学校校本课程教材开发人员都是本校一线教师,他们不仅没有深厚的多学科知识与课程教材开发的理论知识,也缺乏专家的切实指导。

(3)根据课程实践后的调查研究发现,学生在创客3D打印课程学习中仍未能很好地提高自身的小组合作能力,在教学过程中师生的交流效率有待提高,学生对于工程设计的流程设计意识有待提升,这都意味着本课题的教学模式与教学流程还存在缺陷,仍需要认真思考教学每一步骤应如何设置与如何提升负责创客3D打印课程教师的教学能力。

通过对课题的探索,现对该研究的展望如下:

(1)"实践是检验真理的标准",我们的日常教育教学就是一个实践、总结、改进、再实践的循序渐进的过程。将课题设计与实际教学相结合,将理论深入到每个创客教师的思想中,将行动贯穿到每一堂课的教学中。

(2)积极组织课题组成员认真总结前一阶段的工作,分析、交流和探讨课题实验工作中的成功与不足,为今后的课题实验探索积累经验。

(3)继续开展"博爱教育"理念下小学创客3D打印校本课程的推广活动,将课题实验研究朝纵深方向推进,改进"博爱教育"理念下小学创客3D打印校本课程的教学方法和策略。

五、研究案例点评

认真按照课题研究进度完成了课题研究的各项任务,在两轮课程实践行动研究中,发现了课题研究存在的问题,并不断改进这些问题。同时,在观察课程实施的过程,研究人员发现学生能够逐步脱离教师的提示与引导,在文化与科技的熏陶下,发挥自己的创意,主动学习新的知识与文化,主动提问发言,并且能更加自信、从容地与项目组成员合作、交流与展示自己的创意作品,并在各类市、区级3D打印竞赛中喜获佳绩。课程设计打破了固有的单一学科教学模式，以实践操作技能为主体，整合多元知识，制作模块化、项目化教学教材，并将学生的传统文化知识学习与动手实践活动相结合进行实践教学。

案例单位：佛山市南海区狮山镇狮山中心小学

负 责 人：钟绍坤

研究类型：专题研究

农村初中创客教育课程开发与应用研究

一、研究背景、问题及目标

（一）研究背景

"创客"缘起于美国，受到国家高度重视，并被作为推动教育改革和培养创新人才的新途径。在中国，各大城市成为创客教育的领跑者。通过建设创客空间、举办创客大赛和创客文化节、成立创客俱乐部、召开研讨会、组建联盟等活动，大大推动了创客教育在国内的发展。多所中小学也创设了创客空间，并开设了包括"多媒体编程""电子制作"等在内的系列课程。《中共中央国务院关于深化教育改革全面推进素质教育的决定》中明确指出：培养学生的创新精神和实践能力是素质教育的重点。李克强发出"大众创业、万众创新"的号召，使科技创新活动在全国各地如火如荼地开展，创新型人才备受关注。

学生创新精神和实践能力的培养是实现素质教育改革的突破口，是有效提高教育质量的重点和难点。农村初中创客教育课程的开发与应用丰富了教育资源、拓宽了教育活动的界域，为教育教学方式的创新，学生创新实践能力的培养和素质教育的改革提供了新途径。

（二）研究问题

（1）农村初中学校如何深入有效开展创客教育？

（2）如何根据学校自身特色开发创客教育课程？应该如何解决在创客教育课程中遇到的问题？

（3）如何培养学校自己的创客教师队伍？

（4）如何通过创客教育课程培养学生的创客精神、创客思维、创客实践动手能力？

（三）研究目标

研究编制符合农村初中教育教学情况，符合学生学习规律、认知规律的课程，开发一系列适合本地、具有本校特色又可以面向每一所农村初中的普及性课程。

二、研究内容及过程

（一）研究内容

（1）对创客教育兴起的社会文化背景进行挖掘、探讨，对相关理论进行检索和分析。

（2）组织教师学习课题研究的内容、任务和具体的操作研究步骤，结合专家的指导设计课程。

（3）应用研究活动，了解课程特征，建立符合本校的课程体系，通过各项活动交流平台及时参与各项活动评比，完善评价体系，以此推动课程的应用与发展。

（4）开展以探索式主题活动为主的创客课程，培养学习者的合作竞争能力。

（5）在创客教育中进行创客课程的校本教材研发。

研究内容如图1所示。

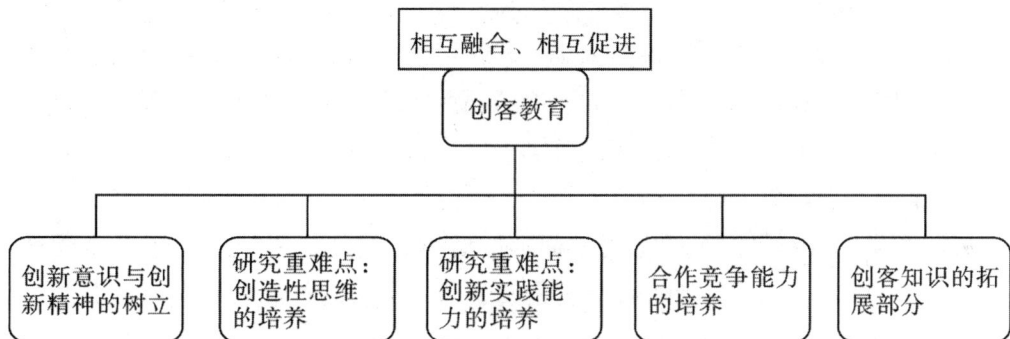

图1　研究内容

（二）研究对象及方法

以和顺一中初一年级创客活动社团学生为研究对象，采用行动研究法、调查研究法、案例研究法、经验总结法等进行研究。

（1）行动研究法：用行动研究法对初中课程进行探索、实践，经历调查—计划—行动—总结—反思五个阶段。

（2）调查研究法：以问卷、访谈的形式对参与的学生和未参与的学生进行调查。

（3）案例研究法：对创客教育对学生具体的认知、情感、意志等方面的作用进行分类和个案的研究。针对研究中比较有代表性的个案，进行个案调查研究，做到以点带面完善课程。

（4）经验总结法：在教学研究过程中，对师生用于学习活动的教材资料进行汇总分析，对活动过程进行观察、记录、调查、分析，摄制相关资料，及时总结、发现规律。

（三）研究思路及过程

1. 技术路线

技术路线：前期调研—课题论证—课题纲要—课题计划—实践课程—反馈调整—收集资料—总结分析—形成课程—形成报告—推广应用。

2. 实施步骤

第一阶段（2018年3月至2018年6月）：

（1）制订课题实施方案，邀请专家，召开课题开题论证会，听取专家和课题组教师对"初中课程开发与应用研究"方案的意见。

（2）开展课题研究，完善课题目标、内容、方法、模式及其评价相关研究工作。

第二阶段（2018年6月至2020年7月）：

（1）组织课题组教师，编订课程。

（2）推出课题相关论文、作品成果。

（3）参照《科技创新能力评价表》等法规政策文件，初步建立评价体系。

第三阶段（2020年7月至2020年12月）：

（1）推出经典课例。

（2）推出"初中课程开发与应用研究"等课题研究成果，为课题的结题和鉴定做好充分的准备。整理收集老师的论文案例及学生创造的作品及相关比赛获奖情况，并进行分析、总结。

（3）撰写课题研究结题报告，请专家及领导鉴定和评议。

研究过程如图2所示。

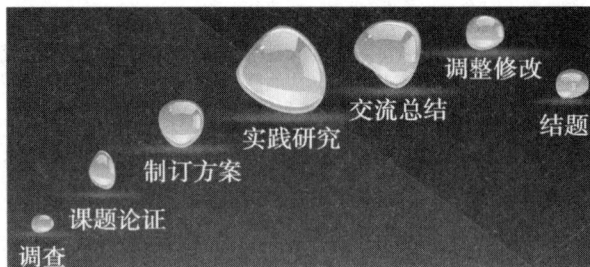

图2 研究过程

三、研究成果及结论

（一）研究成果

1. 教师论文

教师论文如表1所示。

表1 2018年本课题成员撰写教学论文情况

作者	论文题目	科目	获奖情况
郑梅莲	留一点空白，给学生一个空间	美术	区一等奖
黄锦波	创客浪潮下，传统初中物理教学该何从入手？	物理	区一等奖
何威海	从初中物理易错题看科学思维培养之"实事求是"篇	物理	区二等奖
廖俏玲	组建信息学竞赛团队的5P模型应用探讨	信息技术	镇一等奖
郑美霞	以乡土地理为载体实现生活化的地理教学	地理	区二等奖
李启辉	摸着石头过河——综合实践活动初探	化学	区三等奖
汤巨鹏	探讨综合实践活动课的有效性	综合实践	区三等奖

2. 教材开发

我们结合学校实际开设了凸显学校特色、发挥教师特长、促进学生个性发展的"创客课程"，形成了"以科技教育为主导，科学精神与人文素养并重的创新教育"的办学特色。科技教育建设上，学校以创新创客教育为抓手，以自编的校本教材为工具，培养学生的发散思维、聚合思维和动手操作能力；在人文素养建设上，学校以农耕文化教育教学为抓手，以"农耕文化"课程为重点，给远离农耕文明的学生提供了了解农业知识和实践的途径。由梁利享校长担纲，联合汤巨鹏等骨干教师新开发和编著了《智创思维突破》《智创农耕3D打印》《智创物理创新课堂》三本校本教材；编写了适合课堂操作的《智创能力训练学生手册》和《智创能力训练教师手册》《智创学生优秀科技创新创意集》等，进一步增强了校本课程的科技特色。

3. 学生获奖

我校学生参加各类别、各层级比赛的成绩喜人，其中获国际级奖项8人次，国家级奖项27人次，省级奖项19人次，市级奖项34人次，区级奖项57人次。在第14届"詹天佑杯"青少年科技创新大赛中，何树轩同学的"未来汽车"、李芊芊同学的"太空中转站"获奖。在第15届"詹天佑杯"青少年科技创新大赛中，何邦凯、刘硕洋同学的"一种汽车内酒驾的车体警报控制系统"、马永琰、谢楚豪等同学的"海绵城市、绿色校园——海绵城市的探究"、李芊芊同学的"仿真机器人部队"和"新型交通工具"、周乐同学的"花瓣椅子"获得一等奖。我校于2018年被南海区评为"詹天佑杯"青少年科技创新大赛优秀组织单位、被中国通信学会评为青少年人工智能编程挑战赛优秀参赛单位,于2019年获得广东省青少年儿童发明奖优秀组织奖。我校还于2018年、2019年成功举行了课程开放日和创客科技节。2019年我校被评为省级研学基地。

(二)研究结论

1. 创建并完善了我校创客教育环境与平台

智创梦工场是我校实施创客教育的着力点,经过多年努力,已取得了可喜的成绩:实现了我校创客教育"五个一"工程,即每周开设一门创客课程——"走进创新"、建设一个创客空间——"智创梦工场"、聘任一位创客指导师——吴庆元教授、每年组织一次创客教育活动——奇妙创意周、每生每年完成一个创客作品。创客先驱吴庆元教授对和顺一中的创客课程给予了高度的评价。开展课题以来我校创客硬件条件、师资队伍、课程建设方面都得到极大的发展与加强。

2. 促进了校领导、教师队伍创客教育教学观念的更新

在课题研究中,课题组成员克服了传统教学的不足,在教育观念上实现了转变:教学目标由以传授知识为中心,向以培养学生创新思维能力和实践动手能力为中心转变;教学活动的中心由以教师为中心向以学生为中心转变。学生的"学"、学生的创新和发展是师生教学活动的中心和最终目的。

3. 培养了一批创客教育核心教师

我校重视开展创客教育师资培训,在考核和评价体系上向创新型教师倾斜。比如我校在开展创客教育之初就聘请了刘亦菲教授和吴庆元教授等创新创客专家多次到我校开展讲座给学生上创新示范课,同时与科技教师进行交流并对他们开展培训,解决初期遇到的师资不足和缺乏经验等问题,从而为顺利独立开展创客教育创造一个良好的开端和打下坚实的基础。课题组成员每学期都参与国家、省、市、区、镇、校各级各项创客类的培训学习,学校还多次组织课题组成员到深圳创客教育品牌学校、创客教育机构进行参观学习培训。多渠道的提升途径,使我校的创客教师队伍快速成长。

4. 培养了学生的创客精神

学生是创新的主体,每个学生都有无限的创新潜能,创客教育为学生创新的萌芽和实践提供了一个可能实现的空间,为学生构建了从创新思维到创新设计再到完成创新成品的平台。在轻松、自由、民主的学习氛围中,创新被激活,创意被释放出来,使学生敢于大胆去设想和想象,敢于对同一事物产生质疑,敢于对同一问题提出新的见解,并努力去思索,寻找新的答案,从而使学生创新能力得到培养。

5. 基本构建了我校创客教育的教学方法与手段

创客教育课堂教学的方法与手段并非一成不变,而是可以根据具体情况和不同需要作出相应的调整。根据学习内容的不同,我们发现可以把课堂分成常用的三种方

式：①创新思维的培养与训练，代表的课程是"创新思维课堂""走进创新"；②实践动手型的培养，代表课程有"3D设计与打印""航模""丝网花"等；③问题探究型的培养，代表课程有"创新作品制作""趣味实验"等。

四、研究总结及反思

（一）研究创新之处

创客课程教材有自己的特色，在此基础上开设了一系列创客课程，使创客课程常态化。在开设过程中根据学生的学习兴趣和效果不断调整课程开展的内容和方式，使课程保持生命力和新鲜感。

我校近40亩的综合实践基地，设有种植区、养殖区、生态教育区、垂钓区等多个区域，给远离农耕文明的学生提供了了解农业知识和实践的场所。学校在实践基地上设置了除草、挖番薯、种瓜苗、插秧、割水稻等农耕体验活动；开设了农耕教育校本课程，每周开设一节农耕文化课，把我校科技教育与农耕教育相结合；通过《智创农耕3D打印》校本教材，将那些收集回来的即将消失的农具用3D打印机打印出来，并在农耕文化园展示。学校的农耕体验活动曾多次在里水新闻报和珠江时报刊登。接下来学校还会有更多计划安排，如新增无土栽培、建造玻璃温室、果树嫁接、药材栽培等。

（二）研究不足与展望

我校在农村初中创客课程开发与应用研究方面虽然取得了一定的成果，但仍存在一些问题：

（1）创客教师队伍有待发展；

（2）创客教育培养的途径和方式有待多样化；

（3）课程发展需要更加多元化；

（4）师生有待在创客教育中提升教育科研能力。

通过前期的实验开展情况，我们也发现了自己在开展实验中不足与短板，为此提出了下一阶段的研究计划：

（1）继续加强创客教育的制度建设；

（2）继续加强师资力量的培养；

（3）进一步优化创客教育资源；

（4）深化"走进创新"校本课程的探索和实践；

（5）优化综合实践活动，建立相对稳定的校外创客实践基地。

五、研究案例点评

（1）课题研究过程较扎实，组织管理工作科学、有效。课题组组织结构合理，工作分工和管理都比较科学。在课题组成员的共同努力下，在课题开展前期已有了较好的研究基础。

（2）课题研究方法得当，科学性、操作性强。课题以了解社会文化背景、学习课题研究、建立课程体系、开展创客课程、研发校本教材、推动课程发展为主要研究内容，采用行动研究法、调查研究法、案例研究法、经验总结法等方法，注重理论研究，立足课堂教学实践，做到理论与实践相结合。

（3）课题研究成果较丰富，对"农村初中创客教育课程开发与应用"具有实质性的指导意义。做到边进行实践研究，边总结研究成果。

为使此研究有序推进、走向完善，建议课题组加强课题理论学习，明确课题内涵，细化研究问题，继续提炼"农村初中创客教育课程开发与应用研究"课题的主要研究成果，从而增强课题的可操作性和辐射性。在后续研究过程中，还应认真完善创客教育的制度建设、优化创客教育资源、加强校本课程的探索、建立创客实践基地等。

案例单位：佛山市南海区里水镇和顺第一初级中学
负 责 人：廖俏玲
研究类型：专题研究

基于信息技术环境下青花传统文化课程的教与学研究

一、研究背景及目标

（一）研究背景

现今是全民运用信息技术的时代，现今社会是信息化的社会。信息技术手段走进课堂，有助于提升教学质量。信息技术手段辅助教学可以提升学生的学习兴趣，开阔学生视野，增加课堂的灵活性与趣味性。

青花传统文化课程归属于美术学科，旨在让学生了解中国艺术之瑰宝——青花瓷，进而熟知其发展脉络、纹样含义、纹样特点，最终达到提炼、创作的目的。在信息技术环境下进行美术学科的教与学，一方面教师可以利用更多的信息技术手段来丰富课堂教学，更高效地进行教学；另一方面学生可以在更广阔的平台上获取更多的知识，利用更多的方式、方法进行艺术创作，通过将传统艺术形式与现代技术手段融合，在艺术与技术层面实现传承与创新。

信息技术辅助教学逐渐代替传统的教学模式，使新课堂教学模式具有直观性、形象性、趣味性的特点，而这使课堂更加轻松愉快、更有利于促进学生思维能力的发展。它将抽象的知识具体化、形象化，让教学内容更加适合小学生的年龄特征，使学生更加积极主动地学习。

（二）研究问题

如何利用信息技术手段辅助青花传统文化课程的教与学？

（三）研究目标

首先，构建青花艺术信息化管理平台与青花艺术资源管理平台，为教师与学生提供优质而丰富的教与学资源。其次，利用新技术手段呈现青花艺术，在丰富理论知识的基础上进行艺术创作教学与实践。最后，提炼青花艺术教学模式。

二、研究内容及过程

（一）研究内容

1. 构建人人想学，处处能学，时时可学的学习资源平台

（1）建立青花艺术信息管理平台，收录与青花瓷起源、发展、壮大、纹样知识等相关的文字资料，丰富资料库建设。

（2）建立青花艺术资源管理平台，进行校本课程中微课程资源、录播课程资源、实操课程资源的建设。

（3）探索教师利用资源库进行青花艺术教学的方式、方法，丰富教学内容，提升教学层次。

2. 在新模式、新技术环境下提升学生的学习兴趣，优化学习模式及创作方法

（1）微课程辅助教学。微课引入教学既可以在有限的时间内传递更多的知识，也可以刺激学生的视觉与听觉，提升课堂的趣味性，促使学生更加积极主动地参与课堂学习。

（2）3D打印技术与三维动画制作辅助青花艺术呈现。

（3）评价体系。可以将学生的课堂作业、家庭作业即时上传到网络学习平台共享，学生之间可以互相评价，教师可以及时了解课堂目标是否达成。

3. 在教学实践中形成、提炼青花传统文化课程教学模式

主要研究内容如图1所示。

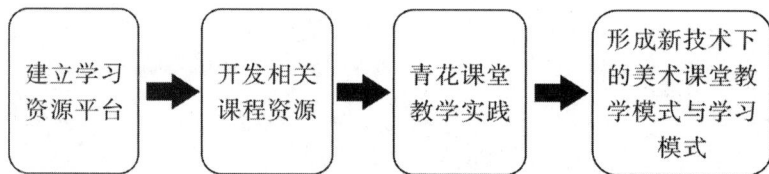

图1　主要研究内容

（二）研究思路

先通过对国内外课程融合文献资料的提炼和总结，整理相关理论资料作为理论依据。再在实践过程中运用青花课程资源进行教学，找到适合本课程教学的模式。

研究思路如图2所示。

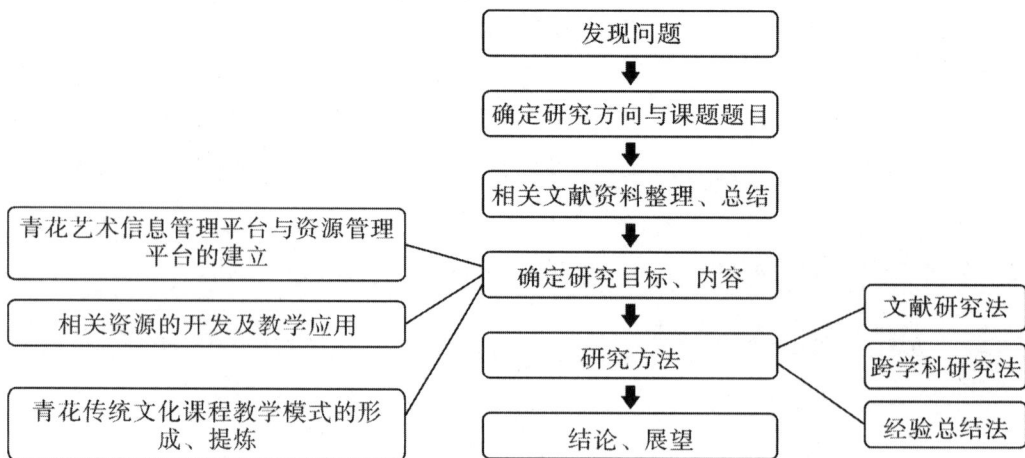

图2　研究思路

（三）研究方法

（1）文献研究法。通过对国内外信息技术辅助教学相关文献资料进行分析，为本课题研究提供理论依据。

（2）跨学科研究法。将美术学科与信息技术学科进行融合，并在不断的尝试中找到学科之间的共通之处进行融合、拓展。

（3）经验总结法。坚持理论与实践相结合，及时进行阶段小结，撰写阶段性经验，为青花传统文化课程教学指引方向。

（四）研究团队构成

课题组成员主要为南山区教育局美术教研员，桃源小学美术教师、信息技术教师、音乐教师等，其中硕士研究生2人、本科8人，具体人员构成与分工如表1所示。

表1　研究团队构成与分工

编号	姓名	学历	职称	单位	职务	分工
1	苏健敏	本科	高级	桃源小学	美术教师	负责课题的统筹，把控青花传统文化课程教学的多元素研究方向，指导一线教师进行青花传统文化课程教学和教研
2	张文	硕士	二级	桃源小学	美术教师	负责青花传统文化课程一线教学、校本课程编撰及课题相关文字内容撰写
3	凌少峰	本科	一级	桃源小学	信息中心主任	引进新的信息技术，构建青花艺术信息教育管理平台
4	高永胜	硕士	高级	南山区教育局	美术教研员	对参与青花传统文化课程的其他课题组成员进行培训与指导
5	张媛	本科	一级	桃源小学	音乐教师	青花传统文化课程与音乐课程进行整合应用
6	武纯	本科	高级	珠光小学	数学教师	课程与信息技术结合研发，分析新课程模式的利弊
7	许燕飞	本科	高级	桃源学校	语文教师	收集与课题相关的传统文化，以及青花特色宣传
8	张静	本科	二级	桃源小学	信息技术教师	负责汇报展示、PPT制作、新技术辅助教学
9	郑浩华	本科	二级	桃源小学	美术教师	拍照、录像、收集、整理课题资料
10	杨洋	本科	二级	西丽小学	美术教师	对青花课程进行整合应用

（五）研究进度安排

第一阶段：准备阶段。组织理论研究及课题会议，成立课题小组，制订研究方案，准备开题报告，申报立项，进行相关资料整理。

第二阶段：实施阶段。首先，建立青花艺术信息管理平台与青花艺术资源管理平台，不断完善平台资源，对平台资源进行应用，让资源走进课堂，以此辅助课堂教学以及学生自学，真正做到时时可学，处处能学。其次，将新技术模式引入课堂，提升学生的学习兴趣，更新创作模式。

第三阶段：总结阶段。汇总并整理相关研究资料，撰写研究报告，开设青花艺术展览，准备结题。

三、研究成果及结论

（一）研究成果

（1）青花项目被评选为南山区传统文化特色项目。

（2）"青花传统文化课程——百变蓝染"课例荣获南山区第三届百花奖课堂教学大赛特等奖（第一名）。

（3）编撰青花传统文化课程"青花绘画""青花泥塑""青花瓷简史"，被评选为南山区美术特色课程并投入使用。

（4）信息技术环境下青花艺术课程的教与学研究（苏健敏、张文）

（5）创建南山区美术特色工坊——青花艺术工坊。

（二）研究结论

通过研究发现基于信息技术环境下的青花传统文化课程具有如下优点：

（1）提升课堂学习效率。信息技术手段融入艺术课堂能够激发学生的学习兴趣，增加艺术学习的积极性与主动性，开阔视野。加强对学生视、听方面的刺激，促使学生去学习、尝试，以提升课堂的互动性。

（2）优化教学模式。平台资源可以更精准地定位输入与输出的相关信息，提高教学效率，激发学生积极探索的兴趣，丰富教学内容，凸显学生主导性地位。

（3）艺术表现形式更加多样化。三维动画、3D打印技术的引入，增加学习趣味性，艺术与技术的结合能够迸发更多让人意想不到的火花，丰富艺术表现形式。

（三）研究创新之处

传统的美术课堂是以绘画、手工、教师示范为课堂教学的主要形式，而本课题旨在研究将信息技术作为辅助手段应用于课堂教学，并以青花瓷为艺术媒介，信息技术手段为实现工具，构建艺术课堂教学的新模式与创作展示的新形式。

四、研究总结及反思

（一）研究中获得的经验

本校在信息技术与美术课程结合方面已取得了一定的成效，但是还想更进一步，就需要在前期开展的理论研究与实践研究的基础上，不断地更正、优化。

（1）避免重"技"轻"艺"的教学现象。美术课堂中将信息技术作为辅助教学的手段，旨在为美术课堂提供更多的可能性，但在实际教学过程中，容易忽略美术课堂的本质，使其成为教授技术的课程，而这需要在后续研究中不断地矫正方向。

（2）优化学生的思维模式。资源与信息平台的建立能够让学生在学习的过程中更加宏观地了解青花传统艺术课程的结构、内容，并逐渐在脑海中形成思维导图，优化学习与思维模式。

（二）研究中遇到的困难及突破办法

美术与信息技术的融合有待深入，研究过程中缺乏相关专家的指导。

（三）后续研究方向

首先，对教学模式进行更精准的提炼，寻找更适合学生与融合课程的教学方法。其次，为学生学习青花传统文化课程提供更加丰富的资源，完善青花艺术信息管理平台。

五、研究案例点评

该案例是青花传统文化在现代社会中的延续和发展，将信息技术融入其中，即将现代科技元素与艺术元素相结合，以青花为媒介、信息技术为手段，打造新的课堂教学模式。区别于传统的美术课堂教学，新课堂教学模式更能激发学生对于陌生领域知识的兴趣，提升学习效率，创新表达方式。该案例值得在小学阶段的美术教学中推广，由于美术学科区别于语文、数学、英语学科，受外因影响较大，且年级越高，开展难度越大，因此要根据不同的学情进行教学方法、教学内容的创新，创造出适合当下美术课堂所需要的教学模式。

案例单位：深圳市南山区桃源小学

负 责 人：苏健敏

研究类型：专项课题

STEAM 教育理念下初中机器人校本课程开发与应用研究

一、研究背景、问题及目标

（一）研究背景

随着信息化时代的快速发展，经济全球化趋势日益凸显，创新浪潮全球涌动。很多国家都在积极推进教育体制改革，以期提升国民的文化水平和创新能力，进而培养更多适应社会发展的创新型人才。2011年中国颁布《国家中长期科技人才发展规划（2010—2020年）》，强调科技创新人才的重要性。2017年《国务院关于印发新一代人工智能发展规划的通知》提出在中小学设置人工智能相关课程，加快推动人才培养模式的变革。而创新能力的培养也应从基础教育开始。STEAM教育的优势就在于，让个体在科学、技术、工程、艺术、数学领域及其交叉领域具备运用关于世界运行方式相关知识的能力。STEAM教育着眼于复合型创新实践人才的培养。而机器人教学是一门涉及运动学和动力学、系统结构、传感技术、控制技术等多领域的交叉学科，能帮助学生整合科学、技术、数学等领域的知识，以工程标准化思想进行综合实践，是培养学生创新实践能力的重要途径，与STEAM教育理念有高度契合性。现阶段机器人教学过于强调学科本位知识与技术，如避障、循迹等，并且教学主要以兴趣班或竞赛形式开展，受益面窄，不利于学生创新能力、问题解决能力的培养和全体学生的全面发展。

在此背景下，本课题探究STEAM教育理念下初中机器人课程的开发与应用，并以校本课程的形式开展机器人教育，以期形成学校机器人教育特色。本课程先通过编写教材，在全体学生中普及机器人教育，以培养学生的创新能力、问题解决能力等综合素质。继而在更大范围内推广机器人校本教材，以更好地普及机器人教育，培养学生的综合创新能力和实践能力。

（二）研究问题

（1）STEAM教育理念下初中机器人校本课程的开发模式是什么？

（2）STEAM教育理念下如何有效地进行初中机器人校本课程的开发？

（3）开发的校本课程应用效果如何？

（三）研究目标

本课题的主要研究目标是探究STEAM教育理念下初中机器人校本课程的开发模式，开发具有时代特色、学校特点的STEAM教育理念下初中机器人校本课程，实施校本课程并进行效果分析，不断修改完善，最终形成典型的、具有示范性的校本教材，进行推广与应用。

二、研究内容及过程

（一）研究内容

课题主要研究内容包括四个方面，如图1所示。

（1）阅读国内外相关文献，并对其内容进行分析，结合STEAM教育理念及本校的办学宗旨、硬件条件等因素，探究STEAM教育理念下初中机器人校本课程开发模式。

（2）通过校本课程开发的需求分析、学习者分析，确定STEAM教育理念下初中机器人校本课程的总体目标和具体内容，并组织课题组教师进行STEAM教育理念下初中机器人校本课程的开发，这是研究的重点。

（3）课题组教师在考虑课程内容、课堂环境、教学设备、学生能力等因素的基础上，将开发的STEAM教育理念下初中机器人校本课程在真实教学环境下进行教学实施，总结教学实施的效果，这是研究的难点。

（4）本课题使用形成性评价、总结性评价和主观评价相结合的模式设计STEAM教育理念下初中机器人校本课程的评价体系。评价将贯穿校本课程实施的整个过程。

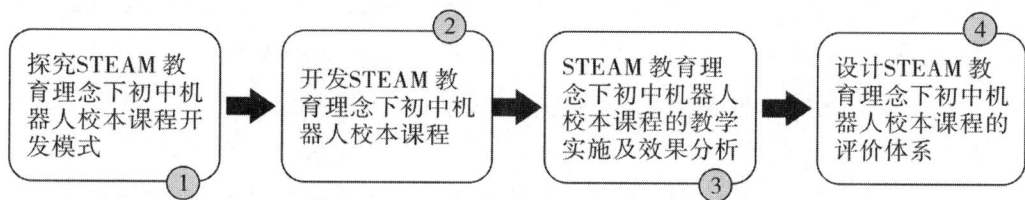

图1　主要研究内容

（二）研究思路及过程

1. 研究准备

通过文献研究、理论研究等方法厘清课题的相关概念、研究现状，形成文献综述，通过问卷调查等方法，初步确定STEAM教育理念下初中机器人校本课程开发模式。

2. 研究实施

（1）由课题主持人引领，组织课题组成员探索STEAM教育理念下初中机器人校本课程的教学内容、教学策略等，并进行校本课程的开发，编写教程，进行教学设计，整合教学资源等。

（2）课题组成员在教学实践中利用前一阶段开发的校本课程深入课堂进行教学，研究应用效果，提出改进策略，并在不断优化迭代中完善校本课程。

3. 研究总结

（1）完成研究论文和研究报告的撰写，进一步应用研究结果对本课题进行规划、组织与管理，并辐射其他兄弟学校进行教材运用。

（2）总结出版校本课程研究成果。

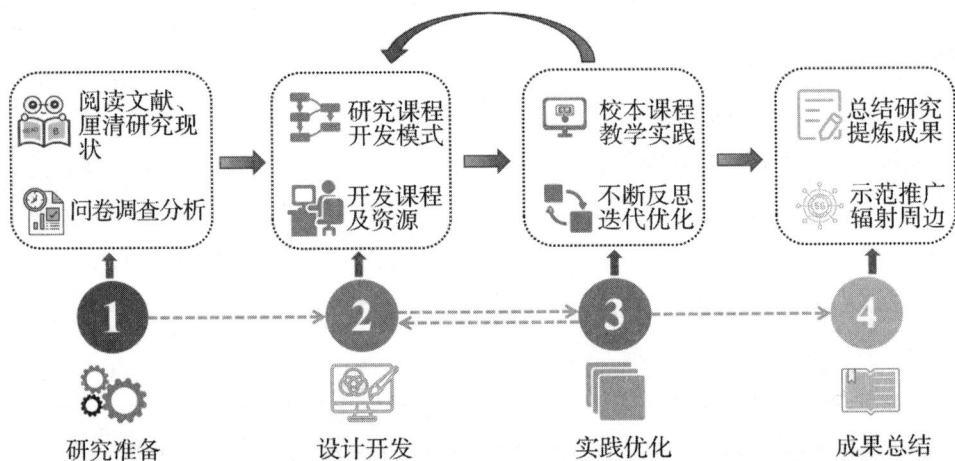

图2 具体研究过程

（三）研究方法

（1）文献研究法：通过阅读整理国内外相关文献，并对其进行内容分析，厘清课题的研究现状，为后续研究提供支持。

（2）调查研究法：调查学生、业内同行对机器人课程内容设置的意见及建议，为后续研究提供实践依据。

（3）行动研究法：确定STEAM教育理念下初中机器人校本课程的开发策略，在行动研究中发现问题，改进校本课程设置及内容。

（4）经验总结法：及时整理、总结实践过程，不断完善研究并提炼成果，形成典型的、具有示范性的校本教材，并进行推广应用。

（四）研究团队构成

研究团队构成如表1所示。

表1 研究团队构成

姓名	角色	学历	职称
蔡丽萍	组长	硕士研究生	中学一级教师
张梦叶	组员	本科	中学二级教师
刘送娥	组员	硕士研究生	中学二级教师
钟福山	组员	本科	中学二级教师
邹方清	组员	硕士研究生	中学一级教师
赖威强	组员	本科	中学一级教师
黄海伦	组员	本科	技术员
林永珍	组员	本科	中学高级教师
林露珣	组员	本科	中学二级教师

三、研究成果及结论

（一）研究成果

课题组进行了一些较为成功的研究实践，并形成了阶段性研究成果，主要包括：

（1）《STEAM教育理念下初中机器人校本课程开发模式探究》（论文）。

（2）积累了校本课程案例及资源125个。

（二）研究创新之处

以往的课题大多以机器人学科本位知识和技术为重点进行课程开发，过于强调学科知识，忽视了机器人所涉及的其他学科的内容，而机器人教学内容多以竞赛项目为主，不利于学生综合素质的培养。本课题的创新之处在于，在STEAM教育理念指导下，以Makeblock教育机器人为平台，以项目教学为方法，进行机器人跨学科整合的课程开发，促使学生整合科学、技术、艺术、数学等领域的知识，以工程标准化思想进行综合实践，从而具备创新能力及综合实践能力。

四、研究总结及反思

通过本课题研究，课题组成员对STEAM教育理念、融合STEAM教育理念的项目式学习、机器人教育都有了更深刻的认识。在研究过程中，通过对文献研读、调查、研讨等方面工作的有效整合，探索反思，逐步探究出STEAM教育理念下初中机器人校本课程开发模式，之后将进一步加快研究进程，初步开发出STEAM教育理念下初中机器人校本课程。

在研究过程中也出现了一些不足，如对研究的过程性资料的整理和保存还很欠缺。在研究过程中大多数老师没有注意到及时总结和反思的重要性，以致总结不够及时，资料保存不够完整。因此，接下来要提醒课题组成员及时保存、整理课题研究的过程性材料，如教学实录、原创学案、获奖证书等。

五、研究案例点评

（1）课题选题具有研究价值和研究意义。课题的主导思想及其研究内容具有一定的前瞻性及推广意义。课题组在立项后做了大量的工作，把握国家教育规划精神和学校教育发展方向，抓住当前的时代热点，以校本课程开发为切入点来进行研究，立足STEAM教育理念及学校科技教育特色，有较好的理论意义和实践意义。

（2）课题研究过程较扎实，组织管理工作科学、有效。课题组组织结构合理，分工和管理比较科学。在课题组成员的共同努力下，课题前期研究工作得到认真落实。

（3）课题研究方法得当，科学性、操作性强。采用文献研究法、调查研究法、行动研究法等方法，注重理论研究，立足课堂教学实践，做到理论与实践相结合。

目前课题研究进度较缓慢，需按照研究安排加快进度，同时要做好过程性资料的收集和整理。而且课题阶段性研究成果略显单薄，要更加注重成果的提炼。

案例单位：华南师范大学附属惠阳学校

研究类型：教学资源

第三部分 教育改革篇

jiao yu gai ge pian

基于微信公众号的校园移动办公系统的开发与应用

一、研究背景、问题及目标

（一）研究背景

随着移动通信技术高速发展，最早的第一代网络1G已发展到现在的第四代网络4G，连5G技术也在逐渐普及。由最早仅支持语音的1G，到现在的高速移动互联网，移动互联网的高速发展为移动办公提供了速度保障。智能手机的普及，使人们越来越熟悉触控式互动，也使移动办公的发展有了硬件保障。随着移动互联网高速发展及智能手机的普及，国内的App如雨后春笋般涌现，其中，腾讯开发的微信是国内使用率较高的一款即时通信App，它已逐渐融入人们的日常生活中，成为人们日常生活的一部分。与此同时，学校微信群、微信公众号亦伴随微信的发展而成长起来，其中学校微信公众号已成长为学校媒体的新力量。

（二）研究问题

经过走访调查我市多所中小学发现，大部分学校的办公模式还停留在PC办公模式上，主要通过QQ群、微信群或微课掌上通发布或推送任务通知，然后把文件传送到FTP服务器或共享文件夹中。但随着大数据时代的到来，每日数据处理量的增多，使这种办公瓶颈逐渐凸显出来。

第一，办公的时效性与实效性差。学校需要发布的任务与通知，都往群里发；需要编辑的文件，都往共享文件夹里传；需要反馈的结果，都在群里接龙。结果导致一个接着一个的任务与通知被刷屏而沉下去，于是老师们要浪费大量的时间来理清今天的任务与通知。此外，上传到共享文件夹的文件也容易被人加锁，导致他人无法编辑。因受局域网共享文件的限制，老师们无法随时随地处理工作，这严重影响办公的时效性与实效性。

第二，工作机械重复，办公智能化低，浪费大量的人力资源。各部门下周的工作安排通过QQ群上报学校负责人，再由学校负责人收集并归类汇总，这会导致工作重复，人力资源的极大浪费。

第三，办公无纸化程度不高。学校的很多工作还是靠纸质完成，比如常规记录、素质报告书、新生学籍表、每周工作安排、给家长的一封信、校长意见箱等，基本还是依靠纸质来完成。

第四，使用成本高，推广难度大。学校另外引进或开发App的成本高，且都需要经过上级备案审查才能在学校中使用。而不常用的App则难以在家长中推广。

（三）研究目标

解决现阶段PC办公模式中遇到的瓶颈问题，提高学校各部门的协调度及管理力度，提高学校办公效率，加强家校互动，增强学校服务意识，发挥学校品牌口碑效应，通过微信公众号的二次开发编写多个在省、市乃至全国都独具特色的功能模块。

二、研究内容及过程

（一）研究内容

（1）教师办公体系。在微信公众号建设一个方便学校管理、跟踪、落实且能把教师在日常工作中机械的、烦琐的内容化繁就简的高效办公体系。教师办公体系研究的主要内容包括个人中心、工作提醒、任务发布与推送、常规登记、微信箱、校运会专栏、辅助工具。具体如图1所示。

图1　教师办公体系

（2）家长服务体系。在微信公众号建设一个家长服务栏，开设优质服务内容，如"成绩查询""校长微信箱""少年宫在线报名""表单任务"等，让家长有问题可查，有意见可投，有名可报，办事上公众号，全方位服务家长，不用大事小事都往学校跑，有效提升家长服务质量。

家长服务体系研究主要内容如图2所示。

图2　家长服务体系研究

（二）研究思路

课题研究思路如图3所示。

（1）办公现状分析，制订研究方案。通过办公现状分析，制订一套符合学校特点的、可行的、行之有效的方案，列出课题研究所需的硬件设备采购清单。

（2）需求分析。先通过问卷调查收集教师、家长需求信息，再上报学校领导，听取学校领导意见，最后撰写需求报告书。

（3）搭建服务器环境，根据用户需求，着手设计各功能模块。

（4）在校内平台试用，并制作平台使用教程，校内开展教程培训。

（5）通过自制表单收集用户反馈信息，通过微信公众号用户统计及站长工具（CNZZ数据专家统计）分析用户关注度，对收集的数据进行分析，调整与修改模块功能，继续完善平台功能。

（6）通过总结之前实践活动经验，撰写课题研究报告，并应用、展示及推广课题成果。

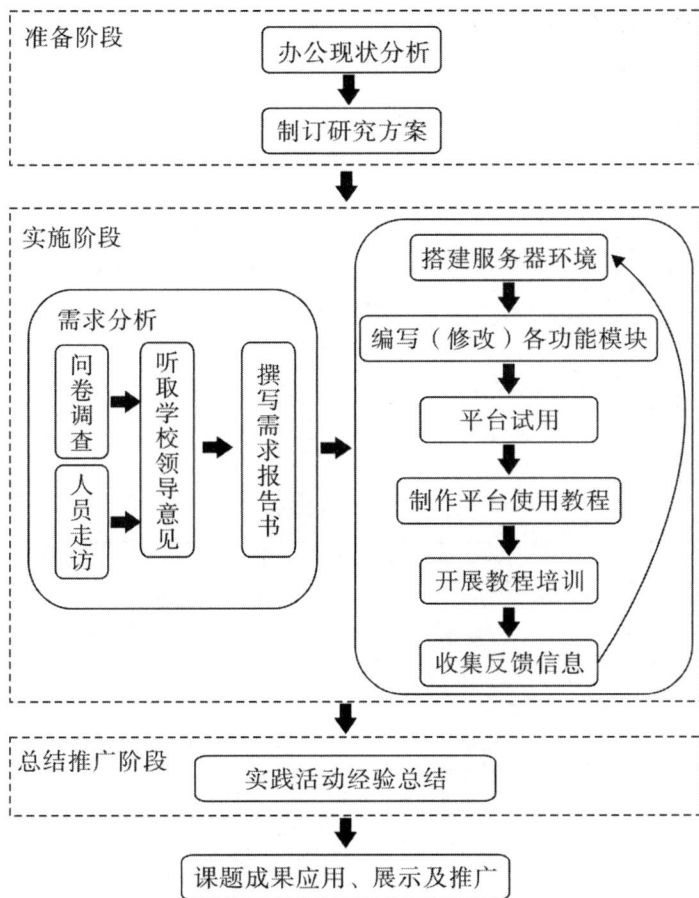

图3 研究思路

（三）研究方法

（1）文献研究法。在学习平台的开发阶段，组织课题组成员通过阅读文献书籍、搜集网络资源等方式进行学习引领，为平台研究提供可借鉴的理论依据和操作策略。

（2）问卷调查法。在学习平台的开发设计及实施阶段，通过微信公众号推送自制的问卷调查来收集教师、家长等用户的需求，随时对平台模块的内容和设计进行修改与调整。

（3）对比法。通过对比其他移动办公App的优缺点，为后期开发特色、创新办公系统提供新思路。比如万朋教育科技股份有限公司开发的微课掌上通、冉星信息科技开发的问卷星，我们可以借鉴其较好的设计思路，将各功能模块化，账号统一化，但也要注意吸取其不成功的教训。我们课题组将通过微信ID与学生信息一键绑定，简化注册与绑定流程；数据录入能点选的就不要求老师键盘输入，能复制修改录入的就不要求老师点选输入，能批量导入的就不要求老师逐条输入。再比如问卷星表单功能虽很强大，但在学校使用中也有缺点，如无法控制特定对象填写表单，无法跟进哪些人员没完成任务。好的地方值得我们课题组成员借鉴学习，不足的地方也需要我们加以改进，从而让系统能切切实实简化工作，提高工作效率。

（4）行动研究法。在研究实施过程中，所有课题组成员分工合作，共同参与到实施方案制订、服务器架设、系统模块的开发、UI设计中来，从中发现问题并解决问题。

（5）经验总结法。研究过程中，鼓励教师使用微信移动办公平台收集反馈表，从表中总结经验，不断验证、提炼，形成成果。

（四）研究团队

研究团队如表1所示。

表1　课题研究团队

姓名	人员类型	学历	职称
李小平	主持人	本科	中级
杨君	成员	本科	副高
陈列鑫	成员	本科	副高
景丽英	成员	本科	副高
王晓娜	成员	本科	副高
潘图瑞	成员	大专	中级

三、研究成果及结论

（一）研究成果

（1）实施方案。

（2）需求分析书。

（3）微信公众号框架设计方案。

（4）论文发表。

（5）平台使用教程。

（二）研究结论

经过专家的指导，在学校领导关心和支持下，本课题研究有序开展，达到了预期目标，取得了一定成果，现得出如下结论。

在当今大数据时代，基于微信公众号环境下的校园移动办公系统能解决传统PC办公模式下的办公瓶颈问题，实实在在减轻老师办公负担，大大降低学校纸质使用率，加快办公速度，提高办公效率，加强家校互动，增强学校服务意识，发挥学校品牌口碑效应。另外，学校微信公众号深受老师、家长的喜爱，特别是在2020年疫情期间，展示了它独特的作用，在某些功能特色方面，甚至比问卷星、腾讯在线文档、金山在线文档优越。

（三）研究创新之处

（1）国内中学在微信公众号上开发办公平台的研究几乎空白。通过中国知网查到，在学校中使用移动办公系统的研究很少，基于微信公众号的移动办公研究更少，大部分主要是基于微信公众号的学科教学研究。

（2）在微信公众号框架上，利用微信公众号接口功能，开发移动办公平台，用户无须另外安装App，这大大减少开发成本、通信成本、推广成本，促进学校办公无纸化。

（3）学校业务可以实现定时、定对象、定区域，通知可以实现单推、多推、群推、混合推、条件筛选对象推。这两项功能，在2020年疫情期，尽显它的独特魅力。

（4）本课题从实施到平台开发，都是由本校人员完成，其中需求分析主要由副校长陈列鑫与办公室主任景丽英共同完成，平台开发由主持人与杨君老师共同完成，所以设计的各模块功能都是最实用、最被需要的。部分功能模块在省、市尚属首创，比如微课程表模块，实现了单机版课程表web化；在公众号上设立校长微信箱，使留言直接对接校长微信；局域网共享文件夹广域化；微信远程开机；等等。

四、研究总结及反思

本课题研究虽涉及系统开发，但所有过程都是在没有公司参与的情况下完全由本校人员完成的。现对此做出如下总结。

（1）虚心学习，努力提高自身科研能力。本课题组成员中有四位老师曾主持省、市课题，其中三位老师是学校领导层，有很强的科研能力及丰富的管理经验，在他们的指导与协助下，本人的理论提炼能力得到极大提升。

（2）专业知识水平得到极大提高，扩大了信息技术知识面。在没有任何成功案例的借鉴与参考下，自主开发特色功能模块编程技术突破难。为了突破这个难点，学校派出课题组人员前往信息化程度较高的学校参观学习与参加经验交流会，学习他们先进的管理模式；在网上参加多种网络编程语言培训，提高代码编写能力；翻阅大量技术文档，突破技术难点。

（3）课题研究中要重视每一个研究过程，否则就有可能浪费大量的人力、物力。比如系统开发过程中，需求分析是非常重要的一步，如果分析不到位，就有可能要重写功能模块。

（4）课题研究后期将进一步完善系统，加强系统安全防护，防止系统出现漏洞，使本课题研究效果更加明显，成果更加丰富。

五、研究案例点评

该课题研究内容实用，预期效果明显，研究成果丰富且已在学校推广使用，经过大量的数据研究表明：

（1）课题研究基本达到预期效果，突破了传统PC办公模式实效性与时效性瓶颈，简化了学校办公中经常遇到的烦琐的工作，大大提高了办公效率，降低了纸质使用率，节约了办公成本。

（2）课题研究内容设计有创意且实用。本课题设计了30多个功能模块，多个功能模块非常有创意且实用，其中比较有创意的有工作安排、在线请假、微课程表、发布表单任务、成绩查询、校长微信箱、校运会专栏、发布微信通知、网上订餐、微信远程开机、实小共享、Ip自助绑定、学生常规、素质报告书等。

（3）课题组基于腾讯公司开发的微信公众号环境下设计智能教学管理平台，巧妙借用微信公众号强大的接口功能，实现移动办公，大大降低平台开发难度和开发成本。用户也无须另外安装App，只要关注微信公众号并绑定账号就可以使用平台功能。用户容易接受这种推广模式，从而大大节约了推广成本。在此基础上，逐步完善平台各项功能，可以做到定时、定对象、定区域发布任务，实现单推、多推、群推、混合推、条件筛选对象推送通知，注重用户体验度，简化用户操作，从而大大提升办公效率。

（4）本课题加强了家校互动，提升了学校关注度，学校微信公众号关注人数现已达6554人，学校平台每日平均访问量为500Ip 2000PV，最高访问量达5140Ip 35881PV。建议后期可以在平台课堂教学运用及安全防护上加大研究力度，加强平台迁移性和研究成果可推广性。

案例单位：东莞市长安镇实验小学

负 责 人：李小平

研究类型：专题研究

番禺区区本微课资源体系共建共享

一、研究背景及目标

（一）研究背景与问题提出

教育部《教育信息化十年发展规划（2011—2020年）》明确提出"缩小基础教育数字鸿沟，促进优质教育资源共享"，要求"推进信息技术与教育教学深度融合"。教育部科技司在《教育部科技司2018年工作要点》中提出"实施数字教育资源共享行动，……，促进教育专用资源向教育大资源的开发应用转变"。因此，如何实现数字化资源共建共享、推进信息技术与教学的融合是一个值得探讨的问题。本课题基于番禺区教育资源建设与应用中存在的实际问题，着眼于跨区域联动模式，强调"跨区域、成体系、学习共同体、共建共享共用、持续发展"，从组织实施、体系实践、统筹研发、深化应用等不同维度，对区本微课共建共享进行探讨，以期解决微课资源本土化应用的适配度不高，发展可持续性不强，微课资源建设呈现出无组织、无序、无效的低水平重复开发状态等问题。

（二）研究目标

（1）与佛山市教育信息网络中心合作，制订微课资源开发和资源封装的技术标准，并由此构建一个支持跨区域协同共建共享的技术支持环境——区域学习共同体平台。

（2）实现跨区域资源共建。充分利用课题学校，组建跨区域的资源开发联盟，引进专业技术开发公司作为技术支持单位，组织并开发一批由一线教师原创、具有鲜明教育教学特点的学科微课资源集，致力于改变无组织、无序、无效的低水平重复开发现状，探索和研究基于跨区域联动的微课资源协同开发机制。

（3）形成资源有效应用策略。将微课资源由"建"向"用"转变，监控和分析包括番禺区原微课课题在内的微课室应用状况，跟进资源开发者与学习者的应用轨迹和行为，通过案例征集与专家分析，探索共建微课的应用策略与评估机制，促进教师实践性知识的发展和学生利用微课自我学习能力的提升。

二、研究内容及过程

（一）研究内容

课题主要内容包括四个方面，如图1所示。

（1）整合和设计微课可视化开发的工具软件和应用环境，组建跨区域的资源开发联盟，形成"番禺—佛山"跨区域微课开发与学习共同体，形成"人人创新、万众创新"的资源创作新态势。

（2）协同领域内专家，研究和制订跨区域微课资源开发的内容体系、研发规范和技术标准，为教师开发微课提供指引。

（3）通过组织应用培训、课题资源征集、项目建设和学术研讨等方法和手段，充分调动和发挥课题学校的功能，探索基于跨区域环境下的区本、校际、校本和专题型微课等数字资源规模化共建共享共用的新模式和新方法，组织开发一批一线教师原创、具有鲜明教育教学特点的学科微课资源集，这是研究的重点。

（4）从开发者和应用者两个维度跟踪共建资源的应用轨迹和行为，总结出跨区域共建资源应用策略与范式，这是研究的难点。

图1　研究内容

（二）研究方法

（1）文献研究法。通过查询和收集文献，调研国内外（区域）微课资源开发和应用的现状，为后续研究提供支持。

（2）案例研究法。选取采用不同模式开发的区本（校本）优秀微课资源，通过综合分析，促进区域微课规模化开发、共建共享的理论模式研究，评估区域组织开发微课资源的开发实现路径、有效应用机制和持续发展的可行性。

（3）基于设计的研究法。规范和组织区域微课资源的有序、高效的规模化建设，开发区域微课资源共建共享共用的网络平台，并用于区本、校本微课资源的开发、封装、展播、共享和应用等。

（三）研究思路及过程

课题研究过程包括研究准备、研究实施、研究总结三部分，具体如图2所示。

1. 研究准备

通过理论研究、文献研究、国内外优秀微课资源研究、区域微课开发和应用案例的研究等，讨论形成微课系列的制作目录草稿，初定区域微课资源协同开发模式和规范。

组建微课开发工作室，完成番禺区学习共同体平台的建设，并开发微课资源样例。

通过专家论证完善并优化区域微课资源协同开发模式和规范。

2. 研究实施

由课题组成员引领，组织开发团队教师以学校教研形式，开展微课应用实验与研究，在教学实践中引导学生利用前一阶段所开发的微课资源学习，引导教师利用所开发的微课实施教学，课题组和开发教师深入课堂研究应用效果。

课题组组织教师结合教学研究成果反思上一阶段所开发的微课，并提出改进策略；对上一阶段研究工作和成果进行小结和反思，对系列化开发微课资源的工作进行具体安排。

举办一次番禺区微课资源与教学应用案例征集与评选活动。在对评选活动作品进行反思，及进一步深入研究的基础上，完成区本微课目录所列的所有微课资源开发工作，形成具体的区本微课资源体系共建共享模式。

3. 研究总结

完成研究论文和研究报告的撰写，对区本微课进一步开发应用进行可持续发展的规划、组织与管理，并辐射区内、跨区域的其他学校进行全系列的开发。

将优质微课资源成果结集，并完成区本微课系列出版。

进一步完善学习共同体平台，形成适合区本微课共建共享的平台，并申请软件著作权。

具体研究过程如图2所示。

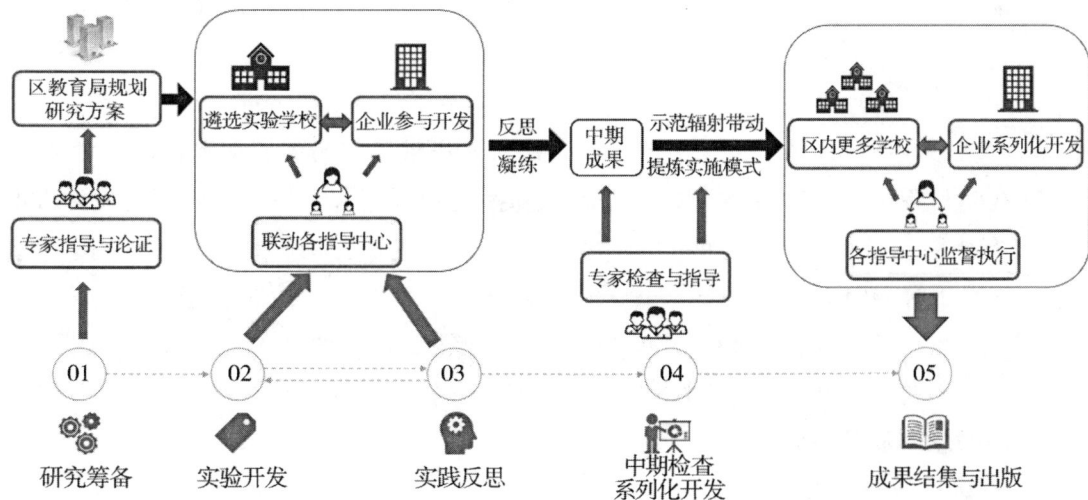

图2 具体研究过程

三、研究成果及结论

（一）研究成果

1. 论文发表

（1）《基于微课管理平台的小学信息技术微课设计与应用——以广州市番禺区

市桥富都小学为例》（梁佩瑜），发表在《教育信息技术》2019年第4期。

（2）《基于微课的"课内翻转"教学模式设计与应用——以小学信息技术课〈"曲线"工具〉为例》（谢秀玲），发表在《教育信息技术》2019年第4期。

（3）《基于"电子书包"的微课在数学复习课中的应用——以〈一元一次不等式（组）〉为例》（赖瑛），发表在《教育信息技术》2019年第1期。

（4）《微课的设计与实践——以童话故事〈灰姑娘〉为例》（霍健全），发表在《教育信息技术》2019年第1期。

2. 平台构建

实现微课资源共建共享的番禺区学习共同体平台：http://py.teachertc.cc/gtt/pub/show/index.do。

3. 微课创作室构建

2015年至2017年，我区启动了微课研究课题及微课室建设项目《广州市番禺区教育局关于申报微课研究课题及微课室建设项目的通知》（番教通〔2015〕61号），逐步建成了30间微课创作室，立项和组织了45个课题进行专项研究。

2018年8月，我区教育局组织专家对微课研究课题进行结题评审，45个课题以29.5%的优良率全部顺利结题。

4. 资源、案例

积累了校本微课资源1407个（网上共享与展播），教学应用案例205个。

（二）研究结论

1. "互联网＋"为区本微课资源体系共建共享提供了可实现的技术条件

在教学过程中，教师一方面要充分利用和挖掘课程资源，另一方面要开发课外的资源作为补充。如何将这两方面的工作结合起来，使这两方面的资源合理利用、相得益彰，共建共享优质的教学资源，进一步提高各科教学质量，更有利于学生的成长，这是时代向每一个中小学教师提出的课题。"互联网＋"给这个课题的研究提供了可实现的技术条件，利用学习共同体平台，就可以有效地开发和整合优质的教学资源，实现优质教学资源的共建共享。

2. 微课推动课堂供给侧改革

课堂供给侧改革首先是供给主体的变革。教师是课堂教学的掌舵人，是教学关系的供给主体，是课堂教学供给侧改革的推动者和实践者。身处"互联网＋"时代，微课的出现，改变了学生的学习方式，并为他们的学习提供了便利条件，同时也为教师自身的学习和成长提供了条件。微课的开发与制作要经过诸多环节：选题、教学设计、教学课件制作、视频拍摄与录制、后期制作等。这都需要教师不断钻研学生需求与课程标准，找到适合开发微课的重难点和疑点问题，或者针对学生的一些问题进行方法指导与点拨等，这就要求老师管理知识、精心挑选、合理权衡。教学设计是微课开发的核心内容，既要保证微课视频时长较短又要保证内容的完整性，既要使内容有一定的吸引力，又要使重难点深入浅出，以此实现在有限的时间内简单有效地解决相关知识的目的，而这对老师的课程设计提出了较高的要求。在开发过程中也需要教师了解一些信息化的技术和手段，如一些基本的录屏软件、Flash动画制作、视频剪辑等基本工具及各种素材的选取和运用，这些都对教师自身的信息化素养提出了较高的要求。因此在学习制作微课的过程中能够有效提升教师学科教学与信息技术整合的能力，不断促进教师的专业能力成长。另外，学习共同体平台上各种微课的发布与使用也可以促进教师间的交流与合作。微课程不仅是一种工具，也是教师成长的新平台，为课堂供给侧改革增添了新动力。

此外，课堂供给侧改革，关键在于改变课堂供给的方式。通过微课改变学生学习方式，让教师在课堂教学中可以勇敢放手，把课堂还给学生，让学生真正成为课堂发展的参与者、体验者，促使课堂教学的供给方式由"被供给"向"主动探索"改变。

四、研究总结及反思

（一）研究创新之处

本课题从"互联网＋"提供的技术条件去研究如何通过区本微课资源体系共建共享机制体制的建立，推动课堂供给侧改革。

（二）总结与反思

通过本课题研究，形成了公司、学校、教育局三方协同的微课资源体系，结合课堂教学和教研活动，开展了学习、设计、实践、研讨、检验、调查等方面的研究工作。在研究过程中，通过有效整合、探索反思、开发微课、应用优化的过程，逐步推进课题研究工作，不断形成日趋成熟的共建共享机制，同时从课堂供给侧改革的角度出发，反思和改进共建共享的策略和途径。目前已完成多个课堂活动案例的设计和实践，并初步形成了区本微课共建共享的机制和体系，且通过第一期微课的开发和应用，对该机制和体系进行了检验、修改和完善。

目前研究所面临的问题是，下一阶段要大范围地设计与开发微课，而教师相关的微课设计和开发的理论支撑的力度不够，因此需要开展覆盖面广、适合教师随时学习的线上培训。此外，子课题的研究缺乏相应研究的方法、途径、指导的手段，具有一定的盲目性，有些子课题让教师感到无从着手，接下来会安排教育科研人员定期对教师进行专业的指导。后续研究将继续从课堂供给侧改革的角度出发，通过微课共建共享机制下课堂教学的改革，落实供给对象（学生）的转变。

研究过程性资料还欠缺整理和保存。在研究过程中大多数教师没有注意到及时总结和反思的重要性，以致总结不够及时，很多资料保存不够完整，不能为下学期的研究提供有价值的参考。因此，接下来要更多地指导教师保存课题研究的过程性资料，比如微课实践过程中的参考资料、原创研学案、学生作品等。

五、研究案例点评

该课题对区本微课资源的共建共享进行探讨，组建了微课开发工作室，搭建了番禺区学习共同体平台，形成了众多的微课资源与教学应用案例。从工作情况来看，该课题组成员的研究工作做得很扎实，但从研究层面来看，该课题尚不存在较严重的问题。为了使此研究有序推进、走向完善，建议课题组对研究工作加以梳理，进行理论提升，细化研究问题，重新梳理研究思路，加强相应研究的方法指导。从目前研究进展来看，研究重心应放在系列化微课资源的设计与制作上，对于教师之间如何开展基于学习共同体平台的交流合作，如何应用这些微课资源开展教学，还有待进一步的研究，建议在梳理这一阶段研究工作的基础上，加快研究步伐。

案例单位：广州市番禺区教育局教学研究室
负 责 人：陈家权
研究类型：教学资源

中学理化生虚拟仿真实验训练平台的建设与应用研究

一、研究背景、问题及目标

（一）研究背景与问题提出

2017年12月，广东省教育厅印发的《广东省教育厅关于进一步推进高中阶段学校考试招生制度改革的实施意见》（粤教考〔2017〕15号）提出，物理、化学、生物（以下简称理化生）实验操作成绩不低于每门科目考试总成绩的10%，积极探索应用计算机进行考试。根据中考实验要求，在虚拟仿真平台上进行模拟考试，以及评分、纠错，有针对性地提出改进建议。在真实实验考查中能够根据真实情境进行实验设计、操作和考试。学校化学老师既要完成学科教学，又要准备实验，由于受时间和空间的限制，很多实验只能演示给学生看，无法让学生亲自动手来完成教研室规定的所有实验。而利用虚拟现实技术，搭建理化生虚拟实验室，可以很好地解决这个问题。虚拟仿真平台是一个操作软件，在zSpace的电脑系统上运行，学生可以戴上3D眼镜，通过激光操作笔来拖动和选择实验器材，在立体仿真的虚拟环境中完成自主探究实验。该平台操作简单、内容丰富，不仅能为学生提供书本上必做的传统学生实验，还支持学生进行拓展实验。例如，物理实验中利用VR技术，能让学生感受宇宙的浩瀚和夸克的渺小；能让学生安全地体验触电的感觉；能让探究性学习不再是一句空话。化学实验中，可以清晰展示微观粒子、分子、原子、电子齐飞的现象，化抽象为具体。生物实验中，可以让学生"进入"细胞内部随心所欲地转动头部，"亲眼"看看各种细胞器及相关结构，"看一看"血液是如何完成循环的。通过VR虚拟仿真平台，不仅可以突破教学的"暗区"，还能突破"险区"和"盲区"。新颖的教学模式，不仅可以解决现实中的难题，还可以激发学生的学习兴趣，变革教学模式，为教学创新带来机遇。

（二）研究目标

（1）完善基于VR技术应用于理化生实验的操作训练平台教学系统，使该系统解决实验教学重难点，弥补传统教学的不足。学生可以在该平台完成课本上规定的学生实验和探究实验，还可以进行实验模拟考试、评分、纠错练习，提高学生实验动手能力和对实验的理解力和创造力。

（2）创建基于理化生实验仿真平台的教学方法和模式，使技术更好地为教学服务，促进教学与技术的深度融合创新，从而更加有效提高教育教学的效率与质量。

二、研究内容及过程

（一）研究内容

本课题以VR技术为支撑，在应用于中学理化生虚拟实验操作教学的基础上，主要研究：

（1）搭建和完善基于VR技术的中学理化生虚拟仿真实验训练平台。

（2）创建基于VR技术的中学理化生实验教学的互动创新教学模式。

（3）基于VR技术开发更多的中学理化生虚拟仿真实验课件，帮助学生更好地学习。

（4）完成教学案例收集、研究报告撰写和教学评价体系的建立。

（二）研究过程

1. 研究思路

本课题研究的基本思路为创建平台、实践探索、验证成效、完善成果。

（1）创建平台

创建基于VR技术的中学理化生虚拟仿真实验训练平台，通过一线教师与研发工程师一同开发、研究，完成平台的创建工作。

（2）实践探索

①课题校利用这个实验训练平台进行授课和研究，开发出基于平台实验教学的新模式。

②研发单位根据课题校的反馈信息，修改和完善实验训练平台。

（3）验证成效

课题校进行深入研讨，组织示范课，交流和分享，反馈平台的不足，进一步完善平台。

（4）完善成果

①研发单位研究出可应用于所有中学理化生实验的虚拟仿真实验训练平台。

②课题校整理案例、成果，形成基于VR技术应用于中学理化生实验教学的新模式和方法。

2. 研究方法

（1）文献研究法。广泛查找和调阅国内外文献，探寻真正适用于中学理化生实验教学的方式和方法，使平台的建设更有理论依据且更加完善。

（2）调查研究法。通过实地走访、发放调查问卷的方式，征集广大师生关于利用 VR 技术应用于中学理化生实验教学的意见和建议，使平台的资源、内容和功能不断完善。

（3）行动研究法。积极利用平台进行授课，不断总结经验和分享，反思教学方式和工作方法，最后实现认识和理论的螺旋上升。

（4）经验总结法。通过课题校和研发公司不断的沟通、交流及实践，形成基于VR 技术应用于实验教学的新模式。

3. 实施步骤

（1）第一阶段：准备阶段（2019年5月至2019年9月）。

课题负责人做好文献研究、调查研究；利用文献资料及VR技术等已有成果培训课题组成员，使他们明确课题的研究意义、现状、内容、重点等；进行成员分工和协作安排；各成员进行学科分工，制订学科实验目录，书写实验方案、现象、结论的脚本，与软件工程师协商如何通过特效使实验达到逼真的程度，制订应用研究计划。

（2）第二阶段：实施阶段（2019年9月至2021年5月）。

课题负责人和课题组成员按照计划完成中学理化生虚拟仿真实验训练平台的建设，利用 zSpace在各学校班级开展虚拟仿真实验教学，并设计实验对照班级，再利用常规实验进行教学。在实践过程中，观察、记录、分析学生的学习过程数据，为虚拟仿真实验教学与常规教学效果对比研究提供质性依据：2019学年，应用中学理化生虚拟仿真实验训练平台，完成第一轮应用研究任务；2020学年，针对平台的优势和不足，进行客观分析，并根据学生的反馈，进行完善和修改，以完成第二轮应用研究任务。在本阶段，负责人及课题理论指导人员要关注、分析应用过程中出现的各种情况，及时修正或调整相关策略；成员要不断积累教师教学案例（设计、反思、录像等）、学生个案追踪记录等。

（3）第三阶段：总结阶段（2021年5月至2021年7月）。

课题负责人和课题组成员要做好后期资料整理工作，共同完成结题任务，计划将成果应用于更多的学校，以提高其教学价值，帮助更多的学生形成高阶的实验思维，提高其实验能力。

三、研究成果及结论

（一）研究成果

1. 论文发表

（1）乔静，唐文军. 基于VR技术的初中化学实验创新教学实践与探索[J]. 中学课程辅导：教师通讯，2020（23）：13–14.

（2）鲁静，罗荣昌. VR技术在化学的三重表征教学中的应用研究——以"酸和碱的中和反应"新课为例[J]. 天天爱科学：教育前沿，2020（10）：62–63.

（3）唐文军. 浅谈虚拟现实技术在小学科学教学中的运用与思考[J]. 天天爱科学，2020（10）：64–65.

2. 平台构建

目前已经成功开发出中学理化生虚拟仿真平台，根据最新人教版教材制作了相应的初高中课件，其中初中化学课件130个，初中物理课件100个，初中生物课件80个；高中化学课件100个，高中物理课件100个，高中生物课件70个。制作的课件均可在希沃白板、普通电脑、zSpace、VR头盔上安装使用。

3. 资源、案例

利用VR技术的省、市公开课已经有8节，其中化学6节，物理1节，生物1节。其中有3节课已被评为示范课，被上传至粤教祥云，供全省教师观摩学习；有1节化学课，被评为天河区十大示范课例、十大创新课例；有1节科学课，被评为全国新媒体新技术大赛三等奖。累计利用虚拟仿真实训平台上课30节，为学生开设实验15节。

（二）研究结论

1. VR技术为虚拟实验训练平台的搭建提供了可实现的技术支持

实验教学问题一直是教学中存在的难点，实验非常重要，它是学生学习重要的途径。由调查可知，学生大多都喜欢上实验课，但是就目前的教育形势来看，各学校主要以演示实验为主，分组实验则很少开设。更有甚者，直接用视频代替真实实验，这都打击了学生学习的积极性。另外，随着易燃、易爆、有毒危险品的管理越来越严格，导致很多药品无法买到；或者一些实验因为担心学生安全问题，直接不开设等种种原因，导致实验教学一直存在很大的问题。利用VR技术，制作理化生虚拟仿真实验训练平台，一方面可以在教师演示实验过程中使用，使每个学生都可以看到实验过程，而且可以反复多次实验。另一方面可以用于学生实验过程中，让每个学生带上VR头盔，拿上手柄，就可以在虚拟实验室中进行实验操作、观察，从而提高了学生学习的效率，增强了学生的动手能力，让学生对学习更加感兴趣。该平台突破了时间和空间的限制，让学生由被动学习转化为主动学习，且不用再担心安全问题，学校可以节约大量的药品和经费，一举多得。

2. 虚拟现实技术教学推动教学改革

利用VR技术搭建中学理化生虚拟仿真实验训练平台，这是教育技术发展的一次飞跃。它营造了"自主学习"的环境，由传统的"以教促学"的学习方式转变为学习者通过自身与信息环境的互动来获得知识、技能的新型学习方式，使学习者在真实环境的模拟中不断接受环境的刺激，不断地尝试与纠错，最终达到由感性认识上升到理性认识的目的，并且相比真实环境，虚拟现实打破了时间和空间的限制。建构主义学习理论认为"情境""协作""会话"和"意义建构"是学习环境中的四大要素和四大属性。虚拟现实技术为建构主义理论提供了其要求的学习环境，使得学习者能够主动利用VR技术进行自主学习，自主选择学习内容和时间等。这对调动学生的学习积极性，突破教学的重点、难点，培养学生的技能都将起到积极的作用。

四、研究总结及反思

（一）研究创新之处

（1）建设以VR技术为基础的中学理化生虚拟仿真实验训练平台，使抽象知识具体化、微观现象可视化、复杂过程简单化，揭示知识本质与外在的联系，用虚拟现实技术突破教学难题。

（2）基于中学理化生实验虚拟仿真实验训练平台，创造出更多的创新教学模式，减轻教师和学生的负担，提高教育教学的效率。

（二）研究总结与反思

通过本课题的研究，形成了技术公司、学校、信息中心三方协同的合作机制，在学校的理论指导，技术公司的技术支撑下，软件逐渐成形，并应用于课堂教学，切实解决教学中的难题。信息中心负责收集案例，召开VR技术培训会议，将优秀案例向全区推广，以让更多的教师参与到VR教学中来，扩大课题的影响力。

目前研究要面对的问题是：教学模式的构建及教学成果的凝练缺乏理论的指导。在新授课上，VR课件该怎么用？在实验课上，VR课件又如何用？如何形成一个可以在不同学校实施均有效果的、科学的教学模式？另外，如何设置对照实验，如何体现VR教学的独特优势，如何进行评估，这些问题都是我们课题组即将要攻克的难题。另外，研究过程性资料还欠缺整理和保存，这是因为在研究过程中很多老师没有注意到过程性资料保存和整理的重要性。幸亏有况教授课题组的指导，我们现在已明确了每个阶段的任务和将要做的工作。另外，受疫情的影响，我们课题组成员面对面交流机会较少，导致课题进度变得紧张，我们争取在下学期定期召开课题组会议，布置每个阶段的任务，尽快完成课题研究。

五、研究案例点评

（1）该课题基于VR技术，致力于构建中学理化生虚拟仿真实验训练平台教学系统，开发相应实验课件，并通过研究形成创新实验教学模式。课题的研究目标非常明确，研究思路清晰并在现阶段取得了较丰富的研究成果，包括构建的平台，论文三篇，对应人教版课标的中学理化生课件，省、市公开课8节等。

（2）课题的研究过程循序渐进，从实验教学的时空限制、真实实验的危险性角度来看，基于VR技术的理化生虚拟仿真实验具有可推广的价值。但就目前的研究进展来看，由于客观条件的限制，基于VR技术的实验教学较传统实验的效果提升率以及如何利用课例形成创新的实验教学模式仍有待进一步的研究。

（3）建议加强相应研究方法的指导，在已有平台、课例资源的基础上，加快后续效果验证、形成理论模式的步伐。

案例单位：广州市华颖外国语学校
负 责 人：马新
研究类型：教学资源

区域教育云平台下的资源建设与应用研究

一、研究背景、问题及目标

（一）研究背景与问题提出

目前，我国已经颁布了一系列相关文件对数字化教育资源的建设进行规划和指导。这表明我国的教育资源建设已经开始受到国家层面的关注和重视。国家相关政策的颁布从整体层面给数字化教育资源建设的发展提供了大环境上的便利，但是这些政策并没有对数字化教育资源建设的细节进行要求和规定。于是在我国数字化教育资源建设过程中就逐渐暴露出了一些亟待解决的问题：传统的数字化教育资源的建设大都采取省、市、县、校层级式建设模式，这种陈旧的、单一的、封闭式管理模式，建设投入大，网络宽带要求高，且缺乏有效的沟通和交流，极大地浪费了人力、物力、财力。此外，资源本身数量丰富，但资源利用率低。海量资源给教师和学生带来了过多的负担，使他们很容易在资源查找中感到迷茫，这也是很多教师认为目前建设的资源无法满足他们实际需求的关键原因。因此，本研究试图对数字化教育资源建设与应用进行进一步的探讨，尝试解决资源建设成本高且利用率低的难题。

（二）研究问题

（1）如何进行数字化教育资源的建设？
（2）如何有效应用数字化教育资源？

（三）研究目标

本课题的主要研究目标为力求通过区域教育云平台，创新资源建设模式、资源开发方式和资源应用方式，为区域教育教学的优质与均衡发展提供可靠、准确的基石。

二、研究内容及过程

（一）研究内容

（1）区域教育云平台的资源建设研究。利用白云区政府建设的政务云搭建区域教育云平台，建设云资源，辐射全区，开展区本资源库和特色资源库的建设，开发出更多带有区域特色的原创教学资源。

（2）区域教育云平台的资源应用研究。区域教育云平台为教师推送精准的精品资源，同时加强工具类资源的应用。通过基于区域教育云平台的区教育系统、视频会议系统和微课平台，开展各学科网络教学研究。

（3）国家级、省级、市级、县（区）级平台对接与应用研究。研究探索打通国家、省、市平台，实现各级资源平台的统一认证和统一数据，避免出现信息孤岛。为每个学校的教师、学生、家长创建云账号，各类身份人群均可以访问云平台，真正实现人人可学。

（二）研究方法

（1）文献研究法。通过文献研究法对有关云平台数字教育资源建设与应用的相关资料进行总结、分析和提炼，以形成新的认知。

（2）实践研讨法。通过实践探索，不断深化，追求观察的科学性，灵活运用各种已知观察数据、资料，边实践、边整改。

（3）问卷调查法。采用问卷调查的形式，对我国数字教育资源的建设情况进行调查，探寻带有普遍性及倾向性的问题，为研究提供充足的事实依据。

（4）经验总结法。坚持理论和实践相结合，及时进行阶段性小结，撰写经验总结报告，促进区域教育云平台数字教育资源的建设与应用。

（5）逻辑分析法。对基于区域教育云平台下数字教育资源建设与应用的过程进行合理、有效的分析讨论，增强研究的客观性、可靠性。

（三）研究思路及过程

本课题将按照"分析现状—剖析问题—构建平台—资源开发—应用实践—实证总结"的思路展开研究。

第一阶段：准备阶段（2018年1月至2018年3月）。

组织理论学习和课题会议，建立课题小组和学校子课题小组，制订课题研究方案和子课题方案，准备开题报告，申报立项，在原有资料的基础上，进一步搜集和整理相关资料。

第二阶段：实施阶段（2018年4月至2020年2月）。

建设白云区教育云平台，完成基础资源建设，并在此基础之上展开一系列培训、应用与实践，通过教师实践的开展，完成白云区个性化教学资源的开发和积累，同时让资源走进课堂，让教师和学生真正使用资源，做到人人可学，时时可学。

第三阶段：总结验收（2020年3月至2020年8月）。

收集、整理、分析研究过程汇总的相关资料，归纳总结课题的研究成果，形成理念，撰写研究报告，准备结题，验收并将成果加以推广。

目前，课题研究正处于第二阶段——实施阶段。为促进课题的有序开展，课题组在研究的前一阶段主要完成了以下工作。

1. 理解课题研究内涵，为课题研究提供理论基础

课题研究强调理论指导下的实践性研究，既注重解决实际问题，又注重经验的总结、理论的提升、规律的探索和教师的专业发展。课题研究的提出是推进我区智慧教育的一个重要策略，在推进智慧教育的过程中，每一项实验内容的深入都离不开科学理论的有力指导和高素质教师的创造性实践，只有将这二者有机结合，才会使实验进程产生质的飞跃。随着智慧教育的深入开展，教师心中的困惑也越来越多。因此，加强教育教学理论学习显得十分必要。为了转变观念，强化教育教学理论学习，我们突出培训目标，采取集中培训与自学相结合、同行互助与专家引领相结合的形式，对骨干教师、教研组长及其他所有教师进行了培训，帮助教师领悟新的教学思路，熟练掌握科学的教学方法，并结合教学教研实际，适时运用，使所学知识和技能有效地融入到实际的教学实践中去。

2. 建立课题研究机制，为课题研究提供措施保障

首先，注重学习，端正认识，建立理论学习制度。我单位在进行此项课题实验研究之前，对教师进行了云平台资源开发背景、开发理念、实施和操作办法等辅导讲座培训，以提高教师对云平台的认识。

其次，建立对话交流制度，多次邀请专家和各级名师就实践中出现的问题展开互相对话、深度会谈、专题研讨，实现信息交流、经验共享。教师围绕某一典型案例或者其中的细节，用新课程的理念及观点进行剖析，使教学改革成为课题实验的新亮点。通过定期组织理论学习与实践交流会，发现问题，及时纠正，并在实践过程中不断总结经验，促进课程研究工作的深入开展。组织能较好建设和应用云平台资源的教师进行分享，录制培训视频，供全区教师学习。同时加强交流，让课题组成员参加各级课题培训会议，以期提升课题研究的水准。

再次，建立组织保障机制，强有力的组织管理是保障课题研究顺利开展的关键。我区成立的课题研究小组成员包括信息装备中心主任及相关工作人员、华南师范大学专家、各级各类学校校长和主任等。全体教师是参与者、行动者、研究者。本课题组拟定相关管理制度，制订翔实的活动计划，做到人员、内容、检查督促三落实。通过制度保障和规章约束，课题研究活动由被动变为主动，由自发走向自觉，由无序走向有序。目前我局已形成了上下互动、层层抓落实的工作局面。

最后，建立经费设备保障机制。为推进工作的开展和课题的研究，我局专门开辟教育信息化研究专项经费，有效保障了课题的有序开展。

3. 积极探索，大胆实践，推动课题研究

（1）创新课题研究活动形式，探索课题研究的模式。

在第一批智慧校园试点校中开展"智慧课堂研讨课"等相关活动，教师通过课堂展示自己的研究所得，其他教师通过听课、评课，相互启发、相互促进。

定期举办优秀实验论文、优秀教学案例征集评选。实验教师将实验论文以及优秀教学案例上传到学校网站，其他教师通过发帖谈感受，谈体会和反思，发挥了相互借鉴和学习的作用。

定期召开课题研究阶段分析会议。在实验研究的基础上，研讨解决课题实验中的问题，保证了课题实验的稳步推进。

（2）充分发挥骨干教师的带动和辐射作用。

在指导教师队伍中，有市、区级骨干教师，学科带头人，各级教坛新星，学校把他们作为课题研究的骨干力量，充分发挥他们的带动和辐射作用，让他们指导青年教师挖掘课题研究资源和编写校本教材，通过示范课教学，分析教学个案，举行经验交流会等活动，把课题研究推向深层次的发展。同时，鼓励各学校、各学科申报子课题，通过子课题的研究使研究更有效。

（3）强化过程记载，注重研究资料的收集与整理。

课题研究资料的收集、积累和整理工作，是课题研究中一个非常重要的环节。在每个研究阶段，课题组成员都需要严格按照要求，定时收集、整理好常规性研究资料。

三、研究成果

通过研究，课题组已经进行了一些较为成功的研究实践。形成的阶段性研究成果主要有白云教育大数据云平台（软件），白云智慧校园创建优秀案例集（学校），白云智慧教学优秀案例集（学校），2019年白云区教育信息化优秀案例选集、论文集，2018年、2019年白云区教育教学信息化创新应用资源包。

四、研究总结及反思

（一）研究创新之处（或突出特色之处）

针对数字化教育资源建设成本高且利用率低的问题，本研究基于云计算进行数字化资源建设，能够为建设者节省大量成本。广州市白云区地处城乡接合部，云环境下的数字化资源，使用起来更加方便，成本更加低廉，能有效地缩小城乡差距，促进教育均衡发展，解决"数字鸿沟"问题。

（二）研究不足之处与展望

由于时间与课题组成员能力、精力有限，课题组在许多方面还没有进行深入的研

究，还存在不少盲点。

（1）教师的培训问题。由于许多教师缺乏专业、系统的培训，对相关理念把握不准，导致在资源建设和活动课程实施过程中，一些教师遇到具体问题不是通过合作研讨、实践反思的途径寻找解决问题的办法，而是仅凭个人经验处理，导致解决问题过程中出现偏差。

（2）教师的信息素养问题。云平台资源建设与应用不仅需要教师具备一定的信息技术能力，还要求其在教学设计方面下很大功夫。对于教师而言，这是一个难题。它需要教师付出大量的时间与精力，与此同时，它对教师的知识结构也有很高的要求。

（3）资源建设与应用的评价问题。对教师进行云平台资源建设与应用活动的评价中，不仅要注重过程与结果的评价，也要注重集体和个人的评价。但在实验中如何结合、怎么侧重，将对云平台资源建设与应用的成效产生重要影响。本课题将继续对此问题进行深入探讨，建立多元化的评价功能。同时，资源建设与应用的效果应最终体现在教育教学水平的提升中，这部分的评价也是一个重要的环节。

（4）成果的提炼问题。总的来说，课题研究是一个长期的过程，需要教师角色的转变、科研能力的提高。课题研究共同体的形成尚不稳固，专家引领的渠道也不够畅通。为了促进课题研究的广泛开展，还需要逐步探索和完善一些有效的管理制度。我们相信，问题解决的过程就是我们不断成长和进步的过程。

课题组的后续研究方向为：制定相关规范，继续加强云平台资源的建设和管理，以提高资源使用的精准性；加强示范学校和骨干教师的培养，以点带面，促进云平台资源的应用，提升教育教学质量；加强成果提炼和推广。

下一阶段，我们将加强理论学习，加快研究进度，加深研究程度。相信在各级领导和专家的支持和指导下，本课题终将能结出累累硕果。

五、研究案例点评

（1）阶段性研究成果较为丰富，涉及教育大数据云平台、智慧校园创建优秀案例集、教学优秀案例集、优秀论文集、信息化创新应用资源包等。

（2）课题选题具有价值。针对白云区数字化资源建设现状，构建区域教育云平台，组织建设数字化资源并进行实践应用，打通国家、省、市平台，实现各级资源平台的统一认证和统一数据，避免出现信息孤岛。

（3）课题研究方法科学性、可操作性强。课题以"区域教育云平台下的资源建设与应用"为主要研究内容，采用了文献研究法、实践研讨法、问卷调查法、经验总结法、逻辑分析法等研究方法，注重理论与实践的结合。

（4）课题研究进度需要加快，并做好研究过程性资料的整理。当前未形成课题的研究结论，研究进度有待进一步加快。在后续的研究过程中，还应认真做好研究的总结及反思。

（5）本课题的主要内容是资源的建设与应用，那么区域教育云平台下的资源建设应如何进行？可采取什么措施？会产生什么效果？在资源建设后，如何促进教师进行资源的应用与推广？这些问题在整个研究中未能得到清晰的回答，建议重新整理研究工作，进一步梳理整个研究过程。

案例单位：广州市白云区教育信息装备中心

研究类型：教学资源

基于金湾智慧校园移动平台在区域教育治理中的创新应用研究

一、研究背景、问题及目标

（一）研究背景

珠海市金湾区是一个新兴发展的行政区域，近年来，由于人口净流入量加大、外来务工子女就读人数逐年增加、区域教育资源不均衡等因素，手工记录、书面汇报等传统的校务管理、教学管理、学生管理、家校互动等校园管理模式已经无法满足新时代学校管理的需求。传统的管理手段严重制约了学校教育现代化的发展，因此本课题着力解决传统学校管理存在的工作量大、工作流程复杂、工作效率低下的弊端，充分利用信息化平台，在不改变原有教师工作场景的基础上帮助学校、教师实现减负增效，让教师专心于教书育人。

教育部的《教育信息化"十三五"规划》明确提出教育信息化要由点及面、由单项工作到教育教学与管理全过程，促进教育信息化全面深入应用，使教学更加个性化、管理更加精细化、决策更加科学化。

中共中央、国务院的《粤港澳大湾区发展规划纲要》和教育部的《教育信息化2.0行动计划》等重要文件的出台，对教育信息化提出了更高的要求，金湾区要率先抓住湾区发展时代机遇，研究通过信息化手段——智慧校园移动平台在区域教育治理中的创新应用策略，推动教育治理现代化由"愿景"走向"现实"。

（二）研究问题

区域教育治理的现状是怎样的？存在什么问题？如何进行智慧校园移动平台环境的构建？智慧校园移动平台在区域教育治理中的创新性应用策略有哪些？智慧校园移动平台支持下的区域教育治理效果如何？

（三）研究目标

依托智慧校园移动平台，探索通过智慧校园在区域教育治理中创新性应用的策略和途径，提升区域教育治理水平。为教育主管部门、学校管理者、教师、学生、家长提供一个安全、高效、节能、便捷的学习和工作环境，实现区域教育管理的智能化。

二、研究内容及过程

（一）研究内容

本课题围绕探索通过智慧校园移动平台在区域教育治理中创新性应用策略和途径的研究目标，提出主要研究内容如图1所示。

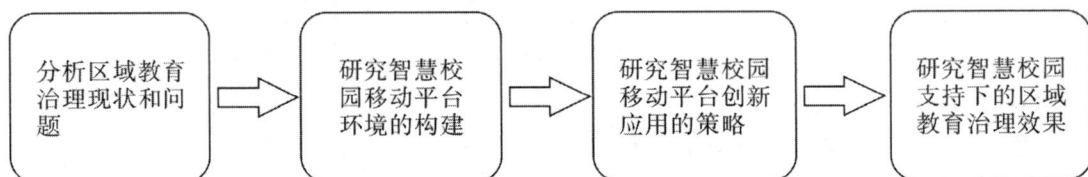

图1 研究内容

（1）区域教育治理现状和问题的分析研究。为使智慧校园移动平台更好地应用于区域教育治理中，本课题要对我区区域教育治理和学校管理的现状和存在的问题进行深入的研究和分析。

（2）智慧校园移动平台环境构建研究。金湾智慧校园已初步构建了以金湾教育云平台为中心（图2）利用金湾智校等教育管理的应用系统，并综合利用互联网、人工智能、云计算、大数据等技术创新教育治理服务体系的智慧校园环境。智校除了部署传统的互联网PC端以外，还创新性地增加了手机App和微信端，极大地方便了教师、家长的使用。智慧校园移动平台环境的构建研究还要进一步聚焦教育治理，为管理智能化、决策科学化、协调有序化、服务全面化、多方参与化提供保障。

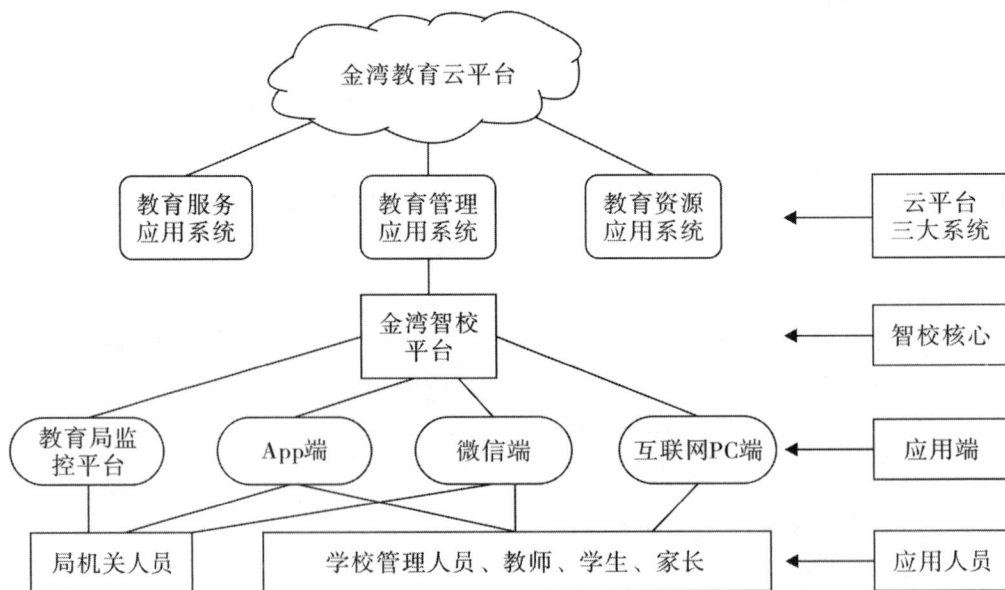

图2 金湾智校智慧校园移动平台基本架构

（3）智慧校园移动平台创新应用策略的研究。我区已初步进行了智慧校园移动平台的构建，并于2018年9月实现了金湾区中小学校智慧校园系统区域全覆盖，但环境的构建并不意味着教育治理水平的提高，更不能直接给区域教育治理带来有效改变。实现区域教育治理水平的提升，依赖于学校治理行为的转变，更离不开区域层面的统筹布局，同时，在此基础上，要打破学校壁垒，实现教育治理的区域联通和服务共享。因此，本课题研究重点是区域教育治理中智慧校园移动平台的创新应用策略。

（4）智慧校园支持下的区域教育治理效果研究。智慧校园行动平台环境支持下区域教育治理的效果如何，一是需要从利益相关者来看，需要调查了解学生、家长、教师、学校管理者及教育行政管理者的直观感受；二是需要从教育治理的内容来看，包括教育行政行为的转变程度、教育决策的科学化程度、教育流程优化程度、教育服务丰富和共享程度。本课题将通过多种形式对治理效果进行研究，这是本课题研究的难点。

（二）研究思路

本课题在厘清目前区内传统手段的校园治理水平不高，校间教育不均衡情况较为突出等问题的基础上，通过调查、访谈等方法，弄清区域内教育校际均衡发展的现状、问题及原因，在充分分析数据的基础上，提出把建设智慧校园移动平台作为提升区域教育治理水平和提高教育教学质量的重要手段。全力推进智慧校园移动平台的建设、应用和推广工作，要从学校和区域两个实体以及理论和实践两个维度探索提升区域教育治理水平的策略与方法，具体如图3所示。

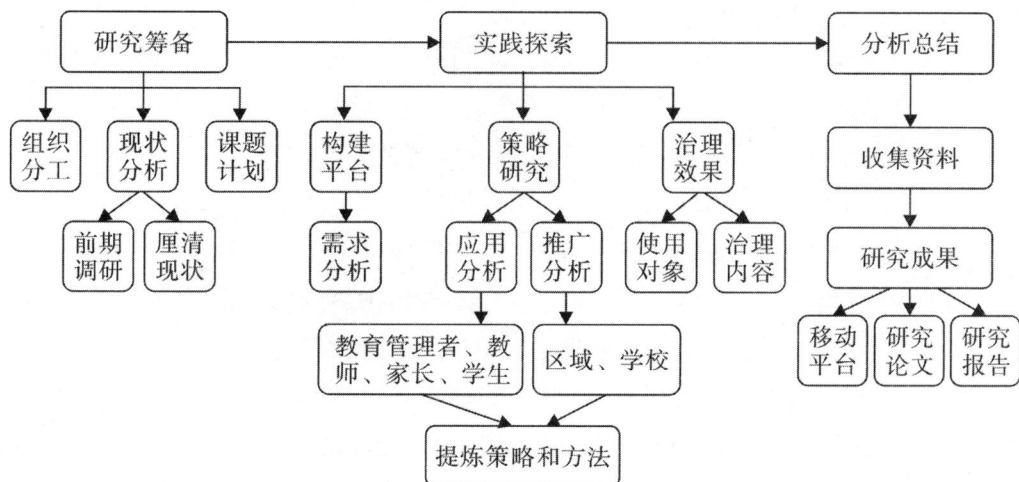

图3　研究思路

（三）研究方法

（1）文献资料法。通过收集、查阅文献资料，了解当前我国智慧校园移动平台在区域教育治理中的研究现状及支持本课题研究的理论依据。

（2）行动研究法。用行动研究法对金湾智慧校园移动平台在区域教育治理中的应用进行探索、研究、实践，使研究成果为实际工作者所理解、掌握和应用，从而达到解决实际问题的目的。

（3）经验总结法。在研究和应用实践的基础上，根据课题研究重点，随时积累素材，探索有效措施，总结得失，寻找有效的金湾智慧校园移动平台在区域教育治理中的创新应用策略。

（四）研究工具

在课题实施阶段，课题组成员制作了调查问卷对金湾智慧校园的使用进行了调查。

（五）研究团队构成

本课题负责人和主要参加者中有1名主任（多年从事教育装备信息建设及应用研究工作）、2名中小学学科组长、2名中小学骨干教师和1名教育装备信息中心教师。学历均为本科，年龄在35~50岁之间。其中，有2名中学高级教师，1名中学一级教师和3名小学一级教师。任教学科有信息技术、语文、生物、数学等。

（六）研究进度安排

第一阶段：准备阶段（2019年6月至2019年9月）。

（1）查阅书籍资料，寻找课题的理论依据和同类研究的现状信息，努力收集与本课题相关的理论材料。

（2）召开课题研究会议，讨论并论证课题方案实施的可行性，初步制订研究方案，明确研究思路，落实研究任务。

（3）撰写开题报告，研讨实验方案，组内成员撰写开题计划。

第二阶段：实施阶段（2019年10月至2021年2月）。

（1）开展智慧校园移动平台需求调研，着重考虑解决教育治理领域重难点问题。

（2）建设智慧校园移动平台。委托相关公司利用最前沿信息技术完成金湾区智慧校园移动平台的开发与建设，构建教育治理基础信息化环境。

（3）开展智慧校园移动平台的应用。鼓励和发动教育主管部门和学校积极使用智慧校园移动平台，根据教师应用反馈及时完善平台功能。加强管理人员和教师培训，提升教师应用水平。依托家委会，提高家长使用能力。在实践应用中，不断总结应用的策略与方法。

第三阶段：总结阶段（2021年3月至2021年5月）。

（1）收集和整理各类研究资料。

（2）对照课题方案进行全面总结、分析和反思，完成各项成果资料汇编工作。

（3）撰写结题报告。

三、研究成果及结论

（一）研究成果

技术产品：金湾智慧校园移动平台。

（二）研究结论

金湾智慧校园移动平台是一个供教育局机关各部门及全区中小学校使用的新一代区域教育移动平台。通过人脸识别、大数据、人工智能、云计算等先进技术，平台为家长、学生、教师、管理者提供一站式、全方位互动的移动服务。通过一个平台、一套账号、一个应用及区域共性＋学校个性的框架设置，从校园常规管理、家校共育、学生评价等多领域帮助全区中小学校实现提能减负增效，使教育决策更科学、教育流程更简化、教育服务更丰富、家校沟通更便捷。

（三）研究创新之处

智慧校园移动平台，即金湾智慧校园，是集德育、教学、后勤、安全、卫生检查和家校沟通于一体的新型信息化教育环境，具有综合性强、服务性优，一部手机便可驾驭各学校繁杂的日常检查、评价等管理事务并能与家长智能互动的优点，使行政管理人员和教师的精力得到了极大的解放，实现了无纸化、智能化、精细化和减负增效的校园治理。金湾智校的应用将会把金湾区的校园管理带进一个全新、便利、轻松、高效、智慧的新时代。

四、研究总结及反思

课题组成员在平台的建设和应用、推广等方面做了一些研究工作，但研究还不够深入，也存在一些问题：①课题理论支撑的力度不够；②课题研究的深度不够；③成员对课题提炼和总结的能力不强；④研究过程性资料欠缺整理和保存；⑤缺乏专家的引领。

后续研究还需要继续深化智慧校园移动平台在区域教育治理中创新应用的探索，在研究中不断发现问题、解决问题，深入研究创新应用的有效策略和区域教育治理的效果，提升课题组成员的科研素养，促进可视化成果的产出。希望课题后续研究能得到针对性的科研训练和撰写论文、研究报告方面的指导；还希望能有专家指导为课题组指明方向，避免走弯路。

五、研究案例点评

（1）课题选题较有价值。针对金湾区学校管理中工作量大、流程复杂、成效低下的弊端而构建的智慧校园环境，已实现了金湾区中小学校智慧校园系统区域全覆盖。探索智慧校园平台在区域治理中的创新应用策略并对其进行实践检验，有助于为金湾区区域治理提供参考，促进区域治理水平的提升。

（2）课题开展比较扎实。课题组成员结构合理，工作扎实，能较认真地落实前期工作，包括平台的建设、应用和推广等。

（3）课题研究成果较单薄，研究进度有待进一步加快。除了技术产品外，当前还未形成能发表的课题论文及其他可视化研究成果。建议课题组对工作加以梳理，加强理论学习，做好研究过程性资料的整理，丰富课题的研究成果。

案例单位：珠海市金湾区教育装备信息中心
负 责 人：李恒才
研究类型：教育治理

信息化环境下粤港澳大湾区学校合作与发展实践研究

一、研究背景、问题及目标

（一）研究背景

建设粤港澳大湾区是国家重大发展战略，也是新时代党和国家事业发展的新形势、新任务和新要求。2019年2月18日，中共中央、国务院正式印发了《粤港澳大湾区发展规划纲要》（以下简称《规划纲要》），明确提出了推动粤港澳三地教育合作发展、支持粤港澳高校合作办学、建设大湾区国际教育合作示范区等战略定位。

同年2月23日，中共中央、国务院印发了《中国教育现代化2035》，也明确提出了要深化粤港澳基础教育合作交流，为粤港澳三地教育合作发展规划了具体范畴和内容。教育信息化2.0的到来，给中国教育面向世界、面向现代化、面向未来提供了无限的可能。邝维煜纪念中学作为一所国家级示范性学校，在现代化学校发展的实践中积累了一定的经验，与香港姊妹学校又有一定的合作基础，在粤港澳大湾区朝着世界一流湾区方向迈进之际，其作为人才培养的基础设施，通过创新合作模式、深入交流与发展，不仅影响着学校和家庭的未来，也影响着湾区教育的协同发展。从文献研究可知，关于湾区不同体制下基础教育学校间的合作研究暂无案例，这就为课题组提供了一个很大的研究空间。

鉴于此，课题组经过缜密研讨，决定以"信息化环境下粤港澳大湾区学校合作与发展实践研究"为题，探究在信息化高速发展条件下，在不同体制姊妹学校合作中积极发展共识，创新合作模式，在尊重差异的基础上发展学校特色，推动学校走向现代化，迈向未来学校之列。同时，也为湾区学校融合发展，走出一条特色湾区发展之路提供更多的参考价值。

（二）研究问题

深化与香港姊妹学校的合作模式，利用信息化手段促进两地学校在管理方式、育人理念、师资队伍建设、课堂教学改革等诸方面的全方位优化，以期营造开放性、动态性、交互性和合作共赢的发展环境。

（三）研究目标

（1）通过合作实践，促进两地课程融合发展，促进两地学生素养提升。

（2）通过研究，提高粤港两地教师的信息化校园应用理论水平和实践能力，形成两地促进教师专业发展的教研模式。

（3）在信息化校园建设中加大对香港姊妹学校的宣传推广力度，在合作发展中讲好内地发展故事，传播中国教育发展理念，提升内地教育的影响力，厚植爱国主义情怀。促使粤港澳三地互相理解、支持和取长补短，使其共同踏上粤港澳大湾区建设的新台阶。

（4）通过研究，完善学校的信息化校园建设，从硬件、软件两方面着手，构建信息化校园硬件平台和信息化校园软件管理平台。

二、研究内容及过程

（一）研究内容

通过合作实践，指导和鼓励教师二次开发包括与"互联网＋"、大数据、云计算、智慧城市、新一代人工智能等新技术相关联的教育教学资源，在应用中形成能契合粤港两地教育发展的信息化教育教学资源库。加强粤港澳三地课程融合发展，促进三地学生素养提升。

创新粤港澳三地教师专业发展教研模式，提高教师的信息化校园应用理论水平和实践能力，形成教师、学生信息素养的评价体系。

在穗港姊妹学校师生教育合作交流中，把活动形式和中华传统文化有机结合，发挥姊妹学校合作交流的优势，使粤港澳青少年群体心灵连接，增强他们的国家身份认同感和民族凝聚力。

（二）研究思路

在国家提出推进教育现代化，坚定实施科教兴国、人才强国的战略，充分发挥粤港澳综合优势，深化内地与港澳合作，进一步提升粤港澳大湾区在国家经济发展和对外开放中的支撑引领作用的大背景下，我校确定了本课题的开发与研究。近年，我校认真贯彻国家的教育发展方针，深化粤港姊妹学校的合作交流。本校作为省信息化中心学校、市智慧校园实验校，丰富学生社团活动，促进教师的专业成长，在全面实现校园信息化、智能化方面取得了一些经验。

现在我们又紧紧把握住本校的信息化中心学校和智慧校园建设的机遇，充分利用各种资源，继续加大对教育及科研的投入，构建校园网络化、数字化、智能化、个性化、终身化的教育体系，建设人人皆学、处处能学、时时可学的学习型校园，实现更加开放、更加适合、更加人本、更加平等、更加具有可持续性的学校特色教育，以推动本地区教育信息化整体水平的不断提高，真正走出一条适合本校及本地区特色的教育信息化发展道路。

（三）研究方法

（1）实验研讨法。通过交流活动、实践探索，不断深化，追求观察的科学性，灵活运用各种已知观察数据、资料，边实践、边改进。

（2）经验总结法。坚持理论和实践相结合，及时进行阶段性小结，撰写经验总结报告，促进穗港圆玄系列姊妹学校合作交流，培养青少年的国家意识和爱国精神。

（3）文献研究法。借鉴国内外已有研究成果和经验教训，把握研究发展趋势，对已有资料进行认真分析、研究，提高课题组成员研究的理论素养。

（4）问卷调查法。设计合适的调查问卷，了解师生、家长对学校教育信息化、国际化及粤港家校合作新模式的需求和期望。

（5）比较法。利用各种研究指标对研究前后的变化进行比较，分析本课题开展的必要性。

（四）研究进度

1. 技术路线

技术路线如图1所示。

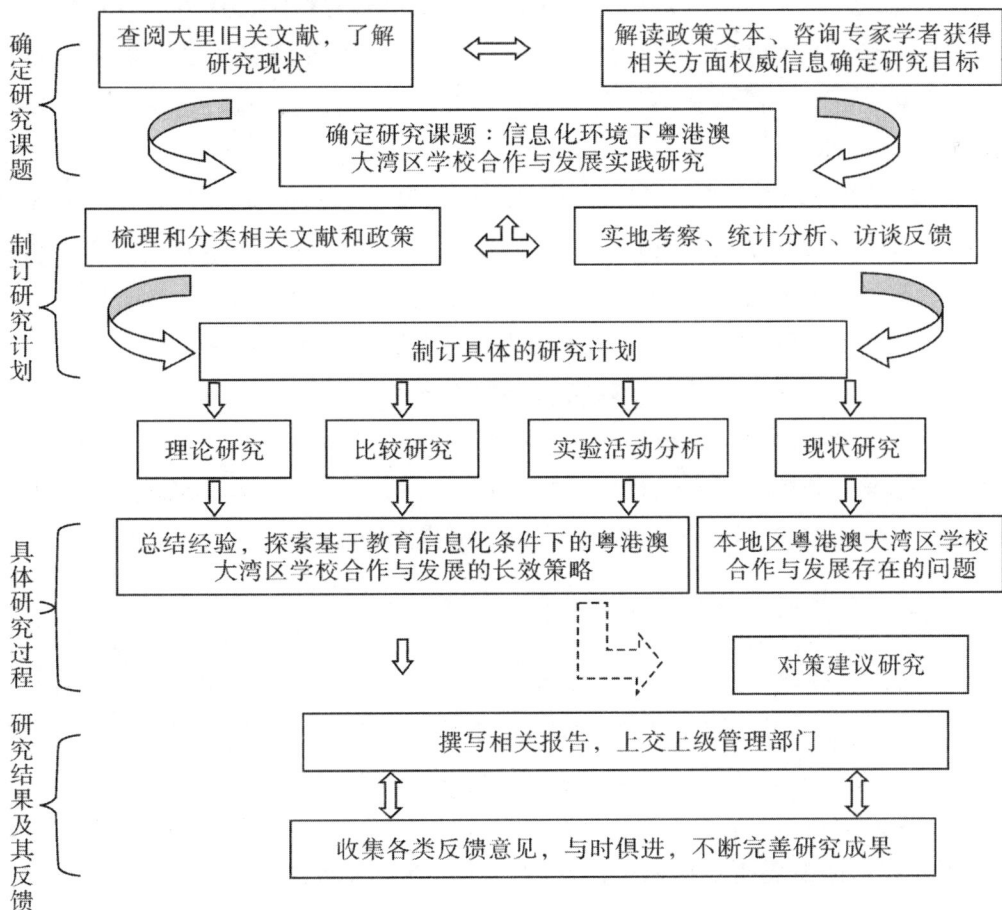

图1　技术路线

2. 研究步骤

第一阶段：准备阶段（2019年3月至2019年5月）。

（1）成立课题组，组织课题组成员学习相关理论，研读相关国家政策文件，论证本课题。

（2）课题组设计课题研究方案，开展课题申报工作。

（3）落实研究经费和研究设施。

（4）制订研究计划。在原有穗港圆玄系列姊妹学校交流活动资料的基础上进一步收集和整理相关资料。

第二阶段：实施阶段（2019年6月至2020年11月）。

（1）实践研究阶段（2019年6月至2020年5月）。①比较不同类型学校发展现状，探寻姊妹学校合作背景。②完善数字化校园的建设研究，硬件方面包括学校智慧校园、四室建设、信息技术教学、管理用机、班级多媒体设备、录播室和数字智慧图书馆，软件方面包括数字化校园软件管理平台。③信息化校园的应用研究，包括信息化在育人、教育教学、办公管理工作方面的应用。④数字化教育教学资源的开发应用研究。⑤信息化应用评价体系的研究，主要侧重于对教育教学工作方面，包括粤港两地教师信息化校园应用水平和能力、效果进行客观的评价，以促进信息化校园的应用。⑥认真总结经验，深入交流讨论，撰写研究论文和研究报告，获得一系列相关实践研究成果。

（2）实践论证阶段（2020年6月至2020年11月）。对前期的成果进行研究、论证，在第二次合作交流中再次进行实验，分析结果差异，探讨原因，将不同现状问题结合当代信息技术前沿寻找最佳策略。在穗港圆玄系列姊妹学校交流活动中建立增强民族认同感和爱国精神的活动模式，并在此基础上展开一系列培训应用与实践，通过两地师生互访活动实践完成活动模式的开发和积累经验。

第三阶段：总结阶段（2020年12月至2021年3月）。

收集、整理、分析在研究过程中汇总的相关资料，归纳总结课题的研究成果，形成理念，撰写研究报告，准备结题验收，并将成果加以推广。

三、研究成果及结论

（一）研究成果

（1）《信息化环境下粤港澳大湾区学校合作与发展实践研究》研究报告（撰写中）。

（2）信息化教育教学资源的开发应用及资源库的创建（包括主题活动集、课程开设案例、课堂案例等）。

（3）课程协同发展研究报告（撰写中，已形成德育课程发展报告1个）。

（4）穗港圆玄系列姊妹学校活动集（案例6个）。

（5）研究专著1本及论文成果汇编（现发表论文1篇）。

（6）教学案例、课例、主题活动方案集等（17个）。

（二）研究结论

穗港圆玄系列姊妹学校教育交流活动，以师生实践活动为载体，以信息化为辅助途径，以提升国家认同为目的，让参与活动的两地师生从心理上增强对自己归属于祖国这一政治共同体的认知和情感。内地师生在共同参与活动的过程中，以"润物细无声"的方式，让来自香港姊妹学校的师生对内地的历史、文化、政治体制运作进行深入了解，从国家身份认同感、民族观、国家观、价值观等方面积极影响香港师生。这种切身感受比书面文字更能触碰人心，更能让香港青少年增强国家身份认同感和民族自豪感，这对于推动粤港澳大湾区教育合作发展大有裨益。

（三）研究创新之处

本课题与粤港澳大湾区的建设、发展紧密关联，符合当下地区学校发展的大趋势，有利于促进粤港学校的深度交流与信息化发展；课题着力在信息化环境下进行粤港学校的合作与发展，研究方向与学校发展相融合，可操作性强，对学校的发展有着重要的促进作用；本校已经与粤港学校建立联盟学校、姊妹学校，为本课题的开展提供了基本保障。

四、研究总结及反思

（一）研究中获得的经验

粤港澳大湾区姊妹学校结对交流是为了更好地响应国家政策号召及符合地方社会发展需求，对于增进三地青少年相互了解，促进三地青少年相互学习具有积极作用。互访交流活动能够为粤港澳大湾区青少年提供一个温馨的、有归属感的场域，使他们能够更深层次地了解、认知中华文化，增强对中华文化的认同感。本次研究在增强中华文化认同感的基础上，从赛事交流、游学交流、学校课程学习交流、体育交流等几个方面，以"内生"形式切实让港澳师生在实践参与中感受中华文化的魅力，增强粤港澳大湾区青少年中华文化归属感，促进中华文化认同的实践达成，培育他们对中华民族的情感，树立、培养与铸牢中华民族共同体意识。

（二）研究中遇到困难的突破办法

课题研究的主要内容较多，需要对研究内容进行细化界定，使内容更细致、更合理、更具有操作性。课题组将着重研究如何利用信息化手段促进粤港学校的交流与发展，着力于形成信息化环境下交流、发展的模式与经验总结。

（三）对后续研究与课题管理的意见与建议

在后续研究中，我们计划总结目前可行的穗港姊妹学校教育合作交流经验，通过现场活动、网络、刊物等形式来推广本课题的优秀成果。一方面使优秀成果迅速转化为大湾区基础教育合作和交流的推动力，发挥教育科研成果对教育改革和发展的推动与引领作用；另一方面，计划在后一阶段课题管理中，注重教育科研成果的校内推广，预期将为学校其他课题研究、教育科研再一次动员作出贡献，让更多的学校管理人员和教师认识到教育科研的重要意义，感受到教育科研是学校和教师工作的一部分，是教育改革和发展的助推器，是教师专业成长的重要平台，是提升教育教学质量和学校办学水平的有效途径。

五、研究案例点评

（1）课题选题较有价值。课题以粤港澳姊妹学校交流为基础，对粤港澳大湾区姊妹学校教育合作交流进行系列实践研究，在不同体制姊妹学校合作中，积极探究发展共识，创新合作模式，在尊重差异的基础上发展学校特色，推动学校走向现代化。

（2）课题开展比较扎实，课题成员结构合理，管理科学，工作分工详细明确。在研究过程中，前期做了一系列的准备工作如完善数字校园的建设、数字化教学资源的开发，落实好研究的前期保障。

（3）课题需要加快研究进度，做好研究过程性资料的整理，做到边进行实践研究、边总结研究成果；也需要进行理论提升，细化研究问题，加强相应研究方法和思路的指导。在后续的研究过程中，还应认真做好研究的总结及反思。

案例单位：广州市花都区邝维煜纪念中学
负　责　人：黄润带
研究类型：专题研究

基于钉钉未来校园构建区域乡村教师发展治理模式的研究

一、研究背景及目标

（一）研究背景

2015年，国务院办公厅提出"全面提升乡村教师能力素质"应作为加强乡村教师队伍建设的重要举措之一。2018年，教育部等五部门联合提出开展乡村教师素质提高行动，"建立健全乡村教师成长发展的支持服务体系，高质量开展乡村教师全员培训，培训的针对性和实效性不断提高"。2018年1月，中共中央、国务院提出"到2035年……教师管理体制机制科学高效，实现教师队伍治理体系和治理能力现代化"。有文件指出，努力构建"互联网＋"条件下的人才培养新模式、发展基于互联网的教育服务新模式、探索信息时代教育治理新模式。进一步落实好乡村教师支持计划，特别是要加强对贫困地区乡村教师队伍的建设，努力建设一支符合乡村特别是贫困地区脱贫致富目标需要的新时代教师队伍。"基于钉钉未来校园构建区域乡村教师发展治理模式的研究"这一课题就是基于国家政策确定的。

（二）研究问题

（1）在学校烦琐的常规事务性工作、繁重的教育教学任务情况下，如何使学校领导与教师将更多的时间和精力投入教育教学教研活动中？

（2）"双肩挑"的班主任要如何实现高效的班级管理与学科教学两不误？

（3）在山区大班教学，教师难以顾及每个学生的学习情况的背景下，教师如何在课堂上有效突破重难点，保持学生的学习兴趣？

（4）单一的线下集中学习、线上远程培训已经不能满足山区教师的专业发展需求，如何使教师培训高效、多样？

（三）研究目标

（1）借助钉钉未来校园构建区域乡村教师发展的可推广治理模式，实现县校一体化，多元角色参与共同治理，实现教育治理体系和治理能力现代化。

（2）借助钉钉未来校园促进区域乡村教师教育教研专业发展、学生学习个性化发展，实现师生共同发展。

二、研究内容及过程

（一）研究内容

（1）基于钉钉未来校园五个在线（组织在线、沟通在线、协同在线、业务在线、生态在线）的移动办公、会议安排、校园行事历、移动审批、考勤打卡、家校共育等功能，构建县校一体组织架构，通过多元角色（教育管理部门、学校、教师、家长、学生）参与治理，帮助学校实现全面数字化转型，打造学校的数字化管理平台，转型升级，降本增效，实现精准治理。

（2）将钉钉开放平台融入课堂教学过程，接入物联设备，创新教学过程和教学活动空间。丰富课程资源，延伸感官，提高认知；改变教育思维模式，开展深度学习；通过物联数据分析，改革评价方式；智能评价教学与学习行为，创建智慧课堂，实现学生个性化学习与发展，促进师生共同发展。

（3）借助钉钉平台的群直播、空中课堂、智能会议室、日志，在线对课例或其他专业培训进行学习与研修；通过智能课后学情分析，对教师的教学教研工作进行精准综合评价，创新师资管理，提高教育教学工作效率，推动教师专业发展。

（二）研究思路

梳理目前国内外有关"钉钉未来校园""乡村教师发展""治理"等相关理论成果和实践经验，对比分析钉钉平台的优缺点，调查区域乡村教师现行的工作方式与教育教学方式及满意度，构建钉钉县校师生组织架构，进行"基于钉钉未来校园构建区域乡村教师发展治理模式"的三轮循环行动研究，后测收集反馈意见、完善形成区域研修治理模板。具体研究思路如图1所示。

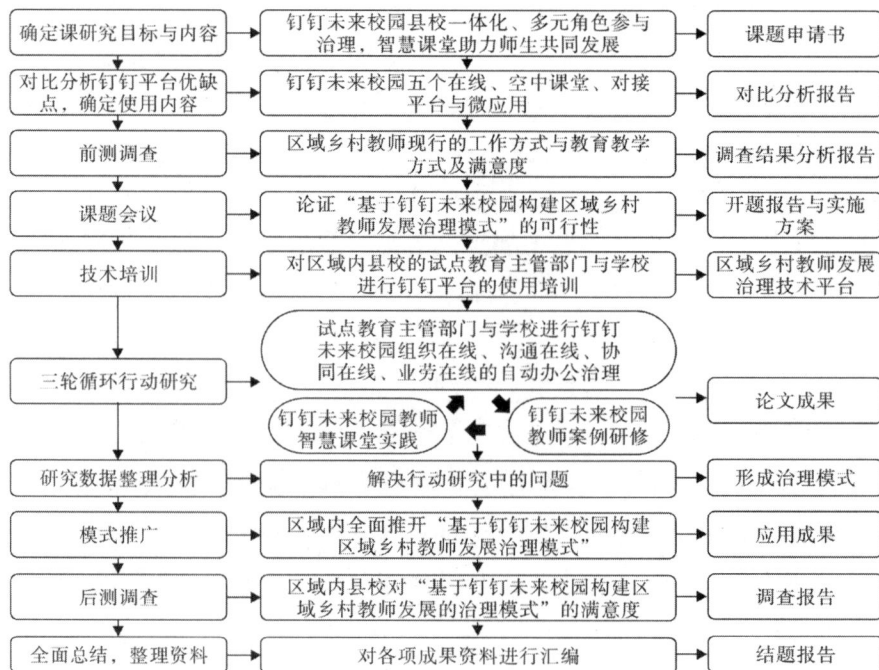

图1　基于钉钉未来校园构建区域乡村教师发展治理模式的研究思路

（三）研究方法

（1）文献研究法。调查国内外有关"钉钉未来校园""乡村教师发展""治理"等相关理论成果和实践经验，为课题寻找理论支撑。

（2）行动研究法。对治理模式进行实践，通过三轮以上的循环研究构建"基于钉钉未来校园构建区域乡村教师发展治理模式"。

（3）案例研究法。对优秀课例进行采集与分析。

（4）问卷调查法。前测国内外有关"钉钉未来校园""乡村教师发展""治理"等相关理论成果和实践经验；后测收集实践反馈。

（四）研究工具

在课题开展前后设计并使用了调查问卷进行调查。

（五）研究团队构成

课题组主持人1名，成员8名。具体介绍如下。

马潜福：课题主持人，信息技术高级教师，连山教育局教育股股长。负责课题研究的总体策划和引领、理念的培训、研究经费的筹集。

何思：课题组成员，小学英语一级教师，连山佛山希望小学英语教研组组长。负责收集、分析课题前测、后测调查问卷的数据，采集与分析英语学科、班级管理的优秀课例，协助完成"基于钉钉未来校园构建区域乡村教师发展治理模式的研究"之课堂教学模式和家校共育模式。

黎秀义：课题组成员，小学英语高级教师，连山佛山希望小学教学副校长。负责指导收集、管理课题资料，撰写各类研究报告；采集与分析英语学科、教师评价的优秀课例，协助完成"基于钉钉未来校园构建区域乡村教师发展治理模式的研究"之课堂教学模式和教师培训（评价）模式。

莫异乾：课题组成员，中学一级教师，连山佛山希望小学副校长（主管学校信息技术应用）。负责钉钉未来校园的应用培训和项目策划，指导利用钉钉未来校园平台构建各类治理模式，采集与分析信息技术、班级管理的优秀课例，协助完成"基于钉钉未来校园构建区域乡村教师发展治理模式的研究"之家校共育模式。

莫少萍：课题组成员，小学语文一级教师，连山佛山希望小学教导处副主任。负责设计课题前测、后测调查问卷，采集与分析语文学科的优秀课例，协助完成"基于钉钉未来校园构建区域乡村教师发展治理模式的研究"之课堂教学模式。

唐运辉：课题组成员，小学数学一级教师，连山永和中心小学校长。负责采集与分析学校管理、数学学科的优秀课例，协助完成"基于钉钉未来校园构建区域乡村教师发展治理模式的研究"之学校管理模式和课堂教学模式。

黄程显：课题组成员，中学数学一级教师，连山太保镇中心学校教务处主任。负责采集与分析学校管理、数学学科的优秀课例，协助完成"基于钉钉未来校园构建区域乡村教师发展治理模式的研究"之学校管理模式和课堂教学模式。

韦先宇：课题组成员，中学语文一级教师，连山大富小学校长。负责采集与分析学校管理、语文学科的优秀课例，协助完成"基于钉钉未来校园构建区域乡村教师发展治理模式的研究"之学校管理模式和课堂教学模式。

谢镇宇：课题组成员，中小学一级教师。负责指导利用钉钉未来校园平台构建各类治理模式，协助完成"基于钉钉未来校园构建区域乡村教师发展治理模式的研究"之区域分享模式。

（六）研究进度安排

1. 准备阶段（2019年7月至2019年12月）

（1）查阅文献资料，调查国内外有关"未来校园""乡村教师发展""治理"等课题的相关理论成果和实践经验，为课题寻找理论支撑。

（2）对比分析钉钉平台的优缺点，找准课题研究的切入点。

（3）开展区域乡村教师现行工作方式与教育教学方式及满意度调查。

（4）组织课题成员分析调查结果。

（5）召开课题研究会议，讨论、论证课题方案的可行性，初步制订研究方案，明确研究思路，落实研究任务。

（6）撰写开题报告，研讨实验方案。

2. 实施阶段（2020年1月至2020年12月）

（1）对区域内县校的试点教育主管部门与学校进行钉钉平台的使用培训。

（2）试点教育主管部门与学校进行钉钉未来校园组织在线、沟通在线、协同在线、业务在线的自动办公治理的第一轮行动研究。

（3）各试点学校开展钉钉未来校园物联智慧课堂的第二轮行动研究。

（4）各试点学校开展钉钉未来校园教师案例研修的第三轮行动研究。

（5）整理分析研究数据。

（6）形成研究成果。

（7）对行动研究结果与研究前测结果进行比较研究，并再次解决与完善行动研究中遇到的问题。

3. 总结阶段（2021年1月至2021年6月）

（1）在区域内全面推广"基于钉钉未来校园构建区域乡村教师发展治理模式"。

（2）后测调查县校对"基于钉钉未来校园构建区域乡村教师发展治理模式"的满意度。

（3）对照课题方案进行全面总结，整理资料，分析反思，完成各项成果资料汇编工作，撰写结题报告。

三、研究成果及结论

（一）研究成果

黎秀义的论文《例谈"钉钉未来校园"在山区学校管理中应用》于2020年3月在《教育界》杂志上发表；论文《基于信息技术构建"多味"英语课堂》于2020年4月在《学英语》报（教学研究）第40期发表；论文《山区学校基于"钉钉"的英语移动学习探索》于2020年5月在《教育信息技术》杂志上发表。

（二）研究结论

连山壮族瑶族自治县教育局区域融合切实提高乡村教师专业发展水平。连山壮族瑶族自治县教育局已在钉钉建立了全县语文、数学、英语、信息技术教师组织架构，各类教研活动消息一键即达。各试点学校均建立了本校组织架构，并购置了相应的信息化设备，如校门智能人脸识别门禁、校园智能网络、云打印、无线投屏、智能会议室、人脸识别考勤等硬件，基本实现了学校管理与班级管理的数字化转型，提升了学校领导与班主任的管理能力。在钉钉云课堂建成了较大的教研学习库，教师随时随地都可进行学习，"希沃信鸽"也已经建有部分共享资源，使教师的教学与教研能力得到了一定的提高。

（1）促进城乡教育均衡。在不新增设备、不建专用录播室的情况下，利用"钉钉未来校园""希沃信鸽"等平台设备和"班班通"教育城域网，实现了城镇学校与乡村学校同步共享名课优课，可解决偏远山区中小学音乐、美术等学科"上不好"的难题，并适时进行网络督导和数据统计，着力实现网上研讨、交流、咨询，网上授课常态化、制度化、全面化、个性化，提升城乡教育一体化发展水平。

（2）助推教育精准扶贫。在云计算、互联网等技术支持下，通过"钉钉未来校园"将全县各中小学校联点成线、织线成网、结网成平台，实现无缝式管理，以名校带教学点、名优教师带乡村教师的长效工作机制，帮助农村教学点或薄弱学校的教师实现专业成长，彰显教育公平，推动优质教育资源分享效益最大化，惠泽边远山区农村学校的学生，打通了教育扶贫的"最后一公里"。

（3）深化应用融合创新。基于"钉钉未来校园""希沃信鸽"等平台构建的乡村教师专业发展模式不局限于音乐、美术、英语等学科教师的专业发展，还要利于多校教师共同开展网络教研活动，通过开设语文、数学等同步课程，让各校学生能够同步互动、异步共享"六一"儿童节、共诵一首古诗词等德育主题活动和校园文化活动，实现了信息技术在区域协作中的融合创新。

连山壮族瑶族自治县教育局采用 "钉钉未来校园"与"希沃信鸽"进行"区域融合助力乡村教师专业发展"项目的效果，得到了广州市天河区教育局领导、连山县教育局、连山县大部分教师、连山县大部分学生家长的一致好评。

（三）研究创新之处

（1）理念创新。构建区域乡村教师发展共同体，实现县校师生四位一体，协同发展。

（2）模式创新。构建县校一体化乡村教师发展的多元角色参与共治模式。

（3）技术创新。将钉钉的即时通信、移动办公、数据化智能分析、移动物联融合应用于区域乡村教师发展模式，助力组织实现转型升级、降本增效，形成简单、安全、高效、以人为本的新工作方式。

四、研究总结及反思

本研究采用的"钉钉未来校园""希沃信鸽"等平台具有低成本、大规模、高效率等优点，如何发挥好这些平台在山区教育信息化建设中的作用，是我们一直在努力探索的课题。

基于信息技术构建经济实用的乡村教师专业发展模式虽取得了一定的成效，但要做到高水平、高效益绝非一朝一夕之功。目前只能在语文、数学、英语、信息技术等学科上应用实践，而区域融合方面仍有欠缺，区域间互动与交流也还不够。解决这一问题需要教育局召开部署会、培训会、推进会，局领导专门抓、亲自督。一方面遴选热爱学生、业务精湛、富有仁爱之心的研究团队、主讲教师团队、辅导教师团队，激励老师驰而不息、久久为功，在业务上勤钻研、多用心；另一方面要及时向互联网、电视台、报社、期刊社等媒体推介好的做法和先进典型，进一步营造浓厚的宣传氛围，提高教师工作的积极性、创造性。

五、研究案例点评

该课题在同类研究中属于首创，是基于国家政策确定的选题。"钉钉未来校园"解决方案包含全系列智能硬件产品，覆盖了校园安全、教师培训、智能教室、家校共育等各个环节，具有低成本、大规模、高效率等优点。其五个在线（组织在线、沟通在线、协同在线、业务在线、生态在线）及微应用对接完全符合信息化2.0行动计划的要求，特别适合在乡村地区学校进行应用，帮助学校实现全面数字化转型，打造属于区域学校的数字化运营管理平台，让学校具备大数据处理和决策能力，实现县校区域一体化，构建多元角色参与治理模式，构建教师发展共同体，促进乡村教师发展，构建区域乡村教师发展治理模式。另外，课题利用广州市天河区与连山壮族瑶族自治县作为教育部教育技术与资源发展中心（中央电化教育馆）"信息技术支持下的区域研修模式研究及试点"项目的试点区的机会，借助天河区的教育帮扶，共同构建可推广的区域乡村教师发展治理模式。国家振兴靠教育，教育的关键在教师，该研究是对国家贫困地区教育发展的探索，为同类区域的教师发展提供参照，引领教育信息化提质升级。

案例单位：连山壮族瑶族自治县教育局

负 责 人：马潜福

研究类型：专项课题

综合实践活动基地智慧农业教育馆建设与应用研究

一、研究背景、问题及目标

（一）研究背景

"智慧农业"是集互联网、移动互联网、云计算和物联网技术于一体的农业生产方式，它与科学的管理制度相结合，让多种信息技术在农业中实现综合、全面的应用。农业与我们的生活密切相关，但是，随着城市化进程的不断推进，在城市中生活、学习的中小学生很少有机会直接接触农业，对农业的认知极其薄弱。此外，在综合实践活动基地开展针对中小学生的农业科普活动较为常见，但是迫于资金压力和相关从业人员经验不足的情况，在综合实践活动基地中建设智慧农业教育馆，并针对中小学生开展智慧农业主题教育活动尚属鲜见，我们在智慧农业教育方面所做的探索必将为全国校外教育乃至中小学教育提供可资借鉴的经验。我们认为本课题的选题具有很好的实用价值和推广应用价值。

（二）研究问题

（1）结合基地自身发展趋势与需求，如何开发出适合本基地不同学段教育对象的智慧农业教育课程体系？

（2）结合基地温室大棚的实际条件，如何确定最符合基地实际教育需求的场馆建设与应用方案？

（三）研究目标

（1）通过课题研究，探索现代智慧农业教育场馆的建设与应用，更好地深化我校"智慧教育""智慧基地"的内涵，为广东省乃至全国综合实践活动基地的智慧农业教育馆建设提供样板。

（2）以智慧农业教育馆为主要教学场馆，针对本校初中部和职高部学生、基地不同学段学生等多群体教育对象开发智慧农业主题综合实践活动课程。

（3）根据目前国内智慧农业教育案例与基地实践案例，总结在智慧农业教育馆建设与应用方面的经验，并在校内外教育领域推广应用。

二、研究内容及过程

（一）研究内容

研究内容如图1所示。

（1）通过对现行智慧农业教育案例的总结分析，结合基地自身发展趋势与需求，开发出适合本基地不同学段教育对象的智慧农业教育课程体系。

（2）综合运用计算机网络技术、物联网工程和软件工程等方法，结合基地温室大棚的实际条件，确定最符合基地实际教育需求的智慧农业教育馆建设与应用方案。

（3）依托智慧农业教育馆，探索基地智慧农业主题课程资源库的建设与应用。

（4）通过智慧农业教育馆活动实例，分析、总结智慧农业综合实践活动的智慧教育策略。

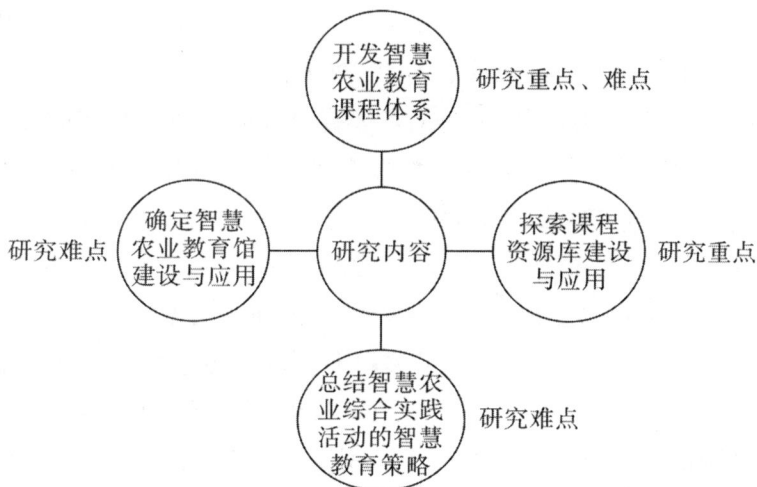

图1 研究内容

（二）研究思路

1. 课程先行，建用合一

综合目前全国各基地教育场馆建设的情况与经验，我们认为，智慧农业教育馆应该首先关注场馆未来的"教育"功能，先进行场馆教育课程的设计。课程设计涉及教育对象的年龄、学段、人数，学生在场馆内的活动方式等因素，这些因素都会直接决定智慧农业教育馆的整体规划与设计；也只有充分考虑了场馆教学活动的场馆规划设计，才能完美地实现"建用合一"，避免资源的浪费。

2. 广泛借鉴，双"智"融合

目前国内在基地建设智慧农业教育馆，尚无前例，但国内外在智慧农业建设方面取得了很多创新性的成果，也有一些公司以学生、家庭群体为主要对象建设了农业科普型的场馆，如"中国第一个世界级智慧农场——中粮农业生态谷"，其中智慧农业中心，就是一个典型的智慧农业教育馆，该中心通过展示示范、科学体验等平台的构建，引领中小学生开展科技成果任务讲解、科普教育互动实践、科技种植学习体验等一系列活动。四川省绿然现代农业科技有限责任公司以"绿然智慧农业有机富硒体验园"为代表的"中国智慧农庄体验园"项目，也已经面向中小学生开展体验活动……基地将广泛借鉴这类公司在智慧农业教育馆建设方面的经验，结合智慧化的教育技术装备与教学策略，将"智慧农业"与"智慧教育"充分融合，用"智慧教育"方式实现对"智慧农业"的认识，同时借"智慧农业"展现"智慧教育"，让学生在"双智"模式下获得独特的活动体验。

（三）研究方法

（1）行动研究法。基地的智慧农业教育馆将由基地提出需求，采用校企合作的模式与相关公司工作人员一起进行规划设计。在场馆建设的实际工作中开展课题研究，以提高行动质量、改进实际工作、解决实践问题。

（2）调查研究法。赴中粮农业生态谷等智慧农业中心、华南农业大学等高校调查，了解深圳各智慧校园示范校相关智慧教育实例，通过与相关专家、领导访谈座谈等多种形式，梳理教育馆内需要设计的各个实物项目，确定馆内的智慧教育呈现方式。

（3）案例分析法与经验总结法。建馆之前，课题组需要搜集教育场馆建设、智慧农业、智慧教育、学生参加智慧农业体验活动方面的典型案例，充分总结类似场馆建设与使用的经验，并整理分析，以了解目前国内外智慧农业、智慧教育的实施现状；同时对国内相关公司、基地、青少年宫等校外活动场所中学生参与农业主题综合实践活动的具体情况进行归纳与分析，使之系统化、理论化，并上升为经验，为课题研究奠定扎实的基础。

（四）研究工具

（1）智慧农业系统——手机App、网络通信、物联网、自动控制及软件技术，农业智能环境监控系统，用于课程开发、课程试行（学生体验现代种植技术、感知物联网技术等）。

（2）课程满意度调查问卷——用于课程试行阶段，能够及时获得学生的课程反馈，不断提升教学质量。

（五）研究团队构成

本课题的5名主要参加者，都具有本科及以上学历，其中3人具有硕士研究生学历。1人为校长，1人为中层干部，2人为农业专业型人员，1人为课程开发研究人员。

杨焕亮，2003年4月至2011年1月任深圳小学校长，兼任深圳市教育学会基础教育专业委员会副理事长；2011年1月至今，任深圳市电化教育馆副馆长、深圳市教育信息技术中心主任；2018年1月至今，任深圳市育新学校校长。其多次主持国家、省、市重点教科研课题，曾获省级课题研究"优秀成果奖"1次，市级"教科研优秀成果奖"二、三等奖各1次。在国家级、省级、市级专业刊物发表多篇教育教学论文，主编出版"生态教育"和"智慧校园"文集各3册。

汪涛，深圳市育新学校信息技术中心主任，有丰富的学校与基地场馆信息化建设经验，其论文《信息化支撑下的综合实践场馆教育》被收入电子工业出版社出版的《智慧教育成就未来幸福——深圳市"智慧校园"建设与应用典型案例集（第一辑）》（ISBN 978-7-121-27990-4）；《公共安全专题教育》《科技专题教育》分别获广东省教育厅"实践育人"系列——"百项优秀校外教育成果"一、二等奖。

江夏，深圳市育新学校综合实践教育部教师，专注基地自然生态类课程开发的研究与教学工作，其研究成果《微景观生态瓶DIY》在2017年第4期于《综合实践活动研究》杂志上刊发，《让美育德育渗透在学生的玩中》在2016年"建设创新型城市，培养创新人才"主题征文征集和评选活动中获二等奖，《开展植物观察类实践教育的探索》在广东省中小学教育协会第四届年会论文评选中获二等奖。

谢国遵，深圳市育新学校综合实践教育部教师，专注基地自然生态类课程开发的研究与教学工作，其研究成果《一蝶一世界》在2016年"建设创新型城市，培养创新人才"主题征文征集和评选活动中获二等奖，《浅谈蝴蝶教育馆在教学中的应用》在广东省中小学教育协会第四届年会论文评选中获二等奖。

周玫瑰，教育学（课程与教学论）硕士，深圳市育新学校综合实践教育部教师兼教研员，专注基地课程开发的研究与实践工作，其研究成果《基地展馆课程开发研究》获2012年首届全国未成年人校外教育理论与实践研究优秀成果一等奖，论文《专题实践教育浅论》获广东省教育厅"实践育人"系列——"百项优秀校外教育成果"一等奖。

（六）研究进度安排

第一阶段：调研，案例收集与分析（2019年4月至2019年6月）。对现代农业大棚实际条件开展调研，分析智慧农业教育馆教育资源，对智慧农业教育案例进行收集与分析。

第二阶段：形成智慧农业课程开发方案（2019年7月至2019年8月）。以课程资源建设为主，以"智慧农业"为主题，开发并形成智慧农业课程开发方案。

第三阶段：形成智慧农业教育馆建设方案（2019年9月至2020年1月）。以智慧农业课程开发方案为依托，形成智慧农业教育馆建设方案。

第四阶段：场馆建设与师资培训（2020年1月至2020年9月）。在智慧农业教育馆建设方案的基础上，着力建设智慧农业教育馆，同时加强师资培训。

第五阶段：课程试行、反馈修改、课程实施（2020年10月至2020年12月）。在智慧农业教育馆开展相关课程的试课磨课活动，不断反馈修改，待课程成熟后正式实施智慧农业相关的综合实践活动课。

第六阶段：结题（2021年1月至2021年4月）。总结智慧农业教育馆建设与应用情况，撰写研究报告，课题结题。

目前，课题研究正处于第四阶段，智慧农业教育馆的建设工作已接近尾声，并形成了1到2个智慧农业综合实践课程教学案例。

三、研究成果及结论

（一）研究成果

通过研究，课题组进行了一系列研究实践，并形成了阶段性的研究成果，主要有智慧农业教育馆建设方案、智慧农业教育馆、智慧农业综合实践教学课例、教学论文1篇。

（二）研究结论

目前课题研究正在进行中，尚未提炼出课题研究结论。

（三）研究创新之处（或突出特色之处）

（1）拟建设的智慧农业教育馆将采用现代农业大棚物联网大数据平台等目前国内智慧农业最先进的生产系统，结合美钥码探索系统、农业地图演示系统、3D未来教学系统、录播系统等智慧教育支持系统，打造"双智"型基地智慧农业教育馆。

（2）基地综合实践活动往往通过主题场馆开展活动，这就要求基地的场馆建设要以教学实际需求为目的，但目前基地真正自主、科学、系统地实践"课程先行"的场馆建设案例极少。我们认为，不论是"场馆课程化"还是"课程场馆化"，都必须通过实际案例进行行动研究，由此总结出具有推广价值的基地"场馆＋课程"一体化建设与课程开发经验。本课题将在这一领域进行深入研究，探索场馆与课程高效融合的场馆建设模式与课程开发模式。

四、研究总结及反思

（一）研究中获得的经验

在本课题的开始阶段，智慧农业教育馆已按照预定的手续流程加紧建设，但是工程建设过程中总会不可避免地出现或多或少的问题，从而造成竣工时间的延迟。在场馆能投入使用之前，我们需要课程先行，做好课程的开发方案，而不能等到万事俱备才开始行动，这样我们才能提高课题工作的效率，同时也能为后面的"课程试行、反馈修改、课程实施"阶段做好准备和铺垫工作。

（二）研究中遇到的困难及突破办法

研究中遇到的困难有智慧农业教育馆的竣工时间问题（目前已基本解决）、教师培训问题、教师信息素养问题、成果提炼问题。突破办法是加强与学校领导沟通，落实项目的各项工作，加强教师培训及提高教师信息素养，在专家的引领下不断解决问题。

（三）后续研究方向

课题组教师继续加强与学校领导的沟通，加强场馆后续建设和管理，提高场馆的科学性和智慧性；加强与其他学科骨干教师的交流学习，互相试课磨课，反馈修改；在成果提炼方面，希望在专家的引领下不断解决问题，准确提炼出我们预期所需要的研究成果。

（四）对后续研究与课题管理的意见与建议

对于后续研究，我们将加强与学校领导沟通，争取更多的支持，落实课题的各项工作。同时，课题组成员要加快研究进度，做好课题工作的合理分工，深入研究。

五、研究案例点评

该案例旨在建立智慧农业教育馆，针对中小学生开展智慧农业主题教育活动，这样的实践极具特色与创新性。该案例的研究成果，如智慧农业教育案例、基地实践案例、智慧农业教育场馆建设与应用经验等，可在国内中小学教育与职高教育领域推广应用。从大局而言，智慧农业对农业现代化进程有深远影响，可推动农业结构调整，加快发展农村经济，提高农民收入，因此，该案例具有很大的价值。

案例单位：深圳市育新学校

研究类型：重点课题

基于大数据技术下构建智慧型教育治理模式研究

一、研究背景、问题及目标

（一）研究背景与问题提出

我校以"培育现代君子"的办学理念，"以人为本，可持续发展"的办学模式来打造我校特色品牌。多年来，我校先后被评为"广州教育e时代实验学校""广州市红领巾示范学校""广东省一级学校""广东省教育信息中心校"。结合广州市教育局发布的《广州市中小学智慧校园建设试点工作实施方案》，我校将探索信息技术环境下教育治理工作的新模式、新方法，提升学校整体信息技术应用水平。我校OA系统上线后，通过多年系统的更新与升级，已与学校微信实现无缝集成，由此可提升OA系统在移动端的功能。微信已经成为所有人必要的通信工具，微信OA也已经成为主流的OA应用场景，通过微信OA的部署，可实现与PC版OA在数据层面的无缝集成，这将大幅度提升工作效率。我校利用升级改造后的校园OA应用平台，把学校、教师、学生和家长通过平台紧密联系起来，以提升教学质量，同时推动传统课堂教学模式的变革与创新。

学校现有管理平台的使用已实现常态化，且与学校管理的结合也已较为成熟。下一步我校将把重点放在校园治理上，从学校、教师、学生、家长角度出发，对应用平台进行更大程度的整合，特别是将现有的日趋成熟的人工智能技术与学校应用平台更好地进行整合。

（二）研究目标

根据课题研究内容，拟订以下研究目标：①应用大数据技术实现对教师的精确提升；②应用大数据技术实现学生素质治理；③应用大数据技术实现智慧阅读全面开展；④应用大数据技术实现对设施设备的准确监控；⑤应用大数据技术实现教学改革全面优化；⑥应用大数据技术实现后勤工作精细化保障。

二、研究内容及过程

（一）研究内容

本课题的研究内容如下。

（1）通过采集教师工作大数据，多维度对教师的绩效进行评估，量化教师学期工作，形成对教师的准确定位。

（2）通过采集学生学习过程的大数据，形成学生个人档案，从八大维度对学生进行综合评价。

（3）通过分析学生阅读数据，推送符合学生阅读水平的书籍，精确定位学生的阅读情况，并以排行榜的形式反馈到学生端。

（4）通过大数据监控场内及场外设施和设备的使用情况，节能减排，精确分配资源。

（5）通过课堂大数据的记录精确分析课堂改革过程中产生的数据，并反馈到各教师端，以促进年级学科组教学改革。

（6）通过对大数据进行的分析，明确后勤工作的精准度，完全实现后勤管理工作信息化和智能化。

（二）研究思路

本课题研究分三个阶段进行。

（1）第一阶段：重定发展规划，扎实推进各项信息化工作（2019年1月至2019年9月）。基于研究过程中遇到的问题，我校重新制订了学校信息化发展规划，通过"学校管理、家校沟通、校园文化、智慧阅读、智慧课堂、大数据分析"等不同模块的推进，构建即时互联互通的信息化环境，致力于提升学校管理、教育教学的效能，让学校管理走向卓越。具体发展规划如图1所示。

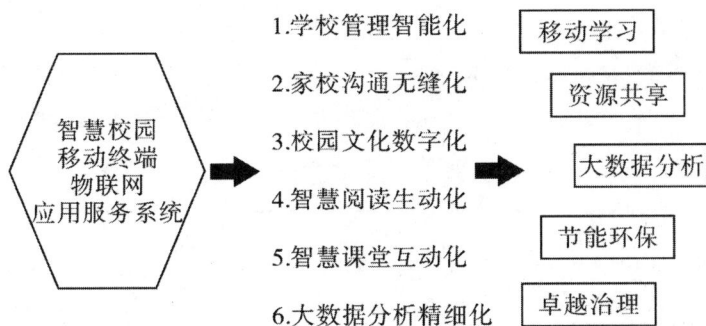

图1　发展规划

（2）第二阶段：高起点、高标准搭建云服务平台（2019年9月至2020年7月）。为了学校信息化管理的简便、即时，广东第二师范学院番禺附属小学（以下简称二师附小）始终坚持"一个平台"的理念，将日常办公系统、教学教研系统、德育量化系统、后勤管理系统、图书管理系统和视频点播系统等集成在一个平台上，立足学校现状，着眼长期规划，坚持平台的开放性、拓展性，以此为学校未来的建设打下良好的基础。平台在开发时已考虑到整体的体系结构，以避免系统间重复建设的问题。云服务平台具体包括的模块有学校管理、无缝化德育共建、数字化校园氛围、互动化智慧课堂和精细化后勤保障。

（3）第三阶段：不断修正云平台应用，务求高效实现学校现代化管理（2020年9月至2020年12月）。云服务平台搭建起来后，由学校不断征求行政人员、教师、家长、学生的日常使用意见，询问他们的使用感受，不断修正云服务平台的各大模块及相关功能，力求让平台服务学校、服务师生、服务家长，为学校在推进基础教育信息化建设过程中探索出一条可操作、低成本的新路。

（三）研究方法

（1）文献分析法。组织实验教师学习《互联网大规模数据挖掘与分布式处理》《数据挖掘导论》等重要文献，针对小学生的身心特点和我校的教育环境，在现有的研究基础上，整合有关大数据应用于教育治理的相关案例，从相关文献中提取本课题研究的必要理论基础。

（2）准实验研究法。在教学过程中进行准实验研究，开展一系列的教学研究活动，让教师和学生养成在智慧型教学管理模式下工作和学习的习惯，改变教师教学方式，提高教学管理水平，提高教学治理精准度，构建基于大数据技术的智慧型教育治理模式。

（3）行动研究法。在课题研究过程中，通过"实践—总结—反思—再实践"的科学理论来指导本课题，展开具体且有针对性的研究。在教学活动的开展过程中，邀请专家点评指导，提高课题研究的水平。

（四）研究工作分工及进度安排

本研究工作分工如表1所示。

表1　工作分工

序号	项目	负责人	完成时间
1	大数据技术支持下的教师管理	许杰华、梁韵茹	2020年12月
2	大数据技术支持下的学生治理	梁韵茹、黎燕婵	2021年3月
3	大数据技术支持下的后勤管理	梁韵茹、黎燕婵	2020年9月
4	大数据技术支持下的教学改革	许杰华、吴凤仪	2021年4月
5	大数据技术支持下的智慧阅读	苏彩凤、吴凤仪	2021年4月
6	项目汇总	苏千佳、莫嘉进	2021年7月

三、研究成果及创新之处

（一）研究成果

在二师附小推进信息化建设的两年来，学校不断摸索、砥砺前行，现已初具规模，成效初显。已培养了一批信息素养过硬的教师队伍，搭建起一套移动云服务平台，为学校的管理、教师的教学、学生的学习、学生的评价方式、家校的沟通、后勤的管理等构建了一个即时互联互通环境。基于移动家校云服务平台的智慧教育治理模式（图2）的课题研究成果如下。

图2　智慧教育治理模式

1. 大数据支持下的教师管理

（1）人脸识别实现了教职工人脸考勤系统无感知弹性考勤（见图3）。

图3　智能考勤

（2）通过管理员身份在手机端及时查看考勤结果，大幅提升管理效率并能借此将考勤功能扩展应用到教职工的会议考勤上。

（3）上班签到无纸化，通过微信连接Wi-Fi签到，并把数据同步至现有的学校管理平台，进行数据的深度整合。

（4）授课者在智慧校园平台上上传个人备课资料，开展教研活动，其他教师对其教研课例进行量表化评价反馈，数据结果直接反馈给授课者及相关学科负责人。

（5）通过大数据分析，在学期末整合教师个人教研数据和学生测评数据，形成教师个人教学活动评估报告。（图4）

图4 教研活动数据

（6）绩效考核的各项指标由教师自主填报，并在平台上接受民主评分，再通过管理者审核后，形成大数据绩效评估报告。（图5）

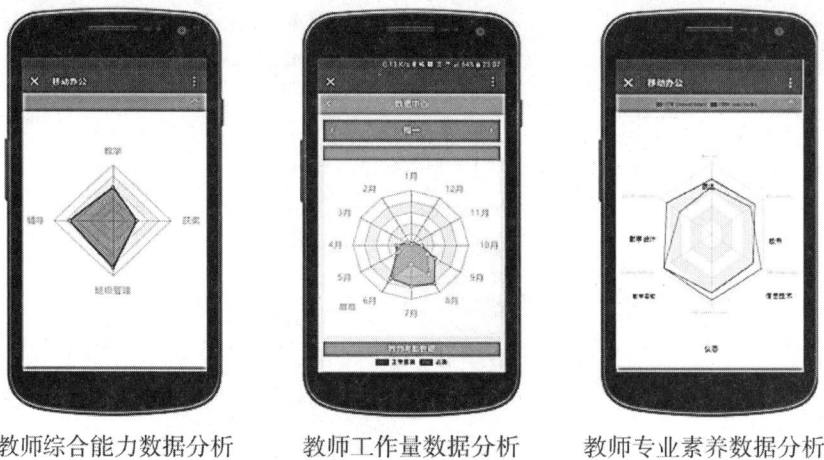

教师综合能力数据分析　　教师工作量数据分析　　教师专业素养数据分析

图5 教研专业发展数据收集

2. 大数据支持下的学生管理

（1）校门口门禁道闸增加刷脸进校功能，增加学生出校时抓拍功能，记录学生出校时陪同的家长。

（2）在学校主要通道和区域加装人脸识别摄像头，当学生出现在此区域时抓拍识别并记录在数据库，当需要查找某个学生时，只需输入学生姓名，就能查出某个时间段该学生出现在什么地方。

（3）每个教室安装设备，在系统中可以设置不同的考勤模式并及时生成考勤学生名单，以满足学生走班的要求。

（4）实现每节课学生人数的自动化考勤。

（5）实现与学校现有管理平台接口对接。

（6）实现学生个人档案分析系统，以八大素养指标精确分析学生在校、在家生成的各项数据，并通过大数据技术分析整理，帮助教师及时了解学生学习动态，制订个性化教育方案。（图6~图8）

（7）建立个性化作业任务跟踪体系及自适应校本检测题库，让学生得到最适合成长的强化练习和学习跟踪，促进教师对学生的深度分析，因材施教。

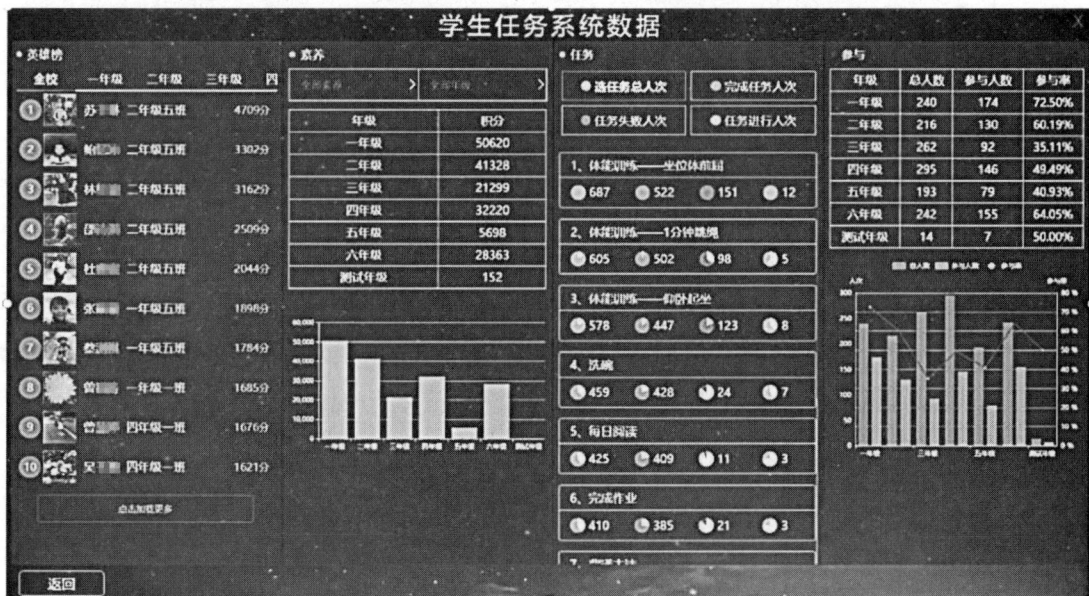

图6 学生任务系统数据

体质监测数据中心　学业成绩数据中心　综合素养数据中心　班级管理数据中心

图7 学生数据中心

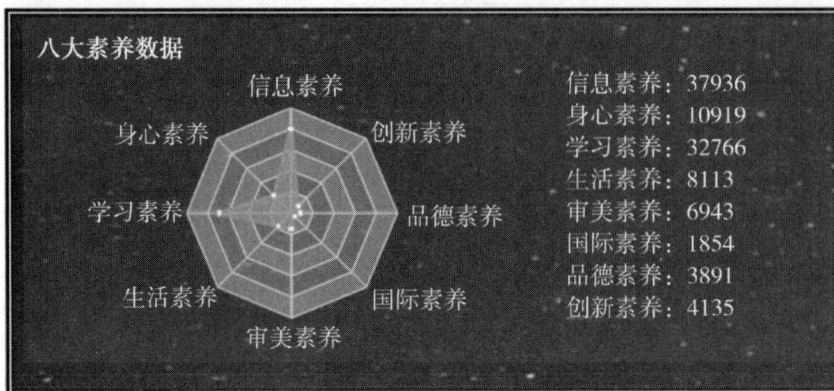

以国际素养为例：偏低—增加国际理解课程—更新任务系统—达到均衡

图8　八大素养数据

（二）研究创新之处

二师附小的云服务平台极具创新性。

1. 标准化接口

平台采用标准化接口，用户接入方面可以使用微信、QQ和广州数字教育城账号；在系统接入方面，得益于标准化接口，所有子系统互联互通，子系统可随时单独开启或关闭，轻松实现数据的交互与共享，避免信息孤岛的出现。

2. 统一的电子身份系统

平台采用统一的电子身份系统，无论是使用微信、QQ或广州数字教育城账号，都会与其唯一的账号绑定，可以在各子系统中任意通行，不需再重复登录账号。

3. 应用智能感应设备

平台结合先进的物联网技术，应用智能感应设备为校园提供更加便捷的管理，为大数据分析奠定基础。

4. 大数据分析

平台对数据库中的大量数据进行重构，对业务系统数据信息平台采集的大数据进行分析，为教学管理提供数据支撑和参考。

5. 移动终端应用

平台支持多终端应用，不同于传统的办公系统只能在PC端进行操作使用，平台支持手机微信访问，只需关注微信公众号即可使用，与微信平台有着良好的兼容性，教师可以通过微信登录平台处理日常办公事务，享受移动办公的便捷。家长也可以通过登录平台了解和反馈孩子的情况，享受家校沟通的通畅。

四、研究总结及反思

随着信息技术的不断革新，学校的智慧教育也将不断发生改变，在下一阶段，我校将进一步借助信息技术的力量，重点在以下几个方面加强应用，推进学校教育智慧化工作。

（1）图文识别技术的应用。现在的教师获奖系统是通过统一批量上传奖状，再由教师自行认领奖状并补充相关信息的，此方式智能化程度不足，计划将通过引入智能识别方式，读取匹配奖状内容，自动关联相关信息，让教师进入系统确认内容即可。这种方式将会大大减轻教师工作量，我校也准备将此技术应用于学校的文档管理。

（2）人脸识别技术的应用。通过人脸识别技术全面升级相关应用系统，包括图书借阅机，电子班牌，教师、学生、家长的面部识别登录认证等功能，围绕人脸识别技术优化校园设备的应用，可进一步提升校园安全管理，简化各项教学应用。

（3）动作表情分析的应用。在课堂教学方面，通过人脸识别技术，收集学生课堂情绪等数据，通过数据建模统计分析学生行为，促进课堂改革。

五、研究案例点评

（1）研究选题具有价值性和推广性。该课题旨在通过信息化促进教育、教学管理，提高师生的信息化水平，促进学校管理标准化、规范化，为师生教学、科研活动提供全面的信息系统支持和信息资源服务，体验更多"教育+互联网"带来的便利。教育信息化建设永不止步，二师附小将不忘初心，在教育信息化建设的道路上砥砺前行，为基础教育信息化建设摸索出一条低成本、可复制的新路。

（2）课题研究方法科学，操作性较强。采用文献分析法、准实验研究法和行动研究法等方法，在学校治理实践中逐步形成智慧型教育治理模式，并对此模式迭代完善。

（3）课题研究成果丰富、多元。形成了本校智慧教育治理的模型，收集了较多的研究数据。为进一步加快课题研究进程，完善课题研究成果，建议课题组成员加强相关理论的学习，并将充分采集到的研究数据用来分析治理效果，不断完善智慧型教育治理模式。

案例单位：广东第二师范学院番禺附属小学

负　责　人：苏干佳

研究类型：专题研究

粤教云 Forclass 平台下的数字资源教学实践研究

一、研究背景及问题

（一）研究背景

21世纪是信息技术迅猛发展的时代，这种改变带来的信息爆炸、海量存储的问题使得人们不断地寻找方法以适应飞速发展的社会。《国家中长期教育改革和发展规划纲要（2010—2020年）》指出，信息技术对教育发展具有革命性的影响。我们必须高度关注教育信息化建设进程，将云计算应用到学校教育中，不但能够很好地与课堂结合，提高学生学习效率，还能够培养其高阶思维能力和协作创新能力，真正实现素质教育。2019年6月23日，中共中央、国务院印发的《关于深化教育教学改革全面提高义务教育质量的意见》指出，要促进信息技术与教育教学的深度融合应用。推进"教育＋互联网"发展，按照服务教师教学、服务学生学习、服务学校管理的要求，建立覆盖义务教育各年级各学科的数字教育资源体系。加快数字校园建设，积极探索基于互联网的教学。

教育云平台是信息技术与教育教学深度融合的产物，它将课内外教与学无缝连接，以提供个性化、智能化、数字化的学习环境，注重作为学习主导者的学生学习的个性化、多元化和生态化，促使师生协同发展。基于以上背景提出的"粤教云Forclass平台下的数字资源教学实践研究"课题，从生态课堂教学视角出发，以云平台环境为支撑，以以生为本为核心理念，培养学生的价值取向、行动能力、思维品质及创造潜能，为学生终身学习、生涯发展，以及人生观、价值观的树立打下坚实基础。

（二）研究问题

（1）国内外云平台在教学实践中的运用现状是怎样的？

（2）Forclass平台下现有的资源有哪些？效果如何？

（3）如何以基于Forclass平台的数字资源来实施数学概念教学策略？

二、研究目标及意义

（一）研究目标

本课题针对一线教师教育信息化实践现有需求，构建以生为本的生态化云平台课堂教学策略，通过细化说明云平台对于数学概念教学策略的理论基础、教学目标、实施条件、实施程序、教学评价，以及本策略的具体教学应用过程，为后续研究云平台课堂环节与教学内容的研究及我省中学一线教育信息化实践提供参考。

（二）研究意义

本课题研究意义在于丰富云平台在初中课堂教学应用中的相关案例研究。本课题以云平台初中学校的课堂教学应用为案例，丰富了移动教学平台在初中课堂教学应用的相关研究，以期增加相关研究学者对技术在初中教学应用的关注，从而带动初中阶段教育信息化的推进和相关研究。

三、研究内容及过程

（一）研究内容

1. 基于云平台开展数学概念教学的策略

首先，设计云平台数学概念教学的总体框架，然后说明本教学策略的理论基础，包括课堂生态观、认识主义学习理论学习的内在动机、建构主义学习理论的社会历史观、多元智能理论的个体多元智能，阐述各理论对本策略的启示。其次，从教学模式的构成要素、教学目标、实施条件、实施程序及教学评价说明云平台数学概念教学策略的具体构成和操作。

2. 基于云平台实施数学概念教学策略

首先，从教育部《义务教育数学课程标准（2011年版）》中的能力培养目标及广东省中考切入，体现云平台课堂教学策略的优势。其次，从数学概念的教学背景分析、教学目标与重难点、教学方法与技术应用出发，分析例课，具体阐述本云平台数学概念教学策略在初中数学教学实践中的应用过程。再次，积累运用云平台开展数学概念教学的相关素材与课例，丰富平台资源，以吸引更多的一线教师利用平台资源进行课堂教学，引导教师运用平台开展更多的教学研究。最后，通过线上、线下教学评价分析云课堂教学模式实践中的应用成效，并对本论文进行总结。

（二）研究方法

（1）文献分析法。本课题围绕云平台、数字教学资源、数学概念、教学策略等相关关键词在中国知网、万方数据知识服务平台、百度学术等平台收集文献及网络数据，通过大量的阅读、整理、分析对云平台课堂教学进行整体的把握，根据研究现状、已有研究成果及研究趋势来确定研究主题。

（2）调查研究法。对本校教师开展问卷调查，问卷内容主要涉及基本信息、应用态度、功能选择、参与情况、需求分析五大方面。从问卷分析结果确定教师需求，从而确定研究方向。

（3）实践研究法。将设计的云平台课堂教学模式应用到实际课堂教学中，说明本教学策略在实际教学中的具体操作流程，分析教学者的教学过程，以及学习者的学习过程，得出本教学策略在教育教学中的应用效果，并进一步对本教学策略进行优化设计。

（三）研究思路及过程

本课题分以下几个阶段，如图1所示。

准备阶段：组建课题组，选定课题，落实人员分工；在讨论和研究的基础上，提出课题研究的目标和任务；理论论证此课题的可行性，讨论研究的意义。

实施阶段：熟悉粤教云Forclass平台；认真学习和研究初中数学概念教学、信息技术与课程整合的相关理论；通过问卷调查了解学生在学习数学概念过程中存在的问题和对粤教云Forclass平台的熟悉情况；根据所教年级的有关数学概念的章节，展开攻坚设计，初步形成各自的教学案例；边研究边进行阶段性总结，形成比较典型、有效的案例。

总结阶段：通过素材梳理，初中数学概念案例的再论证和研究分析，最终形成典型案例，并提炼出基于粤教云Forclass平台数字资源的数学概念教学策略。集结论文集、课例集，撰写结题报告，申请结题。

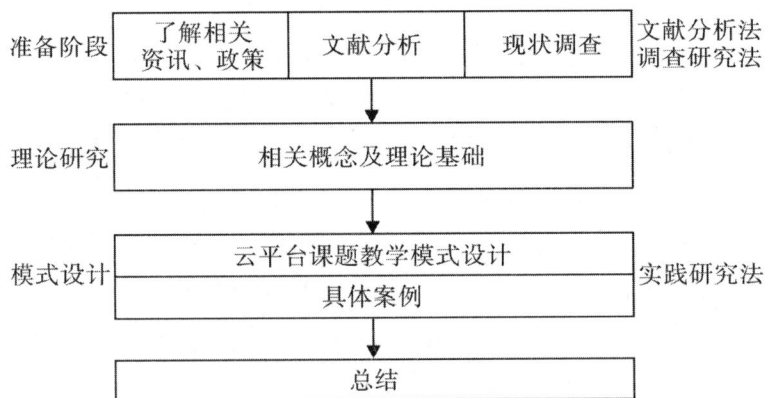

图1　研究思路及过程

四、研究成果及结论

（一）研究成果

研究成果包括课例和论文。课例方面，2019年8月，沈达的"反比例函数1"获"一师一优课"广东省优秀奖；同年12月，沈达课例获广东省"双融双创"三等奖；2019年12月，谢金宁课例获广东省"双融双创"三等奖。

论文方面，2019年10月，沈达在《中学数学教学参考》上发表《利用几何图形推导多项式乘法法则》；姚高文在《中学数学教学参考》上发表《简约藏深邃　妙解显精彩》；韩彬在《中学数学》上发表《看题拆图算数列，前后对比找规律》；沈达在《教育信息技术》上发表《基于粤教云Forclass平台的"2121"教学模式设计与应用》。

（二）研究结论

通过本课题的研究，提高了本课题组成员的理论水平，优化了初中数学概念课堂教学效果，提高了学生的数学学科核心素养；在香洲区已产生了一定影响并进行了一些推广，以期望引领初中数学概念课堂教学改革。

五、研究总结及反思

（一）研究创新之处

本课题依托粤教云Forclass平台，充分利用平台的各项功能，将反比例函数的概念与性质、与正比例函数的对比等内容通过形象化的方式展示出来，通过随机提问、课堂练习来及时拍照反馈等方式与学生进行了有效互动，提升了学生的学习兴趣，提高了课堂效率，取得了符合预期的研究效果。

（二）研究不足之处与展望

（1）平台有局限性。由于Forclass平台系统的开放性有待提升，教师自主添加的选择题、填空题受到软件格式限制而影响了课堂练习题目的全面性。

（2）教师时间与精力有限。新授课的准备、例题选择与设计都需要花费大量时间与精力，与日常其他工作偶有冲突。

（3）数字资源应用后难以检验与对比。由于本平台在教学中刚刚投入应用，因此还未与先前数据进行对比。

（4）提炼与总结困难。由于理论高度不够，日常课的提炼及理论高度提升有困难，这对课题的推广造成了影响。

在接下来的课题研究中要不断提升理论高度和信息技术水平，不断完善云平台功能促进初中数学日常教学的改革，将数学知识更加形象化地展示给学生。本课题期待在数学知识可视化、教学生活化、与学生互动化等方面有效推进。

六、研究案例点评

（1）课题从生态课堂教学视角出发，以大数据、云平台环境为支撑，基于粤教云Forclass平台开展数学概念教学应用研究，以促进数学教学与信息化平台的互融互通。

（2）课题的研究思路清晰，研究方法得当，科学性、操作性较强。课题以"基于云平台的数学概念教学策略"、课堂教学实践为研究内容，采用文献分析法、调查研究法、实践研究法等方法，立足科学调查研究，能够做到理论与实践相结合。

（3）课题的研究过程较为扎实，能够稳步、有序地推进。在课题组成员的共同努力下，阶段性研究成果较丰富，论文、课例取得了国家级、省级等荣誉，已形成"反比例函数1"等课例，已发表《基于粤教云Forclass平台的"2121"教学模式设计与应用》等4篇论文。

（4）从课题目前的进展来看，基于粤教云Forclass平台实施数学概念教学策略具有一定的研究价值和推广意义，但还未对数字资源应用效果进行检验与对比，建议课题组在后期研究中加快有效性验证并不断完善该教学策略与资源。

案例单位：珠海市第五中学
负 责 人：沈达
研究类型：专题研究

基于智慧校园云平台的教学管理模式与应用策略研究

一、研究背景、问题及目标

（一）研究背景

随着经济的发展，现在许多高端的设备逐渐走进校园，台式电脑、投影仪、平板电脑等设备也成了课堂的标配。但先进的设备与陈旧的教育教学理念形成了强烈反差，目前的教学技能中的强制性要求与现代教育以人为本的理念及个性化的培养要求相冲突，培养观念略显落后，难以真正调动教师和学生的积极性、主动性。因此，教学技能培养难以收到实际的效果。管理效益不高，管理人员与机构过多，人浮于事，责任分散，不能形成专事专办的集中力量。有些学校则是该管的不管或很少管，而代管的则往往由于素质不高造成管理的低效。受传统的"教师中心""教材中心"等观念的影响，教学管理中依旧存在着"重教不重学"的现象。在课堂上，突出的仍是教师的中心地位，而忽视学生为主体的性质，以致不了解学生的情况，无法做到精准教学。

（二）研究问题

（1）如何依托智慧校园云平台，利用智能手机等普及移动设备建立和应用终端的智能校务办公、家校互动微云办公平台？

（2）如何基于移动互联网技术的智慧校园云平台支持下的多终端设备来支持学习应用研究？

（3）如何对以学生为主的"探究性教学""个性化教学""自主学习"等创新教学模式与学习模式，以及其产生的学生学习数据、小组协作交流数据、学习活动记录数据、学习过程数据、学习资源与再生资源数据等进行挖掘和分析？

（三）研究目标

我们以企业号为主体平台建设基于智慧校园云平台的智慧校园，以此研究实践智慧校园教育教学管理模式，建立高效的学校管理模式，探索一种能让学生学得高效、学得愉快，让教师教得高效、教得有品位的先进教育模式。依托智慧校园云平台，以智能手机等普及的移动设备为终端，推广全方位的智能校务办公系统，建立随时随地进行家校互动，全天在线的教学、科研、学习模式。

二、研究内容及过程

（一）研究内容

（1）依托智慧校园云平台，以智能手机等普及的移动设备为终端，推广全方位的智能校务办公、随时随地进行家校互动的微云办公平台的建立和应用。

（2）智慧校园对大量数据的管理模式。随着数字化软件与资源在教学中的应用，教学模式发生了转变，成为探究以学生为主的"探究性教学""个性化教学""自主学习"等教学与学习模式。随着学生的学习常态化，由教学与学习模式产生的学生学习数据、小组协作交流数据、学习活动记录数据、学习过程数据、学习资源与再生资源数据等过于庞大，而我们要对这些数据进行挖掘和分析。

（3）研究如何应用多终端设备来支持学习。基于移动互联网技术的智慧校园云平台支持所有软件系统和硬件设备的连接，在感知信息后可迅速、实时地进行传递。这也让智能手机、平板电脑等越来越普及的移动设备，成为学习的主要工具。

（4）智慧校园云平台对高并发访问的支持。

（二）研究方法

以行动研究法为主，再辅以观察法、调查法、测验法、文献法、经验总结法。智慧校园云平台对我们来说暂且是一个新鲜事物，我们还不能在短时间内了解它所有的优点和缺点，只有在实践中慢慢探索、总结和应用。

（三）研究思路

以行动研究法为主，本着"应用—发现问题—研究改进—再应用"的思路来完善系统，建设理论。让教师带着任务从实践中提炼方法，思考交流，形成理论，指导实践，并在实践中继续摸索、提炼，以形成更加高效的方法来继续指导实践，从而实现理论层面上的不断更新、提升，以增强实际效果。

（四）研究进度安排

1. 准备阶段（2018年3月至2018年10月）

（1）利用观察法、调查法、文献法等方法了解当前国内外现况，分析本校的基本情况。

（2）确立课题目标和研究方案，撰写课题开题报告。

（3）构建试用智慧校园云平台。

2. 实施阶段（2018年11月至2020年5月）

（1）按分工内容制订每个项目的实验计划并按照计划执行。

（2）进行阶段性的总结，撰写中期报告。

（3）寻找问题和缺点，将课题研究向更深处推进。

3. 验收总结阶段（2020年6月至2020年7月）

（1）撰写结题报告，编辑并展示实验成果。

（2）对研究获得的材料和经验进行全面的分析和总结。

（3）推广实验成果。

（五）具体实施方案

（1）智慧校园云平台初步建成。2017年年底我们就申请了"勒流江义小学"企业号，在广东道一信息技术股份有限公司专业技术人员的帮助下，完成了云平台的架构。在顺德农商行的支持下，配备了学生考勤系统和打卡机。现在学生正在养成上学放学打卡习惯，学生考勤数据在服务器中一目了然。

（2）微云办公平台正在调试应用当中，各项校务办公功能正在完善，目前可以实现在线请假、在线发起会议、在线发起活动、在线审批、在线考勤等功能。学校的通知通报、周工作计划也能通过网上传阅。学校将逐步取消一些纸质办公。下一阶段将会推行校产、财务的网络化管理。

（3）积极开展教师培训，每一种新技术的应用总会遇到各种各样的阻碍，究其原因在于人们对新技术还不够了解，担心会增加自己的工作量，所以加大教师的培训力度，让其尽快了解微云办公平台，感受微云办公平台的便捷，从而促进微云办公平台普及应用。

（4）利用我校多年国家教学标准校本化建设经验和成果，针对每个学科的重难点，由科长带领课题组组员有计划地建设微课资源。预计第一学年的第一学期覆盖率达50%，第一学年的第二学期覆盖率达75%，第二学年覆盖率达100%。我校鼓励和帮助各学科教师调用微课资源进行翻转课堂教学或传统教学；鼓励对平台资源进行二次加工以形成更优质的资源；鼓励和帮助各学科教师发布电子作业，利用平台随时了解学生完成作业和接受作业反馈的情况，随时利用微课向学生解答。

（5）做好家长培训，让家长学会帮助学生利用微课资源来预习、学习、复习课程。每学期开展两次以上家长培训，确保家长能使用云平台帮助学生学习。

（6）创建微版校报和微版班报，打造便捷多样、更具有影响的特色校园文化。学生和教师都可以给微版校报和微版班报投稿，每月让全校师生和家长评选最佳班报并颁奖鼓励。

（7）为了防止出现"闭门造车"的错误，我们采取了"请进来""走出去"的做法。请专家对我们的课题进行分析并给出建议；定期外出参观一些先进学校，学习他们的一些科学做法。

三、研究成果及结论

（一）研究成果

校内宣读论文：曹永新发表的《浅谈微信在移动学习中的应用》及罗燕芳发表的《教育信息化与小学数学教学的整合》。

（二）研究结论

基于智慧校园云平台的教学管理模式能提高教师教学水平，及学生学习效率、学习兴趣、学习质量，并巩固学生学习的内容。

（三）研究创新之处

"基于智慧校园云平台的教学管理模式与应用策略研究"是我校省级课题，在信息技术的飞速发展中，通过云平台快速推进我校教育，是教育信息化从基础建设和整合应用向完善建设和融合应用的转变。

教育离不开教学和管理，在这个信息化的时代当中，如果一直保留着以往的"人管人"的形式，那我们将会被这个时代淘汰。所以我们通过创新研发智慧校园云平台，希望能借此延续巩固已经取得的教育信息化成果，进一步提升教育信息化的创新融合效能，借用这个信息平台进行教育，实现教育教学和管理的信息化。实践新的教育教学理念和模式，必须有与之相适应的信息技术来提供支撑，同时其也为信息技术的发展提供了新的方向。教育信息化应用融合能发挥较大作用，更能体现未来教育信息化，也能让学校教育教学和管理通过教育信息化应用登上一个新台阶。

教育信息化应用融合创新一方面重在教学中的模式运用，以制定各平台和空间建设与数据共享的标准，并通过集中资源、整理资源、利用资源等方式进行教育教学。课堂不单单是"一本教材，老师讲，学生讨论"，更多的是利用资源，比如在云平台上整理好的学科分类专题、试题库、复习资料、音频或者视频等资源的运用。"十三五"期间的教育信息化工作仍要求坚持以"深化应用"和"融合创新"为重要指导原则，因此我校也要求在平台的推进过程中要学会借助平台去了解自身所存在的问题，从而修改和创新应用信息。

另一方面强调教育信息化在工作中的管理运用，要实现办公用、教学用、经常用、普遍用的信息化教学管理新常态。对于办公管理和教学管理而言，通过信息化的管理，可从根本上提高管理效率和准确性，促进数字资源共享，建立管理制度和系统。在办公管理和信息化管理中，注重管理模式的改革，通过信息化管理，让每个人都能接轨广大的网络平台，提高办公效率。

教育信息化应用融合创新特别注重对各类全面发展的学生和创新人才的培养。在教育信息化的应用下，巩固了学校、教师、学生及其家庭的联系，改革课堂教学模式、课后资源复习模式、云平台办公管理模式等。云平台的运用让我们不再局限于身边的小环境，信息技术在教育教学、管理中的应用永无止境，技术的创新会给教育提供新的动力和条件，但教育的需求和发展也会给信息技术的发展提出新的要求。我们要支持教育信息化，不仅要利用信息化技术，又要提高信息化技术，从而通过信息化应用对我们的教育进行改革和创新。

以网络为载体，着重摸索教学模式，引进优质办公平台，提高师生的信息化能力，加强校外平台应用，促进学生的学习，增强教师运用平台的意识，让网络时代引领我们的教育教学、管理教育更好地发展。

四、研究总结及反思

（一）研究中获得的经验

1. 提高学习效率

基于微课、微信公众号的翻转课堂教学模式以课后学习为主。教师根据教学内容的重点、难点制作学习单，推送学习材料，其中课堂教学内容作为重要内容的补充，从而提高学生学习效率。

2. 提高学习兴趣

在运用微课、微信公众号的翻转课堂教学中，教师推送的都是经过精心录制或挑选的教学视频、材料。学生可以根据需要选择观看。通过这种方式，学生从被动变为主动，从而提高学生学习效率，同时可以激发学生学习兴趣，有利于学生全面发展。

3. 提高学习质量

在实际学习中学生普遍存在的问题是学习能力的差异。对于同一个知识点，有的学生只需学习一次就能够完全掌握，而有的学生则需要多次学习，甚至有小部分学生还需要不定期地反复巩固来加深记忆，而翻转课堂教学可以很好地解决了层次教学问题。

4. 巩固学习内容

教师利用云平台推送教学资源后，可以与学生在线交流，并解决学生的疑问。对于大部分学生提出的问题，教师可以根据疑问在课堂上进行反馈解决，对教学内容进行总结，并以微课或视频的形式再次推送给学生，让不同层次的学生根据自身对知识点的掌握情况进行二次学习，引导学生进行更深入的学习，以建立完善知识体系，以此提高学生学习能力，为学生后续学习奠定基础。

5. 提高教学水平

基于微课、微信公众号的翻转课堂云平台中，最直接、最强大的功能是教师可以对学生练习的答案进行即时反馈评价，并利用云平台的后台信息把握学生对知识点的掌握情况。另外，教师还可以根据学生的答题情况了解其对知识点掌握情况，根据分析结果设计相应的练习，调整教学策略，从而提高教学水平。

（二）研究中遇到的困难及突破办法

1. 创新的教学模式中遇到的问题

无论是教师还是学生都必须具有较强的网络资源使用能力和对信息技术的运用能力，这是技术层面的问题。

利用云平台将教学资源以微课、视频、PPT课件、练习等形式推送给学生，必须根据具体的教学内容筛选、定制、开发、加工、制作有质量的微课，小部分教师难以承受如此大的教学工作量。而利用云平台的优势，可有效实现翻转课堂，最大化地提高教学实效，但这需要低、中、高三个学段的整个学科组团结协作，对知识体系进行连贯性的把握，避免人力、物力的浪费。

在课堂中，让学生大胆讨论，自主学习，难免会有学生滥竽充数，这是因为不是所有的学生都能够跟上课堂节奏或者有兴趣面对这些挑战，而且教师很难真正跟踪每一个学生来掌握其课下学习情况。而且，翻转课堂还涉及课前学生自觉观看视频、小组讨论完成作业、课后统计反馈等环节，这对学生自律性提出了挑战。

我校是一所农村小学，学生都是农民工子女，而且流动的农民工子女占60%以上，家长素质普遍不高。对于大部分家长来说，赚钱养家糊口并非易事，加班加点工作的也并非少数。在这样的大家庭教育背景下，很少有家长能完全配合学校完成教育子女的责任。针对这些情况，我们只能不断给家长培训，为家长分析创新教学模式的好处，争取家长的积极配合。

2. 提炼课题成果中遇到的问题

我们每天都在进行教学实践，但运用科学的方法来进行分析研究并提炼理论成果的工作不是我们一线教师所长，往往是实践经验充足但要提炼总结成果却无从下手。

（三）后续研究方向

不断改进云平台支持下的创新教学模式，纵向发掘不同学段在创新教学模式应用的理论依据，总结分析不同家庭背景下学生在创新教学模式下学习的理论要素；完善教学资源库，为创新教学模式提供更好的支持。

（四）对后续研究与课题管理的意见与建议

学校制定相关的规定，保证使用创新教学模式进行教学，实现创新教学模式应用常规化，定期邀请专家开展讲座，并通过分析讨论不断吸收先进的教学理论和掌握先进的科学技术，从而改进和完善教学模式。同时，向其他学校推广创新教学模式，并与之交流，取长补短，共同进步。

五、研究案例点评

（1）课题选题具有创新性，实现了教学管理模式和课堂教学模式的创新。教师可以通过智慧校园云平台的数据了解学生对知识点的掌握情况，有针对性地推送学习资源给学生，有利于促进学生的个性化学习。同时，能够根据每个学生的掌握情况，调整相应的教学策略和方法。微云平台办公的调试应用，能够非常便捷地进行无纸化管理，有利于进一步完善校产、财务网络化管理。

（2）课题研究方法得当，具备科学性和可操作性。以行动研究法为主，本着"应用—发现问题—研究改进—再应用"的思路来完善系统，建设理论。立足于课堂教学，注重理论研究，通过把理论与实践结合以推动课题的开展。

（3）在课题实施的过程中，多主体共同参与。这个过程不仅仅考虑了教师，通过开展培训让教师能掌握云平台的使用方法；也考虑了家长，确保家长能使用云平台帮助学生学习。同时，也向相关的专家学习，以及与不同的学校交流讨论。

案例单位：佛山市顺德区勒流江义小学

负 责 人：曹永新

研究类型：政策研究

基于学习数据的采集与分析的课堂研究

一、研究背景、问题及目标

（一）研究背景

通过学生的学习成果来评估教学是近年来国内外教学研究的共同趋势。课堂分析是提升课堂教学效率的一种非常有效的手段，利用信息化的数据采集与分析，可以降低教研的复杂性，将课堂分析变成一种轻量级的常规化教研活动。教育大数据是教育过程中产生的或依据教育需求采集到的一切可用于教育发展的数据集合。目前教育大数据分析应用正在向教与学聚焦，主要包括教育数据挖掘与学习分析两个方向。教育数据挖掘与学习分析为我们应用教育教学领域的大数据规律、开展课堂的教与学应用提供了完整的思路和方法。利用教育数据挖掘分析并为受教育者量身定制教育目标、计划、方案、资源，有助于实现因材施教，为个性化教学指明方向。

基于课堂学生学习行为数据并运用领域知识模型构建技术，研究课堂互动、参与的实时联系，有助于揭示深层次教学规律，为改进教学方式和提升教学质量提供依据。

（二）研究问题

本课题主要基于学生的学习数据探讨课堂互动参与对于课堂教学效率的影响。基于研究目标，可以衍生出以下几个研究问题：全面衡量学习行为的采集（评价）模型应包含哪些方面？在学习分析技术使用时，如何根据平台和终端记录的教与学行为数据构建综合评价模型？课堂互动参与对学生能力有哪些影响？

（三）研究目标

本课题主要通过构建评价指标体系，帮助教师识别有效课堂互动与参与，为教师教学提供参考。同时，搭建基于教育大数据支撑下的课堂互动教与学支持系统，以及课堂互动和参与过程数据的采集与分析平台，基于学生的学习数据探讨课堂互动参与对于课堂教学效率的影响。具体的研究目标如下。

（1）明确平台的数据采集需求，构建学生综合评价模型。

（2）开发并使用基于教育大数据支撑下的课堂互动教与学支持系统以及课堂互动与参与过程数据的采集与分析平台。

（3）开发融合创新应用的教学模式，基于应用系统开展课堂教学。

（4）构建课堂互动参与分析模型，分析课堂互动参与与学生能力之间的相关性。

二、研究内容与过程

（一）研究内容

本研究通过文献梳理、教学实践和教育观察发现当前课堂研究中存在的问题，基于全景课堂的支持，构建教学模型，探索基于数据采集与分析的课堂互动教学策略，做到理论研究与实践研究相结合，开展教学实验验证课堂互动与参与和学生能力的相关性研究，验证教学模式的有效性。具体的研究内容如下。

（1）明确数据采集需求清单，构建学生的综合评价模型。通过文献梳理，结合信息技术环境下课堂师生互动及学生参与的特点，确定平台所需采集与分析的学生行为数据并结合教师日常教学所需，梳理文献，选择合适的分析指标，构建学生的综合评价模型。

（2）研究与构建基于教育大数据支撑下的课堂互动教与学支持系统以及课堂互动与参与过程数据的采集与分析平台。基于第一阶段形成的平台功能需求，委托专业开发公司对平台进行规划与设计，以实现学生行为数据的采集与对学生能力的全面评价。

（3）对基于数据采集与分析的课堂互动教学模式进行研究，设计相应的实验课程并进行实践。通过文献梳理，整合现有的课堂互动教学模式，结合信息技术环境下课堂师生互动及学生参与的特点，构建基于数据采集与分析的课堂互动教学模式，并基于课堂互动教与学系统设计开发课程。

（4）构建课堂互动参与分析模型，基于应用系统开展课堂教学，验证课堂互动参与与学生能力的相关性。通过梳理相关文献，构建适用于课堂互动与参与过程数据采集与分析平台的课堂互动参与分析模型，通过对课堂教学中产生的学生行为数据与学生的能力进行分析，探究课堂互动参与对学生能力的影响。

（5）归纳总结课堂互动参与对学生能力的影响，为优化课堂互动参与提供建设性意见或策略。基于过程性数据的分析，总结概括学生的课堂互动参与对于学生能力的影响，并提出提高课堂教学效率的相关具体建议。

研究内容组成结构如图1所示。

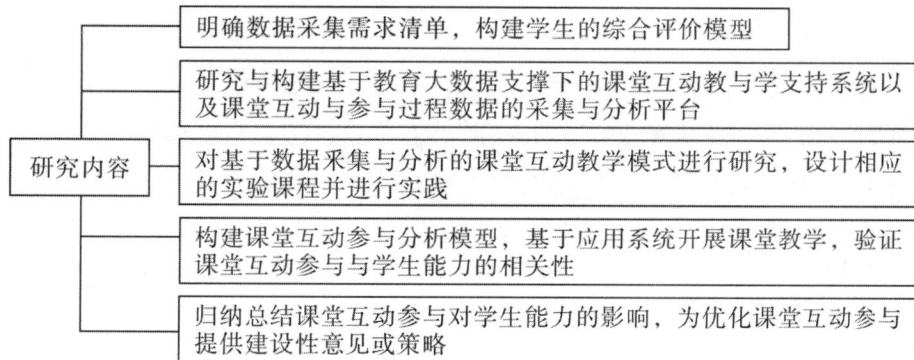

图1　研究内容组成结构图

基于课堂互动和参与过程数据的采集和分析的课堂研究的重点在于，基于教育大数据支撑下的课堂互动教与学支持系统，以及课堂互动和参与过程数据的采集与分析平台的开发。基于此，本研究的两大难点：一是如何构建全面衡量学习行为的采集（评价）模型；二是在学习分析技术使用中，如何根据平台和终端记录的教与学行为数据构建综合评价模型，从而为可操作的自动化参考性评价提供基础。

（二）研究方法

本研究主要采用的研究方法是文献研究法、观察法、行动研究法和统计法。

1. 文献研究法

通过对以往的研究结果进行梳理，积累理论根据，进行针对性研究，具备科学观点与态度，确保本课题的质量与效果。筛选出对本研究有启发和借鉴价值的理论成果作为指导，最终拟定测量工具和评价标准。

2. 观察法

本研究要求研究者根据课堂情境实地观察和课堂实录，采用直接或间接的方式，借助眼、耳等自身的感官因素及观察量表等支撑工具，从教学活动中收集数据，并根据数据做进一步的分析和研究。

3. 行动研究法

在教学设计和教学策略指导下，教师可以针对教学中存在的问题，利用数字化互动式教学的特点，制订教学方案，开发相关的教学材料，开展课堂实例研究，采集和分析生成的数据，并对课堂教学效果进行反思，如若需要，可修改教学方案与教学材料以备再次开展教学。基于以上行动研究成果可优化采集和分析软件平台。

4. 统计法

将质性研究与量化研究相结合，对学生的学习成效和学习行为数据进行收集与测量，运用SPSS软件对收集的数据进行处理和分析，并且结合观察法得出研究结论。

（三）研究思路

研究思路主要包括：查阅文献和资料，明确平台所需采集与分析的学生互动与参与数据，构建学生综合评价模型、基于数据采集与分析的课堂互动教学模式以及课堂互动参与分析模型，确定教学设计，设计实验方案，开发实验课程，开展实验实施，分析数据和结果，相关技术路线如图2所示。

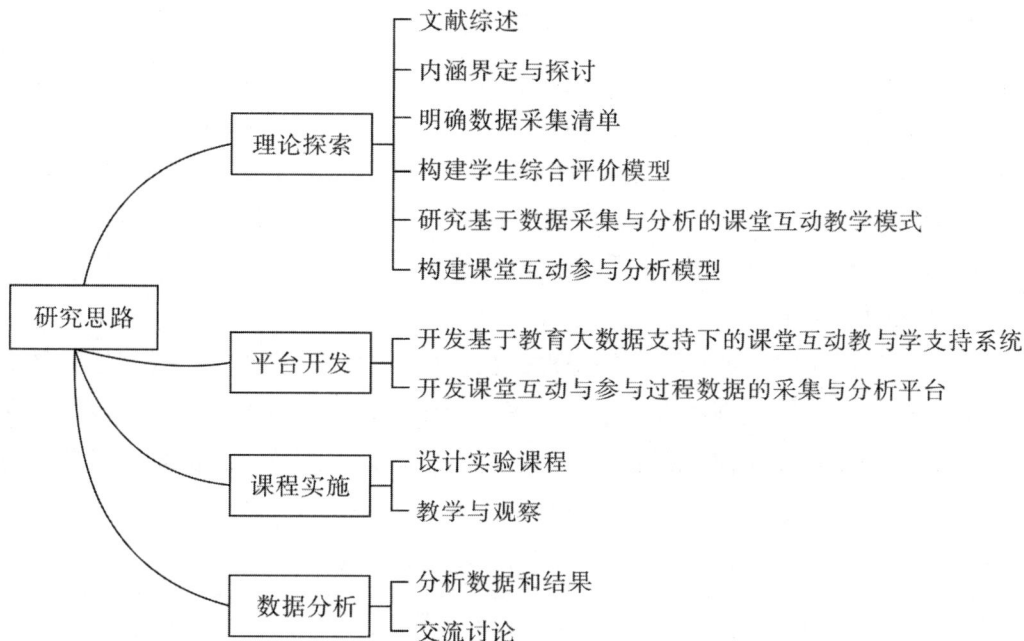

图2　技术路线图

（四）研究工具

（1）课例设计开发利用了基于大数据支持的课堂互动教与学系统，该系统由专业平台开发。

（2）学生课堂学习评价利用了课堂互动与参与过程数据的采集与分析平台，该平台由专业平台开发。评价方式为多元评价，评价结果由教师自制试题和任务进行评价结合平台对学生的学习能力评价来给出。

（3）SPSS软件是专业的数据统计与分析工具，基于采集到的学生课堂互动和参与数据，利用SPSS软件进行回归、相关和因子分析，并由课题组团队构建数据分析模型以供研究应用。

（五）研究进度安排

1. 准备阶段

这一阶段主要完成三项工作。一是进行课题的理论研究，拟定研究指标体系与数据采集需求清单。通过查阅文献资料，结合课题组成员的相关经验，形成数据分析指标体系，确定数据采集需求。二是搭建专门的课堂互动与参与过程数据的采集与分析平台；邀请专业的开发公司，根据课堂实际环境和数据分析指标及数据采集需求清单开发数据采集工具；在学校选定班级，测试与验证平台的可靠性。三是构建课堂教学模式；基于数据分析指标与所搭建的平台，研究相关文献，确定本研究的课堂教学模式。

2. 实施阶段

这一阶段主要完成两项工作。一是教师基于平台开展教学课例设计，其中课例设计围绕数据需求开展并将课例应用于课堂中，以采集数据采集清单中的数据。具体的工作计划如表1所示。二是改进准备工作中形成的成果，包括进一步完善数据分析指标、数据采集清单，优化数据采集平台及数据分析模型。

3. 总结阶段

这一阶段主要完成两项工作。一是对改良后的平台进行应用，通过对学生数据进行收集与分析，讨论课堂互动参与过程对学生的影响，探讨提升课堂教学效率的策略与模式。二是整理课例研究过程中的全部资料，形成研究报告、论文集等成果，并将研究结果推广使用。预期成果如表2所示。

表1 工作计划表

序号	研究阶段	阶段成果名称	成果形式	负责人
1	2018年11月	开题	开题报告	谢戈平
2	2018年11月至2019年3月	课堂分析指标及数据采集清单	研究报告	温柔
3	2019年3月至2019年6月	平台及采集工具开发	应用系统	魏凯
4	2019年3月至2019年6月	数据分析初步模型	研究报告	魏凯
5	2019年9月至2019年10月	课堂实例	课例、教学设计	陈捷
6	2019年10月至2019年11月	指标、清单、模型、平台改良	研究报告	魏凯
7	2019年11月至2019年12月	论文集、应用系统	论文	李海榕

表2 预期成果

序号	完成时间	最终成果名称	成果形式	负责人
1	2019年3月至2019年6月	课堂互动与参与过程数据的采集与分析平台	应用系统	魏凯
2	2019年9月至2019年11月	平台应用课例	课例	陈捷
3	2019年11月至2019年12月	基于课堂互动与参与过程数据的采集与分析的课堂研究	研究报告	李海榕

三、研究成果及结论

（一）研究成果

1. 课堂互动与参与过程数据的采集与分析平台

课题组已依托相关公司开发了基于教育大数据的数据采集与分析平台，该平台基于最新的智慧校园的理念与架构，打造了基于教育大数据的课堂互动教与学支持系统。课题组多位成员已依托该平台开展了课堂教学实践。

2. 优质课例集

课题进行期间，课题组教师基于平台开展了互动教学，通过相互点评形成了优质课例集，完整课例包含课例教学实录、教学设计方案和教学资源包及自评等。

3. 融合创新应用教学模式报告

由学校组织教师在专家指导的基础上，结合自己的学科教学实践，形成了融合创新应用教学模式报告。

4. 教育信息化应用融合创新应用示范课题研究报告

课题组撰写完成教育信息化应用融合创新应用示范课题研究报告，即"基于课堂互动和参与过程数据的采集和分析的课堂研究——以海旺学校初中数学为例"研究报告。

（二）研究结论

1. 课堂互动教与学系统下，教学互动形式丰富，学生主动性得到发挥

在课堂中，教师在言语互动方面多为引导学生思考或阐述理解。技术的应用使教师与多媒体、学生与多媒体之间的互动更加深入，同时提供教学诊断的依据。学生使用技术多为展示成果、学习、探究等，相对传统课堂而言，学生的主动性得到较大提升，大部分学生都能够积极主动地完成学习任务。评价方式不再仅是教师的言语评价，学生也承担着学习评价的重任，这有助于学生提高自我反思能力。但是研究发现，在整个过程中应减少教师的言语讲授，指引学生探究，让学生主动性得到更好的发挥。

2. 学生的课堂互动与参与程度和学生的能力存在一定的正相关

基于信息技术的课堂互动打破了时空的限制，在课前学生可以根据教师的资源进行学习、提出自己的疑问。课上可以直接向教师提问或与同伴交流，并得到教师及同伴的反馈，或者展开辩论，学生可以在平台上进行评价。在整个互动过程中教师不断帮助学生进行知识的建构，让学生形成自己的知识体系，有效引导学生进行深层次的思考，培养学生的创造性思维能力和问题解决能力。

3. 教师应重视学生思维外显

思维外显是指学生能将自己内化的知识通过学习显性化，比如表达自己的观点与看法。在本案例中，通过数据分析可以发现整个教课的过程都是教师讲授性提问，学生进行相应的回答。因此在教学设计中，应多考虑一些教学活动使其能够通过技术引发学生思维的碰撞，促进师生良好互动。

四、研究总结及反思

（一）研究创新之处

1. 理论创新

从当前已有研究来看，本课题从教学与评价的角度宏观考察信息技术融入课程教学模型的有效性，从而得出一般规律性的认识，继而探讨这一模型的相关理论，如评价的对象、原则、内容，评价体系构建的策略等，这些是本课题在理论上的重大创新。

2. 实践创新

本课题通过对课堂交互与参与行为的研究，分析信息技术与基础教育课程的整合和学生学习能力的关系，促使新技术在基础教育教学课程中发挥更大的作用，为基于信息技术平台的互动教学提供参考范例。

（二）研究中获得的经验

在教学模型设计中我们总结了以下几点经验。

（1）多方交流，碰撞融合。在教学模型设计阶段，研究者不仅要结合文献研究、自身经验和想法进行工作，也要跳出自己的思维圈，多与学生、其他教师及专家、学者进行深入的沟通和交流，从多视角出发进行思考。研究不是仅靠一个人坐冷板凳埋头苦干就可以获得成功，还需要与不同思想间的碰撞。

（2）多轮实验，迭代优化。在教学模型实验阶段，应依据设计的研究方法，进行多轮实践实验，在过程中不断发现问题，迭代优化；依据学生的表现、反馈及数据分析报告，逐步完善教学模型。

（3）关注学生，尊重引导。在进行教学模型设计和实施阶段，都要坚持"以教师为主导，以学生为主体"原则，关注学生的学习表现，尊重学生的反馈意见，设计以学生为中心的层次化、情境化的教学活动，引导学生深入理解教学内容。

（4）技术支持，时代趋势。随着科技的高速发展，教育信息化变革正在如火如荼地进行。使用技术工具解决教育教学中的实际问题已然成为时代的趋势。在教学模型设计和实施阶段，有意识地考虑技术在教学中的角色和作用，将会帮助研究者更好地设计和完善教学模式。

（三）研究中遇到的困难及突破办法

（1）缺乏专业引领。在课题研究中，课题组教师虽饱含热情，但并不善于进行研究，需要定期接受教育科研人员专业指导。而且新平台的应用对于教师而言也是需要攻克的一大难题，大多数时间需要教师自己进行摸索，由于日常工作的繁忙，平台的很多功能尚未被教师挖掘。

基于此，课题组邀请了一些教育科研人员与平台的专业人员，对课题组的教师进行专业性、系统化的培训，以期更好地开展课题研究。

（2）研究过程中的总结不够及时。课题研究团队中的教师成员多数是重视做而轻视写，开展了工作而忽视了成果积累，因此许多资料保存得不够完整，不能为后续研究提供有价值的参考。为解决这一问题，本团队要求课题组成员定期记录工作，并利用平台回顾先前工作，以弥补先前记录的不足。

（四）后续研究方向

课题组后续拟开展以下工作：

（1）针对先前平台应用中发现的问题，进一步细化数据采集需求，优化数据分析模型，对平台功能做进一步的完善。

（2）在完善后的平台中再次实施课程教学，收集与分析学生数据，进一步讨论课堂互动参与过程对学生的影响，探讨提升课堂教学效率的策略与模式。

（3）整理课例研究过程中的全部资料，生成研究报告、论文集等成果，并将研究结果推广使用。

（五）对后续研究与课题管理的意见与建议

不同教龄的教师之间的差异显著，影响教育信息化的进程和落实。后续还需加强教师培训，帮助教师提升信息化应用技能和教学设计能力。一方面要强化教师的教育理念，提高教师的信息化素质，提高教师的教学设计能力；另一方面要提高教师的科研能力。学校应该注意培养教师驾驭课题实验的能力并加大研究力度，注重材料积累，以开发更多、更好的课程资源。

五、研究案例点评

该课题是一项对教学行为的研究，基于核心素养与教育大数据，利用技术手段，从经验判断转向数据分析，从而更大限度地发挥了数据在课堂教学中的作用。并且通过对教师和学生数据的采集与分析，能引导现有的教学走向个性化，提升课堂教学的有效性和学生学习效率。

教育信息化的应用融合创新的实现，需要联合多方，共同努力，其中最重要的便是一线教师，一线教师是将信息化真正投入教育、落实和发展的主力军。

案例单位：宝安区海旺学校
负 责 人：谢戈平
研究类型：专题研究

第四部分　教师发展篇

jiao shi fa zhan pian

面向教师实践性知识发展的网络研修社区视频案例资源建设与应用研究

一、研究背景、问题及目标

（一）研究背景

教学视频案例作为一种能够有效实现教师实践性知识可视化与教师隐性知识外显化的资源，在教师教育和教师专业发展中具有重要作用。传统教研方式具有很多的局限性，而网络研修社区有跨时空、低成本、高效率的优点，因此对区域教研网站的视频案例资源建设的研究非常有必要。

（二）研究问题

网络研修社区中视频案例怎样获得？如何组织网络研修社区？视频案例如何使用？如何使用效果好？使用的效果如何？能否促进教师实践性知识的增长？

（三）研究目标

本研究的主要目标为，通过网络研修社区和教师实践性知识等相关研究的文献分析与现状调查，选择广州市荔湾区教育信息中心的"中小学优秀视频课例在线点播"云平台中搭建的网络视频案例平台作为研究案例进行初步分析，验证网络视频社区促进教师实践性知识发展的优势，发现平台功能与应用中存在的问题，为广州市荔湾区教育局的"基础教育跨越式发展创新试验研究"项目中搭建的"基于网络开放课程与视频课例的教师实践社区"提供理论依据和实践指导，构建基于网络视频社区的学习与培训模式。

二、研究内容及过程

（一）研究内容

（1）教师实践性知识理论梳理。通过对教师实践性知识相关研究的文献分析，了解教师实践性知识的概念、内容、特征及形成路径。

（2）网络视频社区案例调研与分析。选择广州市荔湾区教育信息中心的"中小学优秀视频课例在线点播"云平台作为研究案例进行初步分析，通过对问卷、访谈、教师反思等资料进行数据分析，了解中小学教师对基于网络视频社区的学习的体验感想、对平台功能的要求，了解应用中存在的问题。

（3）设计网络视频社区的功能模块。基于对网络视频社区的案例分析和相关理论分析，提出广州市荔湾区教育局的"基础教育跨越式发展创新试验研究"项目中搭建的"基于网络开放课程与视频课例的教师实践社区"的构建策略，设计网络视频社区的功能模块。

（4）设计基于网络视频社区的学习与培训模式。基于案例分析和相关理论分析，提出广州市荔湾区跨越式实验研究搭建的教师网络研修实践社区的应用策略，设计基于网络视频社区的学习与培训模式。

（二）研究思路及方法

研究思路与研究方法如图1所示。

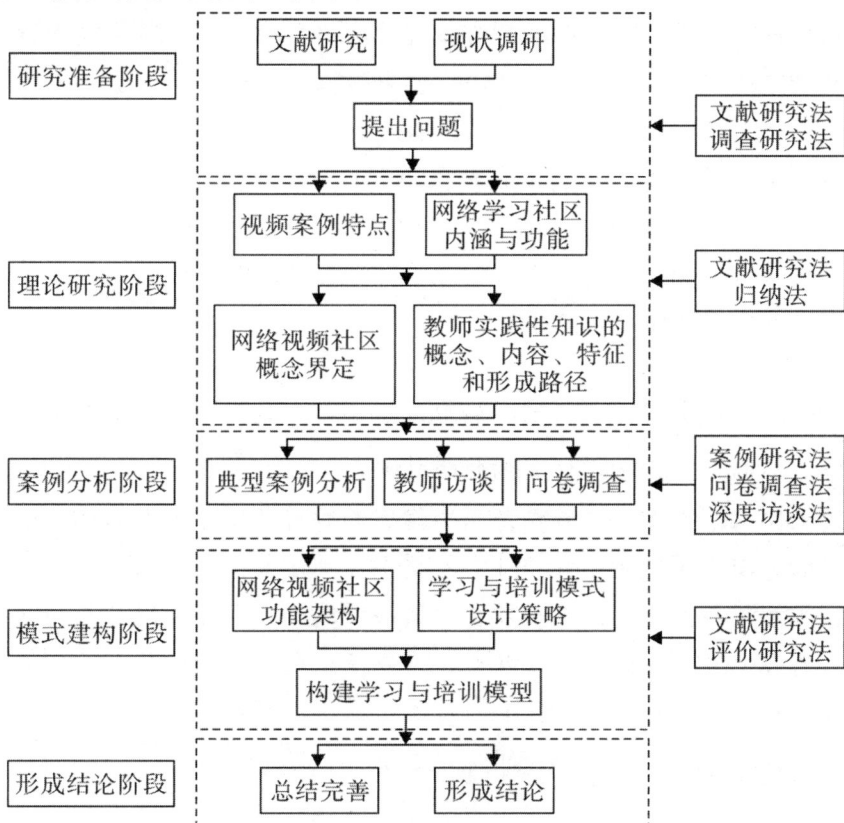

图1　研究思路与研究方法

（1）研究准备阶段。研究内容为，通过相关文献研究与现状调研，初步了解教师专业发展现状及存在的问题，明确教师实践性知识是影响教学有效实施的关键因素，发现并提出本研究的问题。研究方法有文献研究法、调查研究法。

（2）理论研究阶段。研究内容为，通过大量文献分析，结合视频案例与网络学习社区的特点与功能，形成"网络视频社区"的概念。通过对教师实践性知识相关研究的文献分析，了解教师实践性知识的概念、内容、特征和形成路径。研究面向教师实践性知识视频案例资源建设的途径方法和策略。研究方法有文献研究法、归纳法。

（3）案例分析阶段。研究内容为，选择广州市荔湾区教育信息中心的"中小学优秀视频课例在线点播"云平台作为研究案例进行初步分析，通过对问卷调查、教师访谈、典型案例分析等资料进行数据分析，了解中小学教师对基于网络视频社区学习的体验感想，明确平台功能的需求、资源建设与应用中存在的问题。研究方法有案例研究法、问卷调查法、深度访谈法。

（4）模式构建阶段。研究内容为，基于对网络视频社区的案例和相关理论分析，提出"跨越式"项目中搭建的网络视频社区的构建与应用策略，设计面向教师实践性知识视频案例资源的建设策略，设计网络视频社区的功能模块，设计基于网络学习社区的学习与培训策略，设计基于网络视频社区的学习与培训模型。建设面向教师实践性知识的视频案例资源库，选取"跨越式"项目的教师采用该模式进行实验，通过量表前后测量教师实践性知识来验证研究的有效性。研究方法有文献分析法、评价研究法。

（5）形成结论阶段。总结完善和形成结论。

（三）研究工具

研究中用到的工具有自制的调查问卷和访谈提纲。

（四）研究团队构成

主要参与本研究的成员有荔湾区教育信息中心主任曾宏玮，研究生学历，从事教育信息化建设工作二十年，对区域教育信息化建设具有独特见解，成功申报和主持过多项信息化建设工作；荔湾区教育信息中心副主任周伟冬，长期从事学校信息建设工作，具有丰富的实践经验，成功申报和实施过多项信息化建设项目；荔湾区教育信息中心廖勇刚，研究生学历，长期深入课堂，开展信息技术与课程整合的相关研究和探索，积累了一定的实践经验，且在参与听评课过程中对教育教学有了更深入的了解和认识；荔湾区教育信息中心荆林燕，研究生学历，长期深入课堂，开展信息技术与课程整合的相关研究和探索，主持开展了多项省级课题——微课在课堂教学应用的成效分析与对策研究、基于SECI理论的区域网络协同教研活动模型的构建及效果研究。

（五）研究进度安排

研究进度安排如表1所示。

表1　研究进度安排

序号	研究阶段（起止时间）	事项
1	2019年4月至2019年5月	前期文献调研
2	2019年5月至2019年7月	案例分析"中小学优秀视频课例在线点播"云平台调查分析报告
3	2019年9月至2019年12月	设计基于网络视频社区的学习与培训活动模式
4	2020年3月至2020年6月	选取试验学校教师进行两期的试点
5	2020年7月至2020年10月	整理数据，分析成效，形成研究报告《面向教师实践性知识发展的网络研修社区视频案例资源建设与应用研究》
6	2020年12月至2021年2月	课题研究阶段性论文《面向教师实践性知识发展的网络研修社区视频案例资源建设与应用研究——以广州市荔湾区为例》

三、研究成果及结论

（一）研究成果

本课题成果为："中小学优秀视频课例在线点播"云平台调查分析报告1篇，研究报告《面向教师实践性知识发展的网络研修社区视频案例资源建设与应用研究》1篇，课题研究阶段性论文《面向教师实践性知识发展的网络研修社区视频案例资源建设与应用研究——以广州市荔湾区为例》1篇。

（二）研究结论

（1）调查发现，教师应用网络视频社区进行学习可以有效促进教师的情景性知识、策略性知识及反思性知识增长，间接促进教师的教育信念的提高，及自身知识和人际关系的知识的增长，从而全面促进教师实践性知识的发展。

（2）教师基于该网络学习社区的学习存在以下几个方面的问题：视频案例太长；缺乏正反视频案例对比；缺乏专家指导；缺乏持续的交流讨论；缺乏深入系统的反思；未能与真实课堂紧密结合等。

（三）研究创新之处

本课题通过分析网络研修社区视频案例资源对教师实践性知识的影响，明确网络研修社区视频案例资源促进教师实践性知识发展的目标，加强网络研修社区视频案例资源建设，构建了基于网络研修社区视频案例资源的学习与培训模式，为发展教师实践性知识提供很好的方法借鉴和策略支持，对完善和变革中小学教师继续教育课程应用模式与培训模式具有重要的理论意义，为其他中小学继续教育实践提供重要参考与指导。

四、研究总结及反思

（一）研究中获得的经验

通过文献研究和理论分析，明确了教师实践性知识在教师知识中的价值与意义，归纳出教师实践性知识的内容类型、特征及形成路径，为网络视频社区的建设提供了理论指导。鉴于网络视频社区的功能结构，充分发挥传统课堂教学和现代网络学习结合的优势，本研究从混合学习的思路出发，构建了基于网络视频社区的学习与培训模式。

（二）研究中遇到的困难及突破办法

由于受到笔者自身研究能力及其他客观条件等因素的限制，本研究中存在的不足之处，归纳起来主要分为以下两个方面。

（1）调查研究的取样样本有限。考虑到问卷调查和访谈涉及的对象局限于部分参与视频录制的教师，相对样本较小，对数据的统计分析还比较粗浅，对于数据间的相互关系还有待进一步的挖掘。因此，对某些问题的分析可能不具有广泛的代表性，也难以完全客观地反映全国教师教育的真实情况。

（2）缺乏基于网络视频社区的学习与培训模式有效性的验证。由于受研究时间的限制，本研究还在开展实施中，没能及时地进行基于网络视频社区的学习与培训模式有效性的验证。

（三）后续研究方向

目前，该网络视频社区仅是试运行阶段，许多功能都要继续完善。例如，对教师课堂视频案例的切片功能的支持，虽然社区也有涉及，但相关的保障机制不够完善，这也许会造成部分教师产生畏难情绪。而且社区在如何更方便地开展教师学习与培训方面及理论性知识和实践性知识相结合方面还有待进一步的细化和完善。

（四）对后续研究与课题管理的意见与建议

由于受研究时间限制，本研究没能及时地进行基于网络视频社区的学习与培训模式有效性的验证。笔者希望在较大范围内开展网络视频社区的实践应用和验证，用客观数据来验证该学习与培训模式的有效性。

五、研究案例点评

（1）课题的研究思路清晰，以网络研修社区中视频案例为切入点，以广州市荔湾区教育信息中心的"中小学优秀视频课例在线点播"云平台中搭建的网络视频案例平台作为研究案例，通过探讨网络视频社区的构建与应用策略，试图促进教师网络研修时实践性知识发展。

（2）课题研究过程安排得科学、紧凑，对于每个阶段需要完成的工作都有明确的规范和要求，而且能够较好地将工作落到实处。课题使用的研究方法科学性较高，可操作性强。采用文献研究法、调查研究法和案例研究法等方法，注重实际案例的研究与分析的同时，重视理论知识的梳理，还注重理论与实际的结合。

（3）基于网络视频社区的学习与培训模式在提高教师教研培训的有效性方面具有研究价值和推广意义。目前并未完成该模式有效性的验证，建议课题组在后续研究中尽快施行，在验证有效性的同时不断完善该模式。

案例单位：广州市荔湾区教育信息中心
负 责 人：廖勇刚
研究类型：重点课题

基于网络学习空间开展山区教师网络研修的实践研究

一、研究背景、问题及目标

（一）研究背景

近年来，教育部积极推进"互联网＋教育"发展，落实《国家教育事业发展"十三五"规划》《教育信息化"十三五"规划》《教育信息化2.0行动计划》的战略部署，积极推进加强网络学习空间建设与应用。同时，广东省也在加大力度落实"广东省教育资源公共服务平台"的推广与应用。

建设和应用个人网络空间成为满足广大师生个性化服务需求的一种新趋势。很多学校已把教师个人网络学习空间建设和应用作为教师考核的一项重要内容。教师个人网络学习空间主要为网络教育教学空间，是随着互联网技术发展而出现的新的教学应用服务形式，是网络教学教研向个性化方向发展的结果。充分发挥网络空间教学的优势，创新教学观念、教学模式和方法，转变传统的课堂教学为网络空间互动教学，将给教育教学发展带来巨大的变革。

在发达地区，教育信息化水平相对较高，而在边远地区，教育信息化水平就相对落后，这就迫切需要加大力度提高边远地区教师队伍的教育信息化应用水平，落实应用平台的推广与建设。

（二）研究问题

研究问题有网络学习空间支持山区教师网络研修的现状；山区学校教师网络研修的可行性方案探索；如何有效应用广东省教育资源公共服务平台的网络学习空间进行网络研修；广东省教育资源公共服务平台在实际教育教学中的应用。

（三）研究目标

通过教师网络学习空间进行网络研修，使每一位山区教师均可通过广东省教育资源公共服务平台进行网络备课、教学研讨、上传和下载教学资源等工作，创新教学、教研模式，提高教学质量，带动全校教师进行网络研修。

二、研究内容及过程

（一）研究内容

（1）概念界定：网络学习空间是由教育主管部门或学校认定的，融资源、服务、数据于一体，支持共享、交互、创新的实名制网络学习场所。（出自教育部《网络学习空间建设与应用指南》）网络学习空间可根据使用者的个性化需要，选择或建立业务支持、工作流程支持与结果管理、信息与通知、互动交流、文档存储与管理、个人收藏、分享信息等功能，将这些功能集成为个性化页面并在此基础上构建一个网络应用系统。

教师网络学习空间包括如下三个方面：①教学管理。支持在线备课、教学活动的组织与实施、课程设计与开发等，实现课堂内外、线上线下相结合的教学模式；支持在线作业发布、在线作业批改、在线组卷、在线测试等，实现分层、个性化的智能测评与诊断；支持课后答疑、网上指导等，实现个性化辅导。②学情分析。支持跟踪、监测学生学习全过程，开展学情分析、学习诊断等，实现精准教学、个性化资源与作业推送等。③网络研修。它是一种以网络为基础开展教研工作的新方式，其借助网络，不受时空和人员限制，为广大一线教师提供内容丰富、理念新颖、技术先进、实用便捷的优秀课程资源，创设教师与教师、教师与专业人员之间及时交流、平等探讨的活动平台和环境。可支持记录教学思考、教研心得等，实现教学反思；支持创建、参与、关注教师研修工作坊、名师工作室等，实现教师专业发展。

（2）研究内容具体如下：①如何有效应用广东省教育资源公共服务平台的网络学习空间进行网络研修；②广东省教育资源公共服务平台如何在实际教育教学中进行应用；③山区教师如何利用广东省教育资源公共服务平台网络学习空间进行集体研修。

（二）研究思路及过程

（1）课题组成员应用广东省教育资源公共服务平台网络学习空间进行研讨交流，提高教师网络研修能力。

（2）结合山区学校实际，应用网络研修成果进行课堂教学展示。

（3）将研究和探索的成功经验在学校内积极实践，不断完善后做进一步推广应用。

研究过程如图1所示。

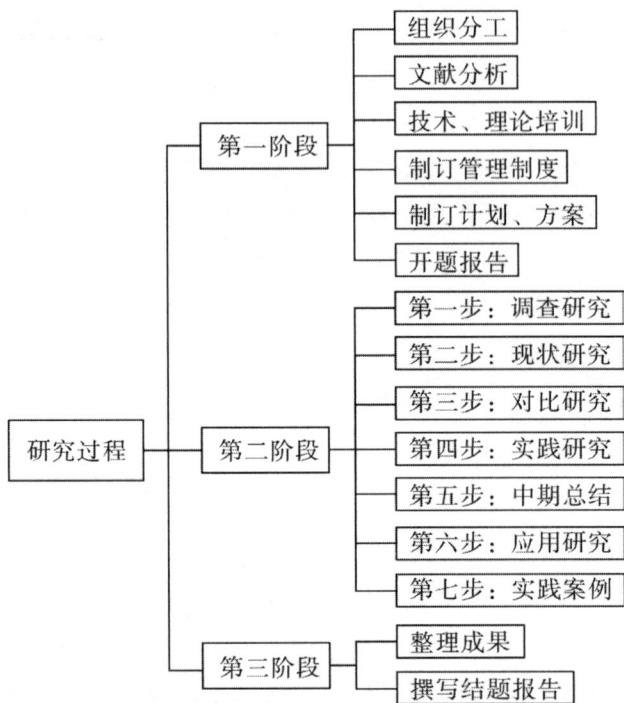

图1 研究过程

（三）研究方法

1. 问卷调查法和访谈法

通过问卷调查、访谈等方法，大致了解教师对广东省教育资源公共服务平台、网络学习空间的认识及应用水平；了解教师应用广东省教育资源公共服务平台网络学习空间开展网络研修的水平及存在的问题，对调查结果进行归纳分析，形成调查报告，为下一步研究制订研究方案。

2. 文献研究法

搜集并分析已取得的相关研究成果，分别总结归纳出传统教学、教研方法的优势和不足，及基于网络学习空间开展教师网络研修的优势和不足，以探索新型的课堂教学模式，探索提高山区学校教师网络研修能力的可行性方案。

3. 经验总结法

对各学科综合运用网络学习空间的优势，开展网络研修和教学的有效事例进行总结；进行个案反思和对比分析，分阶段进行交流总结，不断积累经验，逐步形成具有普遍意义的可行性教学新模式。据此撰写系列论文和结题报告。

4. 对比研究法

整合对比传统的研修方法与基于网络学习空间开展教师网络研修的优点与不足。

（四）研究工具

（1）调查问卷。针对研究问题，由徐泽任负责组织课题组成员，设置问卷问题，并应用Word文档制作调查问卷，印刷后分发给全校教师进行不记名调查，最后形成调查报告。

（2）研究中以广东省教育资源公共服务平台（http：//zy.gdedu.gov.cn/）的"个人空间"、广东省教育双融双创智慧共享社区（https：//srsc.gdedu.gov.cn/srsc/pub/thepub/new Index.do）等网站作为研究依据。

（五）研究团队构成

1. 课题研究领导组

课题研究领导组如表1所示。

表1 课题研究领导组

组长	苏楚文	教研室主任	中学语文高级教师
副组长	刘伟强	教师	中学物理高级教师

2. 课题研究组成员

课题研究组成员如表2所示。

表2 课题研究组成员

姓名	学历	专业职务	研究专长
刘伟强	本科	中学物理高级教师	中学物理教学
赵汉强	本科	中学物理一级教师	中学物理教学
苏镇祥	本科	中学语文一级教师	中学语文教学
徐泽任	本科	中学历史一级教师	中学历史教学
邢建华	本科	中学物理一级教师	中学物理教学
许海鹏	本科	中学物理一级教师	中学物理教学

（六）研究进度安排

课题研究从2019年7月开始，到2021年6月结束，研究周期为两年。本课题分三个阶段完成。

第一阶段：研究准备阶段（2019年7月至2019年9月）。

主要工作：收集课题相关研究成果，填写课题申报表，制订研究方案，提出研究计划和管理办法；组织课题组人员开展理论、技术培训；填写开题报告书；完成课题开题。

第二阶段：研究实施阶段（2019年10月至2021年3月）。

主要工作：开展课题研讨活动，指导、督查各子课题组开展研究；组织各子课题组内和组际的交流、研讨；校内推广子课题的先进经验，拓展子课题研究；展示中期研究成果，深化各子课题研究；形成中期评估报告。

第三阶段：研究总结阶段（2021年4月至2021年6月）。

主要工作：提出结题申请，整理研究成果，展示研究成果，撰写结题报告，接受专家组验收。

目前，课题研究处于第二阶段——实施阶段，已经完成以下研究任务：山区教师利用网络学习空间进行网络研修情况调查并形成了一份调查报告；通过对比法完成了对传统的教师研修模式和基于网络学习空间开展教师网络研修的优势和不足的研究；探索山区学校教师网络研修的可行性方案。

三、研究成果与结论

（一）研究成果

由于课题尚未结题，以下部分成果为预期成果。

（1）《凤塘中学"基于网络学习空间开展山区教师网络研修的实践研究"研究课题》结题书面报告。

（2）《凤塘中学"基于网络学习空间开展山区教师网络研修的实践研究"研究课题》教学案例、研修案例汇编。

（3）《凤塘中学"基于网络学习空间开展山区教师网络研修的实践研究"研究课题》论文集。

（4）凤塘中学"基于网络学习空间开展山区教师网络研修的实践研究"课题研究成果示范课。

（5）凤塘中学"基于网络学习空间开展山区教师网络研修的实践研究"课题研究经验推广报告。

（6）其他的成果呈现。

（二）研究结论

网络学习空间是一个平台。"网络"是教师研修的一个载体、一种工具，要为教育教学服务，为教师成长服务。

（1）通过对山区教师利用网络学习空间进行网络研修情况的调查研究，我们认为，有效利用网络学习空间开展网络研修，将是我们在网络学习空间中不断研究的方向。结合山区学校的实际情况，现提出以下几点建议：①教师要转变传统研修理念，树立终身学习理念；②应进一步完善网络平台的研修资源，促进多元化研修方式发展；③在日常教育教学中，要探索网络学习空间与教育教学深度融合的途径，以研促用，典型引路，普及应用；④教育主管部门、学校应制定激励机制，提高教师的信息技术应用能力。

（2）与传统研修方式相比，网络研修方式对山区教师更有益，主要体现为网络研修不受时间、空间限制；网络研修资源丰富、方式便捷，更能节约研修成本；网络研修有利于缩小山区与发达地区的差距，更好地保障山区教师平等享受研修。

（三）研究创新之处

教育信息化是"互联网＋教育"的自然融合，将网络学习空间与教师网络研修整合，充分发挥网络学习空间的优势，促进教学方式与学习方式变革，创新教育服务模式与管理机制为当前教育改革的必然趋势。本研究基于网络学习空间的应用研究，探索山区教师队伍利用"互联网＋教育"开展教学研修的效果，对当前山区教师的研修方式有一定的借鉴作用，在解决城乡教育差距，促进教育均衡发展的问题上提供了可行性方案。

四、研究总结及反思

我校在基于网络学习空间开展山区教师网络研修的实践研究中取得了一定的成果，特别是实际教学与研究的融合、应用，仍需在前期的研究基础上进一步深化研究，以理论促实践，在实践中提升理论研究。

在前期研究中也存在一些不足与短板，比如调查研究的范围仍可更加广泛，课题组成员的理论水平仍有较大的提升空间，教育教学理念还需进一步与发达地区接轨，网络研修的资源有待进一步拓展，特别是前期主要依据的是广东省公共教育服务资源平台，由于技术原因已停止服务，在今后的研究中应逐步转接到双融双创社区，同时要开拓更多的网络资源，拓宽研究视野，使研究内容更具广泛性、代表性。

五、研究案例点评

教育信息化是互联网和教育学习的自然融合。将网络学习空间与教师网络研修整合，充分发挥网络学习空间的优势，促进教学方式与学习方式变革，创新教育服务模式与管理机制是当前教育改革的必然趋势。为此，凤塘中学提出的"基于网络学习空间开展山区教师网络研修的实践研究"课题，具有研究价值，研究内容具体，研究思路清晰，研究措施有力，研究方法得当，可操作性强，并且课题研究前期准备工作充分，研究基础扎实。

案例单位：潮州市潮安区凤塘中学
研究类型：专项课题

移动环境下基于"私人定制"思想的中小学教师信息化教学能力精准培训模式研究

一、研究背景、问题及目标

（一）研究背景

教师是教育信息化发展的关键因素，教师的信息化教学能力影响教育信息化的全面提升和深度融合。2012年3月，教育部制定了《教育信息化十年发展规划（2011—2020年）》，提出教师队伍建设是发展教育信息化的基本保障，要增强教师信息化应用和服务能力，采取多种方法和手段帮助教师有效应用信息技术，更新教学观念，改进教学方法，提高教学质量。2018年4月13日，教育部印发《教育信息化2.0行动计划》，提出"建立健全教育信息化可持续发展机制，构建网络化、数字化、智能化、个性化、终身化的教育体系，建设人人皆学、处处能学、时时可学的学习型社会""以信息化引领构建以学习者为中心的全新教育生态""构建'互联网＋'条件下的人才培养新模式、发展基于互联网的教育服务新模式"等要求，为进一步推进教育信息化指明了方向。

（二）研究问题

在各地开展的教师信息技术相关培训中，教师往往是被动接收信息，而且信息化教学能力水平不同、任教学科不同、教龄和专业发展阶段不同的教师往往被混同对待，无法接受有针对性的培训。此外，中小学教师常常忙于备课、上课，空闲时间少且多为碎片化时间，而培训又是硬性要求，导致教师往往只能采用"挂机"的方式来应付培训，培训形同虚设。为了让每一位情况各异的教师都能得到合适的学习和培训服务，课题组从教师的信息技术应用需求出发，构建基于移动端的信息化教学能力提升平台，开发出具有针对性的培训资源，从而为教师提供便捷、精准的培训。

（三）研究目标

通过本课题的研究，实现为每一位有不同信息技术应用需求的教师，提供个性化、精准化培训的目标。此外，在移动环境下，可以解决教师学习时间碎片化的问题。教师通过手机可以随时随地获取自己所需的知识，让教师的培训变被动为主动，有效提升教师的信息化教学能力水平，助力学校的课堂教学改革，推动整体办学效果的提升，并对全市乃至全省的中小学校提供参考和产生辐射作用。

二、研究内容及过程

（一）研究内容

通过问卷调查法和访谈法，对学校教师的信息技术应用需求进行调查，据此了解不同学科、不同教龄、不同学历的教师在教学中碰到的信息技术应用难题，以及他们碰到难题时如何寻求解决方法和希望通过何种方式提升自己的信息技术应用能力等。再根据调查结果，使用移动端建站工具完成平台的设计与制作，并通过微课制作工具开发符合实际教学需求的培训资源。此外，为了实时跟进了解教师的信息技术应用需求，平台设计有"在线互动"功能，教师在进行移动学习的同时，可在线咨询、留言或提交问题，及时反馈教学中的信息技术应用难题。课题组根据教师反馈的信息，给予实时解答，由此开发出更具有针对性的培训资源，并投放到平台中供教师学习。教师在学习中可通过平台对培训资源提出改进建议，协助课题组优化平台的培训资源，使之在使用的过程中更加贴合教学实际，形成一个良好的"需求—开发—培训"循环，并反过来提高教师自己利用平台进行学习的积极主动性。研究内容的组成结构图如图1所示。

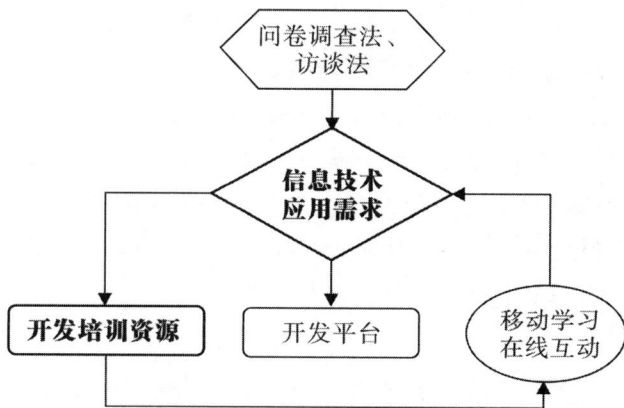

图1　研究内容的组成结构图（加粗部分为研究重点）

（二）研究方法

（1）文献研究法。从教育部印发的文件，《电化教育研究》《中国电化教育》《教育信息技术》等期刊，百度文库和中国知网等渠道收集中小学教师信息化教学能力提升培训方面的资料，加以分析和研究，撰写课题研究背景和研究现状。

（2）问卷调查法。使用问卷星设计"中小学教师信息化教学能力现状与提升需求调查问卷",通过智能手机向教师投放问卷进行调查,并通过对科组长、教师进行实地访谈,了解教师的信息技术应用需求。

(3)分析归纳法。对文献资料、问卷调查和访谈结果进行归纳总结并形成分类表,给培训平台的设计和资源的开发提供依据。

(4)行动研究法。通过示范课、微课比赛、课件比赛、教师第二课堂、公开课等形式驱动和满足教师对信息技术应用的需求,对教师参与课题实验的行为过程、实验结果进行跟踪、观察、调查和分析。

(5)比较研究法。对比培训前后教师信息技术应用需求的变化,以及培训前后教师信息化教学能力水平状况,构建切实有效的培训模式。

(三)研究思路

首先,通过文献研究、问卷调查和访谈,了解中小学教师在教学实践中的信息技术应用现状,以及对提升自身信息化教学能力水平的培训需求等,并对此进行归纳、总结和分类。根据调查结果,完成基于移动终端的培训平台的设计与开发,以及进行平台的内部测试并根据教师需求制作信息技术应用类培训资源。然后通过信息化教学示范课、微课比赛等形式来驱动教师对信息技术应用的培训需求,通过平台帮助教师提升信息化教学能力。为更加精准地了解教师的培训需求,并为教师推送更加个性化的培训资源,接下来,课题组将对学校各科组长进行学科信息化教学特点、学科信息技术应用需求等方面的访谈跟踪调查,结合前期平台的试运行情况,开发出更具有针对性的培训资源并将其投放到平台中。同时,基于"信息化教学"主题开设面向教师的第二课堂,以扩大和提升培训平台的影响力和知名度,并通过教师来推动培训平台的推广应用。通过开展教师课件制作比赛、教学开放日课例展示等活动来助力教师对信息技术的应用,对参与第二课堂的教师进行问卷调查,以完成对平台培训效果的初步检验。接着,开展各学科信息化教学公开课比赛,助推学校信息化教学氛围的形成。最后,设计问卷对平台的整体应用效果进行调查,构建提升教师信息化教学能力的精准培训模式。研究思路如图2所示。

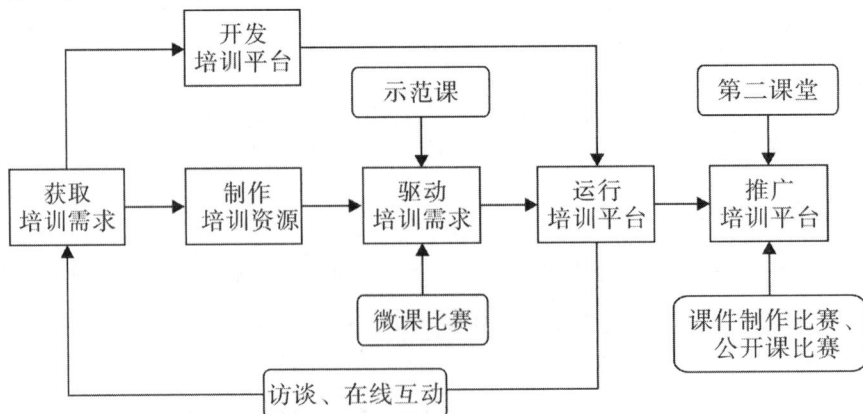

图2 研究思路

（四）研究工具

在了解教师的信息化教学能力现状与提升需求时使用了调查问卷，问卷通过问卷星进行设计；在构建基于移动端的信息化教学能力提升平台时，使用了移动建站工具"凡科建站"；在开发培训资源时，使用了Camtasia Studio、会声会影、ZD Soft Screen Recorder、语音合成工具等微课制作工具。

（五）研究团队构成

外请专家人员（3人）：

李育强（开平市教育局教育技术与装备中心主任，研究生，中学高级教师）

邓东明（开平市中小学教研室信息技术教研员，研究生，中学高级教师）

苏华杰（开平市教育局省教育技术课题管理员，研究生，中学高级教师）

校内人员（8人）：

余源汉（评议专家，开平市金山中学党支部副书记，本科，中学高级教师）

戴松（评议专家，开平市金山中学教务处主任，本科，中学高级教师）

蓝庆柳（课题主持人，开平市金山中学信息科组长，本科，中学一级教师）

周永雄（课题组成员，开平市金山中学副校长，本科，中学高级教师）

吴丽花（课题组成员，开平市金山中学政教处副主任，本科，中学一级教师）

王锦虹（课题组成员，开平市金山中学教务处副主任，本科，中学高级教师）

聂鹏（课题组成员，开平市金山中学教务处副主任，本科，中学高级教师）

李健彬（课题组成员，开平市金山中学教师，研究生，中学一级教师）

六、研究进度安排

研究进度安排如表1所示。

表1 研究进度安排

时间	工作任务	负责人
2018年10月10日至2019年2月10日	开发基于移动终端的培训平台	蓝庆柳
2018年11月16日至2018年11月30日	设计调查问卷，包括：关于中小学教师在教学实践中的信息技术应用现状，以及对提升自身信息化教学能力水平的培训需求	周永雄、吴丽花
2018年12月3日至2018年12月7日	调查问卷内部测试	周永雄、吴丽花
2018年12月10日至2018年12月14日	开展问卷调查	周永雄、吴丽花

（续表）

时间	工作任务	负责人
2018年12月17日至2019年1月17日	统计、分析调查问卷，撰写调查报告	李健彬
	根据问卷调查结果对培训平台进行设计调整	蓝庆柳
2019年2月11日至2019年2月17日	基于移动终端的培训平台上线内测	蓝庆柳
2019年2月18日至2019年8月30日	开发信息技术应用类培训资源	蓝庆柳
2019年2月18日至2019年5月17日	基于移动终端的培训平台上线试运行	蓝庆柳
	开展信息化教学示范课，协助学科教师参加课例比赛，收集相关课例的课堂实录、教学设计和教学资源包	王锦虹
	开展学校第二届教师微课制作大赛，收集各学科微课作品	聂鹏
2019年5月20日至2019年6月7日	参加广东省教育"双融双创"行动暨2019年教师教育教学信息化交流及新媒体新技术教学应用活动	王锦虹
2019年6月10日至2019年6月28日	参加2019年晒课活动	蓝庆柳
2019年7月1日至2019年7月30日	接受课题指导团队的访谈和检查并根据其意见调整课题研究	蓝庆柳
	收集、统计课题研究成果，撰写中期报告，形成研究论文	蓝庆柳
	撰写一篇信息技术与本学科融合的论文、制作一个学科微课	周永雄、吴丽花、聂鹏、王锦虹
2019年7月31日至2019年8月30日	根据调查问卷数据形成的调查报告，撰写关于"中小学教师信息化教学能力现状分析及对策"方面的论文	李健彬
2019年9月2日至2020年1月10日	开发信息技术应用类培训资源	蓝庆柳
	基于移动终端的培训平台上线运行	蓝庆柳
2019年9月2日至2019年9月13日	对学校各科组长进行访谈，了解各学科的信息化教学特点和信息技术应用需求情况	蓝庆柳
2019年9月16日至2020年1月10日	以专题形式开发信息化教学方面的教学资源	蓝庆柳
	开展面向教师的基于"信息化教学"主题的第二课堂	蓝庆柳
2019年10月8日至2019年11月29日	开展教师课件制作比赛，收集各学科课件	聂鹏
	以教学开放日的形式开展信息化教学课例展示，收集相关课例的课堂实录、教学设计和教学资源包	王锦虹

（续表）

时间	工作任务	负责人
2019年12月2日至 2020年1月10日	对面向教师的第二课堂的培训效果进行问卷调查	蓝庆柳
	制作一个本学科微课	各组员
	撰写一篇信息技术工具应用类论文	蓝庆柳
2020年2月17日至 2020年8月31日	开发信息技术应用类培训资源	蓝庆柳
	基于移动终端的培训平台上线运行	蓝庆柳
2020年2月17日至 2020年5月31日	开展各学科信息化教学公开课比赛，收集相关课例的课堂实录、教学设计和教学资源包	王锦虹
	开展学校第三届教师微课制作大赛，收集各学科微课作品	聂鹏
	参加广东省教育"双融双创"行动暨2020年教师教育教学信息化交流及新媒体新技术教学应用活动	王锦虹
2020年6月1日至 2020年6月30日	培训效果调查问卷的设计、内测、公测，以及统计、分析	周永雄、吴丽花
	结合课例、课件、微课比赛和问卷调查情况，撰写关于"信息技术在中小学教学中的应用案例与效果分析"的论文	王锦虹、聂鹏、吴丽花
	收集和整理各项研究成果	李健彬
2020年7月1日至 2020年8月31日	汇编结题材料，撰写结题报告	蓝庆柳

三、研究成果及结论

（一）研究成果

研究成果如表2所示。

表2　研究成果

成果类型	成果名称	获奖或发表
论文	新课标下信息技术与初中数学教学的整合	发表于《中国教工》2019年第8期
论文	创新小组合作课堂，培养学生语文核心素养	获江门市2018年度基础教育优秀教学论文二等奖
论文	信息助力，让语文作业"嗨"起来	获2019年广东省中小学信息技术教育优秀论文一等奖
论文	观同课异构的语文课，应该如何评	发表于《课程教育研究·学学教法研究》2019年第20期
论文	浅谈初中信息技术课教学中存在的问题及对策	获2019年广东省中小学信息技术教育优秀论文二等奖

（续表）

成果类型	成果名称	获奖或发表
论文	基于PBL教学法的在线微课程设计与应用研究——以初中信息技术课《综合实践：使用photoshop制作海报》为例	发表于《教育信息技术》2018年第9期
论文	例谈信息技术教学中信息社会责任的培养	获开平市2018—2019学年度教育教学论文二等奖
论文	关于德育"项目式"学习的实践探究	获开平市2018—2019学年度教育教学论文三等奖
论文	浅谈初中物理课堂教学过程优化的做法	获开平市2018—2019学年度教育教学论文三等奖
微课	电脑无法正常启动的解决方法	获2018年广东省计算机教育软件评审活动省级二等奖、江门市级一等奖
微课	移动教学高手养成指南	参加广东省教育"双融双创"行动暨2019年教师教育教学信息化交流及新媒体新技术教学应用活动并入围省赛
微课	饮酒其五	参加广东省教育"双融双创"行动暨2019年教师教育教学信息化交流及新媒体新技术教学应用活动并入围省赛
微课	极简微课技术解码	获开平市金山中学策课比赛一等奖
微课	如何录制电脑屏幕	获开平市金山中学策课比赛二等奖
微课	九年级英语听说考试教程	获开平市金山中学策课比赛二等奖
微课	渡荆门送别	获开平市金山中学策课比赛二等奖
课例	议论要言之有据	获开平市初中语文教材作文课例一等奖
课例	学习描写景物	获2018年江门市计算机教育软件评审活动三等奖
课例	寻找创新之旅	获江门市中小学综合实践优质课展评二等奖
课例	欧洲西部	获2017—2018年度"一师一优课，一课一名师"活动开平市级优课
课例	我是平面设计师	获2017—2018年度"一师一优课，一课一名师"活动开平市级优课
教学设计	表达得体	获2019年广东省中小学信息技术教育活动二等奖
课件	俄罗斯	参加广东省教育"双融双创"行动暨2019年教师教育教学信息化交流及新媒体新技术教学应用活动并入围省赛

（二）研究结论

目前，信息化教学能力提升平台处在初期运行阶段，借助平台，教师需求与培训资源建立了连接并进行了互动，教师培训效果较好。首先，从学习的参与度来看，教师参与培训的积极主动性较高，相比于以前，教师更加积极地提出个人信息技术应用需求，以获取自己所需的知识。而且，智能手机方便、快捷的特点使得教师更加乐于利用碎片化时间进行培训与学习。其次，从培训的效果来看，教师的信息技术应用能力得到了明显提升，从学校的教师微课制作比赛情况（如表3所示）和教师课例比赛中可见一斑；同时，教师的信息技术应用能力得到提升之后，其在教学中也更加愿意使用信息技术来提升课堂效果。

表3　培训前后教师微课制作比赛情况对比

教师微课制作比赛	参与科组数	微课总量	一等奖数量	二等奖数量	三等奖数量
第一届（培训前）	9	20	4	6	10
第二届（培训后）	11	50	6	20	24
培训后变化量	+2	+30	+2	+14	+14

可见，此种培训模式，教师乐于接受，学习的积极主动性高，学习时间短，见效快，实用性强，整体效果显著；且基于移动端，方便快捷，易于推广。

四、研究总结及反思

（一）研究创新之处

基于"私人定制"思想的培训模式是以教师的信息技术应用需求为中心，让教师从以往被动接受、混同对待的培训模式转变为主动寻求、具有针对性的培训模式，做到从思想上改变学习方式，提高教师参与个人能力提升培训的积极主动性，从而更好地提升学校教师的信息化教学能力，加深信息技术与学科教学的融合。同时借助于已经普及的智能手机和移动互联网环境，以及以短视频为主的培训资源，使教师可以充分利用自己的碎片化时间进行移动学习，降低教师参与培训学习的难度，提升培训效果。

（二）研究中获得的经验

首先，在课题的开题培训和中期培训中，欧阳慧玲主任、况姗芸教授、岑健林教授在课题研究、论文写作等方面给予了课题组非常实用的帮助，为课题的顺利研究提供了理论指导和方向指引。其次，为更好地推进课题研究，课题组重温了"教育研究方法""教育评价学""教学设计"等大学课程，使自身的教学教研能力都得到了提升；为构建信息化教学能力提升平台和开发平台培训资源，课题组钻研移动建站技术、微课制作技术、课件制作技术、办公软件技巧等方面的知识，进一步提升了自身的信息技术应用能力。再次，为使课题研究有序、高效地进行，课题主持人在团队的组建、组员的分工、研究的计划等方面都做了统筹规划，在这一过程中，课题组的服务意识得到了加强，组织协调能力得到了提升。最后，通过对课题研究成果的提炼，课题组的论文写作水平也得到了一定的提高。

（三）研究中遇到的困难及突破办法

一是学校日常的教学事务繁忙，课题研究时间较为紧张，为使课题研究能按计划推进，只能利用周末来延长课题的研究时间。二是学校及上级行政部门缺乏课题研究的激励措施，在科研能力方面缺乏合理的评价，而且教师的科研能力并未成为教师职称评定、职业晋升的关键指标，使得教师在具备职称评定的课题条件之后，对其他课题研究缺乏积极性，无法真正做到以研促教。面对这种困境，课题主持人通过将大目标分解成多个小目标、降低课题研究的心理难度等方法，促使课题组逐步完成课题的研究目标。三是课题研究成果的凝练水平还不高，需要继续通过订阅专业期刊、期刊公众号和中国知网等途径加强自身的专业素养，提升课题组成员论文写作水平。

（四）后续研究方向

随着信息技术的发展，教师的信息技术应用需求也会不断发生变化，基于教师信息技术应用需求而开发的平台培训资源需要不断更新和丰富。后期将通过平台的在线互动功能和实地访谈进一步收集教师的信息技术应用需求，开发出更多具有针对性的培训资源，并通过举行教师微课制作比赛、课件制作比赛和公开课比赛来促进教师对信息技术的应用，同时在研究的过程中注重成果的收集与提炼。课题研究成果的应用只是一个开始，而学校教师的信息化教学能力提升则是一项长久的工作，"需求—开发—培训"的模式是一个恒动的过程。

（五）对后续研究与课题管理的意见与建议

一是希望科研能力水平真正成为教师职称评定、职位晋升的关键指标。欠发达地区往往在课题研究的经济激励上较为有限，而且在科研能力方面缺乏较为合理的评价手段。由于学校职称评定的名额限制，一些科研能力较强的教师，有时甚至在校内参评的资格都没有，极大打击其科研的积极性。二是希望能开展一些科研能力提升方面的培训。在中小学，特别是欠发达地区，教师科研能力的总体水平相对较低，而且教师参与课题研究的积极性不高，极大制约了"科研兴教"方略的发展。当教师的科研能力和参与科研的积极性得到提升时，相信会给学校的教育教学效果的提升起到很大的促进作用。

五、研究案例点评

（1）课题研究计划翔实且能够根据研究计划扎实推进。课题以构建基于移动端的信息化教学能力提升平台，开发出具有针对性的培训资源，为教师提供便捷、精准的培训为目标。通过细化研究内容，制订了翔实、可行的研究计划，包括通过问卷调查和访谈了解中小学教师在教学实践中的信息技术应用现状，以及对提升自身信息化教学能力水平的培训需求等。开设面向教师的基于"信息化教学"主题的第二课堂及开展课件制作教学比赛。在课题组成员的共同努力下，课题的前期研究工作都得到了很好的落实，研究的各个阶段都尽可能做到了科学、规范。

（2）课题研究目标明确，形成了"需求—开发—培训"的良性循环过程。首先从教师的信息技术应用需求出发，构建了基于移动端的信息化教学能力提升平台，开发出具有针对性的培训资源，以便为教师提供便捷、精准的培训。在学习的过程中，教师可通过平台对培训资源提出改进建议，协助课题组优化平台的培训资源，使之在使用的过程中更加贴合教学实际，形成一个良好的"需求—开发—培训"循环，提高教师利用平台进行学习的积极主动性。

（3）课题研究成果丰富，形式多样，取得了阶段性的研究成果。课题组成员积极完成各阶段的研究任务，取得了阶段性的研究成果。各类教育优秀教学论文的发表、各类教学比赛的获奖，在一定程度上提高了教师的科研能力和信息技术的应用能力。

案例单位：江门市开平市金山中学

负　责　人：蓝庆柳

研究类型：教师专业发展研究

基于"广东省教育资源公共服务平台"提升教师信息化应用能力的实践研究

一、研究背景、问题及目标

（一）研究背景

在教育部印发的《教育信息化2.0行动计划》中提到，党的十八大以来，我国教育信息化事业实现了前所未有的快速发展，实现了"三通两平台"建设与应用快速推进、教师信息技术应用能力明显提升、信息化技术水平显著提高。《教育信息化2.0行动计划》是顺应智能环境下教育发展的必然选择。《教育信息化2.0行动计划》是推进"互联网＋教育"的具体实施计划。经过多年来的探索实践，信息技术对教育的革命性影响已初步显现，但与新时代的要求仍存在较大差距。

在现实教学中，教师提升信息化应用能力的意愿不强，原因如下：其一，教师工作繁忙，原有的知识结构、教学技能已满足常规教学；其二，提升教师信息化应用能力内容广泛，教师学习会耗费太多的时间、精力；其三，教育行政部门对教师信息化应用能力没有硬性的考核要求，所以在学校的信息化设备不断更新换代的情况下，教师的信息化应用能力并没有显著的提高，信息化设备利用率也不高。

（二）研究问题

教师信息化应用能力内容广泛，为满足社会发展和教师教学能力发展的需求，如何通过使用"广东省教育资源公共服务平台"这类教学平台提升教师信息技术应用能力；影响教师提升信息化应用能力意愿不强的原因；在常规教学中信息应用能力内容包括什么。

（三）研究目标

以广州市第七十一中学为例，进行实践研究，提高教师的信息技术应用能力，促进教师终身学习，解决长期存在的教师技能与社会发展、教师技能与学生学习方式多样性脱节的问题；促进教师使用"广东省教育资源公共服务平台"，提高平台的使用率，加大深度和广度；尝试挖掘平台的教学资源，提高教师对资源的应用能力。

二、研究内容及过程

（一）研究内容

本课题的研究内容（图1）主要分为以下三个方面。

（1）"广东省教育资源公共服务平台"教师个人空间研究。在教育信息推进"互联网＋教育"背景下，教师个人空间既可作为课堂教学的补充，又可作为理论学习知识的平台。教师个人空间有"我的教学""我的管理""我的班级""我的研训""我的主页"这些专栏。使用个人空间，可不受时空限制、随时随地进行教学，这对培养学生发现问题、分析问题、解决问题的能力及开展研究性学习、自主性学习、互助性学习等有着很大的作用。

（2）"广东省教育资源公共服务平台"应用工具研究。通过使用服务平台的应用工具，从教师实际教学需求出发，可以更高效地提升信息化应用能力。

（3）培训微课教材的编写和制作。包括"广东省教育资源公共服务平台"个人空间的使用，平台应用工具使用的微课教程，教师信息技术基础素养的微课教程，教学常用App和工具的使用。

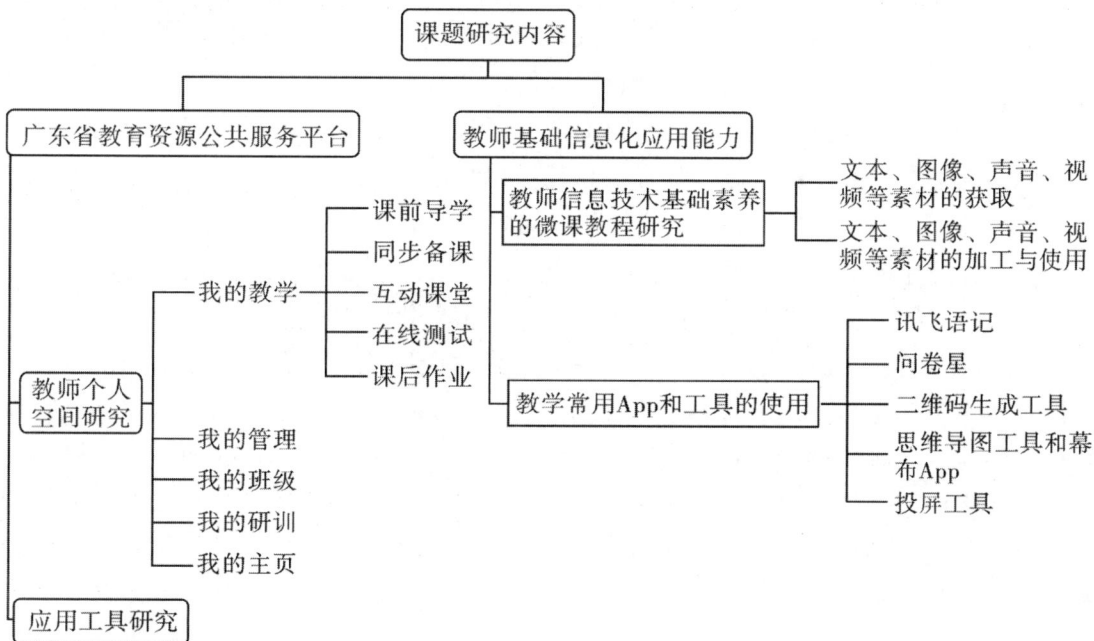

图1 研究内容

（二）研究方法

本课题的研究，主要采取以下研究方法。

（1）调查研究法：对师生的需求和现状进行充分调查。

（2）分析研究法：对调查结果进行相关分析。

（3）行动研究法：课题组成员与广州市第七十一中学教师共同参与，通过"广东省教育资源公共服务平台"对教师进行线上线下培训，得出实践结果。

（4）归纳研究法：对结果进行归纳评价，形成系统的研究报告。

（三）研究思路及过程

如图2所示，本课题的研究过程主要分为以下五个阶段。

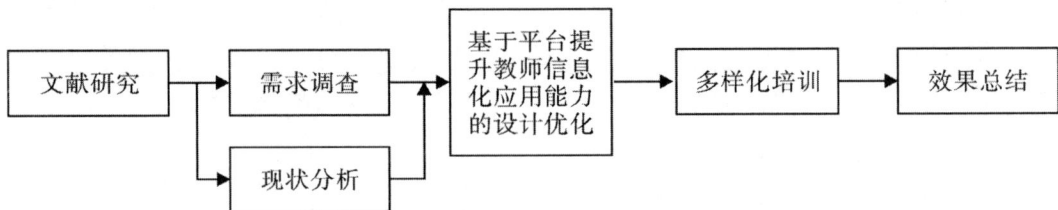

图2 研究过程

（1）阅读文献学习政策。《国家中长期教育改革和发展规划纲要（2010—2020年）》提出，教育发展的目标是要实现"强化信息技术应用，提高教师应用信息技术水平，更新教学观念"。教育部印发的《关于深化职业教育教学改革全面提高人才培养质量的若干意见》指出，要提升信息化教学能力，广泛开展教师信息教学能力提升培训，不断提高教师的信息素养。教育部印发的《教育信息化2.0行动计划》积极推进"互联网＋教育"，坚持信息技术与教育教学深度融合的核心理念，坚持应用驱动和机制创新的基本方针，建立健全教育信息化可持续发展机制。

（2）需求调查、现状分析。设计调查问卷，了解不同学科、不同年龄段教师现有的信息化应用能力；了解教师使用信息化设备实施教学的现状；了解教师使用信息化设备与技术的意愿和产生的原因；了解教师对信息化应用能力的新需求。

根据调查问卷、访谈的结果，分析教师信息化应用能力现状：他们认为信息技术对课堂教学工作是重要的，课堂教学中经常使用Powerpoint，但在设计Powerpoint时获取恰当图像、视频、动画素材时间成本高。随着社会的发展、知识获取方式多样性的改变、学生使用信息化设备的广度增加，教师要能更加合理使用信息技术，改变常规课堂教学方式。部分教师开始使用例如"希沃授课助手""考试酷"等工具进行辅助教学。极少数教师开始使用智慧课堂，但受网络带宽有限、学生平板配备不齐、软件经常更新、智慧课堂软件学习量大、备课需很长的时间等原因的制约，长期使用比较困难，教师需要更加简单、稳定的信息化工具辅助教学。教师个人空间给教师提供了一个非常好的互动平台，使教师能不受时空的限制随时随地进行教学，且利于实现学生个性化学习。但因为教学行政部门和学校缺乏相应的制度保障、激励政策、考核要求，造成平台使用推广力度不够。又因为教学工作繁忙，教师的信息化应用能力不足等因素，造成教师使用资源服务平台积极性不高，教师提升信息化应用能力速度缓慢。

（3）基于平台提升教师信息化应用能力的设计优化。①教师个人空间建设。教师个人空间是自由规划教书育人的空间阵地，建设好自己的空间有以下作用：将自己历年的教学资源按规划存放，可以随时使用网络从空间中下载资源；对教学进行梳理和总结，促进教师对教学进行全方位的思考及对后续教学作出新的规划；个人资源比较齐全且易于整理，改善了教师存放文件杂乱、容易丢失的现状；活用教师个人空间中的"我的教学""我的管理""我的班级""我的研训""我的主页"这些专栏，配套做好"课前导学""同步备课""互动课堂""在线测试""课后作业"工作，设置"微课""习题"等资源共享，可实现不受时空的限制随时随地进行教学的目的。②学习使用"广东省教育资源公共服务平台"提供的工具。这些工具能让课堂变得更生动、高效。③提升教师信息化应用基础素养的微课教程在线学习。教师在使用"广东省教育资源公共服务平台"时，需要具备信息化应用能力以应对教学工作，如果系统地学习会花费大量的时间，而教师只是想知道如何快速地操作。例如，快速获取图像，添加文字标注，再将修改的图像贴入演示文稿或视频中。再例如，教师外出听课或教研，可以使用"讯飞语记"这类App，使用手机边拍照边语音输入，可从相片中识别文字，最终完成一个图文并茂的文件，甚至完成一个图、文、声音、视频并存的文件。本课题研究制作信息化基础应用能力和便捷工具的教程，以满足教师个性化的学习。教程以微视频文件形式被上传至网络空间，并生成二维码，教师通过扫描二维码即可学习。

（4）多样化培训。开展线下专题培训，线上自主性学习形式完成培训。

在线下培训方面，完成了"个人空间"专题培训。计划在2019年9月开始进行"一师一优课视频制作培训"。计划在2019年10月进行"便捷工具和App的培训"，内容有如何在家长微信群中直播主题班会课；有使用"迅飞语记"这类工具图文并茂地记录教研活动，并且即时生成文件；有将教师的教学微课、导学案等资源直接生成二维码的方法。

在线上方面，制作出三类教程：教师信息化应用能力基础技能，常用便捷工具介绍，"广东省教育资源公共服务平台"个人空间建设和平台工具使用介绍。将所有教程生成二维码，教师可以根据需求扫码学习。

（5）效果总结，通过培训结果调查问卷完成效果统计和分析。

三、研究成果及结论

（一）研究成果

（1）撰写了《基于"广东省教育资源公共服务平台"提升教师信息化应用能力的实践研究》课题研究报告。

（2）撰写了中期课题研究的实验报告。

（3）撰写了教育信息化融合创新应用教学模式报告。

（4）完成了部分教程的编写和制作，以微课的形式呈现并将微课上传到网络生成二维码，可供直接扫码学习。

（5）开展了课例实践研究。

①广东省教育资源公共服务平台培训——个人教学空间使用的校内培训。

②《微课的声音处理》培训视频研究制作。

（6）围绕课题研究创作了一些论文。如黄振豪撰写的论文《基于广东教育资源公共服务平台，如何利用教师空间来累积教学经验和提升个人教育技能》。

（二）研究结论

2018年，教育部印发的《教育信息化2.0行动计划》提出，继续深入推进"三通两平台"，形成"校校用平台、班班用资源、人人用空间"氛围，完善数字教育资源公共服务体系。经过多年的发展，学校的信息化设备不断更新换代，但教师的信息化应用能力进步缓慢，教师要不断提升信息技术应用能力，满足社会发展和教学的需求。我们提出以下四条基于"广东省教育资源公共服务平台"提升教师信息化应用能力的方法：①教师学习建设个人空间，让网络学习空间真正成为广大师生利用信息技术开展教与学活动的主阵地，实现不受时空限制的个性化学习；②教师通过学习和使用平台上的专用工具，使其高效服务于教学；③通过使用平台的资源，不断丰富自我；④从教师个人需求出发，有针对性地学习课题组编制的视频教程，提高基础的信息化应用能力。

在现实教学中，因为教师工作繁忙，而且原有的知识结构、教学技能已满足常规教学；组织教师信息化应用能力培训的内容广泛，让人望而生畏；教师学习后难以灵活运用，长久不用又迅速遗忘；教育行政部门对教师信息化能力没有硬性的考核要求，也鲜少有教师运用信息化能力的教学比赛。所以教师提升信息化应用能力的意愿不强，在学校的信息化设备不断更新换代的情况下，教师的信息化应用能力也并没有显著的提高，信息化设备利用率也不高。在这种情况下，应从以下几个方面调动教师提升信息化应用能力的积极性。

（1）教育行政部门的积极推进。组织丰富多样的活动，开展"使用信息化应用能力课例比赛及展示"、信息化应用能力达标考核、使用信息化应用能力课例教研活动、"广东省教育资源公共服务平台"教师个人空间比赛等。

（2）培训要以教师为本，方式内容多样化、人员组合多样化。培训要从教师的需求出发，定期组织专题培训，通过优秀的课例研讨，展示教育信息化对学生兴趣激发的效果，课堂组织管理的高效，作业讨论评价的便捷，引起教师共鸣。提供教师信息化应用能力培训教程，以线上自主性学习为主，提升教师信息化应用基础能力。

（3）有能力的学校可组建"教师信息化应用能力"培训小组，点对点地对教师进行培训。

四、研究总结及反思

（一）研究创新之处

（1）为了实现教育信息化，国家投入了大量的金钱用于更新教学设备、软件资源、服务平台，可是受教师自身信息技术应用能力的限制，这些软硬件资源不能很好发挥用途，有必要在更新软硬件资源的同时，通过多种途径提升教师的信息技术应用能力。

（2）基于"广东省教育资源公共服务平台"提升教师信息化应用能力。完善平台的"教师个人空间"建设，收集与整理教学资料并按规划上传到空间，对教学进行梳理和总结，活用教师个人空间中的"我的教学""我的管理""我的班级""我的研训""我的主页"这些专栏，配套做好"课前导学""同步备课""互动课堂""在线测试""课后作业"工作，设置"微课""习题"等资源共享，可实现不受时空的限制随时随地进行教学的目的。使用"广东省教育资源公共服务平台"提供的工具能让我们的课堂更生动、高效。

（3）多样化组织教师培训。以专题的形式组织教师培训，目标明确，适合培养基础达标的信息化应用能力。以线上自主性学习为主、以教师需求为出发点的个性化培训，内容广泛，学习时间简短，学习目标单一，易于掌握，可针对性地解决教师的问题。本课题组将培训内容细化成微课教程，并生成二维码，通过内容目录列表对应的二维码，扫码即可以学习。

（4）培训人员组合多样化。多数培训都是针对个人进行的，其中有优点也有不足，可以组建以项目式教学的学科组成员或者备课组成员为单位的学习小组，以学科主题设立项目，由小组内教师协同完成，细化项目分工，通过完成项目，提升教师信息化应用能力。

（二）研究不足之处与展望

1. 研究中遇到的困难及突破办法

（1）课题组成员均是一线教师，具有丰富的实践经验，但把理论和实践提炼成研究成果的训练不够、经验不足，许多好的想法和做法上升到理论层面就有些束手无策。广东省教育技术中心对课题负责人开展了开题培训和中期培训，让我们对课题的研究有了规范性、概括性的认识；还分派专家胡小勇教授指导我们课题研究，其专家团队在培训模式、研究内容结构图上指导我们分析和提炼，使得课题在提炼研究成果上更加明晰，研究价值上也有更新的认识。

（2）教师对提高信息化应用能力的意愿不强。通过优秀的课例研讨，丰富的培训教程展示，可吸引教师不断学习。教育行政部门应多开展各类活动和比赛，提高教师提高信息化应用能力的积极性。

2. 后续研究方向

教师信息化应用能力是随着社会发展而不断推陈出新的，教师想要顺应社会变化，贴合学生知识获取方式的变化，就要教到老、学到老。我们的后续研究方向如下。

（1）指导教师活用"广东省教育资源公共服务平台"的个人空间，更好地进行小组研究、个性化学习。

（2）完善三类教程的编写：教师信息化应用能力基础技能；常用便捷工具介绍；"广东省教育资源公共服务平台"个人空间建设和平台工具使用介绍，以适应不断变化的教师信息化应用能力个性化的学习要求。

3. 对后续研究与课题管理的意见与建议

"广东省教育资源公共服务平台"维护频繁，造成教师的使用不便。平台的稳定性影响了教师对"广东省教育资源公共服务平台"的选择。平台上传视频资源速度较慢，教师上传微课用时较长。平台推广、宣传力度仍需加强，还要开展多样化的评比活动。希望在后续的研究过程中能有更多专题的培训。

五、研究案例点评

（1）课题研究目标明确，能根据研究计划紧扣主题、扎实推进。为响应《教育信息化2.0计划》号召，课题以"使用'广东省教育资源公共服务平台'这类教学平台，提升教师信息化应用能力"这一实际问题为研究目标，通过细化研究内容，制订了详尽可行的研究计划。在课题组成员的共同努力下，课题前期研究工作得到比较认真的落实，研究的各个阶段都尽可能做到了规范、科学。

（2）课题研究方法得当，科学性、操作性强。课题以"教师信息化应用能力培训课程"为主要研究内容，采用调查研究法、行动研究法等方法，立足课堂教学实践，注重理论研究，做到理论与实践相结合。

（3）课题成果丰富，形式多样，具有可推广性。课题组积极完成各阶段研究任务，取得了一定的研究成果，如教育信息化融合创新应用教学模式、教师培训课程、论文等。这在一定程度上提高了课堂教学的效率和教师的信息化应用能力。在后续研究中，建议挖掘更多优质教育信息资源，探索其与课题研究有效整合的策略，使课题得到更深入的研究。

案例单位：广州市第七十一中学

负　责　人：赵郁华

研究类型：专题研究

第五部分　学生发展篇

xue sheng fa zhan pian

数字阅读环境下导图对小学生思维的影响研究

一、研究背景及问题

（一）研究背景

近年来，随着互联网的发展和移动终端的兴起，数字阅读成为小学生的主要阅读方式。在数字阅读的大环境下，低年龄段学生的阅读需求呈现出多样性，且具有阅读兴趣高的特点。虽然低年龄段学生的阅读量增加、阅读频率提高，但是阅读内容较浅、喜欢碎片化阅读、阅读时间短等问题也随之显现。为了更清楚地了解学生阅读理解情况，让学生根据自己所读内容进行阅读成果输出必不可少。在语文学习中，相比逻辑性、教育性较强的阅读成果输出形式，儿童对趣味性的阅读成果输出形式更感兴趣。

思维导图作为一种知识表征工具，以简洁明了的图形形式呈现复杂的知识组织结构，是促进学习者建构知识框架、加深知识理解的有效方法及工具。其能够进行放射性"地图"化，被广泛地运用在想象、记忆、工作、学习上，可激活人的发散性思维。思维导图作为一种有效测试学生阅读理解情况的工具，不仅非常适合小学低年龄段学生的表达形式，同时又对学生发散性思维的培养起着重要作用。因此，如何在数字环境下借助导图工具开展学生思维训练是一个值得研究的理论课题，也是一个亟须验证的实践问题。

（二）相关概念

1. 数字阅读

数字阅读（Digital Reading），也叫数字化阅读、网络阅读、信息化阅读、电子阅读或屏读（Screening），是基于信息技术工具的视听觉符号信息处理活动。数字阅读实质上是指阅读的数字化，主要包含两层含义：一是阅读对象的数字化，即阅读的内容用数字化的方式呈现，如电子书、博客、数码照片等；二是阅读方式的数字化，阅读的终端载体不是平面的纸张，而是屏幕显示的电子仪器，如电脑平板、阅读器等。本研究中所采用的数字阅读定义是第一种，主要借助其阅读内容的数字化，通过导图工具，对学生思维进行训练。

2. 思维导图

思维导图（The Mind Map），又叫心智导图，是表达发散性思维的有效图形思维工具，它简单有效，是一种实用的思维工具。它运用图文并重的技巧，把各级主题的关系用相互隶属与相关的层级图表现出来，把主题关键词与图像、颜色等建立记忆链接。思维导图是一种将思维形象化的方法。本研究的特色之一就是运用思维导图工具进行一线教学。

3. 可视化

可视化（Visualization）是利用计算机图形学和图像处理技术，将数据转换成图形或图像在屏幕上显示出来，并进行交互处理的理论、方法和技术。它涉及计算机图形学、图像处理、计算机视觉、计算机辅助设计等多个领域，成为研究数据表示、数据处理、决策分析等一系列问题的综合技术。其大致分为五类，分别是信息可视化、数据可视化、思维可视化、知识可视化及科学计算可视化。本着呈现教学内容、可视化分析数据结果为可视化目标，本研究主要通过阅读App的自动化记录、导图的数字化等实现了信息可视化、数据可视化和思维可视化。

（三）研究问题

（1）国内外数字阅读研究现状如何？

（2）现有数字阅读应用策略的种类与效果如何？

（3）如何基于思维导图，采取有效的数字阅读应用策略，培养低年龄段学习者的阅读能力与发散思维？

二、研究目标及意义

（一）研究目标

本研究主要是在了解数字阅读研究现状的基础上，通过分析国内外数字阅读应用情况并且对比现有数字阅读应用策略，分析数字阅读的有效应用策略，同时将思维导图与数字阅读创新性地结合，在低年龄段学习者群体中，逐步解决阅读碎片化等问题，同时培养学生的阅读能力及发散思维。

（二）研究意义

本研究主要通过思维导图实现学生的知识可视化，从而解决阅读内容较浅、喜欢阅读碎片化、阅读时间短等问题，具有重要的理论和实践意义。其理论意义体现为推动了阅读教学理论的发展，拓展了基础教育阶段课外阅读环境改革与建设的新模式。其实践意义体现在两方面：一是通过应用思维导图来实现知识的可视化，达到以形象化的方式表征学生对数字文本的理解并进一步培养学生的发散思维的目的；二是能够有效指导小学语文学科教学，将思维导图引进写作教学实践，不仅可以提高学生写作水平，而且能提高学生自主学习、自我协调、自我监控、自我提升能力。

三、研究内容及过程

（一）研究内容

为研究数字阅读策略与思维导图创新应用，满足低年龄段学习者"沉浸式"学习需要，研究内容主要包括两点。一是明确当前国内外数字阅读的研究方向。通过文献调研，了解国内外数字阅读发展概况，统计数字阅读App用户数据类型，全面掌握国内外数字阅读用户数据新动态。二是设计"数字阅读＋思维导图"的创新应用策略，形成独特的教学策略模式。

（二）研究方法

本研究通过调研寻找课题研究的理论依据，并结合成员内部讨论结果确定其研究方案，通过实施方案、完善方案、总结交流，形成一定的研究结论。在此过程中，主要运用了文献研究法、实验研究法、调查研究法。

（1）文献研究法。本课题通过查阅国内外儿童数字阅读研究、数字阅读应用策略、教师相关引导策略等文献来获得理论依据。

（2）实验研究法。本研究采用准实验验证数字阅读下导图对学生思维的影响。选择的研究对象为小学二年级学生。其实施计划大致如下。首先，通过阅读能力前测成绩，选取两个水平接近的班级作为实验班和对照班。其次，进行教学干预。实验班每周由教师推送一定数量的数字读本，每周选取一本数字读本进行思维导图的训练；对照班每周仅由教师推送一定数量的数字读本。最后，验证效果。通过对实验班和对照班进行后测，统计数字阅读平台后台数据，验证数字阅读环境下思维导图对促进低年龄段学生发散思维的影响。

（3）调查研究法。本研究主要是通过问卷调查和访谈，收集学生对数字阅读与思维导图创新性应用策略的态度和看法、教师实施过程中存在哪些问题和后续改进建议。

（三）研究思路及过程

本课题研究分三个阶段进行，如图1所示。

（1）准备阶段。学习相关理论，确定研究课题，组建课题组，制订相应的研究方案和实施计划，明确分工。了解国内外对思维导图与小学语文学科结合教学的研究现状，进而认识本课题研究的价值。

（2）实施阶段。首先进行成员分工与协调，在结合研究现状的基础上确定实验班级，开展思维导图应用于小学语文的阅读教学。其次，通过前后测、问卷调查、访谈及数字阅读软件的记录结果，分析思维导图对学生发散思维的影响。

（3）总结阶段。系统整理过程资料，总结研究经验，形成论文；进行教师课堂教学展示活动；撰写课题研究报告并申请结题。

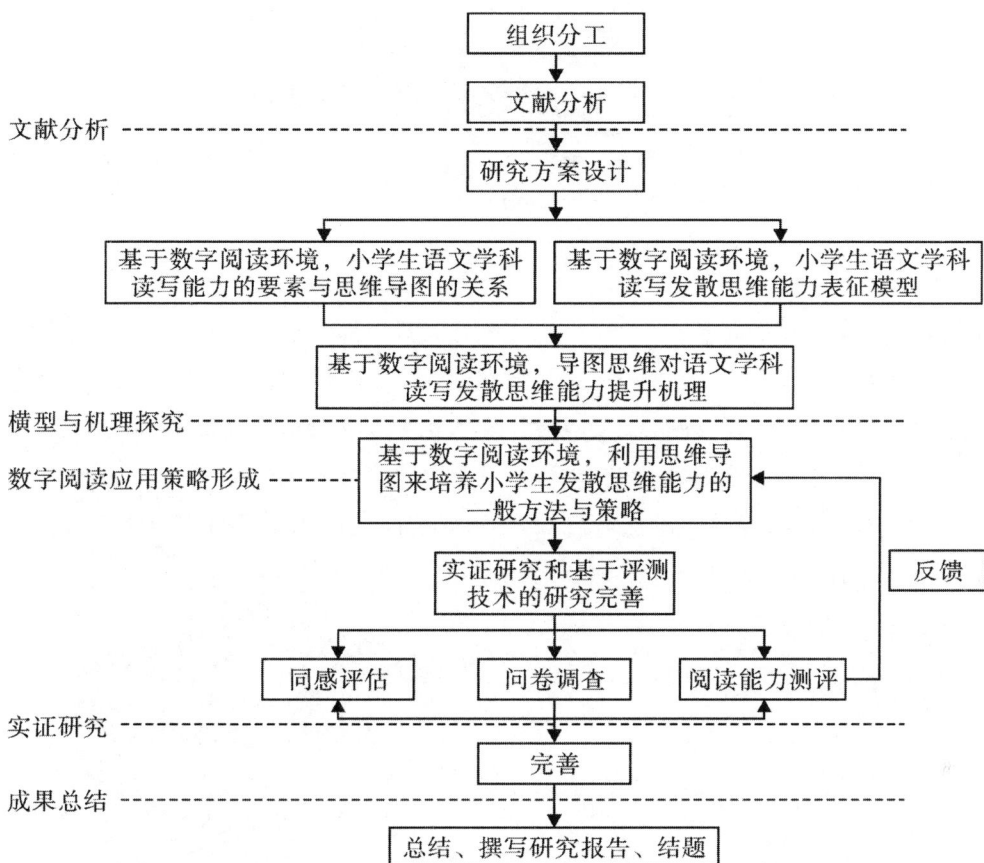

图1 研究流程

四、研究成果及结论

（一）研究成果

1.教师论文

论文《语文思维课堂的生成路径与基本步骤》已于2019年6月在《广东教育·综合》上发表，主要内容是经过思维训练的小学语文课堂的生成路径和教学步骤。论文中的相关成果如图2、图3所示。

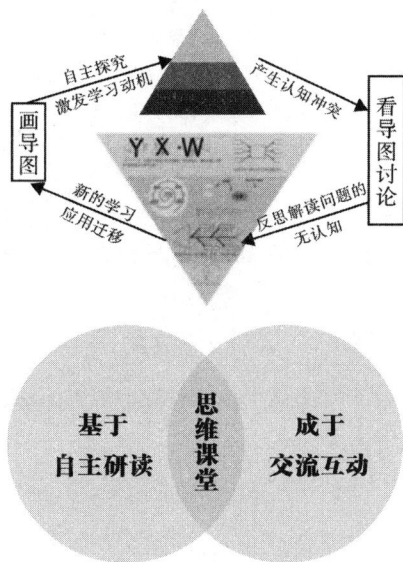

图2 思维课堂的生成

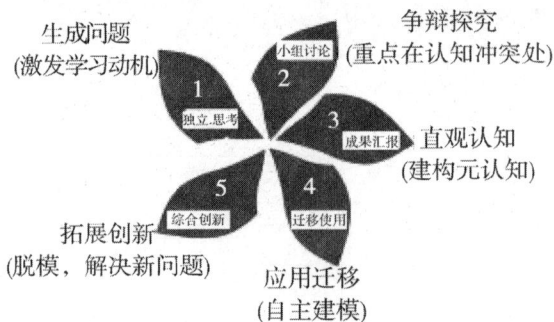

图3 小学语文思维课堂的基本步骤

2. 出版书籍《天生会表达——江老师的阅读写作课》

如图4所示,《天生会表达——江老师的阅读写作课》已于2019年6月由广东教育出版社出版。全书共13套,涵盖了一年级至六年级,以及小升初的阅读写作课。

3. 出版书籍《思维导图画出好作文——小学作文轻松入门》

如图5所示,《思维导图画出好作文——小学作文轻松入门》已于2019年8月由北京时代华文书局出版。

图4 《天生会表达——江老师的 阅读写作课》封面

图5 《思维导图画出好作文》样书

4. 数字阅读课例

除论文和出版书籍外,经过老师们认真的教研工作,已形成了一系列的教学案例成果。在教育部举办的2016—2017学年度"一师一优课、一课一名师"活动中,我校荣获"国家部级优课"3节,"广东省省级优课"42节。

(二)研究结论

在课题开展并形成教学成果的过程中,我们也积累了一定的研究经验。在此提出几点意见。

(1)导图导学确实有助于学生思维的训练和提升。在开展实验时,我们课题组老师综合鱼骨图、韦恩图、棒棒糖形导图等10多种导图,发现学生对可视化的思维和知识结果非常感兴趣。图6、图7是运用相关导图后的教学和学习输出成果。

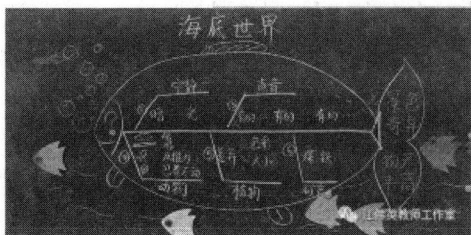

图6 教学输出成果

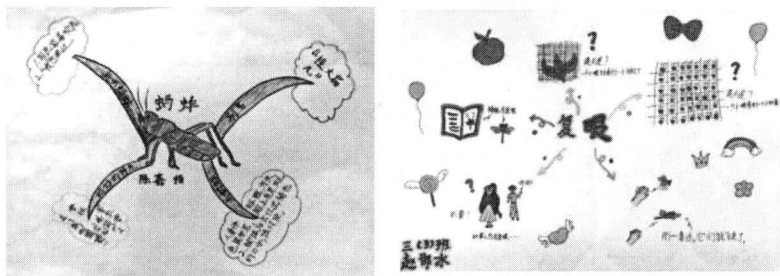

图7 学习输出成果

（2）要多和专门的研究人员进行讨论和分享，以获得较好的理论知识，从而指导教学实践。该课题结合自身的教学现状，吸纳了三位主攻数字阅读方面的研究生。这三位同学主要负责前期的文献梳理工作，弥补了一线教师理论指导方面的不足。

五、研究总结及反思

我校在思维导图和小学语文教学的整合方面虽然取得了一定的成果，但我们仍决心在下阶段进行进一步深化研究。通过前期的实验开展情况，我们也发现了实验中的不足，为此提出了下一阶段的研究计划。

（1）深化教学应用。需要继续深化导图在小学语文教学中的应用，形成有针对性的阅读教学课例。

（2）促进科研成果的产出。现在的课题组成员教师大多数为本科毕业，除常规教学外，可能还需要接受专门的科研训练和论文书写指导。

六、研究案例点评

（1）课题研究过程较扎实，组织管理工作科学、有效。课题组组织结构合理，工作分工和管理都比较科学。在课题组成员的共同努力下，课题前期研究工作得到比较认真的落实，研究的各个阶段都尽可能做到了规范、科学。

（2）课题研究方法得当，科学性、操作性强。课题以"数字阅读策略与思维导图创新应用策略"、课堂教学实践为主要研究内容，采用文献研究法、实验研究法、调查研究法等方法，立足课堂教学实践，注重理论研究，做到理论与实践相结合。

（3）课题研究成果较丰富，对"数字阅读环境下如何应用思维导图提升教学效果"具有实质性的指导意义。①发表了论文《语文思维课堂的生成路径与基本步骤初探》；②出版了《思维导图画出好作文——小学作文轻松入门》等书籍；③收集了优秀数字阅读课例等，做到边进行实践研究，边总结研究成果。

为使此研究有序推进、走向完善，建议课题组加强理论学习，明确课题内涵，细化研究问题，继续提炼"数字阅读策略与思维导图创新应用策略"作为课题的主要研究成果。

案例单位：广州市华南师范大学附属小学
负 责 人：江伟英
研究类型：专题研究

基于微课情境的初中思政课堂学生自主学习能力提升的策略研究

一、研究背景、问题及目标

（一）研究背景

1. 时代呼唤自主学习

21世纪，计算机网络技术的发展，网络公开课、慕课、微课等新型教育资源的出现，为自主学习的实现提供了重要条件。"以学习者为中心，以自主学习为学习方式"已在世界范围内达成共识。这要求学生具备较强的自主学习能力。

2. 思政课堂改革创新的需要

我国新一轮基础课程改革提倡"自主、合作、探究"的学习方式，足见自主学习的重要性。习近平总书记在学校思想政治理论课教师座谈会上强调，思政课教师应该遵循学生成长规律，推动思政课堂改革创新，提高学生自主学习的主动性和积极性。

3. 培养学生核心素养的需要

中国学生发展核心素养以培养"全面发展的人"为核心，自主发展是其中重要一环。因此，指导学生学会学习，培养学生自主学习意识、提高学生自主学习能力特别重要。

4. 提升学生自主学习能力的需要

微课给自主学习提供了极大的便利，但微课的学习效果并非都令人满意。究其缘由，主要是学习者缺乏恰当的自主学习策略的指导。因此，想让学生真正享受微课带来的优越性，全面提高学习效率，合适的自主学习策略指导就显得尤为重要了。

因此，我们提出课题"基于微课情境的初中思政课堂学生自主学习能力提升的策略研究"，旨在通过对信息化环境的课堂教学流程的再造，将微课融入课堂教学活动，促进学生的自主学习，提高学习效率。

（二）研究问题

（1）微课的类型、特点和应用问题。

（2）影响学生运用微课进行初中思政课堂自主学习的因素。

（3）微课与自主学习的关系问题。

（4）微课环境下初中思政课堂学生自主学习能力提升的策略。

（三）研究目标

（1）利用问卷调查学生自主学习的现状及其原因，撰写调查报告。

（2）促进教师学习理论，更新观念，并撰写读书心得、教育随笔、案例分析或研究论文。

（3）探索适用于初中思政课堂学科且有利于提升学生自主学习能力的微课类型，形成微课资源库。

（4）构建微课环境下学生自主学习能力提升的教学模式和学习策略。

（5）开展对学生自主学习能力的评价研究，构建评价体系。

二、研究内容及过程

（一）研究内容

（1）探索微课应用初中思政课堂的理论基础，掌握微课的类型、制作方法、注意事项及通过微课优化课堂教学环节以提升学生自主学习能力的主要方法。归纳并提炼适用于初中思政课堂教学且对学生有吸引力的微课资源。

（2）开展"在初中思政课堂中应用微课提升学生自主学习能力"的教学实践研究，构建有效的自主学习模式。

（3）构建应用微课提升学生自主学习能力的资源库，优化课堂教学结构和学生自主学习方式，探索科学有效地提升学生自主学习能力的策略。

（4）探索微课与学生自主学习的关系。把握微课对提升学生自主学习能力的推动作用。

具体研究内容如图1所示。

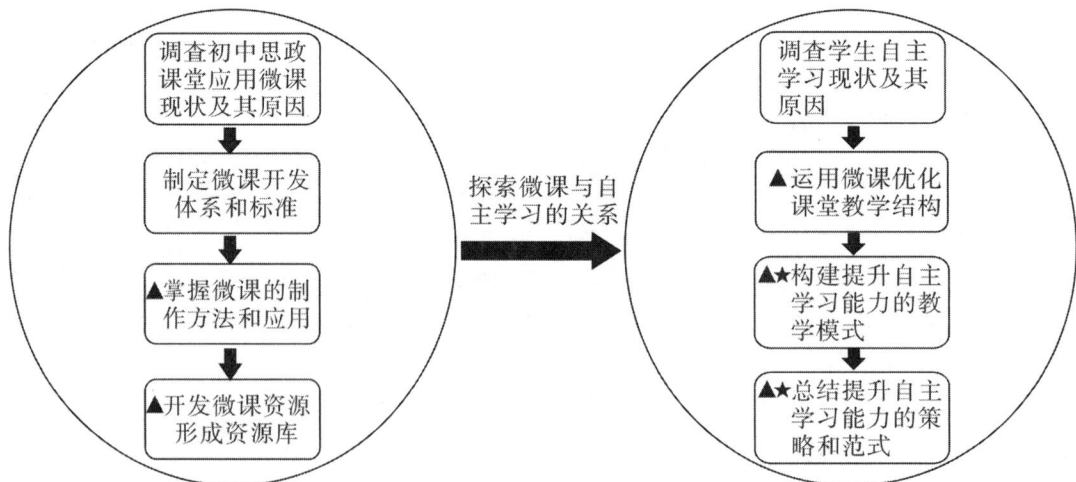

图1　研究内容（其中▲为研究重点，★为研究难点）

（二）研究思路

1. 研究准备

（1）学习相关理论，确定研究课题，组建课题组，制订相应的研究方案和实施计划，明确分工，调查了解初中思政课堂学生自主学习能力及应用微课教学的现状，进而认识本课题的研究价值。

（2）通过理论研究、文献研究，掌握微课的类型、特点和技术手段，讨论形成微课系列的制作目录草稿，初步制定开发微课资源的规范标准，提高开发微课的理论水平和实践能力。

2. 研究实施

（1）开展课例研究，由课题组成员引领，组织开发适合提升学生自主学习能力的微课资源。在教学实践中引导学生利用前一阶段开发的微课资源学习，引导教师运用微课实施教学。深入初中思政课堂，研究应用微课提升自主学习能力的效果。

（2）组织课题组教师结合教学研究成果进行反思、总结，提出改进策略。总结典型教学课例和学生自主学习案例，构建提升自主学习能力的教学模式。

（3）定期组织和开展课题研讨活动，采用线上线下相结合的方式，总结阶段性成果。

3. 研究总结

（1）完成研究论文和研究报告的撰写，完善提升自主学习能力的策略，进行推广应用。

（2）汇编研究成果，建立资源库，编辑出版系列成果。

研究技术路线如图2所示。

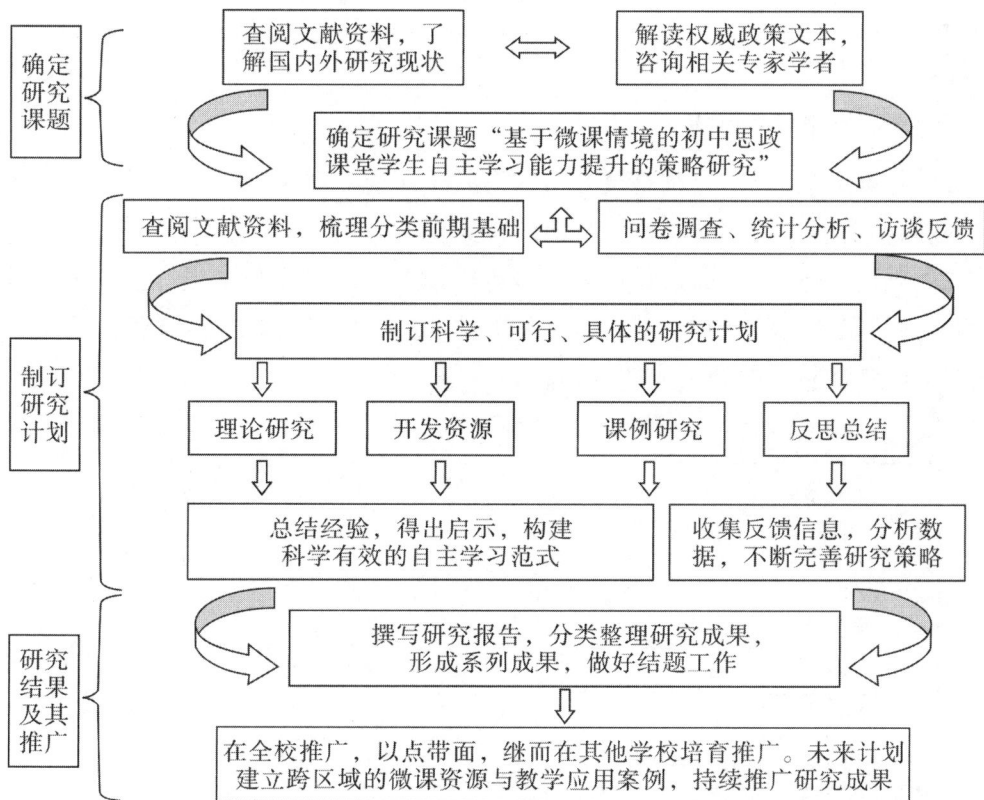

图2 研究技术路线

（三）研究方法

（1）文献研究法。本项目研究在搜集、整理、鉴别、分析前人关于微课、自主学习及学习策略研究成果的基础上，理清研究脉络，为进一步开展研究提供理论支持。

（2）个案访谈法。分别对观察对象（教师、学生）进行访谈，了解学生利用微课进行学习的体验及教师课堂教学中使用微课的情况并做好记录，为本项目研究提供多角度的事实材料，增强本研究的科学性。

（3）问卷调查法。通过问卷星调查了解哪些知识适合使用微课，掌握学生利用微课进行自主学习的情况及教师使用微课情况，积极改进微课的制作方法和展示形式。

（4）行动研究法。通过微课和初中思政课堂学生自主学习有效结合的途径，以课堂教学为抓手，在教学实践中进行观察、研究、反思、总结，探究在微课环境下学生自主学习能力提升的策略，为进一步提升教学质量服务。

（四）研究工具

（1）2019年9月，课题组分别制订了初中思政课堂学生自主学习现状调查问卷学生版和教师版。

（2）2020年3月至4月，课题组成员制订了网络课堂学习任务单和测验题。

（3）2020年3月至4月，课题组成员使用"茂名人人通"系统平台、"钉钉"软件、"腾讯会议"软件进行网络授课。

（五）研究团队构成

（1）专家人员3名，分别是茂名市教育教学研究室黄文毓主任，茂名正高级教师高天珍校长，茂名市历史学科教研员伍尚康老师。

（2）学校人员3名，分别是茂名市博雅中学办公室副主任吴丹媚，茂名市起源中学政治学科科组长崔玲老师，信宜市实验中学政治学科科组长杨雪慧老师。

（3）课题参与人员的构成如表1所示。

表1　课题参与人员的构成

姓名	年龄	学历	职称	备注
张洪平	54岁	本科	正高级	—
何光丽	38岁	本科	中学一级	—
颜芸	33岁	本科	中学一级	—
王淑玲	30岁	本科	中学二级	—
曹狄	37岁	本科	中学一级	—
梁富英	32岁	本科	中学二级	—

（六）研究进度安排

2019年9月，制订实施方案，在茂名市博雅中学进行开题报告。

2019年10月，开始理论研究和文献研究，做好理论储备工作，形成学习心得成果。调查研究初中思政课堂学生自主学习及教师应用微课的现状。

2019年11月，开展微课设计、制作培训。由课题组成员梁富英老师作讲座"巧用多媒体开发学科微课"，外校老师崔玲作讲座"教师必备软件"，以提高教师微课设计和制作的水平。

2019年12月，开展课例研究，探索初中思政课堂微课教学课例，初步建立基本教学模式。课题组在茂名市博雅中学进行阶段性小结，规划下一阶段的工作。

2020年2月，课题组老师参加由茂名市博雅中学组织的"茂名人人通"平台上吴丹媚老师"信息技术常用工具在教育教学中的应用"网络培训活动。

2020年4月，网络研讨"网络课堂提高学生自主学习能力"，开发自主学习任务单，反思总结提升自主学习能力的教学策略，完善教学模式。

2020年6月，深入课堂开展课例研究，开发三种课型用以提升自主学习能力。分别为王淑玲老师新授课"集体生活邀请我"，颜芸老师讲评课"八年级下册第二单元测试题讲评"，曹狄老师复习课"主观题解题技巧"。

目前，课题研究正处于第二阶段——实施阶段，已经完成微课资源库建设，并在此基础上开展了一系列培训、应用与实践。已通过各种形式提高了教师开发微课的理论水平和实践能力，已形成了教师主动探索提升学生自主学习能力的教学策略，增强了教师运用微课提升学生自主学习能力的主动性。通过教学实践的开展，已完成教学资源的开发和积累。

三、研究成果及结论

（一）研究成果

研究成果如表2~表5所示。

表2　研究报告和校本教材

成果类型	成果名称	数量	备注
研究报告	调查报告、阶段性报告	各1份	—
校本教材	《初中道法微课制作与课堂教学应用艺术》	1本	—

表3 课题组成员教学论文发表情况（2019—2020年）

序号	发表时间	论文题目	作者	书（报）名称	刊号
1	2019年12月	《小微课 大作为》	许田金	《中学课程辅导》	CN 14-1307/G4
2	2020年4月	《自律自主学习 线上线下成长》	许田金	《少男少女·教育管理》	CN 44-1080/C
6	2020年8月	《抗"疫"返校复课后的学习问题及应对策略》	王淑玲	《少男少女·教育管理》	CN 44-1080/C

表4 课题组成员教学微课获奖情况（2019—2020年）

序号	姓名	微课名称	所属年级	备注
1	许田金	《情绪的管理》	七年级	—
2		《生命的思考》复习课件		—
3	崔玲	《读书的意义》		—
4		《情绪的管理》		—
5	杨雪慧	《爱护身体》		—
6		《憧憬美好集体》		—
7	王淑玲	《直面青春期的生理变化》		—
8		《变化的不仅仅是身体》		—
9		《男生女生》		—
10	颜芸	《正确认识性别角色》		市一等奖
11		《沟通传递与父母的爱》		—
12	梁富英	《如何区分四大保护》		—
13	许田金	《基本经济制度》	八年级	—
14		《把握青春 把握情感》		—
15		《学会合理消费》		—
16		《我们享有"上帝"的权利》		—
17	崔玲	《公平正义的守护》		—
18	杨雪慧	《权利与义务相统一》		—
19	王淑玲	《依法行使权利》		—
20	颜芸	《区分财产所有权的四项权利》		市一等奖
21		《生命和健康的权利》		国家三等奖
22		《感受社会生活》		校一等奖
23		《国家权力属于人民》		—
24	何光丽	《犯罪的特征及刑罚》		—
25	梁富英	《如何规范权力的运行》		—

（续表）

序号	姓名	微课名称	所属年级	备注
25	梁富英	《如何规范权力的运行》	八年级	—
26	曹狄	《人民代表大会的职权》		—
27		《人格尊严权》		—
28	杨雪慧	《中国梦》	九年级	—
29		《总体国家安全观》		—
30	王淑玲	《多彩的职业：职业准备》		—
31	颜芸	《辨析题的解答》	复习课	—
32	杨雪慧	《初中道法非选择题解题方法》		—
33	梁富英	《初中道德与法治解题技巧》		—
34	曹狄	《改革开放专题》		—
35		《选择题解题方法》		—
36		《非选择题解题方法》		—

表5 课题组成员优秀课例（优课）获奖情况（2019—2020年）

序号	时间	优课名称	作者	等级	颁发单位
1	2019年8月	《依法行使权利》	王淑玲	省级	广东教育学会
2	2019年	《维护祖国统一》	曹狄	市级	茂名市教育局
3	2019年3月	《公民基本权利》	何光丽	市级	茂名市教师继续教育中心
4	2019年8月	《依法行使权利》	王淑玲	市级	茂名市教育局
5	2019年3月	《依法行使权利》	颜芸	市级	茂名市教师继续教育中心
6	2020年6月	《八年级下册第二单元测试题讲评》	颜芸	市级	茂名市教师继续教育中心
7	2019年8月	《夯实法治基石》	许田金	部级	中共电化教育馆

（二）研究结论

课题开展的过程中，形成了一系列的成果，也积累了一定的研究经验，现提出几点意见。

（1）微课的相关培训提高了教师的信息技术水平。课题组成员基本上掌握了微课设计要点和制作的技术，制作了一系列的微课资源，提高了教师信息素养，为学生自主学习提供了良好的资源环境。

（2）开发微课资源和应用有助于提升学生自主学习能力。基于学生有效的自学引导，微课可以创设良好的学习情境，方便学生课后复习，巩固拓展，促进自主学习习惯的养成。

（3）课题研究成果丰富多样，研究具有普适性。

（4）需要针对主题提炼研究目标和研究内容，高度聚焦提升学生自主学习能力的策略，构建自主学习的模式。

（三）研究创新之处

（1）选题富有挑战性，切合学生学情。本选题形成于信息化大发展，传统教育与新型教育大更替的背景下，具有承上启下的作用。本课题的研究，能增强学生学习自主性意识，真正把学习的主动权还给学生，培养学生的自学能力。

（2）大胆打破传统的学习模式。通过制作服务于情境模拟教学模式需要的信息化作品，实现教学情境可视化，达到身临其境的效果，让学生有体验、有感悟，能在教师指导下开展基于情境的体验式教学。在实验基础上总结提炼适合初中思政课堂与信息化高度融合的课堂教学范式。

（3）研究手段先进。利用广东省教育资源公共服务平台、茂名"三通两平台"等渠道开展研究，给学生创建了一个充分自主的学习空间。

（4）推广价值高。本课题的研究，拟从茂名市茂南区、信宜市、高州市等不同的地区选取1所学校，每所学校选取2名以上骨干教师，以专家引领为核心，以点带面，以骨干教师为培训对象，形成示范效应，同时为全市不同层次的教师提供最直接可视化的学习经验，提高教学效率，最终将形成在全市范围内具有意义的微课和自主学习的学习模式研究和系列成果集，具有较为权威和全面的推广价值，为后续的研究和教学实践提供可靠的依据。

四、研究总结及反思

（一）研究中获得的经验

通过本课题研究，课题组老师基本掌握了微课设计和制作的方法，构建了家校协同的微课资源库，并结合课堂教学和教研活动，开展了学习、设计、实践、研讨、调查等方面研究工作。在研究过程中，通过有效整合、探索反思、开发资源、应用优化的过程，课题组逐步推进课题研究工作。目前已经完成多个课堂活动的设计和实践，并通过问卷调查，初步形成了基于微课情境的自主学习模式和教学模式，也已通过第一期的微课开发和应用，逐步形成了跨区域的共建共享机制。

（二）研究中遇到的困难及突破办法

（1）教师的培训问题。由于经费问题，课题组老师缺乏专业的系统培训，导致对相关理念把握不准，对资源假设和课程实施过程存在盲目性。

（2）教师的信息素养问题。下一阶段面临范围更大、难度更高的微课设计和开发，网络平台资源建设与应用需要教师掌握一定星级系数的能力，而教师相关的微课设计和开发的技术水平有限，需要开展操作性强的、适合教师学习操作的技术工具培训。

（3）资源应用问题。微课与课堂教学的深度融合模式还比较模糊，需要开展力度更大的课堂教学实践研究，构建更具普适性的提升自主学习能力的教学策略。

（4）成果提炼问题。研究过程性资料还欠缺整理和保存。在研究过程中，大多数老师没有及时积累和总结，导致资料保存不够完整。因此，我们需要提高对总结重要性的认识，指导教师保存课题研究的过程性成果，比如微课实践过程中的参考资料、原创导学案、学生作品等。

（三）后续研究方向

继续加强网络平台资源的建设与管理，建立微课资源共建共享机制，构建跨区域的微课资源与教学应用案例。构建应用微课提升学生自主学习能力的教学模式，并加以推广应用。

（四）对后续研究与课题管理的意见与建议

加强理论学习，制定相关规范，逐步探索和完善有效的管理制度，形成牢固的课题研究共同体，以点带面，利用茂名市"人工智能技术＋教育"中职教师培训机会，提高课题组教师的信息素养和水平，促进资源建设和开发，提升教育教学质量，加强成果凝练和推广。

五、研究案例点评

（1）课题选题新颖，具有较强的实用价值，课题组通过认真查阅相关资料，对研究背景进行了深入的探讨，总结归纳出研究中的问题，设定明确而有意义的研究目标。

（2）课题研究过程规范、科学、安排合理，研究思路清晰，研究方法多样，课题组织结构合理，课题组能认真组织开展各项研究活动，确保课题研究的顺利进行。

（3）课题资料全面、翔实、丰富。课题研究过程中注重搜集、整理和总结各种资料，并将各阶段研究成果通过论文、教材等形式总结发表，真实反映了课题研究的过程和轨迹，有利于研究者进一步反思和提升并为同类研究提供参考与示范。

为确保课题研究有序推进，专家组经过认真审阅报告，建议课题组在今后的研究中从以下几个方面进行改进：首先，聚焦课题研究目标，提炼提升学生自主学习能力的策略，并进行相关研究；其次，分清课题研究和教学工作之间的差别，避免将两者混为一谈；最后，注重课题研究成果的提炼与推广。

案例单位：茂名市博雅中学
研究类型：专题研究

基于 STEM 教育理念下以非视觉摄影活动培养视障学生创新能力的实践研究

一、研究背景、问题及目标

（一）研究背景

1986年，美国国家科学委员会发布的《本科的科学、数学和工程教育》（又称尼尔报告），被誉为STEM教育的开端。STEM教育主要的教学目的不仅包括更好地理解和应用学科知识，而且包括提高学生分析问题、解决问题的能力，为应对未来挑战做准备。基于STEM教育理念，利用跨学科、多学科的融合来构建和开展非视觉摄影课程和活动，可以促进视障学生创新能力的提高，促进视障学生全面发展和回归社会，是视障学生传统教育的有益补充。

然而，视障学生因为视力的缺陷，信息狭隘甚至缺失，发展平台缺乏，体验、感知、参与等能力缺少提升的渠道，往往会思维固化（偏差），创新能力的发展不足。而非视觉摄影属于新兴的活动，对视障学生而言是新的尝试，且非视觉摄影是多方面整合性技能活动，在经过一段时间的实践活动后，我们发现这一活动过程存在多元信息，为视障学生创造了崭新发展平台，对其发展有一定的促进和提升作用，有利于培养视障学生的创新能力和丰富的想象力，但目前国内外对此方面的研究甚少。

（二）相关概念

1. STEM教育

STEM教育将科学、技术、工程和数学等学科整合在一起，强调对知识的应用和对学科之间关系的关注，即以整合教学的方式培养学生掌握知识和技能并能灵活迁移以解决真实世界问题的能力。余胜泉教授将STEM教育理念划分为跨学科、趣味性、体验性、情境性、协作性、设计性、艺术性、实证性、技术增强性九个核心理念，充分体现以学生为中心的教育理念，着重培养学生综合解决问题的实践能力和创新精神。

2. 非视觉摄影

非视觉摄影是一种盲人与现实世界的全新沟通方式，其最早起源于英国，是一种创新性和实验性项目，通过打破盲人与正常人壁障，促进盲人融入社会群体，将盲人内心世界与想法通过图片与文字结合的形式展示给普通大众。2009年，经由一加一（北京）残障人文化发展中心从英国引入国内并推广。非视觉摄影视障群体在跨界参与者（包括志愿者、摄影师及艺术家）的帮助下，由拍摄者用听觉判断距离，用触觉和嗅觉发现事物，用全身心的体验感知环境，创作出照片，而最终呈现的照片、文字描述、质地和声音都可以被用来进一步理解图像。

3. 创新

创新是指以现有的思维模式提出有别于常规或常人思路的见解为导向，利用现有的知识和物质，在特定的环境中，本着理想化需要或为满足社会需求而改进或创造新的事物，以获得一定有益效果的行为。

（三）研究问题

基于STEM教育理念，如何利用跨学科、多学科的融合来构建和开展非视觉摄影课程和活动，促进视障学生创新能力的提高，促进其全面发展和回归社会，补充和丰富视障学生的传统教育？

（四）研究目标

基于STEM教育理念，以学科知识、生活经验、学习者中心整合为取向，构建非视觉摄影课程和活动模式，充分调动视障学生身体各种不同的感官能力，并通过整合其他各种能力来补偿视觉能力，用他们的独特感觉去体验世界、认知社会、感悟生命，对已积累的知识和经验进行科学的加工和创造，内化产生新概念、新知识、新思想，从而促进视障学生创新能力的培养，初步养成勇于探索、追求新知、实事求是、敢于创新的科学精神，以适应个人终身发展和提高适应社会发展能力的需要。

（1）设立非视觉摄影课程，创造新的学习机会，不断积累新知识，营造创新的温床。

（2）开拓崭新的交流和发展平台，不仅要让视障学生感知世界，更要让世界看到他们，促使他们拓宽视野，面对新鲜事物不断去体验、去探索，提高他们的创新能力。

（3）使教师转变教学观念，优化教学方法，促使视障学生优化学习行为，培养创新能力。

二、研究内容及过程

（一）研究内容

（1）进行视障学生创新素养的调查研究。根据调查和观察到的学生创新素养和实践能力方面的信息，改进教学和活动模式，构建严谨、科学的非视觉摄影课程及活动模式。

（2）进行非视觉摄影课程设置的研究。以视障学生为中心，给研究对象设置问题，让他们自己解决，设置适合学生的非视觉课程及编写相应的校本教材。

（3）进行视障学生非视觉实践活动的策略和途径的研究。引导学生在实践活动中，不断积累新知识，关注生活，热爱生活，打好创新的基础。同时联合社会力量，与其他学科教育专家合作，整合资源，搭建平台，促使视障学生走向社会，拓宽他们的活动范围和视野，培养他们不畏困难、敢于超越的创新意识。

（4）进行视障学生非视觉摄影创作与分享活动的案例研究。引导视障学生大胆探索交流，表达内心所思所想，通过与外界的交流不断地修正各种想法，融合各种想法，创造属于自己的独特画面，从而打破固化（偏差）思维，培养创新思维。

研究内容如图1所示。

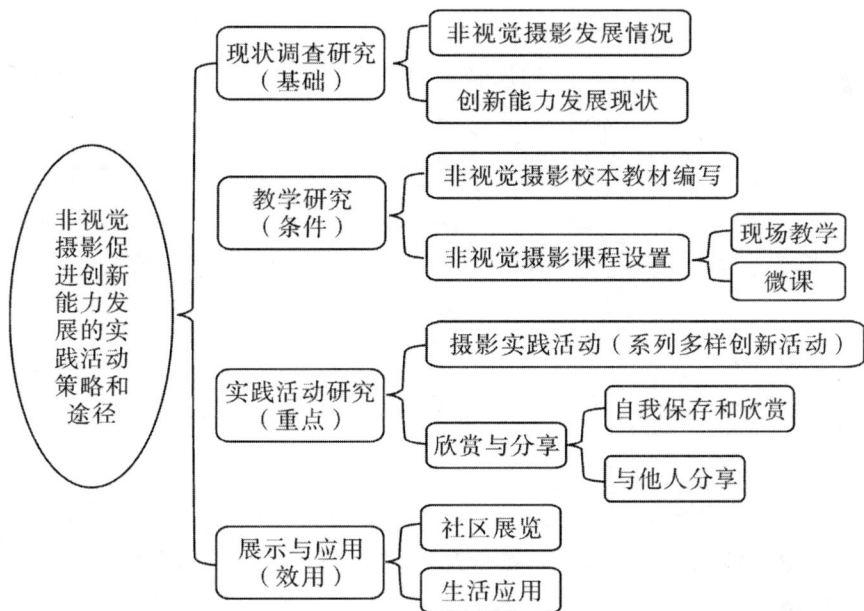

图1 研究内容

（二）研究方法

本课题以行动研究法为主，以调查法、经验总结法、观察法、访谈法为辅的研究方法进行研究。

（1）行动研究法。在课题实施过程中课题组成员围绕课题研究目标，开展多层次、多渠道、全方位的研究，边实践、边总结，不断摸索出经验和规律。要求参与研究的教师以实际问题的解决为主要任务，力求在真实的教育环境中进行研究，保持研究的真实性，注意认真观察、总结、反思、再总结。

（2）调查法。通过威廉斯创造力倾向测评量表及问卷访谈调查，采用量化与非量化手段了解学生创新素养和实践能力方面的信息，并对这些信息进行整理和理性分析，把握发展特点和存在问题，为设置非视觉摄影课程和实践活动提供支持并打好基础。

（3）经验总结法。总结我校前期非视觉摄影的研究成果和经验，为本课题的开展提供经验基础；在课题研究的过程中，认真做好各类资料的收集、整理和实施情况的记录；对课题研究做总结、验证、提炼、概括。

（4）观察法和访谈法。在研究过程中，对视障学生进行各阶段（如学习、实践等）的观察和访谈，记录和收集他们的表现、想法、体会和感悟，以及时了解他们的变化和发展，使之达到提高学生创新素养的目的。

（三）研究思路及过程

1. 技术路线

问卷调查、观察及访谈—设置实践活动模式—开展实践活动—反思、小结及调整—修正和深化实践活动—再次问卷调查、观察及访谈—总结课题，如图2所示。

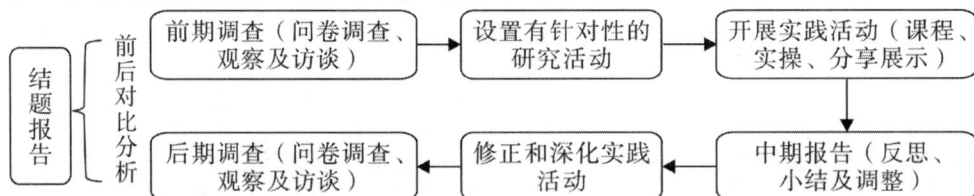

图2　技术路线

2. 实施步骤

本次设计研究课题为期两年，为保证课题实施内容的落实和预期效果的实现，共分四大阶段开展研究。

第一阶段，课题研究准备（2018年3月至2018年5月）。确定研究项目组成员，成立课题组，确定研究方向，制订课题研究计划，落实分工和研究内容，进行前期工作，包括资料的搜集、查阅各方面文献、开展理论学习与研究等；制订课题研究实施方案；确定实施对象，通过问卷调查、提问和访谈等形式，让实施对象全面了解、明确开展本课题活动的意义和目的，树立STEM教育和创新教育的新理念。

第二阶段，实施活动阶段（2018年5月至2019年5月）。基于STEM教育理念，结合调查的实际情况，探索出有利于创新素养发展的课程和实践活动模式；整合学科知识、生活经验、学习者中心，开展非视觉摄影的课程、活动及交流；对视障学生进行各阶段实践活动的观察和访谈，跟踪记录。

第三阶段，中期总结（2019年5至2020年2月）。进行中期总结，针对前段时间的实践活动，进行总结反思，调整和修正研究方向和策略；开展修正和深化后的实践活动。

第四阶段，进行课题总结（2020年2月至2020年4月）。通过问卷调查、观察及访谈，与课题前调查数据进行比较分析，对课题研究的最终成果作进一步论证和完善；课题成果（论文、教案集、作品集、感悟集等）的宣传推广；整理和撰写课题的研究报告，以达到预期的活动目的。

三、研究成果及结论

（一）研究成果

1. 教师论文

已完成撰写论文《视障学生创造力倾向发展及其影响因素的研究——基于对广州市启明学校的调查》并得出以下结论：视障学生创造力水平的总体情况较差；视障学生创造力倾向和学生年级、父母教养方式、学生视力类型和学生内外向人格有关，与学生性别无关。

2. 教学策略报告

已完成撰写《"探究—互动—实践"教学模式的探索与应用——视障学生非视觉摄影教学模式报告》。该模式在以学科、经验和学习者中心整体取向的STEM教学理念下，进行互动学习，通过实践巩固和检验学习结果，进而调整和完善后面的教学，为以后课程的探究提供参考，循环向上，形成一个连续、流畅、完整的教学流程。该教学模式具有较好的指向性和操作性，在非视觉摄影教学应用实践中有很好的效果，可推广应用。

3. 教材

已完成《非视觉摄影》教材纲要，整本教材内容包含7章共48节，介绍了具有非视觉摄影特色的理论和方法。

4. 学生作品

已收集启明学校学生的非视觉摄影作品，如图3、图4所示。

图3　非视觉摄影作品1

图4　非视觉摄影作品2

（二）研究结论

在不断地实践和在形成教学成果的课题开展过程中，得到了如下结论。

（1）基于STEM教育理念，通过非视觉摄影这一创新的科技项目，课题组创设了多项创新性非视觉摄影活动。视障学生从接触到实践再到应用这一过程中，增加了创新的条件和基础，激发了创新意识，发散了创新思维，锻炼了创新能力。

（2）视障学生创造力倾向和学生年级、父母教养方式、学生视力类型和其内外向人格有关，视障学生创造力倾向不存在性别差异。视障学生创造力倾向具有如下特点：在年级上呈现波浪曲折发展；视力类型上低视最优；与父母教养方式关系密切，与父母情感温暖呈强正相关；视障学生创造力倾向与内外向人格特质关系密切，外向特质更易促进创造力的发展，而掩饰性特质则妨碍其创造力的发展。

四、研究总结及反思

（一）研究创新之处

（1）选题新颖。视障学生非视觉摄影为新生的科技项目，有利于视障学生创新能力培养，本课题选题具有一定的创新性和实用性。

（2）内容创新。基于STEM教育理念，探究视障学生的创新科技活动非视觉摄影，构建课堂课外有机结合、校内外沟通畅通、学习与实践结合的开放式、多渠道、全方位的创新教育体系，使学生的创新思维得到训练和提高，科技创新能力和实践能力得到快速发展。

（3）成果丰富且具创新性，实物成果包括教师成果（论文、教材、教案集）和学生成果（作品集、感悟集）。理论成果深化了非视觉摄影的研究，拓宽了视障学生的教育途径，促进了创新能力培育，同时引起社会各界的关注和重视，有利于整合各界资源。

（二）研究不足之处与展望

我校在非视觉摄影课程模式和实践活动方面虽然取得了一定的成果，但仍存在一定问题。

（1）研究参考资料不足。由于非视觉摄影是新生研究项目，作为研究对象的视障学生是小众群体，因此目前相关研究非常少，可参考的文献和可供借鉴的经验都不多。

（2）总结提升能力不足。由于有非视觉摄影科技项目的依托和基础，我们实践经验和资料很丰富，但欠缺总结提升能力。

（3）经费不足。由于非视觉摄影项目需要很多科技产品，如照相机、手机、记忆卡、录音笔、电脑等，所需费用较高，经费不足导致很多活动无法按计划进行。

通过前期的实验开展情况，我们也发现了自己在开展实验中的不足，为此提出了下一阶段的研究计划。

（1）根据前期研究情况，调整和完善课程、活动，完善和校正校本教材、教案集、微课集等。

（2）整理作品集和分享展览，让视障学生的创新成果得到肯定，并促进其在视障学生日常生活的应用，将创新意识和行为融入他们的生活。

（3）进行后期测试调查，通过前后测对比，分析研究视障学生非视觉摄影促进创新能力发展的实践活动策略和途径。

五、研究案例点评

（1）课题研究过程较扎实，组织管理工作科学、有效。课题组组织结构合理，工作分工和管理都比较科学。在课题组成员的共同努力下，在课题开展前期已有了较好的研究基础。

（2）课题研究方法得当，科学性、操作性强。课题以视障学生的创新素养、课堂教学实践、非视觉摄影课程设置、非视觉实践活动的策略和途径为主要研究内容，采用行动研究法、调查法、经验总结法、观察法、访谈法等方法，立足课堂教学实践，注重理论研究，做到理论与实践相结合。

（3）课题研究成果较丰富，对"基于STEM教育理念下以非视觉摄影活动培养视障学生创新能力"具有实质性的指导意义。课题研究成果如下：①论文《视障学生创造力倾向发展及其影响因素的研究——基于对广州市启明学校的调查》；②报告《"探究—互动—实践"教学模式的探索与应用——视障学生非视觉摄影教学模式报告》；③《非视觉摄影》教材纲要；④非视觉摄影作品等。

为使此研究有序推进、走向完善，建议课题组加强课题理论学习，明确课题内涵、细化研究问题，继续提炼"基于STEM教育理念下以非视觉摄影活动培养视障学生创新能力的实践研究"课题的主要研究成果，从而增强课题的操作性和辐射性。在后续研究过程中，还应认真做好课程、活动的调整和完善，完善和校正校本教材、教案集、微课集和后续的调查工作等。

案例单位：广州市启明学校

负 责 人：陈玉

研究类型：专项课题

基于"特色学校"建设的 STEM 教育提升学生核心素养的实践研究——以增城区实验小学为例

一、研究背景及目标

（一）研究背景

2014年，教育部在《关于全面深化课程改革　落实立德树人根本任务的意见》中，首次提出"核心素养体系"概念并将其作为重要的育人目标。2016年《中国学生发展核心素养》总体框架颁布，明确学生应具备的必备品格和关键能力。同年，教育部在《教育信息化"十三五"规划》中明确指出要有效利用信息技术探索STEM教育等新教育模式，使学生具有较强的信息意识与创新意识，养成数字化学习习惯等。近年来，我校正在进一步深化创建特色学校工作，创建特色学校以特色课程为抓手，因此跨学科整合的STEM教育课程也正基于此进行构建和实践。

我校的办学特色"绿雅教育"，以培养活力与儒雅兼备的可持续发展的人才为育人理念，以活力和创新为行动理念，以均衡与可持续为发展理念。然而在应试教育背景下，大多数小学生片面地重视语文、数学、英语，忽视音乐、体育、美术和科学等学科的学习，动手能力、跨学科学习能力及问题解决能力弱，学生的核心素养亟须提升。基于"绿雅教育"，我们积极探索STEM教育理念和教育方式，通过科技与信息技术结合，激发学生积极思考和动手创造的积极性，力求推进STEM教育，以提升小学生的核心素养。

（二）研究问题

（1）STEM教育在国内外的研究现状如何？

（2）我校学生需要提升的核心素养包括哪些方面？

（3）如何构建STEM教育课程来提升小学生的核心素养？

（4）如何判断接受STEM教育的学生的核心素养是否有提升？

（三）研究目标

本文在基于文献研究的基础上，充分探讨在特色学校建设过程中，利用STEM教育的理念及独特优势，结合学校特色发展的理念与对学生核心素养的解读，分析基于特色学校的STEM教育提升学生核心素养的活动要素、实践流程，进而对实践效果进行测评，总结分析研究经验与不足，以期对提升中小学生核心素养的探讨提供参考价值。

二、研究内容及过程

（一）研究内容

1. 特色学校建设、STEM、核心素养关系的辨析（图1）

本研究认为，首先需要对特色学校建设、STEM、核心素养三者的概念进行界定，然后基于特色学校建设开发特色课程、特色活动、特色项目等，选取部分内容来开展STEM教育活动，包括STEM教育资源设计、STEM项目设计、STEM活动设计、STEM活动效果测评等，通过教学实践活动来提高学生的综合能力。其中，特色学校建设是基础，STEM教育是介质，而学生核心素养提升则是目标。特色学校建设、STEM、核心素养三者之间的关系图如图1所示。

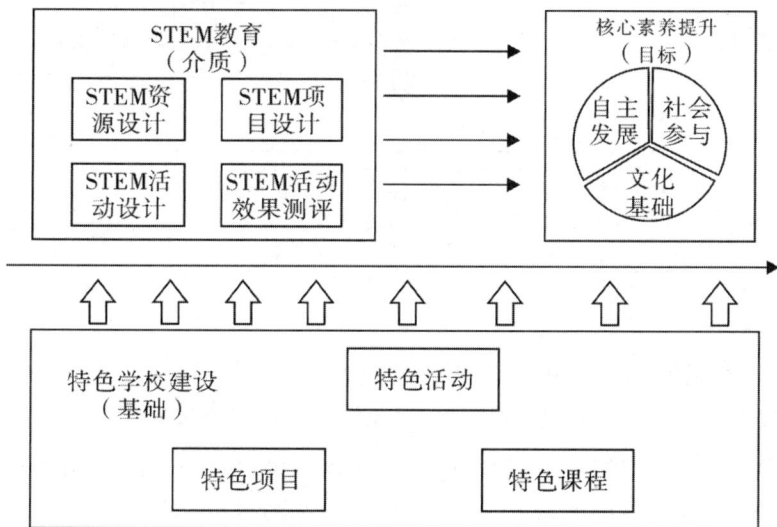

图1 特色学校建设、STEM、核心素养三者之间的关系图

2. 基于特色学校的提升学生核心素养的STEM教育活动设计

前期通过研读大量相关文献资料，同时借鉴了ADDIE（一套系统地发展教学的方法）的经验，初步设计了基于特色学校建设的STEM教育活动模型，主要包括前端分析、项目设计、资源设计、学习活动实施设计和评价与反思设计五个方面，如图2所示。

前端分析包括学习者的学习情况分析、学习内容和目标、STEM教育目标分析。通过对这三个方面的分析，可以较好地根据学习者的实际情况进行学习内容的选择和设计，为更好地设计和开展学习活动奠定基础。

项目设计是在前端分析的基础上，根据学校和学生的实际情况选择开发STEM项目，选择的项目需要综合运用多学科的知识来解决问题，问题设置难度适中且具有吸引力。在任务设计环节中，教师需针对不同的主题活动设置不同的学习任务，并通过问题的形式引起学生的学习兴趣，激发学习欲望，然后创设真实情境并将学习任务分配给学生，同时引导学生完成学习任务。

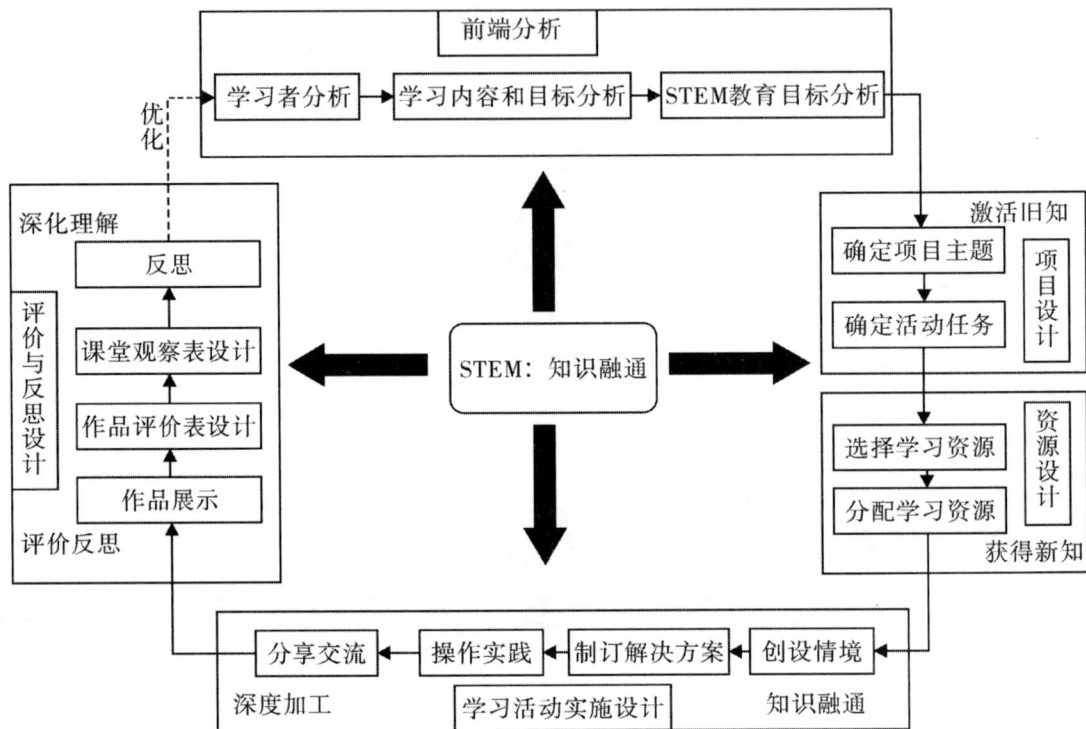

图2　STEM教育活动模型

学习资源分为三部分：知识可视化资源、思维可视化资源、协同工作工具资源。知识可视化资源是对知识进行可视化设计，以结构化、系统化的方式向学生呈现抽象知识，并将知识与基本的图形结合起来进行呈现。思维可视化资源是指利用一系列的图形技术来呈现以前看不见的思想并使其清晰可见的过程，这种资源更注重知识的表达和思维规律背后的思维、思维方法和思维路径，对这种资源的设计能有效提高信息处理和信息传递的效率。最常见的能够实现知识可视化和思维可视化的技术主要有两类，第一类是图形技术，如思维导图、模型图等；第二类是软件技术，用于生成图形，如思维导图器等。协同工作工具资源是对众多的邮件和通信等进行管理的工具，同时也是为了方便师生之间、学生与学生之间进行交流和沟通的工具。常见的协同合作软件主要有QQ、微信等即时聊天工具，便于学生的合作学习。

学习活动的实施设计过程包括创设情境、制订解决方案、操作实践和分享交流四个主要的环节。

评价与反思设计主要着眼于对学生学习过程和学习结果的评价，有自我评价、小组评价等，既注重对学生学习内容的掌握、学生能力的培养，也注重学生的情感态度和其在学习过程的参与度。教学前，教师首先要明确每一项评价的目的和意义。

（二）研究思路

本研究按照"理论探讨—活动设计—教学实践—总结反思"的研究思路开展研究工作，如图3所示。

（1）理论探讨：通过研究课题背景、意义和国内外相关研究现状，确定课题研究的内容、方法，规划出研究的框架结构，对相关概念进行阐述，对相关理念进行说明。

（2）活动设计：在深入分析基于特色学校建设的STEM教育提升学生核心素养的教学活动要素，设计基于特色学校建设的STEM教育提升学生核心素养的教学活动流程。

（3）教学实践：开展基于特色学校建设的STEM教育提升学生核心素养的教学实践活动，设计相应的测量表对教学实践活动的效果进行分析，同时采用访谈法与观察法，以定性和定量相结合的方式来分析教学活动实际效果。

（4）总结反思：通过对本次课题的研究，总结研究经验，反思不足之处，展望未来研究方向。

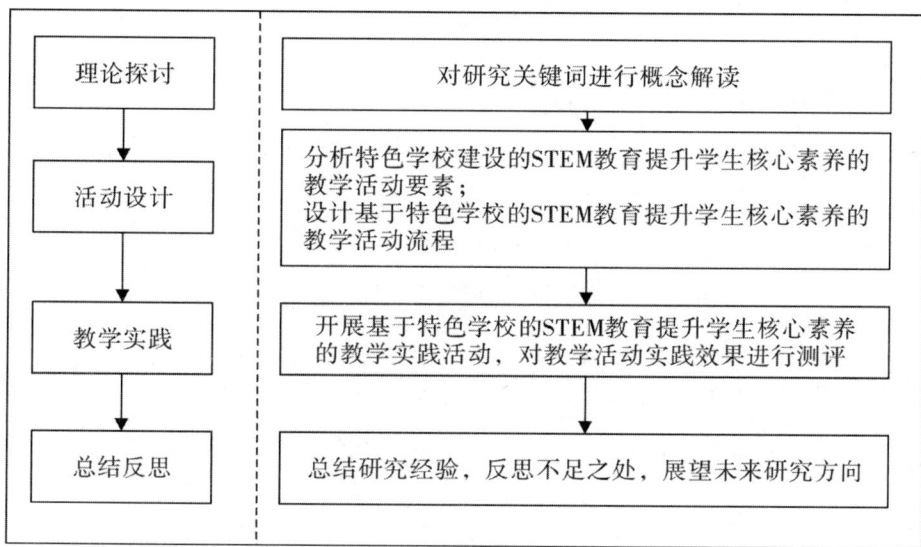

图3　研究思路

（三）研究方法

1. 文献研究法

通过查阅与分析有关特色学校、核心素养和STEM教育相关的著作、论文、学术期刊等文献资源，了解国内外学生核心素养和STEM教育的研究现状，掌握STEM教育理念及相关信息，为本课题研究提供丰富的理论依据。

2. 调查研究法

通过问卷的形式了解学生对跨学科学习的看法和态度。在研究过程中，通过问卷了解STEM教育的效果和对学生的影响，以便及时调整研究方法和策略。通过谈话了解一线教师对STEM教育的看法，了解他们对教学中遇到的学生偏科问题的看法。

3. 经验总结法

本研究依据构建的学习活动模型设计不同的学习活动并应用到实际教学中。根据实际应用中收集的数据和反馈，以及针对前一阶段建立的模型进行进一步的修正和改进，以此来提高模型的有效性。

（四）研究团队构成

专家组组长为刘繁华。专家组成员为刘李伟、廖燕飞。课题组成员有徐锦桃、郭桂芬、郭锦洪、邝祖邦、赵秋月、江日彩、刘春兰、涂军。所在单位人员有徐锦桃、郭桂芬、郭锦洪、邝祖邦、赵秋月、江日彩、刘春兰、涂军。

表1　课题组成员

姓名	年龄	学历及学位	专业技术职务（职称）	专业	工作单位	在本项目中的分工	任教科目
徐锦桃	34	本科学士	中学生物二级教师	生物科学	增城区实验小学	课程开发与实践	综合实践活动
郭桂芬	42	本科	小学德育高级教师	汉语言文学	增城区实验小学	课题研究指导	道德与法治
郭锦洪	30	本科学士	中学生物二级教师	生物科学	增城区实验小学	课程开发与实践	科学
邝祖邦	37	本科学士	中小学信息技术二级教师	计算机科学与技术	增城区实验小学	课程开发与实践	信息技术
赵秋月	26	硕士研究生硕士	未评级	教育技术学	增城区实验小学	课程开发与实践	信息技术
江日彩	40	本科	小学语文高级教师	汉语言文学	增城区实验小学	课程开发与实践	语文
刘春兰	42	本科	小学英语高级教师	英语教育	增城区实验小学	课题研究指导	英语
涂军	45	专科	中学化学一级教师	化学	增城区实验小学	资料整理、推广	科学

（五）研究进度安排

（1）前期准备阶段（2019年5月）。成立课题组，查阅文献资料，了解特色学校建设、核心素养、STEM教育相关的研究成果和研究开展的现状。课题组成员学习相关意见和纲要，认识本课题的学术思想与立论根据，明确STEM教育的教学理念和目标，熟悉中国学生核心素养的内涵。

（2）实施阶段（2019年6月至2021年5月）。随机抽取部分在校学生和教师进行调查，了解学生学习情况和出现的问题，进行前端分析。商讨决定小学STEM项目的开展并制订项目活动方案，准备学习资源。做好前期准备，对制订的项目活动方案进行实践以验证其可行性，提炼教学模式。按不同项目在不同年级初步实施效果来进行分析，总结经验并作出相应调整。基于修改后的方案再次实施，并对形成的经验进行验证。编辑优秀案例集。

（3）总结阶段（2021年6月）。总结成果，形成结题报告，推广成功经验。

三、研究成果及结论

（一）研究成果

（1）论文研究成果：2020年5月，论文《STEM教育活化小学五年级综合实践课堂》在省级期刊《文学少年》公开发表；另有论文《基于STEM教育理念的小学综合实践课程开发研究——以创意电子课程为例》。

（2）《创意电子制作课程》上册和《学生手册》上册。

（3）"创意电子制作课程方案"参加广东省全民科学素质行动科普科创STEM教育活动成果展示交流活动，获表彰。

（4）课例有"纸杯机器人""漂浮的胡萝卜""液体的热胀冷缩"。

（5）融合创新应用教学案例"浮力"，在2020年广州市教育教学创新应用评奖活动中被推荐送省参赛。

（二）研究结论

在学校的支持和专家的指导下，本课题组按照研究计划有序开展研究，课题组分工明确，取得了一定的研究成果，得出了以下结论。

（1）在开发和实践具有我校特色的STEM教育课程中，要提升学生学会学习、实践创新等核心素养，首先，教师需要转变教育观念，培养学生自主学习意识，课堂上多引导，把更多自主权交给学生；其次，教师要有创新意识和实践能力，能合理引导学生实践创新。

（2）培养学生的核心素养宜早不宜迟，要从良好的生活学习习惯开始，长期坚持实践，激发其好奇心和求知欲，养成留心观察事物和勤于思考、敢于探索实践的好习惯。

（3）在不耽误学生学习的基础上，鼓励学生多参加一些STEM创新实践活动或科技竞赛，从中体会多学科融合应用的意义，有助于学生改善偏科问题，重视实践创新和自主学习，学会学习。

（三）研究创新之处

本研究基于学校特色的发展理念，为着力提升小学生核心素养，并改变学生重视语文、数学、英语而轻视其他科的偏科现象，而开发了跨学科STEM教育课程。选取不同的年级来探讨如何通过STEM教育来提升小学生的核心素养，形成一套具有示范意义的活动模型。对设计的项目通过教学实践进行效果检验，根据实施结果验证学校特色办学理念指导下开展STEM教育来培养小学生核心素养的教学活动的科学性与可操作性。

四、研究总结及反思

在过去的一年里，我们团队基本按照课题研究计划开展试验，一路走来，我们带着问题进行研究学习，并在研究中发现新问题、解决问题，不断成长。基于研究进度偏慢，团队成员较年轻，课题研究方面经验不足的问题，在此，我们提出下一阶段的研究计划。

（1）虚心求教，丰富课题研究经验。多请教课题研究专家或课题研究经验丰富的教师，学习如何更好利用课题研究的方法和策略，以进一步明确本课题下一阶段的研究工作任务和研究目标。

（2）加强理论学习，了解研究现状。定期召开课题组研讨会议，研讨核心素养、STEM教育等相关理论和文献资料，及时了解本专题研究的现状、数据和主要观点，为制订下一阶段研究计划提供依据。

（3）明晰研究目标和任务，合理分工。召开课题组研讨会议，把本课题下一阶段需要完成的工作任务一一列出，根据课题组各成员的特长和特点，合理分配工作任务，及时提出问题并通过讨论解决。前一阶段我们的研究成果较少，很多工作已经完成，但是没有及时保存资料，所以下一阶段要注意资料的收集和整理，及时形成研究成果。

（4）总结经验，适当调整方式、方法再实践。在研究中要继续做好学生的跟踪调查，形成调查报告，把实践成果以文字的方式加以呈现，为修改课程教学模式和方法提供依据。对已经实践的三年级的创意电子课程进行研讨，调整教学方法和模式，并在其他年级进行实践以形成课例。

五、研究案例点评

（1）课题基于"绿雅教育"理念，以创建特色学校为抓手，开展通过STEM教育提升学生核心素养的实践研究。

（2）课题目标明确、进展推进紧凑有序、研究成果丰富，提出了基于特色学校的提升学生核心素养的STEM教育活动设计模型。目前已发表论文一篇，完成了部分课程的制作，形成了部分教学案例和课例。做到了边实践研究、边总结研究成果，发表了论文《STEM教育活化小学五年级综合实践课堂》；编辑了《创意电子制作课程》上册和《学生手册》上册；形成了"纸杯机器人"等3个课例；完成了融合创新应用教学案例"浮力"。

（3）从课题目前的进展来看，STEM教育项目课程已取得了良好的成效，能够提升学生的核心素养，并对同类学校开展相关研究具有借鉴意义与价值。

图4　作品分享与展示

图5　优秀作品的表彰

案例单位：广州市增城区实验小学

负　责　人：刘伟胜

研究类型：专题研究

"系统化校本创客课程"对学生创新品质提升效能的实践研究

一、研究背景、问题及目标

（一）研究背景

1. 国内外现状

当下，创客运动已经席卷全球。创客教育在我国，尤其是在沿海地区的发展已日趋成熟，例如，北京、上海、深圳、广州等城市的中小学已经普遍开展创客教育。目前中小学开展创客教育的主要形式有创客空间的建设、创客课程的开发、创客活动的举办、创客联盟的成立及相关的研讨会、展示交流活动等。而针对中小学创客教育的研究成果也越来越多，如创客校本课程开发、创客空间建设、创客教学模式等都有较多的案例和研究论文。例如，祝智庭教授等提出了创客教育是在融合信息技术的基础上，集体验教育、项目式学习、创新教育和DIY理念于一体进行的教育；郑燕林等认为创客教育是一种基于创造的学习，让学习者融入创造情境，进行创造的过程……总的来说，创客教育所提倡的创新和创造的理念是一致的。

2. 学校现状

我校目前的创客教育形式主要有3D打印、Scratch趣味编程、基于Arduino开源硬件的机器人、乐高机器人等，以社团课程的形式展开，由学生自主选择，采用校内科技辅导老师和校外创客机构相结合的方式开展教学，深受学生的欢迎。与此同时，广东省教育厅、深圳市教育局和南山区教育局每年都会举办创客智造大赛、创客节和创客研讨及培训活动，学校则开展创客学习活动，使学生在参加创客节和竞赛活动的过程中获得进一步提升，使其创造力和创新能力得到明显提高。然而目前有关中小学创客教育给学生思维发展带来影响的研究还很少，以哪种模式开展创客教育对学生思维发展最有利，如何更有效地利用创客教育来提升学生的思维，都将是本课题研究的问题。

3. 存在的问题及研究空间

在学校层面上，目前多数创客活动尚处于探索阶段。在教学设计环节，创客活动系统性不够；在教学活动环节，对于学生的科技人文素养、思维方法等方面指导不足；在实践环节，实践动手较多，反思分析不够；在评价环节，总结及评价不足；在课程的迁移环节，与学生未来发展对接不足。

（二）研究问题

（1）基于传统创客教育存在的问题，如何开发完备的创客课程？

（2）结合创客教育的内容和特点，如何构建适切的创客教学模式？

（3）面向创新人才培养，如何评价校本创客教学的有效性？

（三）研究目标

本课题旨在通过完善我校创客教育的内容，对学生的创新意识及能力进行全面培养；通过探索量化的评价指标体系，了解我校创客教育对学生思维发展的作用；通过总结我校创客教育实践探索的经验，形成可供各校借鉴的特色案例。

二、研究内容及过程

（一）研究内容

（1）创客教育的内容设置及实施模式方面。探索在创客活动中融入创客的界定，创造性思维，创新类人文素养、创新意识与方法，创造及科学发现的历史，各类具体课程的创新手段等内容。

（2）创客成长过程探究方面。对学生在青少年学校创新实践与未来成人创新成就各环节关联性的案例，如学校案例、区域案例、科学家成长案例进行研究，以此科学地培养学生创造性思维及创新能力。

（3）学生创造性思维发展水平指标体系的制定及学生创新思维和能力发展水平的测量研究，如学生总结反思意识及能力参考指标；创客教育实施与学生创造性思维发展之间的相关性。

（二）研究方法

（1）问卷调查法。通过问卷调查的形式，了解学生参加创客教育之前的思维能力和参加之后的思维发展水平。

（2）测验法。课题组成员查找资料，研究思维发展的测量方法，并对样本学生进行定期测量并将结果记录下来。

（3）观察法。通过科技手段，搜集学生学习及创客活动中的典型片段，进而观察并记录、分析样本成员的发展情况，进行分析比较。

（4）案例研究法。对在创客竞赛活动中表现突出的案例进行个别研究。

（三）研究思路及过程

1. 研究思路

（1）完善创客教育内容。在创客活动中加上人文教育、方法教育内容，通过跟踪评价，形成完备的创客教学课程。

（2）完善创客教育过程。在创客活动中融入反思及经验总结环节，完善教学各环节。

（3）全面提升学生思维品质。在这一过程中通过师生互动，教师了解学生的提升情况，提升学生的创造性思维品质，实现感性、理性的双提升。

（4）提升教师的专业水平。通过课堂开发、实施，最终提升教师在创客教育中的专业水平。

本课题的研究思路具体为：引导学生认识创客的价值—开展创客活动—学习了解创客的规律—反思自己的创客活动—促进学生情感、态度与能力方法提升—促进学生学习的兴趣与动手操作的能力提升—教师完善课程评价体系—促进学生发展及课程完善、教师教学水平提升。

2. 研究过程

在具体实践中，本课题以初中七、八年级创客社团学生为样本，通过采集分析学生一学年的创客学习数据，分析学生的思维发展过程，找到创客教育与学生思维发展形成之间的关联。具体操作过程中，结合我校创客校本课程，以七、八年级创客社团的学生发展为样本开展研究，通过具体的采样、对比和分析，了解学生创造性思维水平发展情况，探索创客教育内容、实施方式与学生创造性思维发展之间的相关性，制定客观性强的学生创客素养（创造性发展水平）量表，以此指导学校创客教育、学生的创造性思维发展及创新能力的培养。

三、研究成果及结论

（一）研究成果

在课题目标引领下，学校开设的创客教育类课程有3D打印、乐高机器人、Scratch趣味编程、无人机制作、创意木工制作社团及塘朗山社区研究类创客活动（如社区交通调查及解决方案、社区植物调查等）。随着系统化课程的推进，学校创新教育成果频现，在3D打印、基于Arduino开源硬件的机器人、VR虚拟增强现实、航模、动漫等方面均取得不错的成绩，经过几年的发展，学校先后被中科院先进研究院授予"粤港澳大湾区创新教育基地"，南山区教育局授予"泛在学习实验基地""南山少年创新院分院基地学校"等创新教育基地称号。学校的各类科技设备帮助教师和学生在历次科技节、创客节、学生技能大赛、科技创新活动中取得了不错的成绩，如2015年获第十七届南山区科技节机器人动漫大赛团体总分第一名、科技节首届3D打印智造大赛区一等奖，2016年获深圳市网络夏令营信息技术竞赛市一等奖、深圳市Scratch编程大赛一等奖、南山区学生技能大赛创新技能《魔法盒子》第一名，等等。我校九（1）班程颖进同学还当选为南山少年创新院第三届小院士。明卫星老师和巫志文老师还被多次评为优秀科技辅导教师，在教师微课评比、教学竞赛中多次取得区一等奖，所带社团获得校优秀社团荣誉。

（二）研究结论

学校课题组成立后，在初步实施的基础上，针对以往创客教育零散、教师自发的情况，并根据我们对创客教育的理解，从内容、形式、参与学生、学生评价、教师交流等方面对研究进行了系统的设计，现得出如下研究结论。

1. 充分认识创客教育重要性，形成基础教育创客教育重要性的基本理念

（1）基础教育创客教育根植于创新的命题。众所周知，创新是一个民族的灵魂，创客教育是培养面向未来的创新型人才的重要手段。目前，我国正在向以技术和创新为核心的新经济模式转变，科技和创新需要成为经济的引擎。在一过程中，我国需要创新型人才，而创新型人才的培养则需要创新型的教育。这是每一个基础教育工作者应该了解的。

在基础教育阶段，开展创客教育，既是为培养人才的创新意识奠定基础，也是为培养创新方法，促进学生人格健全，特别是形成创新人格。系统化的创客教育，使中小学生了解创新的价值，了解创新精神的实质，掌握基本的创新能力、创新方法、创新策略，具备创新人格，对未来创新型人才的培养至关重要。

（2）基础教育创客教育根植于基础教育的基本特点。在基础教育阶段，学校想要为学生终身发展奠定基础，实现素质教育，使学生继承优秀文化知识并具备自主、合作、探究精神的目标，则要求该阶段的创客教育必须着眼学生的未来发展及基础教育的根本任务、基础教育的师资力量、课程资源来进行设计。

我校将创客教育定位为基础课程的拓展延伸和对基础课程课堂教学手段的延伸及补充。创客教育是基础课程教材与现实，理论与实践，继承与创新之间的纽带与桥梁，是面向培养未来人才的、高效的、与创新型国家建设相适应的教学，其本身就是综合性的课程教育。

（3）创客教育要根植于课程的基本要求。新课程理念从三维目标对课程进行了规范并出台了课程标准，作为校本课程的创客教育同样要着眼于此。

目前，创客教育在许多学校方兴未艾，创客社团形式多样。在我校，有3D打印、乐高机器人、Scratch趣味编程、手工制作等各种社团。但是，作为科技辅导教师自发开设的社团因专业限制更局限于某一单纯的学科，而欠缺跨学科的问题解决能力及创新精神等的培养。因此，需要在学校乃至更广的范围对创客教育进行系统的设计，使创客教育对学生创新能力、动手实践能力、团结协作能力等素养的培养进行系统的规划。或者在知识与能力、过程与方法、情感态度与价值观三个维度对课程进行设计，从而使创客教育更加完整，让基础学科与拓展学科、考试学科与考察学科、兴趣爱好与未来职业选择等因素之间形成良好的衔接，进而使基础教育与未来发展衔接，学习者与未来的创造者衔接。为此，要在思想层面实现人文创客教育、科技创客教育的兼顾，从创客课程的三维目标角度实现全覆盖，从课程实践的角度，使拓展课程与综合性实践以及与STEM课程实现兼容。

2. 初步开展创客教育课程的内容体系探索，突破纯粹技术操作的浅层认识

创客教育首先是一种人文教育。德育为先，立德树人。创客精神首先是一种德育精神，创新需要创新精神，需要克服困难、不断反省、不断挑战自我的品质。因此，创客教育首先要在课程的教育中融入创客精神。在这个层面，作为开发者的教师或者学校要充分挖掘创客精神的人文内涵并从人文角度结合创客精神对学生进行探究，最终使学生具备必要的理性认识。

（1）人文创客精神专题教育。从情感态度与价值观层面对创客精神进行阐释，并对学生进行终身创新精神熏陶和价值引领，使学生从理性角度了解创新的哲学价值、创新的人生理想。

在国际视野层面上，通过典型案例、宏大叙事，了解科技史的一般规律：世界是创新驱动的。充分整合世界历史中的事件特别是与现实生活密切相关的第三次工业革命事件中的故事。通过开展对科技史的研究，举办科学专家的讲座，科技人文大讲堂，大学城教授、学者讲座，科普讲座等来激发学生探究的兴趣。在我校的实践中，学校依托大学城的便利资源，邀请专家来学校分享创新故事，使学生学习创新背后的品德、方法。

在民族情怀层面上，要让学生形成中华民族的科技自豪感，首先要激发学生的兴趣，产生向心力和学习的动力，尤其是科技学习、科技创新的动力。如邓稼先、钱学森的报国故事，华为与美国的案例等都可成为课堂探究的话题。了解改革开放以来我国科技进步的发展规律，认识改革开放成功对人民取得自信心的重要意义。了解深圳作为创新驱动城市背后的深圳故事、华为故事、大疆故事、深圳科技人的故事等。

从教学方法角度，要充分运用案例法，通过对科技时政的探究，增强学习的趣味性、直观性。在教学中，教师除了要组织学生开展具体的科技活动外，还要将科技前沿的现象、故事、案例引入课堂中，组织学生开展讨论，让学生了解社会发展背后的创新动力，国家竞争中的科技因素，使学生从小树立爱国担当、敢于挑战困难等意识。

为培养创新型人格，在教学方法上，要联系时政，了解知名科学家的故事，搜集他们的成长轨迹及思维特点，结合现实生活中的案例来激发学生兴趣。教师要学会讲好科学家的故事和科技创新的故事，引发学生思考。在教学中，也可让学生分享自己克服困难、解决问题的过程与心路历程，使之成为学生交流的素材及作文素材。

这些精神不仅要贯穿创客社团活动，也要贯穿科技教育及教学，最终形成学校科技教育与创客精神培养系列课程。只有这样才能更好地培养学生的创新精神，激发他们的创作动力，使学生的科技学习与创客实践活动形成统一的整体，最终共同服务于学生的科学素养及创新精神的培养，服务于未来创新型人才培养战略。

（2）思维观念创新专题教育。运用思维方法技巧，在过程与方法层面对学生进行创新基本理论的教育，使学生了解掌握创新过程中的一些基本手段。

科技发明中的基本思维模式有创造性思维、发散思维与聚合等。

现代科技创新中的组织整合资源能力有分工协作、运用资源、整合资源等能力。通过查询相关资料学会掌握信息、分析资源的方法，以解决问题，实现创新能力的培养。

科技创新中学生应具有知识产权保护等意识。我们可以通过模拟的方法引导学生树立尊重知识产权的意识，了解专利申请流程，使学生成为社会科技创造规则的遵守者、实践者。

教学中主要运用专题讲座、课堂渗透、学生体验总结等形式。如在我校的创新教育中，针对创新的基本方法由教师通过讲座的形式对学生进行集中介绍，结合"实物的答案不止一个"等语文教材内容，使学生初步了解一些基本的创新思维方法。具体来说，就是引入创新方法专题讲座，通过讲座，把生活中的创新窍门、创新现象系统地呈现在学生面前，使学生开阔眼界，同时让学生意识到只要肯动脑筋，只要去专门学习，也能具备创新能力，也可以实现创新。同时让学生了解基本的创新思路和方法，并在实践中系统运用。这些讲座作为创客教育的一个重要环节，形式简单、听众范围广，对营造氛围、启迪思考、动员学生有重要意义。

3. 在创客实践课程中，开展专业性、探究性的科技发明创新实践活动

有了创客文化氛围、内在创造动机及创造环境，接下来就是创客实践。为此，我校充分发挥教师的专业素养，开展多种形式的创客实践教育，从知识与能力的角度，强调与社团活动相结合，与STEAM教育相结合，来开发多种形式的创客课程，并结合具体的学科对学生进行创新教育，强调实践及具体问题的解决，以实现百花齐放。

（1）以社团为形式。课程强调动手、解决问题，强调创意。如3D打印设计，在于发明创造，编程训练。在我校的创客社团中，由张国军老师带领学生调查学校及周边塘朗山植物分布情况，采集标本、制作标本，采集信息、制作植物标牌。而明卫星老师则带领学生设计模型，打印成3D作品。关于Scratch设计，学生了解编程的基本原理、基本语言，根据自己的创意设计架构，制作可以发射的自动化装置。林建波老师则带领学生从乐高机器人教具着手，围绕创新工具，开展模块化试验，带领学生开展情境任务完成工作，并在各项比赛中取得优异的成绩。

创新课程是利用基本的工具制作机械手、太阳能、声控灯等自动化小发明的课程。这些实践在学生看来，已经具备了创客的性质，学生在活动中有深刻体验，如刘嘉诚同学就在作文中把自己的感想完整地记录了下来。

（2）以展示为学习方式。学校每学期都要求学生及各社团进行一次展示，这种展示不仅是作品的展示，也是过程心得、体验的展示；既是科技的展示，也是心路历程、人文情感的展示。

（3）学校平台的搭建与学校对展示机会的把握。学校参加了粤港澳大湾区科技交流平台的搭建，以激励社团老师与学生进行交流，希望给有特长的学生更多的学习机会。如程颖进同学成为学校首位南山少年科学院小院士。

（4）学校对创意者的宣传与推介。晨会时的国旗下讲话中，对获奖的学生科技作品进行展示，成为学校文化绽放的一部分，成为创客精神及创客成果的一次宣传，以激励更多的孩子参与到创客活动中来。

4. 对创客教育课程的实施保障体系进行初步的探索

（1）学校层面的课程顶层设计。系统化的创客教育方案是学校领导对创客教育的理性认识与智慧支持。在这种情况下，学校制订了塘朗山社区研究的STEAM课程指导方案，以指导教师开展创客实践活动。它是组织教师开展创客活动的初步框架。在下一阶段对创客教育三个层次内容初步实践的基础上，选择经典的案例、故事，形成课程体系的顶层设计分合与章节，开发创客教育系统性课程，使创客精神、创客实践、前沿信息、科技实践、学生趣味等内容结合起来，通过校内教师、校外资源的整合，实现创客基本教育内容的覆盖。

（2）创客教育师资的保障问题。创客教育师资包括校内科学类教师、校外辅导员、四点半课程教师等。学校需要做的就是发挥教师各自的优势，通过恰当的形式充分利用学生的校本课程时间及学科时间，取得最优的学习效果。重视对教师创客教育素养的培养，引导教师超越自身学科的限制，成为课程的开发者。

必要的经费及物资保障。学校科技教室、创客实验室等都需要经费的投入，因此，在经费许可的条件下，要大力支持并解决物资及师资问题。

（3）课程的评价激励机制探索。统筹管理机制，即从学科本位转变为创客框架指导下的项目本位，形成从方案设计到组织实施再到反馈评价改进的机制。在文科、理科、工科等相关课程的设计中，要系统地提供资源，提醒各社团教师在教学内容设计时要充分考虑人文与科技、基本创新规律与社团专业属性、学科本位与STEM基本规律之间的衔接，深度与广度之间的配比。对在课程开发中申报课题研究的教师进行鼓励，并在此基础上，形成学校创客教育课程的指导纲要与基本框架。

从重视课程内容到重视学生个体体验的深刻性与反思性。面对近年来升学压力，特别是普遍存在的中考压力，除了将获奖学生、优秀社团学生、创新少年评比等荣誉纳入综合素质评价等显性鼓励外，还要特别推进学生的总结反思与再表达方面的隐性激励。根据课程的规律，对学生实践，特别是学生在创新精神等方面的经历进行系统性的评价，使学生的中小学学习与创新品质的培养结合起来，以丰富学习过程。如针对创新活动的过程总结逻辑规律：演绎与归纳，一般与特殊，实践与理性。在课程的设计中，基本的创新规律要成为教师课程的重要内容，不仅是感性的摸索，也是教师需要备课的重要环节，确保掌握课程的技能与方法。

5. 在学校层面，形成基础教育阶段创客教育的基本共识

（1）创客教育与实验精神技能的结合。学习任何一门课程，必须要经过学生理性的思考，因此教师在开发课程时，要尽量和学生现有的学科基础、信息来源、生活经验等要素结合起来，实现现有储备与课程教学活动的最佳互动，这既有助于提高学生的实践能力，又有助于让学生的学业水平达到最佳。

（2）创客教育与国家课程之间的衔接。引导创客教师了解各学段的学科内容，了解学生的学习基础，挖掘科技类课程与现实生活及学生兴趣之间的关联点，使创客教育能够与学生的最近发展区、学业发展，在未来高一级学校的学习能力及其思维品质、组织管理能力等充分结合起来，在保证学生正常学习的情况下，能够反过来促进学生的基础学科学习及思维能力培养，实现创客教育与国家课程的有机融合。

（3）师生团队共荣意识。聘请创客指导专家对教师及学生进行指导。指导涉及认识层面、思维层面、活动本身等。例如，在创客教育教师社团之间进行展示交流，包括资源的开发和利用，教学内容深度、广度、趣味度的提高。建立听课观摩制度，使创客指导教师互相取长补短。

（4）学校的统筹安排及创客教育中的系统化。进行展示、探讨，提升教师在创客教育过程中的课程开发力、引领力，对学生的指导力等。统筹安排，根据学生的需求，做好后勤保障，确保创客教室的兼容性，为课堂的发散思维提供支持与保障。学校要了解学生在创客活动中的需要，使学生能获得必要的物资保障。

6. 基础教育创客教育亟待解决的问题

（1）需要形成基础教育阶段创客教育的基本课程体系。针对学校课程管理者、教师对创客教育重视程度不高，对创客教育客观规律的认识不够及教学意识和素养不足等问题，应形成学校创客教育基本的实施指导意见，对创客教育的核心要素进行规范，对教师在社团活动开展过程中的内容进行规范，对来校的专家学者对学校创客教育的科技讲座等形式乃至要点进行适当要求。

（2）需要进一步提升创客课程指导教师的教育教学水平。提高教师在教学设置中的认识水平及指导学生解决问题的能力，让学生了解基本规律，提高思维能力，产生学习兴趣，并在创新实践中体会成功感。通过问卷调查等形式，对学生参与创客教育的情况进行调查分析，了解学生的兴趣点与教学内容之间最佳的契合之处。

（3）学校对创客教育成果的认识：人是最宝贵的，科技发明创造等在中小学阶段只是副产品。因此，创客教育实施的成果及考察指标应关注参与学生的人数、参与面，学生的心得体会和对成功的体验感。另外，还应着眼于未来高精尖人才的培养，而创客教育更要关注优秀学生的参与程度，这需要学校对学生参与面给予关注，提高优秀学生在未来成功的概率，此外也需要对有特长学生的未来发展给予关注。

四、研究总结及反思

（一）研究创新之处

（1）研究视角创新。课题从系统化校本创客课程出发，从课程资源的系统性、课程内容的系统性、人才培养的系统性等多方面进行考虑，使课程内涵更加丰富。

（2）关注学生数据的长期跟踪。本研究采集分析七、八年级学生一学年的创客学习数据，分析学生的思维发展过程，找到创客教育与学生思维发展形成之间的关联，这既为创客教育提供实证支持，也为其完善优化提供决策依据。

（二）研究不足之处与展望

未来，该课题研究将在以下方向更进一步地开展。

（1）在创客框架下，实现更细致的数据及资料积累，以丰富框架，进一步加强学生问卷调查个人体验方面资料的积累，再通过对我校创客教育框架各要素实施有效性量化分析，形成最终的课题报告。

（2）根据学生的喜好，确定经典的科技创新案例作为学生应知应会的学习内容，落实应知应会的基本方法，初步形成面向广大学生的创客精神及素养的评价方案。

五、研究案例点评

课题目标明确，研究内容深入，研究方法得当，科学性、操作性强。课题以"完善校本创客课程，全面培养学生创新意识及能力"为研究目标，主要研究内容包含：①探索系统化创客课程的内容及实施模式；②开展创客课程的教学实践研究；③制定学生创造性思维发展水平指标体系并实施测量。在研究过程中，采用调查法、测验法、观察法、案例研究法等方法，立足课堂教学实践，注重理论研究，做到理论与实践相结合。

为使此研究有序推进、走向完善，建议课题组认真做好研究成果的总结工作，如系统化创客课程的内容及实施模式、学生创造性思维发展水平指标等。还应注重过程性材料如优秀课例、学生数据、评价材料等的收集和整理，从而使研究更具推广价值。

案例单位：深圳市南山区桃苑学校

负 责 人：郝智源

研究类型：专题研究

基于 Micro：bit 的编程教学促进中学生计算思维发展的实践研究

一、研究背景、问题及目标

（一）研究背景

计算思维（Computational Thinking），是运用计算机科学的基础概念进行问题求解、系统设计，以及人类行为理解等涵盖计算机科学的一系列思维活动，也是一种解决问题的思维，即能够清晰、抽象地将问题和解决方案用信息处理代理（机器或人）所能有效执行的方式表述出来。计算思维将渗透到日常生活的许多方面，是每个人需具备的基本能力，可帮助人们解决复杂问题。

Micro：bit是一款由英国广播公司（BBC）推出的，用于青少年编程入门的开发板。由于Micro：bit小巧玲珑，内置多个传感器和元件，无须安装各种插件和驱动，程序设计教学环境十分方便，价格便宜，因此十分适合学生学习编程使用。Micro：bit具有开源硬件的特性，并且既支持类似Scratch的图形化编程，又支持JavaScript和Python编程，使得编程教学课堂可以与软、硬件，图形化编程和文本化编程相结合，从而在面向不同层次和水平的中学生进行教学时，可以灵活地选用以便更好地达到教学目标。

通过对国内外已有的文献检索可知，编程教育作为计算思维培养的重要载体，虽然其有效性已经在理论的推演上得到了诸多学术文章证实，但相关实证研究相对较少。同时，Micro：bit作为最新的开源硬件之一，2016年在英国普及，2017年引入中国，近年已广泛应用在中小学的创客活动中，但基于其编程促进计算思维发展的相关研究才刚刚开始。另外，计算思维是一种综合性的能力，包含创造、逻辑、抽象、算法、问题解决、综合调试等多个维度。图形化编程和文本化编程、软件和硬件如何有效地将结合在一起以便更有效地培养学生的计算思维和提高学生的问题解决能力，还有待继续研究。

（二）研究问题

（1）当前计算思维研究现状如何？目前基于Micro：bit的编程教学模式及成效是

怎样的？

（2）如何构建基于Micro：bit的编程教学模型？

（3）基于该模型的教学设计、教学实践能否助力解决计算思维培养问题？

（三）研究目标

（1）提高中学生计算思维认知度、计算思维应用意识和计算思维能力。

（2）提高教师的组织管理能力、课程开发的能力和自我监控能力。

（3）促进学校课程更具专业性和特色。

二、研究内容及过程

（一）研究内容

采用文献研究法对计算思维的现状、当前基于Micro：bit的编程教学模式及成效的相关文献进行分析，阐述中学阶段培养计算思维的必要性，以此构建基于Micro：bit的编程教学模型。在该模型的指导下，对课程进行教学目标、教学资源、教学策略、教学活动、教学过程、教学评价等方面进行设计和实践，通过行动研究验证教学设计的有效性与可行性，助力解决计算思维培养的问题。在此过程中形成配套的资源包，最后形成研究成果。

（二）研究思路

本研究主要探讨在中学信息技术课堂的程序设计教学中，如何通过Micro：bit教学来培养中学生的计算思维。为达到研究目的及完成研究内容，本研究采取以下研究思路。

（1）文献梳理。搜集整理国内外相关文献，了解国内外关于计算思维培养的相关研究现状，明确计算思维的概念界定、编程教学的实施步骤以及计算思维培养的方法，构建理论基础，同时搜集Micro：bit在国内外的应用实例。

（2）了解学情，确定课程教学模式。通过问卷调查、访谈等方式，有目的、有计划、系统地收集有关问题和现状资料，如学生学情资料、程序教学课堂资料和课程文化，从而获得关于课题研究的第一手资料，形成关于课题研究进展的科学认识。根据收集的资料，确定基于Micro：bit的编程教学模式和教学设计。

（3）设计并实施教学实验方案。制订测量量规，通过测试来了解当前学生具备的计算思维的特点及水平，将提出的基于计算思维发展培养的Micro：bit的编程教学模式应用到教学中，对教学实施情况进行前后测，然后对数据进行分析。

（4）分析实验数据，得出结论。用SPSS作为数据处理工具分别对前测、后测数据进行比较分析，以验证提出的基于Micro：bit的编程教学在提高中学生的计算思维水平方面的有效性并得出实验结论。

（5）整理资料，形成研究成果。研究课程开发中的教学设计及相配套的资源包，最后形成研究成果。

实施步骤如图1所示。

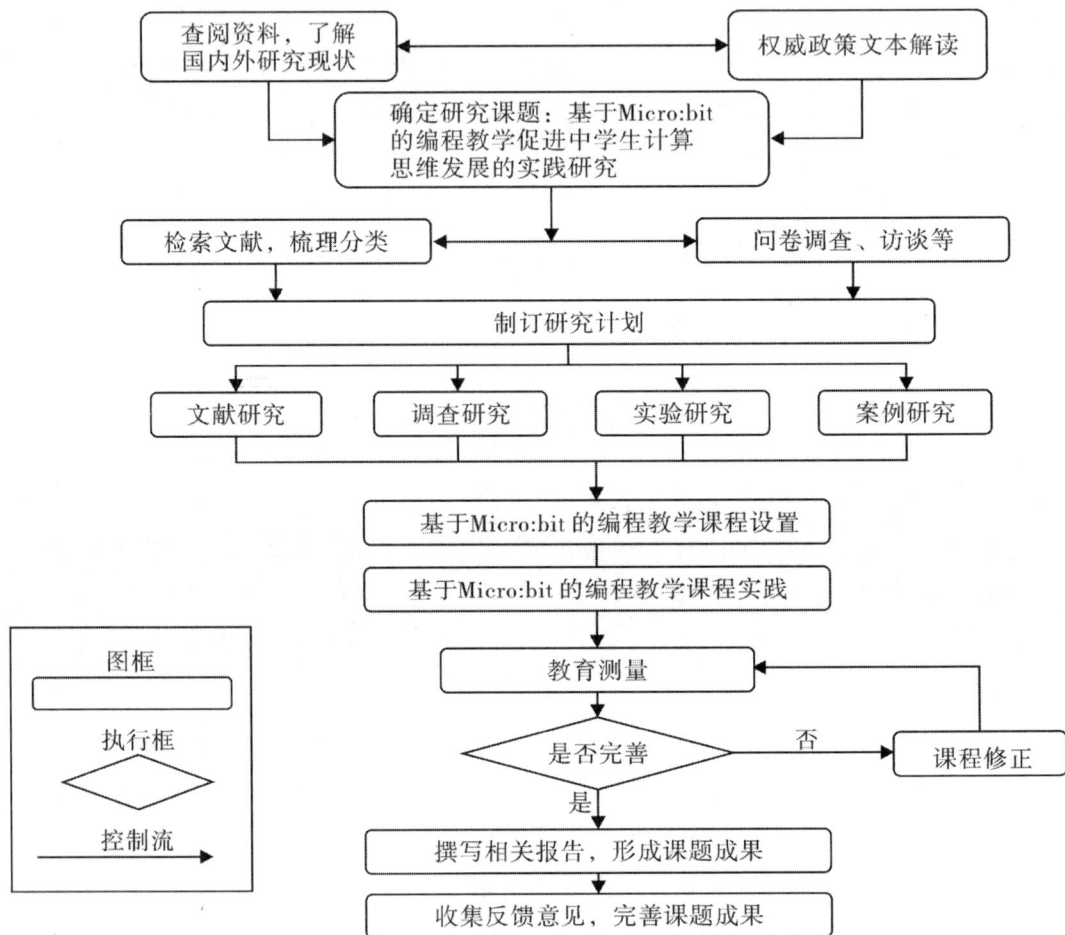

图1　研究流程

（三）研究方法

（1）调查研究法。通过问卷调查、访谈等方式，有目的、有计划、系统地收集有关问题和现状资料，如学生学情资料、程序教学课堂资料和课程文化，从而获得关于课题研究的第一手资料，形成关于课题研究进展的科学认识。

（2）文献研究法。通过查询中国知网、国家图书馆、外文数据库等相关网站中的文献资源，跟踪最新的研究动态，了解相关的研究成果，对研究的问题进行了解，从而为本研究的教学模式的构建提供依据与理论基础。

（3）案例研究法。通过分析与梳理，选取几个具有代表性的课程案例，从课程目标、课程内容、教学模式和课程评价等方面进行探讨研究。

（四）研究团队构成

研究团队人员构成如下。

李晓洁，本科，教育技术学专业，31岁，信息技术中学一级教师，负责课题的整体构思，把握课题的研究方向，引领课题研究的深入与发展。

郁菡，硕士研究生，教育技术学专业，45岁，信息技术中学一级教师，负责本课题中课程的开发和部分论文收集与撰写。

卫敦亮，本科，教育技术学专业，31岁，信息技术中学二级教师，负责本课题中课程的开发和部分论文收集与撰写。

吴婷，硕士研究生，教育技术学专业，28岁，信息技术中学二级教师，负责本课题中课程的开发与教学设计收集与撰写。

张馨，硕士研究生，教育技术学专业，27岁，信息技术中学二级教师，负责本课题中课程的开发与教学设计收集与撰写。

许壁青，本科，计算机科学与技术专业，36岁，信息技术中学一级教师，负责问卷调查、文献分析和教学设计、反馈信息收集。

薛浩，硕士研究生，教育技术学专业，47岁，信息技术中学高级教师，负责中期论文收集，反馈信息收集并给予教学建议。

陈嘉庆，本科，计算机科学与技术专业，36岁，信息技术中学一级教师，负责本课题中课程的开发及后期成果资料的收集与整理。

三、研究成果及结论

（一）研究成果

（1）论文：《基于Micro：bit的中学生计算思维培养探索与实践》（张馨），《基于Micro：bit的编程教学促进中学生计算思维发展的教学实践研究——以〈密码箱的制作〉为例》（李晓洁），《基于Micro：bit的编程教学促进义务教育阶段中学生计算思维发展的教学实践研究——以〈闪烁的心形——元件应用〉为例》（卫敦亮）。

（2）资源、教学设计：目前已完成第一阶段的教学实践，这一阶段主要为工具的学习。在这一阶段以编程的基础知识为主要学习内容，包括变量、事件、顺序结构、选择结构、循环结构、函数和过程等。结合具体的生活情境，利用编程知识完成了一些小项目，如呼吸灯、"剪刀石头布"、密码箱等。

（二）研究结论

在形成教学成果的课题开展过程中，也有了一定的研究经验。

（1）教师在教学开展的同时要不断汲取养分，以期获取更扎实的理论支撑，从而指导教学。从《中国电化教育》《电化教育研究》等杂志中获取更多前沿研究，开阔视野。

（2）课程的开展确实有助于学生的计算思维提升。比如，在以往的传统课堂中，要讲清楚循环等知识总会遇到各种各样的问题，但基于Micro：bit的编程教学，学生在游戏中就学会了循环的概念和应用，从图形化编程迁移到Python编程也更容易理解，课堂效率较高。

（三）研究创新之处

（1）在编程教学过程中，将软件和硬件有效地结合，更符合认知规律，可最大化激发学生学习兴趣，从而提高课堂教学效率。

（2）从图形环境编程逐步过渡到文本环境编程，更符合学生的思维发展特点，能够有效促进学生分析问题、解决问题的能力的提高，使得不同水平的学生都能在计算思维方面得到充分发展。

（3）开发的有特色的课程资源能够为中学STEAM教育提供丰富案例。

四、研究总结及反思

在整个研究过程中，课题组教师通过前期调研、阅读相关论文、制订研究计划、开展教学实践，积累了不少经验，在组织管理能力、课程开发能力等方面都有较大的提升。但由于课题组成员能力、精力的限制，在许多方面还存在困难和盲点。

（1）教师的理论支撑不够。课题组教师往往是根据已有经验进行教学设计，这就导致课程创新度不够，需要阅读前沿的理论知识指导教学，以设计更新颖、更有说服力的课程。

（2）由于疫情原因，课程进展滞后于原计划。原计划于2019—2020年第二学期完成两个阶段的学习，但由于开学时间较晚，目前只完成了第一阶段的教学任务。

（3）研究过程资料欠缺保存、整理和提炼。在研究过程中大多数教师没有注意及时总结和反思的重要性，以致总结不够及时，好多资料保存不够完整，不能为下学期的研究提供有价值的参考。

课题组后续将注意资料的收集和提炼并加强理论学习，以加快研究进度，加深研究程度，希望在各级领导和专家的支持和指导下，本课题能结出累累硕果。

五、研究案例点评

（1）课题研究过程较扎实，组织管理工作科学、有效。课题组组织结构合理，工作分工和管理都比较科学。在课题组成员的共同努力下，课题前期研究工作得到比较认真的落实，研究的各个阶段都尽可能做到了规范、科学。

（2）课题研究方法得当，科学性、操作性强。课题以"基于Micro：bit的编程教学促进中学生计算思维发展的实践研究"为主要研究内容，采用调查研究法、文献研究法、案例研究法等方法，立足课堂教学实践，注重理论研究，做到理论与实践相结合。

（3）课题研究成果较丰富，对"基于Micro：bit的编程教学促进中学生计算思维发展的实践研究"具有实质性的指导意义。课题研究成果包括：①发表了论文《基于Micro：bit的中学生计算思维培养探索与实践》《基于Micro：bit的编程教学促进义务教育阶段中学生计算思维发展的教学实践研究——以〈闪烁的心形——元件应用〉为例》；②结合具体的生活情境，利用编程知识完成一些小项目，如呼吸灯、"剪刀石头布"、密码箱等；③目前完成了第一阶段的教学实践，收获了许多资源和教学设计。做到了边进行实践研究，边总结研究成果。

为使此研究有序推进、走向完善，建议课题组加强课题理论学习，明确课题内涵，细化研究问题，继续提炼"基于Micro：bit的编程教学促进中学生计算思维发展的实践研究"课题的主要研究成果，从而增强课题的操作性和辐射性。在后续研究过程中，还应认真做好课堂数据、访谈数据等过程性材料的再整理工作。

案例单位：华南师范大学中山附属中学

负责人：李晓洁

课题类别：专项课题

以 STEAM 融合课程提升初中生科技创新能力的行动研究

一、研究背景及问题

（一）研究背景

STEAM（Science、Technology、Engineering、Arts、Mathematics，科学、技术、工程、艺术、数学）是一种新的基于混合学科背景的素质教育理念，它的实践发展催生了旨在推动学习者合作、创新能力发展的项目学习。《基础教育课程改革纲要》指出，课程改革要求改变课程结构过于强调学科本位、科目过多和缺乏整合的现状，整体设置九年一贯的课程门类和课时比例，并设置综合课程，以适应不同地区和学生发展的需求，体现课程结构的均衡性、综合性和选择性。而STEAM课程则有效地融合了艺术、人文、社会等元素，能有效培养学生的创新和参与的能力，科技与人文的贯通更有力地促进学生科技创新能力的提升。

2017年的《中国STEAM教育发展报告》分析了我国科技教育发展的现状及问题，分享取得的成果和案例，展望未来中国STEAM教育的发展，指出培养学生科技创新能力的时代重要性。许多教育家认为，当下学校的使命就是以此为契机，结合学校STEAM课程设置和运作方式，支撑学校的创新发展。因此，本课题具有重要的选题意义和研究价值。

（二）研究问题

基于目前的教育体系，学生对知识的掌握非常牢固，但是却不能灵活运用，或进行更高层次的拓展创新。而学校开展的STEAM课程，旨在培养学生的综合能力，而我们所要探究的正是STEAM课程的开展能否培养学生的探究能力、如何培养学生的探究能力、有哪些培养方式等问题。

二、研究目标及意义

（一）研究目标

（1）对比观察STEAM课程与传统课程的差异，记录分析学生课堂行为的变化，研究STEAM课程激发学生科技创新热情的具体方面，形成研究报告。

（2）参照初中生科技创新能力素养表，在STEAM教育理念下构建STEAM融合课程模式。

（3）基于STEAM项目式教学理念，结合编程、3D打印、激光切割等技术手段，构建STEAM融合课程的校本课程，在教学过程中提升初中生的科技创新能力。

（二）研究意义

本研究主要是打造STEAM融合课程，以培养学生科技创新能力。其理论意义体现在推动了STEAM的发展及STEAM教育在我国的真正落地。其实践意义是集课程、跨学科、项目式教学、双语授课于一体，使学生具有国际视野和未来意识，这将在很大程度上拓展学生的创新思维、提升学生解决问题的能力、促进多元文化在学生的价值取向中的融合、提升学生的英语水平，从多方面提升学生的综合素质，使学生在未来世界具有更强的竞争力。

三、研究内容及过程

（一）研究内容

为研究基于STEAM教育理念的常规课程跨学科融合对初中生科技创新能力的影响，研究内容主要包括以下几点。

（1）从学生学习目标达成度、学生角色转变、学生个性化评估方式等方面，研究STEAM课程与传统教育的相似与不同，从中提炼出培养学生创新能力方面的优点。

（2）分析能够有效促进学生科技创新能力提升的学科并进行融合，在课堂实践中验证其有效性，修改融合方案，形成STEAM融合课程模式的教学指导，并给出STEAM融合课程模式的教学示范。

（3）探究在项目进行前后对学生未来科创相关的职业规划影响与科创热情影响。

（二）研究方法

本研究主要使用以下几种研究方法。

（1）调查法。以课堂教学为依托，向学生发放调查问卷，通过实际调研得出STEAM课程能提升学生科技创新能力的有力数据。

（2）行动研究法。本课题以学校STEAM教学为研究切入点，在课堂实践中开展基于STEAM课程对学生科技创新能力的研究，通过实践论证该课程提升学生科技创新能力的可行性。

此课程针对STEAM课程教育活动和教育实践中的问题，以"计划—行动—考察—反思"的螺旋式上升路径为基础，灵活、合理地运用多种科学研究方法，不断地探索、改进和解决教育实际问题。

（三）研究思路及过程

本课题研究分三个阶段进行，如图1所示。

（1）准备阶段。学习相关理论，确定研究课题，组建课题组，制订相应的研究方案和实施计划，明确分工。了解国内外STEAM课程研究现状，进而认识本课题研究的价值。对比研究STEAM课程与传统教育的相似与不同，提炼出STEAM课程培养学生创新能力的优点。利用创新能力调查问卷对实验班学生的科技创新能力进行测试（前测）。

（2）实施阶段。基于STEAM教育理念开发并实施多学科融合课程，通过学生科技创新能力提升情况，分析融合课程对学生科技创新能力的影响，并不断修改完善课程内容和教学方式。

（3）总结阶段。①根据观察记录得到的阶段性教学建议，针对教学案例集在提升学生创新能力方面的效果进行修改，编撰STEAM融合课程教材。②根据STEAM融合课程教材及教学实践，形成项目式教学设计模板、解决问题式教学设计模板，并进一步形成具有指导性的教学建议。③编订学生科技创新成果集。④撰写结题报告。

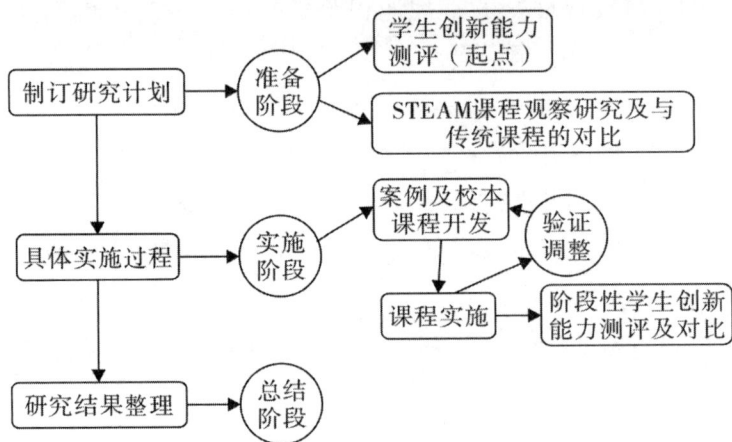

图1 研究流程

四、研究成果及结论

（一）研究成果

研究成果如表1所示。

表1　研究成果

类别	题目	备注
创作产品	3D未来城市	—
	植物需水检测仪	—
教育研究论文	基于STEAM课程理念的融合课程实践开发	—
	STEAM课程教学设计与传统美术课程教学设计的差异	—
	借用任务驱动，提升核心素养——基于STEAM融合课程活动课例研究	—
	STEAM理念在初中化学实验探究式教学中的应用	—
	STEAM教育理念对创新人才培养的启示	—
学生小课题	结合STEAM课程设计楼顶植物智能需水监测仪	由学生制作植物需水检测仪
教育课程案例	Creative thinking ——教案	—
	Inkscape的练习——Lamp wing（第一课时）	—
	Inkscape-Lamp wing设计（第二课时）	—
	灯课堂观察（1）	—
	灯课堂观察（2）	—
	灯课堂观察（3）	—
	旧箱装新酒	数学、物理融合
	形态多样的病毒	生物、计算机融合
	创意等高线	地理、计算机融合
	暴风雪里的自救	物理、生物双语融合
	眼睛	物理、生物双语融合
	STEAM等高线绘制教学设计	地理、数学融合
	藏宝盒的挑战	美术、地理融合
	Fish in the water（水里的鱼）	生物、物理融合
教育学校经验	STEAM课程在中学实施阶段所面临的挑战及解决策略	—
	英语双语融合课方案	—

（续表）

类别	题目	备注
活动简报	开学新福利——国际STEAM落地中山中学	—
	教育部相关专家来我校调研STEAM教育发展状况——中山中学	—
	科研之路，砥砺前行——中山中学2018年广东省暨深圳市立项课题开题论证会顺利召开	—
	新年贺礼——STEAM未来城市模型竣工	—
	坪山区STEAM教学研讨会通讯稿	—
	自己动手做游戏	—

（二）研究结论

截至目前，根据创新能力调查问卷、学生作品，表明STEAM课程的开展能提高学生的创新能力。

五、研究总结及反思

（一）研究中获得的经验

（1）随着STEAM在我国的落地，深圳市坪山区大力开展STEAM项目，我校也成为第一批试点学校，无疑，STEAM课程的开展为我们打开了教育的新视野。这样的教育体系与我们传统的教学有差异，其中STEAM课程更加注重学生创新能力的培养，很大程度上利用了项目式学习方法，并将多学科知识结合起来解决特定问题。为了更好地培养学生创新能力及设计具有特色的STEAM课程，我们在学生现有的传统STEAM课程上，结合中学课标以物理、生物学科课程进行融合设计为试点，在设计的时候，紧贴初中教材，并将英语嵌入其中进行呈现。

（2）在课程进行的过程中，学生通过掌握STEAM技术，如激光切割、3D打印、程序编程等，在设计课程的过程中尽量运用这方面的技术，从而增强学生的动手能力、设计创新能力。

（3）对于成果的收集应该更加及时与细致，并及时整理收集到的数据，形成论文或报告，从而以书面化、纸质化的形式，使研究成果更加具有说服力。

（二）研究中遇到的困难及突破办法

（1）展示平台过少。我校自开展STEAM课程以来，效果良好，但是给我们展示的平台机会较少，不能很好地推广课程，社会认可度低，需与所在地区教育局反映情况，争取更多展示机会。

（2）教材编订难度大。作为一门课程，教材在课程中必不可少，但是教材的编订具有一定的难度，在编订的过程中需要请资深教师把关，请STEAM专家给予指导。

（3）课程准备系统性不足。一年以来，学校从没有提前一周拿到过教学大纲与教学内容（教学流程），因此没能提前集体备课、研讨，也难以提前充分准备好材料，使课程前期准备不足，影响教学效果。因此每周课题组成员应集体备课一次，共同商讨。

（4）教师的培训与发展指导不足。STEAM对于教师来说，是一个崭新的领域，需要从理论、技术、设计课程、授课等各方面进行学习。这一年以来，仅举行了学期开始之前的两次培训，对教师后续发展的培训不足，教师除了掌握教给学生的课程内容之外，没有在其他方面了解更多相关内容。

后续研究将形成更具有体系的STEAM课程，形成"未来"特色主题，使课程更好推广。课题中涉及的课程更加多元化，将化学、地理等学科融入程度加大，增加学生解决问题的实用性。

六、研究案例点评

（1）课题研究目标较为清晰，研究成果丰富，工作扎实。该课题研究目标是以学校既有STEAM课程为主体，根据学校实际情况，不断完善STEAM课程体系，设计形成与课程标准相融合的STEAM课程。探寻跨学科课程融合的形式，设计嵌入式双语融合教学课程并在实践中不断完善该课程，培养学生科技创新能力。目前该课题已形成多项研究成果，如论文、教学案例、产品等。

（2）课题研究方法较为得当。课题基于STEAM理念构建融合课程，通过实践检验该课程实施的有效性，通过行动研究不断调整、优化课程教学。采用行动研究法、调查法等方法，立足课堂教学实践，注重理论研究，做到理论与实践相结合。

但是同样也存在一些问题，如该课题研究结论下得过于草率而且没有提供足够的依据，说服力不强。为使此研究有序推进、走向完善，建议课题组加强对课题研究工作的梳理，加强理论学习，进一步明确研究问题，梳理研究思路与过程，分析研究效果，增强课题的操作性和辐射性。在后续研究过程中，一定要注重数据收集与分析。

案例单位：深圳市坪山区中山中学

负　责　人：谈学兵

研究类型：专题研究

应用鸢尾花（IRIS）综合课程发展小学生高级 思维能力的研究

一、研究背景及目标

（一）研究背景

关于高级思维能力（Higher Order Thinking Skills，HOTS）的研究始于20世纪50年代，大多以布卢姆（Bloom）、加涅（Gagne）和斯滕伯格（Sternberg）等人的理论为基础。

从20世纪80年代开始，高级思维能力已成为国外教育、教学改革的聚焦点，主要集中于其概念界定、教学环境开发、教学设计及教学评价等方面。广为人知的有HOTS计划，WebQuest学习活动，英特尔未来教育等。国内，上海师范大学黎加厚教授负责的"十五"教育部重点规划课题"教育信息化环境中的学生高级思维能力培养"及上海市向明中学独立承担的教育部"十五"规划课题"培养学生高级思维能力，激发创造潜能，进一步深化创造教育的综合研究"较为知名。

新一轮基础教育课程改革的基本思想之一就是要重点培养学生的创新精神和实践能力，这些都与学生高级思维能力的发展密切相关。因此，学生高级思维能力的培养逐渐成为现代教育关注的重点。

（二）主要模式

1. 鸢尾花（IRIS）教学模式

"鸢尾花（IRIS）"是由深圳市龙岗区龙城小学特级教师吴向东构建的数字化教学模式，该模式的结构分为四部分：引言（Introduction）、阅读（Reading）、探究（Inquiry）、分享（Sharing）。"IRIS"是由模式各部分英文名称的首字母组成的简称，其中文意义正好是"鸢尾花"。在综合实践的教学中，笔者和团队成员前期借鉴鸢尾花（IRIS）教学模式设计出了不同系列、不同专题的鸢尾花（IRIS）综合课程，着重发展小学中高年级学生的高级思维能力。

2. 爱-种子（I-SEED）教学模式

"爱-种子（I-SEED）"是由华南师范大学叶惠文教授提出的教学模式。该模式由"自主学习"（Self-Learning）、"互动探究"（Interactive-Exporing）、"主题拓展"（Expansive-Learning）三大部分教学活动组成，也可看成三种课型（每种课型不拘泥于一节课），而"发展性评价"（Development Assessmen）贯穿其中。把三大部分和"发展性评价"翻译成英文，摘取各部分首字母，可组成"I-SEED"，对应中文"爱-种子"。爱-种子（I-SEED）综合实践活动课程和鸢尾花（IRIS）综合课程的理念、目标等非常相似，比如都重视由学生自主阅读获得各类知识，从而支撑他们之后的问题解决、探究性学习及共创共享等活动，以此使学生逐渐形成反思式、分析式、创新式思维能力。

（三）研究问题

课题负责人长期担任小学综合实践和语文老师。通过文献研究和教学观察，发现了以下两个问题：①网上阅读的思维浅层化和"话痨"；②国内阅读教学没有重视学生高级思维能力的发展。为了系统解决这两个问题，课题负责人及团队依据布卢姆学习目标分类理论，提出了"鸢尾花（IRIS）综合课程（主要基于网络）可以发展小学生高级思维能力"的假设，并通过一个区重点课题、一个省课题的四轮实验，验证了该假设，且参与课题实验的几批学生的高级思维能力获得了提升，团队的相关教学成果两次获得广东省基础教育教学成果二等奖。

但是，目前还需进一步研究将鸢尾花（IRIS）综合课程应用到市内不同学校时，是否能够发展那些学校学生的高级思维能力这一问题。

（四）研究目标

本研究的总目标：应用鸢尾花（IRIS）综合课程教学成果，提升参与课题研究教师的课程建设能力和专业指导水平；借助鸢尾花（IRIS）理念构建更多顺应时代、生活及学生的综合课程，通过实施这些课程探索培养高级思维的课堂教学策略，促进相关学校学生高级思维能力的发展。

本研究最重要的目标：提高成果应用校学生的高级思维能力，参与本课题研究的老师有的采用鸢尾花（IRIS）教学模式，有的采用爱-种子（I-SEED）教学模式。这两种模式都拟定了发展小学生高级思维能力的教学目标。

二、研究内容及过程

（一）研究内容

本课题以应用研究为主，探索将高级思维能力为目标取向的鸢尾花（IRIS）综合课程应用到更多班级时，学生高级思维能力的发展、教师教学观念的改变、课程建设能力的提升、教学策略的创新等情况。课程研究内容层次如图1所示。

```
┌─────────────────────────────┐
│   鸢尾花（IRIS）综合课程      │
└─────────────────────────────┘
              │
              ▼
┌─────────────────────────────┐
│  培养高级思维能力（核心目标）  │
└─────────────────────────────┘
        ╱      │      ╲
       ╱       │       ╲
      ▼        ▼        ▼
```

| 教师课程建设能力提升 | 学生高级思维能力发展（重点、难点） | 教学策略创新 |

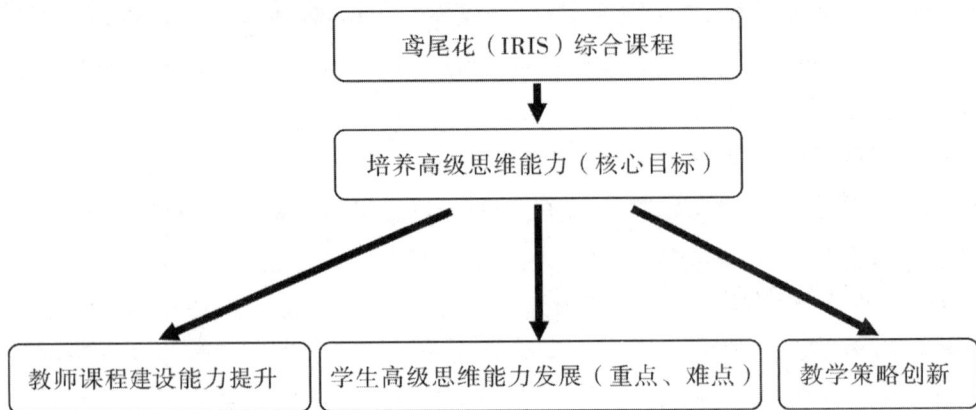

图1　课题研究内容层次

主要研究内容如下。

（1）应用鸢尾花（IRIS）综合课程发展学生高级思维能力的教学策略研究。鸢尾花（IRIS）属于非知识体系课程，以专题活动为实施路径，可突出课程的综合性、探究性、实践性、自主性、生成性、开放性。在大面积应用时，可能会与教师旧的教学观念、教学方法相冲突。课题组将基于已有的教学策略，帮助教师尽快改变传统学科课程过于注重知识传授的课程实施倾向，在两轮研究中基于高级思维能力培养目标不断修正策略、完善策略、创新策略，形成更有价值的教学策略。

（2）应用鸢尾花（IRIS）综合课程提升课题组成员课程建设能力和专业指导水平的研究。两轮应用研究结束后，课题组将借助课题组成员积累的教学反思、案例、论文等研究资料佐证他们的课程建设能力和课堂教学水平的提升。

（3）应用鸢尾花（IRIS）综合课程发展学生高级思维能力的评价研究。由于前期"点式"研究采用了准实验法，重点完成了繁难的发展学生高级思维能力的量性测评工作，因此在本次较大面积应用研究中，我们将以质性评价为主，重视过程，淡化结果和量化评价。课题组将根据过程数据（教师教学案例、实录、反思，学生个案追踪记录，成果应用班和非应用班"基于高级思维能力"的作品对比样例等）对研究展开有效度分析。

（二）研究方法

（1）文献研究法。在准备阶段，应用此法了解国内外发展学习者（尤其是小学生）高级思维研究方面的成果及状况，搜集相关理论依据与资料，最大限度地为课题组提供理论研究和应用研究方面的支持。

（2）行动研究法。在两个学年的应用研究中，遵循"确定问题—制订计划—行动实施—分析与评价—修正完善—制订新计划—新一轮行动实施—后期分析与评价—得出研究结论"的实践思路，在行动中不断反思、修正和提升，构建相关课程，提炼相关策略，得出研究结论。

（3）案例研究法。对不同实验学校的典型个案进行分析、总结、提升，说明和展示发展学生高级思维能力的教学策略，总结与推广成功的教学案例。

（4）比较研究法。对成果应用班和非应用班的某些方面进行适度比较，以提供实验效果分析材料。

（三）研究思路及过程

本课题以行动研究为主线，结合文献研究、比较研究等方法整体地展开研究。研究思路如图2所示。在准备阶段，完成文献综述和对课题组成员的培训任务；在实施阶段，用两个学年来应用鸢尾花（IRIS）综合课程或类似课程，以提升参与教师的专业水平，并使教师创新教学策略，及所教班级学生的高级思维能力获得发展；在总结阶段，形成研究结论，发表研究论文或报告，扩大成果的影响力。

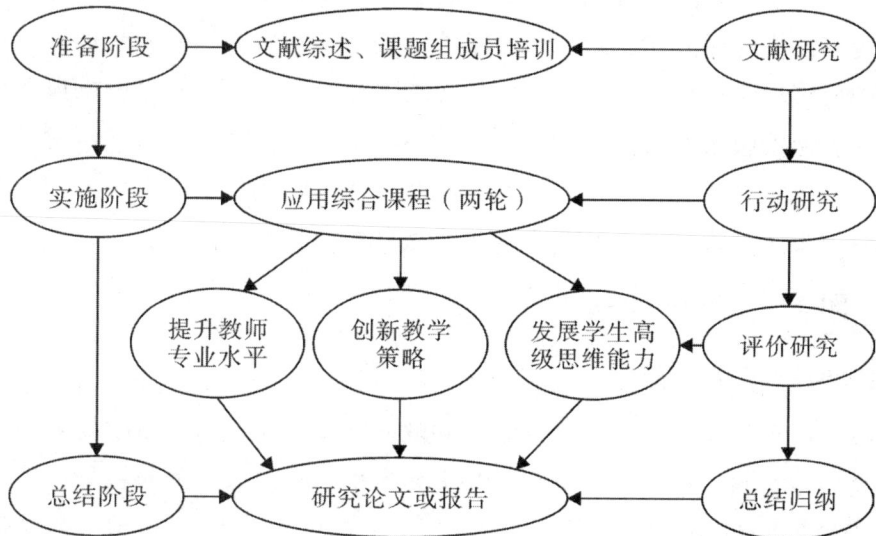

图2 研究思路图解

三、研究成果及结论

（一）研究成果

（1）爱-种子（I-SEED）综合课程学材。在省厅领导及相关专家的指导下，课题负责人及成员设计出了适合小学1～6年级，重在培养学生高级思维能力的"爱-种子（I-SEED）"综合课程学材，其教育理念类似于鸢尾花（IRIS）。

（2）"改造火星"区公开课课例被《现代中小学生报》报道，提炼于该课例的论文《培养小学生创新思维的策略研究——以〈改造火星〉为例》被发表于《综合实践活动研究》2019年第7期上。

（3）2018年12月7日上午，课题组举办了爱-种子（I-SEED）综合课程的课例展示活动，刘鑫、邓学艳、江梅老师分别执教了爱-种子（I-SEED）四年级上册主题三"家有家规　班有班规"的三种课型。此次成果展示活动获得了专家的好评。

（4）2019年3月22日，课题负责人江梅老师在华融小学开展异地教学活动，执教"改造火星"课例。该课例以鸢尾花（IRIS）教学模式展开，用角色选择、任务驱动、问题解决等教学策略提升学生的自主、合作学习能力，增强学生的环境、生态意识，培养他们的科学兴趣和创新能力。广东省教育学会小学综合实践活动课程专业委员会常务副理事长、广东教育出版研究院副院长黄春青及听课老师充分肯定了课例的示范价值。

（二）研究结论

应用文献研究法，课题组形成了《关于小学生高级思维能力培养的文献研究报告》，得出"小学生高阶思维能力的测评较少有学者涉猎""综合学科或交叉学科小学生高级思维能力的研究相对较少"等结论，佐证了本研究的意义和价值。完成了第一个学年的应用研究之后，课题负责人及主要成员针对不同实验学校的典型个案进行分析、总结，初步得出我们的研究是有效的这一结论，并发展了参与试验学生的高级思维能力。但是，基于质性软件NVivo对课题组提供的四节课例进行分析，发现我们的研究尚有不足，需要改进、完善课堂教学，力求有更大程度的提升。

四、研究总结及反思

（一）研究创新之处

本课题利用鸢尾花（IRIS）教学模式和爱-种子（I-SEED）教学模式发展学生的高级思维能力。实践证明，鸢尾花（IRIS）教学模式是开展高质量教育的一种有效模式，是培养学生高级思维能力的一个有效载体。爱-种子（I-SEED）教学模式是广东省基础教育与信息化工作的"两个提质"项目之一，具有重要的现实意义和推广价值。

鸢尾花（IRIS）教学模式由"引言—阅读—探究—分享"四个部分组成，是指导教学设计和实施的一种流程和方式。鸢尾花（IRIS）教学模式面向真实难题，做有深度的探究，并要求在共同体中协作。

爱-种子（I-SEED）教学模式贯穿"自主学习""探究体验"及"主题拓展"三种课型。"自主学习"课型的"说一说"活动，专门提供了深度问题支架，供学生在讨论中发展高级思维能力；"互动探究"课型的"分析""探究""评价"等活动，全力助推学生训练高级思维能力；"主题拓展"课型的"想一想、议一议"活动，从文化视野提供跟主题相关的拓展阅读材料，让学生基于思考展开议论、辩论等活动，深化主题，发展高级思维能力；"创一创、展一展"活动，则引导学生创意物化，展示与主题活动相关的学习成果，重在培养学生"创造"维度的高级思维能力。

（二）研究不足与展望

1. 研究中遇到的困难与不足

一是学校教育管理任务繁重，分身乏术，能专注用于课题研究的时间偏少；二是学生必须参与学校等安排的种类繁多的活动，研究的时间难以得到基本的保证，实施的效果可能就会打折扣；三是高级思维能力培养是难点，在研究方法上还存在疑惑，在研究效果上感性层面的自圆其说居多，比如实验学生的评价工作。下一学年准备请教专家，让他们提供有效资源，如评价量表等。

2. 研究的需求与展望

鸢尾花（IRIS）和爱-种子（I-SEED）都是面向未来、重在发展学生高级思维能力的教学模式，都是融合信息技术与学科学习的教学模式，具有良好的推广、应用价值，能产生较大的教学效益。但是，由于各种原因（主要是一线试验学校的场地所限、硬件所限、网速所限），课题组只能在线下小范围应用这两种教学模式，所以我们期待早日解决硬件问题，尽快构建良好的教学环境。一旦上级或学校提供优质的云平台，基于两种教学模式的优质教学就能得到推广，优质资源就能实现共享。

下一学年，课题组成员将基于视频研究的分析，完善教学策略，改进教学行为，扎实开展新一轮的课程应用活动，再上交完善版的视频、设计、反思，以及学生的研究成果，积累应用鸢尾花（IRIS）、爱-种子（I-SEED）综合课程发展学生高级思维能力的过程资料，尝试把实践经验提炼成论文并发表，辐射研究影响。最后，申请结题。

3. 研究经验

本课题主要应用既有教学模式，在这种情况下，一是要加大对课题组成员的培训力度，使他们理解模式包蕴的教育教学理念，明确模式的建构特点、实施流程及具体步骤等；二是要定期进行交流研讨活动，负责人要及时解答成员在模式应用过程中产生的疑惑或问题，提醒他们积累过程资料。

五、研究案例点评

（1）课题选题新颖创新。课题组选取了教育信息化的前沿问题——"应用鸢尾花（IRIS）综合课程发展小学生高级思维能力"来展开应用研究，具有一定的研究价值和现实意义。

（2）课题的研究基础扎实。课题组已经在IRIS课程开发方面做了许多的探索，为后续的研究奠定了很好的基础。对于鸢尾花（IRIS）、爱-种子（I-SEED）综合课程的阐释较为清晰，整个课题可操作性强，可行性高。课题组织管理科学规范，井然有序。在课题组成员的共同努力下，课题前期研究工作得到比较认真的落实，成果较为显著。

（3）课题研究方法较为符合研究目标，很好地结合了理论与实践。课题为探究"鸢尾花（IRIS）、爱-种子（I-SEED）综合课程"是否能够很好地发展小学生的高级思维能力这一问题，采用了文献研究法、行动研究法、案例研究法、比较研究法等方法，重视理论知识的同时立足课堂教学实践，还进行了全面的分析与比较，研究视野较为开阔，研究结论可信度高。

（4）课题研究成果较为丰富。课题研究成果包括：①开展了鸢尾花（IRIS）、爱-种子（I-SEED）综合课程；②完成了"改造火星"和"家有家规　班有班规"等相关课例的教学实践、分析及展示。

（5）课题研究结论模糊，未能很好地总结本课题的研究结论。在研究结论中，课题组仅仅提到"得出'小学生高阶思维能力的测评较少有学者涉猎''综合学科或交叉学科小学生高级思维能力的研究相对较少'等结论"。未能呼应课题的研究目标、研究内容和研究过程，课题组应当从研究过程和研究结果的分析中提炼出具有课题价值的研究结论，如课题组开展了"鸢尾花（IRIS）、爱-种子（I-SEED）综合课程"，但是实际效果如何，是否发展学生的思维能力，并没有在结论中体现出来。

为使此研究更加完善，建议课题组在后续的研究中，加强课题理论学习，适当扩大研究的范围，寻找应用鸢尾花（IRIS）模式和爱-种子（I-SEED）模式的最佳方法和最佳场所，以将该课程和教学模式更好地应用和推广。

案例单位：广州市天河区龙口西小学
负 责 人：江梅
研究类型：教与学方式